大学生职业发展与就业指导

主　编　胡剑锋　付海华　代小磊
副主编　肖　芳　刘珊珊　魏文颖
参　编　阮宝俊

WUHAN UNIVERSITY PRESS
武汉大学出版社

图书在版编目(CIP)数据

大学生职业发展与就业指导/胡剑锋,付海华,代小磊主编 .—武汉:武汉大学出版社,2015.9(2018.8 重印)
ISBN 978-7-307-16729-2

Ⅰ.大… Ⅱ.①胡… ②付… ③代… Ⅲ.大学生—职业选择
Ⅳ.G647.38

中国版本图书馆 CIP 数据核字(2015)第 204802 号

责任编辑:方慧娜　　责任校对:汪欣怡　　版式设计:马　佳

出版发行:**武汉大学出版社**　(430072　武昌　珞珈山)
(电子邮件:cbs22@whu.edu.cn 网址:www.wdp.com.cn)
印刷:湖北民政印刷厂
开本:787×1092　1/16　印张:19.75　字数:478 千字　插页:1
版次:2015 年 9 月第 1 版　2018 年 8 月第 8 次印刷
ISBN 978-7-307-16729-2　定价:42.00 元

前 言

大学生是国家宝贵的人才资源，是充满活力、勇于创新的群体，是建设国家、实现中华民族伟大复兴的主力军。大学毕业生的就业问题始终是重要的民生问题之一，是关系到经济发展、政治稳定、社会和谐和实现人民群众根本利益的重大全局性问题。切实解决好大学生就业问题，将是我国今后相当长时期内面临的艰巨任务。

当前，大学毕业生就业难并不仅仅是单方面的大学生找不到工作，而是一方面大学生找不到合适的工作，另一方面企业又招不到合适的人才。出现这种状况的原因，除了就业供求关系不平衡以外，很大一部分原因是大学生缺乏对自我的认知，也缺乏对环境的正确认知，同时又缺乏有效的求职技能。有鉴于此，编写一本体系完备、结构科学、内容得当又能体现出实用性、趣味性的大学生职业指导教材，对大学生进行有效的职业指导和职业生涯规划指导就显得尤为迫切和必要。

本书旨在帮助大学生正确地认识自己，了解社会对人才的要求，从而端正学习态度，提升自身的就业竞争力，科学规划自己的职业生涯；帮助大学生做好从业前的准备，把价值观同知识的学习、素质的培养、能力的提高协调起来，把个人的追求与社会的需要结合起来，为今后的就业乃至创业做好准备。

江西科技学院多年主管学生就业工作的同志及职业指导老师根据国家教育部教高厅〔2007〕7号文《关于大学生职业发展与就业指导课程教学的通知》的精神，结合实际工作编写了本书。本书注重创新，坚持以实际的案例引导学生学习。在编写过程中收集了大量有关大学毕业生就业、发展过程中的实际案例，并进行了精辟的点评，知识面宽、操作性强、贴近实际、内容新颖、通俗易懂、有很强的针对性。因此，本书既可作为普通高等院校职业指导课的教材，也可以供从事职业指导工作的老师、其他择业人员及相关人员培训时学习和参考使用。

本书由胡剑锋、付海华、代小磊主编，全书分为三个部分，共13章，代小磊编写了第1章~第3章，刘珊珊编写了第4章、第12章，魏文颖编写了第5章、第7章，阮宝俊编写了第6章，肖芳编写了第8章~第11章。

由于编写时间仓促，资料收集不足，作者水平有限，本书在编写过程中难免有所纰漏，敬请专家及广大读者批评指正，多提宝贵意见，以便我们不断提高编写质量。

作　者

2015年5月

目　录

第一部分　规划篇

第二部分　就业篇

第三部分　发展篇

第一部分
规划篇

第 1 章

规划我的大学

教学目标：通过本章的学习，学生能够开始思考上大学的目的和意义，真正认识大学；同时了解对大学生活进行规划的必要性以及如何进行规划。

进入大学，意味着人生一个新阶段的开始。在对大一新生的调查中发现，许多学生都有一个困惑，高中时，面对高考的强大压力，父母或老师奉劝自己：想打游戏，等高考结束了；想谈恋爱，等上大学了；想自由自在，不听父母的唠叨，等高考结束了，等等。一切都等到高考结束，考上大学再说。那么，现在终于考上大学了，大学生活到底应该怎样度过？是去完成高中时未满足的酣畅淋漓打游戏的欲望，是敞开自我感情体验一把花前月下的爱情，还是该好好利用大学的时光，为自己的职业生涯做好充分的准备？大学这段读书时光对大学生的未来究竟有什么样的重要意义？

在英文里，大学新生被称为“Freshman”，直译成中文就是“新鲜人”。陌生的校园和不同的生活，对新生来说是那么的新奇和新鲜。大一的新生还处于和大学生活短暂接触的蜜月新鲜期，所以会有野马脱缰的感受。但是，如果不及时调整自己的状态，以适应大学学习，慢慢地，心中就会有失落和沮丧的感觉，整日无所事事，觉得无聊。有资料显示，当前国内高校新生中普遍存在一些问题：80%的新生不知道在大学里怎样学习，51%的大学新生在老师没有布置作业的情况下觉得无事可做，70%的新生担心自己会由原来的优等生变为差生。其实，有一个比较贴切的比喻，大学生或研究生毕业后，毕业生面对的职场像一个游泳池，而大学就是保护学生的游泳圈。游泳圈可以保护初入水者，使之不至于马上沉入水底。

1.1 规划我的大学学业

学业是大学生立身之本，因此大学生应当集中精力努力掌握知识、能力，提升自身的素质。只有具备和拥有扎实的学业，才会获得较好的就业机会。

1.1.1 大学学业与规划

1. 明确大学的主要任务

进入大学后，究竟应该干什么？许多大学生对此感到十分迷惑。其实还是那句老话：学生的天职是学习，大学是学习的天堂。人生也许很长，但只有大学这几年是可以让人充分、自由学习的时期，过了这个阶段就再难找了。因此，绝不可以短视地认为学的东西暂时没有发挥作用而不去学习。大学生应该根据社会经济发展的需要，个人的兴趣、特长及所学专业等确立自己大学期间努力的目标，并根据确立的目标，做好切实可行的职业生涯规划，然后根据制定的规划，及早准备，付诸行动。

2. 树立正确的学业观

要完成好大学学业首先必须树立正确的学业观。所谓学业观就是对所学专业、课业的态度和认识，学业观在很大程度上影响着学生的学习、生活乃至人生前景。当代大学生在对待学业问题上存在着种种误区：或将学业含义理解过窄，或对学业生活预期过高，或对学业角色定位不准，或对职业期望值过高，以致学业不精甚至荒废学业。

3. 学业规划的作用

大学生学业规划，就是大学生根据自身情况，结合现有的条件和约束因素，为自己确立整个大学期间的学业目标，并为实现学业目标而确定行动方向、行动时间和行动方案。换言之，就是大学生通过解决学什么、怎么学等问题，以确保自身顺利完成学业，为成功实现就业或开创事业打好基础。对于在校大学生来说，只有及早进行自己的学业规划，明确自己的学业目标，提高素质优势，才有可能在将来激烈的竞争中把握机会，获得成功。

1.1.2 学业规划的步骤与意义

1. 学业规划的步骤

(1) 学业规划的选定

首先，分析自己的兴趣爱好，认定自己想干什么。兴趣是理想产生的基础，兴趣与成功有着明显的正相关关系，因此要选择自己喜欢的专业方向和研究领域进行钻研和学习。其次，分析自己的能力、特长，确定自己能干什么。能力是人的综合素质在实际行动中的表现，是正确驾驭某种活动的实际本领、能量和熟练水平。能力是实现人的价值的一种有效方式，也是支配人生命运的一种主导性的积极力量。因为任何一种职业都要求从业者掌握一定的技能，具备一定的条件。所以结合自己的兴趣爱好，在认定自己想干什么的基础上确定已经具备的能力和应该培养的能力。再次，分析未来，确定社会要求什么。着眼将来，预测趋势，立足于社会不断发展变化的需求，避免盲目跟风。因为最热门的不一定是最好的，选择社会需要又最适合发挥自身优势的专业方向和研究领域才是最好的。把自己的兴趣爱好、能力特长同社会需要结合起来，把想干什么、能干什么、社会要求干什么有机地结合起来。几方面的结合点和链接处正是学生学业规划的关键所在。

（2）强化学业规划

当学业规划选定后，许多大学生或将其束之高阁或者虎头蛇尾，导致了有学业规划不能实施或实施后不能持久，最终无法实现既定的学业。这些现象的出现是因为大学生在制定学业规划时缺少一个重要环节，即对学业规划的强化。强化学业规划就是规划执行者在执行之前充分运用想象，详细地罗列出达成学业规划的好处，从而培养出积极的心态，进而增强动力、产生更大的执行力，以确保学业规划顺利完成。

（3）学业规划分解

学业总目标制定出来以后，要能自上而下地进行分解，即制订学习计划。以本科 4 年为例，可以按照以下的思路进行：4 年的总学习目标—1 年的学习目标—1 学期的学习目标—1 个月的学习目标—1 周的学习目标—1 日的学习目标。使得学业规划落实到学习生活的每一天，以确保学业规划的严格执行。

（4）学业规划评估与反馈

在学业规划实施过程中，及时对环境和条件作出评价和估计，对自己的执行情况做出评估。由于现实生活中种种不确定因素的存在，学业规划的设计必须具有一定的弹性，因此评估结果出来以后应进行反馈，以便及时反省和修正学业目标，变更实施措施和计划。同时应做到定期评估与反馈：每年、每学期、每月、每周、每日进行检查评估与反馈，进而分析原因与障碍，找出改进的方法与措施。

（5）激励与奖惩

激励措施能将人的潜能和积极性激发出来，惩罚可以防止惰性的产生。一定要制定出完成阶段目标后对自己的奖励措施或未完成的惩罚措施。如完成后怎样奖励自己，完不成怎样惩罚自己。

2. 扎实的学业为就业开路

机遇总是垂青有准备的人。一个人的文化知识素质如何，将决定他在求职选择时的自由度和取得职位岗位的层次。大学是就业准备阶段，一毕业绝大多数人都将走向工作岗位。大学生应该为几年后的就业做好知识、能力、素质等全方位的准备，珍惜大学时光，学好学业，为未来的就业、创业、成功立业打好基础。为此，根据社会发展和用人单位的需求，大学生应重点从以下几方面抓好学业，做好就业准备。

（1）构建合理的知识结构

坚持广博性与精深性、理论与实践、积累与调节相统一的原则，培养宽厚扎实的基础知识、广博精深的专业知识，构建合理的知识结构。“书山有路勤为径，学海无涯苦作舟”，这一过程没有捷径可走，其基本途径只能是学习和积累；也绝非一劳永逸，必须坚持不懈地付出辛勤的劳动，并采取适合自己的科学方法，通过不断努力、辛苦耕耘，就一定能建立和完善自己的知识结构，为顺利就业打下坚实的基础。

案例 1-1

在哈佛大学学习的一个北大女孩说，哈佛大学的本科生，每学期至少要选修 4 门主要课程，1 年是 8 门课程，4 年之内选修满 32 门课并通过考试才可以毕业。一般而言，学校都要求本科生在入校后的头两年内完成核心课程的学习，第3年开始进入主修专业课程的学习。只有最聪明的天才学生可以在2~3年内读完这32门课，一般的学生光应付4门课就已经忙得头昏脑胀了，因为在课堂上教授们讲得飞快，不管你听得懂听不懂，课下又留下一大堆阅读材料，若读不完就根本完成不了作业。那个北大女孩说，我在这里一个星期的阅读量是我在北大一年的阅读量，而且，哈佛大学的作业量要求很大，她说，我们课后要花许多时间看书，预习案例。每堂课都需要提前做大量的准备，课前准备充分了，上课时才能在课堂上和别人交流，贡献个人思想，才能和大家一起学习，否则，你是无法融入到课堂的教学中的。只有当每个学生都投入时间认真准备了，才可以快速推进课堂讨论的进程，而之前如果不读那么多的书，你就无法参加到课堂讨论之中。哈佛大学学生的学习压力也来自学校的淘汰机制。哈佛大学平均每年有大约20%的学生会因为考试不及格或者修不满学分而休学或退学，而且被淘汰的20%的学生的考评并不是学期末才完成，每堂课都要记录发言成绩，平均占到总成绩的50%，这就要求学生均匀用力、不能放松。

哈佛大学终身教授丘成桐教授说：中国大学生的大学生活相比之下太轻松了，我们总是说，中国的孩子为了高考受了多少苦，其实，在美国一些著名的中学里，高中的学习同样是很苦的。我的孩子上中学的时候，也经常学到半夜。在美国，随着年龄的增长，一点点加大学习的任务。到了大学时是最苦的，所有的精英教育都必须是吃苦的。而中国的孩子到了大学，却一下子放松下来了。他们放松的4年，恰好是美国大学生最勤奋的4年，积蓄人生能量的黄金4年。所以，美国的高科技人才一直是世界上最多的。我们国内的一些重点大学很难让人感受到哈佛大学那样的学习氛围和探究氛围，到了哈佛大学，你才知道真正的精英并不是天才，都是要付出更多努力的人。

说到中美大学生的比较，有两点值得一提。一是，我们的学生缺少吃苦精神。我们的家长和学生认为高考前是最苦的。我们讲的寒窗苦读，许多时候是被动的苦，带着功利的苦，而不是在其中有过浓厚的兴趣。不少大学生经历过高考的“独木桥”后，开始在大学校园里舒舒服服地等着毕业：上课想逃就逃；考试前临时抱佛脚。二是，有些家长也是从小就灌输给孩子这种思想，让孩子认为，所有的学习都是为了高考。于是，高考结束，学习变得不再重要。而在美国的大学，尤其是精英云集的大学里，学生所要付出的努力是我们想象不到的。在哈佛大学，征服学习是每个人的口号。要想变得强大就需要学习得更多，为此哈佛大学的课程安排多而且紧张。其目的是帮助学生提高批判性思维能力和想象力，学会发现和鉴别事实真相，坚持对事物进行严谨的分析，能够理性、历史地认识现实问题和道德问题。另外，练就长时间超负荷学习的毅力。

当美国大学生带着浓厚的兴趣，积聚能量，为步入社会工作做准备的时候，身为中国的大学生却长长地舒了口气，觉得自己终于可以好好休息休息了。中国式的教育让学生在高考前“用力”过猛，在该储备能力的阶段不仅没有积蓄能量，而是大量消耗了这种能量。一位中国旅美教师说，中国学生在大学阶段被美国学生远远地甩在了后面。其根源还在于我们的基础教育。美国小学是知识的吝啬鬼，严格限制孩子得到知识的数量，一个月只允许孩子得到一个知识，孩子每得到一个知识都需要付出许多的汗水和辛苦；在这个过程中，动手、思考和感悟比知识本身更重要；孩子对知识总是有渴望的感觉。而中国的小学教育是一个贪婪鬼，把知识当成了免费的黄金珠宝。中国教育者不知道知识与智慧的关系，总是让孩子直接得到越来越多的知识。美国教育的聪明在于：先让孩子去感悟、去思考，然后得到知识，这个时候知识就变成了智慧；由于开始的时候，知识都特别简单，比较容易得到感悟，知识也就容易变成智慧。智慧其实就是人们常说的创造力。学习有三个阶段：感性认识—感悟—知识，知识是学习的最高阶段。美国教育让孩子走完三个阶段，才能得到知识；中国教育是让孩子通过感性认识得到知识，或者直接得到知识。美国教育一个月的知识量只相当于中国教育一天的知识量。相差29天，这29天就是感悟的时间。美国教育通过让孩子感悟比中国教育多产生了一个东西：智慧。美国学生比中国学生多产生了一个东西：创新能力。在高中时期，美国学校培养的是自主学习的习惯。而中国的高中是老师“填鸭式”教学，让学生习惯了依赖。能力、习惯上的差距，让中国学生与美国学生在大学选择了不同的生活方式和态度。哈佛大学的学生说，在哈佛大学学习强度大，睡眠很少，有在炼狱的感觉，对意志是一个很大的挑战。但是如果挺过去，以后再大的的困难也就能够克服了。而中国大学生认为，终于摆脱束缚，可以想干什么就干什么了。于是，把大多数时间用在了学习以外的事情上。我们在最该学习的时候断档了。这就注定了，我们的大学生被甩得越来越远。

（2）锻炼较强的实践能力

知识并不能简单地与能力画等号，知识与能力是辩证的关系。在一定意义上说，能力比知识更重要。因此，一名优秀的大学毕业生只有把建构合理的知识结构、培养科学的思维方式和锻炼较强的实践能力统一起来，才能在择业、从业过程中立于不败之地。大学生应具备的基本能力包括表达能力、动手能力、适应能力、交际能力、管理能力、创造能力、决策能力等。培养实践能力的方法和途径主要有勤奋学习、积累知识、积极参与、勇于实践，启迪思维、发展兴趣等。

（3）全面提高综合素质

知识、能力、素质是大学生社会化的三大要素。知识是素质形成和提高的基础，能力是素质的一种外在表现，没有相应的知识武装和能力展示，不可能内化和升华为更高的心理品格。但是知识和能力往往只解决如何做事，素质却可以解决如何做人。高素质的人才应该将做事与做人有机地结合起来，既把养成健全的人格放在第一位，又注重专门知识、技能和能力的培养，使自身得到全面、和谐的发展。因此，一名优秀的大学毕业生应把构建合理的知识结构、培养科学的思维方式、锻炼较强的实践能力和提高全面的综合素质统一起来，这样才能在择业、从业过程中立于不败之地。

1.2　规划我的大学生活

1.2.1　大学的生活风格类型

生活方式，是指一定时期内受价值观的制约，为满足自身生存与发展需要而进行的整个生活活动的稳定形式和典型特征，其中包括物质生产、精神文化生活、家庭生活及交往生活等方面。而日常生活方式是人们非生产性的活动领域，包括消费物质和精神产品及劳务活动、闲暇活动及各种风俗习惯、典礼仪式和人们共同生活的准则，具有一定的稳定性。这种稳定性主要表现为个人生活和家庭生活，自主化倾向及程度较高。

生活风格是生活方式的从属概念，是人们生活活动中的浅层次，特征及生活方式一般特征的特殊性、具体性和多样性的表现。

根据大学生对其生活风格的不同侧重点，我们把大学生的个人风格分为7种，这7种生活类型并不是绝对独立的，而是有相关和交叉的，只是在不同阶段以不同类型为主而已。每种生活风格都有一定的含义和特征。

(1) 生活型：三点一线的坚守者，高中时期的好学生，其典型特征是有课上课，不做实践，不过度玩游戏、打牌，准时完成老师布置的作业，有心情到图书馆随意看书，随遇而安地对待一切。

(2) 娱乐型：快乐万岁的放松人，本我为上的孙行者，其典型特征是抓住一切游戏的机会，能逃的课一定逃，不止一次恋爱，作弊应付考试，除了睡觉就是玩，尝试新玩意，看不进去书。

(3) 交际型：朋友多了好行路，人见人聊的交际人，其典型特征是不断认识新朋友，频繁参加各类活动聚会，电话费暴涨，应付能应付的一切，打扮自己，和谁都熟，除了睡觉自己待不住。

(4) 学习型：课堂学习的录音笔，考试复习的复印者，其典型特征是全盘记录老师的讲话、老师让看的书和做的事一定做到，图书馆看与讲课有关的书，课上爱提问，坐第一排，主动找老师。

(5) 实践型：能力本位的践行者，社会活动的大忙人，其典型特征是积极参与社团活动，学生会的常客，总去拉赞助、兼职、实习，主动找老板，学校里做买卖，自己总在折腾着。

(6) 助学型：家庭经济不好，勤工俭学上大学，一天为钱忙的自强人，其典型特征是家庭教师、发单员、促销员、图书管理员、教室清扫员、打字员，企业赞助、奖学金获得者，班级榜样，给家里钱。

(7) 研究型：一心一意醉心于科研，其典型特征是专利发明人、执著的创造者，有国家民族使命感，想做好一件事，挑战自己，自学为乐，舍我其谁，领域佼佼者。

1.2.2 生活风格对就业的影响

大学生的生活风格是通过影响大学生的行为方式和思维方式，从而影响大学生就业的。思维方式对行为方式与生活方式有反作用，行为方式是受生活方式所影响的，表现为不同的生活方式会产生不同的行为习惯。

1. 生活风格对行为方式的影响

不同的大学生日常生活方式会直接产生相应的行为方式。如娱乐型个人生活风格的人所做的事多与娱乐行为有关。

2. 生活风格对思维方式的影响

大学生不同的日常生活方式是通过行为来具体影响思维方式的。平时做什么，怎么做，就会决定其想法。

3. 生活风格对大学规划的影响

不同的个人生活风格就是不同的个人价值观的集中体现，个人价值决定了每个人的大学规划，而大学规划是直接影响日后职业生涯发展的重要因素。大学时代的就业准备就完全是在大学规划的指导与制约下进行的，同时大学规划也可以在一定程度上影响大学生个人生活风格的改变。

4. 生活风格对就业的影响

大学生的生活风格会对个人的就业产生一定的影响。亦即，如果你坚持某种生活风格，那毕业后你的就业类型就基本确定了。

大学生在毕业后的各种生活状态：

（1）无奈考研型：寄希望于考研，无力掌握现实的盲目人，其典型情况是就业找不到满意的工作，留学、创业条件不具备，公务员尝试失败，认为读研后情况会改变，家里有条件支持考研、同学考研，自己跟着考。

（2）继续深造型：有方向地投资自己，大鹏展翅的发明家，其典型情况是到高校当老师、感到四年的收获不够，再充电，有保研的机会，醉心于科研，职业目标要求具有硕士以上学历，留学、考证、赖校族。

（3）父母包办型：家庭背景的影子，永远长不大的乖乖儿，其典型情况是家里有条件安排，子承父业的家族精神，实现父母的理想，听从父母安排惯了，照顾父母，选择时没有自己的主见。

（4）无从选择型：四顾茫然的路人，随风飘摇的墙头草，其典型情况是没有目标，不了解自己，对自己没有定位，能力所限不知选择什么，生存所迫来不及挑选。

（5）艰难求职型：碌碌无为的大学过客，毫无优势的求职者，其典型情况是专业等知识学得不好，没有从业资格证书，工作经验缺乏，个人表达等能力不足，没有专长，毫无准备就去求职。

（6）轻松就业型：4 年磨一剑的有心人，未雨绸缪的智者，其典型情况是一直为前程努力，有一个专业的知识积累，社团等校园实践丰富，有正规的工作实习经历，有研究、专著成果，综合素质高。

（7）自主创业型：人生理想的试验田，我行我素的创业家，其典型情况是接触社会中的机会，贵人相助，有一个好项目，有研究的成果，实践家，为自己打工，时机条件具备，一直在准备。

1.2.3 构建有利于职业发展的生活风格

在了解了不同的生活风格对你就业、职业发展有不同方面的影响后，就要着眼于构建有利于自己职业发展的生活风格。

1. 构建与目标职业及职业理想相匹配的生活风格

构建有利于大学生职业发展的生活风格的前提是知道什么样的生活风格对其有益，而这个前提又是要明确目标职业与职业理想。目标职业的确定是个人在就业准备阶段所完成的，而职业理想是个人在对职业自我的分析及期望的基础上依据个人价值观所确立的。亦即，人们所说的构建有利于大学生职业发展的生活风格是构建与目标职业、职业理想相匹配的生活风格。

2. 构建与企业及企业文化相匹配的生活风格

构建有利于大学生职业发展的生活风格的第二步就是进一步构建与目标企业及企业文化相匹配的日常生活方式。为什么要进一步构建与目标企业及企业文化相匹配的生活风格呢？因为我们所从事的具体职业、职位，树立的职业理想都依托于具体的企业。企业是社会的载体，也是人们整个职业生涯的载体。所以，构建与目标职业及职业理想相匹配的生活风格可以让人们具备从事相应职业的资格；而构建与目标企业及企业文化相匹配的生活风格就可以使人们获得进入具体企业的资格。

1.3　规划我的社会生活

1.3.1　校内社团

1. 冷静地选择社团

社团是微观的社会，参与社团是步入社会前最好的磨炼。只是，如何选择适合自己的社团对于大一新生们来说则是需要首先解决的。

首先，社团选报不应盲目，而是结合自身实际：自己对社团有什么设想，想从社团活动中获得什么，希望参与的社团带给自己什么样的影响和帮助，是锻炼自己的组织管理能力、深化学科实践知识、拓展发挥兴趣爱好，还是无私奉献？只有明确自己对社团的期望，才能正确定位，以此为据找到符合自身特点的社团。再者，找准自己的兴趣点，选择适合自己的社团工作，尽自己最大的努力把工作做好，这样，才会收获自己想得到的知识和能力。

其次，知己知彼百战百胜。在明确自身期待的同时，也要对选报的社团有深入的了解。不能只看招新资料上略显华而不实的广告语。一方面，要从招新人员带给自己的印象上把握社团的精神面貌，因为这些同学可能就是自己加入之后的同事。自己是否与他们在兴趣上相投、性格上互融、理念上一致都是值得同学们用眼睛审视、花心思思考的问题。另一方面，要将自己打算报名社团的目的、宗旨和常规活动等内容了然于胸，并积极向学长们询问社团情况，虽然他们的答案也只是一家之言，但只要做到“兼听则明”就好了。

再次，社团的选择不宜过多过杂，尽量只选择适合自己的组织或团体。新的各种社团组成的大超市，可能让你目不暇接，但“鱼与熊掌不可兼得”，必须找到自己心里最迫切想要加入的社团。有些同学认为自己爱好广泛、兴趣广泛，实在无法在众多社团中取舍，但太多的爱好毕竟会挤占许多学习时间，过分沉迷还会有玩物丧志之嫌。这时就需要在选择社团时，将自己对社团的众多期望进行一个重要与否的排序，找到自己最想在社团中发展的素质并对号入座，找到属于自己的社团。

最后，要看社团与自身的相关性。如果自己加入了一个以自身专业为兴趣方向的社团，就可以在与师生合理有效地沟通交流中将专业学习进一步深化、拓展和付诸实践，课堂内外相辅相成、互相促进。社团选择还应该有高瞻远瞩的眼光，看到社团对自身未来发展的影响。比如外语不好，可以在外语俱乐部组织的活动中弥补不足；如果未来想从事 IT 行业，那么非计算机专业的同学就可以通过计算机协会等社团更多地接触和捕捉行业信息。

案例 1-2

曾任 Google 全球副总裁、中国区总裁的李开复在谈到他的大学社团生活时，也说到了大学社团活动对成长很有帮助，但对自己的这段经历，他感到很遗憾："我今天非常遗憾在大学的时候没有参加更多的社团活动。虽然我在读高中时，参加了许多的社团，非常活跃，有许多参与社会工作的良好记录：学生会副主席、创业三次等，经历非常丰富，但那时，这些事情都是我强迫自己去做的，我从中得到的最宝贵的东西是与人相处的能力，而不是大学申请表上的那行字。"

2. 积极主动锻炼自己

部分同学对社团存在一种错误观点，认为社团活动不过是一种娱乐而已，想到的时候就去参加，凑个热闹，没心情就不去，反正是玩。这其实是将自己置于非常被动的地位，违背了社团活动的宗旨，对自己、对社团都是一种不负责任的行为。任何选择都不应该是盲目的，选择了，就应该负责。既然选择了参加，就积极主动地去做一些事情。

通常，每个社团都会有明确、独特的主旨，强调的是志趣相投。一个好的社团，能够让参与者体验到归属感，同时又能让参与者有一种成就感。但是作为一个社团的成员来说，要想在一个社团中得到最大程度的锻炼，最大限度地实现自己的价值，就需要充分发挥自己的主动性，投入足够的热情和活力，开拓自己的思维方法，努力去承担责任，奉献自己的智慧与力量。

高校社团活动形式是丰富多彩的，在给学生带来快乐的同时，还能在各个方面带给学生不一样的改变。

参加社团能培养学生的社会责任感，增强学生的集体荣誉感和团队凝聚力。在各类活动中，当学生作为在社团中的一员参与其中时，对于集体的向心感会油然而生，大家同喜同泣，共同为了集体的荣誉而努力着。

参加社团能培养学生良好的情绪调控能力。在社团活动中，学生会遇到各种人和各种难以解决的问题，为解决这些问题学生会想尽各种办法，需要与各种人接触。不管遇到什么样的事，都要控制好自己的情绪。

参加社团能培养学生适应社会的能力。大学里的社团活动不仅具有思想性、趣味性、娱乐性和实践性，还有相当的社会性。在社团的活动中学生还可以学习到课堂上学习不到的知识，现在的社团活动内容和范围不再局限于校园，会延伸到社会的各个领域，让生活在象牙塔中的人更了解社会。

参加社团能培养学生与人交往的能力。在社团中学生能接触许多来自不同专业的同学，学会与各种人交往，学会合作与创新。在公平竞争中学会做人，学会建立自己的人脉。

在社团里，学生要学会在竞争中合作。学校社团如此之多，如何使自己的社团脱颖而出是社团人都要思考的一个问题，竞争意识是必备的。同时又必须要协调各方面的力量，为社团的发展创造良好的内外环境。而这种状态其实和学生日后走向社会，和他人合作的模式是一样的。

社团是一个大舞台，也是一个人生的实验室，在丰富的活动中，有各种机会可以让学生锻炼生活所需的各种素质和能力。在社团中，可以培养团队合作能力和领导能力，也可以发挥学生的专业知识。更重要的是做一个诚心诚意的服务者和志愿者，或者在担任学生工作时主动发挥沟通同学和老师之间的桥梁作用，锻炼自己的沟通能力，服务同学和老师，这些经验都很宝贵。

3. 合理规划社团生活

大学生在校园文化生活中常常会遇到这样的问题，有的同学对好几个社团都感兴趣，恨不能把自己掰成几半来参加各种生活，还有的同学常常遇到社团有许多活动但同时自己又有重要的专业课的情况。遇到这类矛盾时便需要有一个正确的选择，而正确地处理这些矛盾是一个人在健康成长的道路上必须面对的。

虽说大学校园文化生活丰富多彩，充满了乐趣，但对于大学生来说，学习仍然是最重要的，个人兴趣是大学生活的一个支撑点。能够在紧张的学习之余最大限度地发挥自己的特长和兴趣，才是最合理的校园生活方式。专业学习和以兴趣为支撑的社团之间必然会有一定的矛盾，也一定会互相促进，重要的是如何处理和协调。如果处理不好就会相互影响，如果两者处理得好就能够相得益彰。因此，积极参与、张弛有度才是参与学生组织和社团活动的正确态度。

1.3.2 校外实践

1. 走出象牙塔——校外兼职

越来越多的大学生想走出校园寻求兼职，那究竟应该通过什么渠道获得兼职的机会？兼职的大学生中绝大部分是在做家教，除了家教之外，还有哪些工作更适合大学生去做？大部分人兼职的目的是挣钱，那么如何才能通过劳动获得尽可能多的报酬？不少人兼职是为了锻炼能力，那么如何才能通过兼职让自己真正得到锻炼？对于一个想走出象牙塔参与社会实践的大学生而言，这几个问题都是需要面对的。

（1）慎重选择寻找兼职的途径

大一新生初来乍到，人生地不熟，所以基本上都是通过自己寻找兼职的机会。经过一段时间的熟悉以后，通过老师和同学的介绍来寻找兼职的方式便逐渐普遍起来。另外，学校勤工俭学中心也会成为许多同学寻找兼职的中介。报纸广告、招聘网站也往往有不少兼职信息。

随着越来越多的大学生渴望获得兼职的机会，一大批非法分子在大学校园内打着“校园中介”的幌子，利用学生们渴望勤工俭学的急切心情，骗取学生的中介费。但凡是要先交钱的地方就千万别去。有些人可能会拿出许多资质证明文件来让你放心，千万不要轻易相信。正规的中介一般是在被介绍人获取了一定的劳动报酬之后，经过与被介绍人之间的协议，从中抽取一定的中介费。相比之下，通过老师、朋友的介绍寻找兼职是一种比较可靠的方式。

(2) 拓宽兼职渠道

大部分兼职的大学生主要是从事传统的家教工作。做家庭教师相对而言比较轻松，尤其是在经济发达的城市做家教，收入相当不错。做家教可以锻炼与学生的交际沟通能力，可以提高自己的口头表达能力，但是这种锻炼是非常有限的。其实，就算不做家教，大学生也还有许多种现实的选择。

①根据自己的特长或专业，在寒暑假利用各大小企业员工回家休假的空当去实习。

②如果只是想锻炼自己的能力，不妨打出不要工资的旗子，直接到自己心仪的企业申请兼职工作。

③在旅游胜地兼职涉外导游。春节外出旅行的外国人很多，领着老外旅游不仅可以得到并不算少的导游费，还可以提高自己的英语口语水平，也能更多地了解中外文化的差异。

④泡论坛。在专业的论坛泡的时间久了，发帖子寻求兼职的机会，成功率也比较高。

⑤节假日期间，许多公司都会搞促销活动。利用这个机会做礼仪或促销，时间短，不影响学业，收入也不错。

除上述兼职工作以外，大学生还可以做兼职记者、现场活动主持人、市场调研员等。但有许多兼职工作需要有某方面的特长，诸如写作、绘画、编辑、翻译等。应聘这种工作时需要对自己的特长有相当的了解，做到有的放矢。

(3) 学会自我保护

大学生因为缺乏社会实践经验，所以在从事兼职工作时很容易掉入形形色色的陷阱。有些用人单位会抓住大学生求职心切的特点，将大学生作为最廉价的劳动力。所以，在与用人单位协商工资报酬时，如果对方过于苛刻，一定要有理有力有节地为自己争取权利，不要太患得患失。事实上在学生尚未开始工作时争取权利比工作以后再争取权利要有利得多。如果在协商工资时对方提出了许多“软条款”，比如规定工作成果有这个那个瑕疵就要扣多少钱，又或者工作态度不好就要扣百分之多少的工资，这些基本上都是“霸王规定”，一定不要认为这只是说着玩。

(4) 态度决定一切

大学生兼职不要太功利，不要只考虑挣钱。应该在挣钱时候多用点精力去挣别的东西。也正是因为这个原因，许多大学生从事兼职工作的目的只是积累工作经验，为毕业以后求职做准备。那怎样才能在兼职过程中积累到真正有用的工作经验呢？

态度决定一切。这个世界上最怕的就两个字：认真。只要认真了，没有做不好的事情。要想在兼职过程中真正得到锻炼，首要的便是“认真”，不要因为挣了一点钱就洋洋得意，而要好好珍惜工作中每一个锻炼的机会。

(5) 兼职的技术含量

要想通过兼职真正达到锻炼能力的目的，必须要对自己从事兼职的领域有一个明确的认识。如果想锻炼自己的交际沟通能力，而去干了一份资料录入员的工作，恐怕不但不能让自己更加伶牙俐齿，反而会让自己更加不善于表达。或者毕业以后的目标是做一名优秀的平面设计师，但是自己在读书期间却去干了一份散发传单的工作，恐怕这也丝毫无助于提升自己对色彩和设计构思的把握。

所以，千万别以为一切兼职都可以锻炼自己的能力，而应该有一个适合自己长远发展的取舍标准，否则就可能一无所获甚至得不偿失了。

（6）警惕不要沦为兼职学生

大学生在课余时间做兼职，除了部分同学经济上的原因外，现在的社会环境也迫使大学生早早就有了就业压力，许多人希望通过兼职取得一定的社会经验，为以后的工作做准备。这当然是无可厚非的，但若不能很好地把握兼职在个人学习生活中的位置，本末倒置，可就实在不是什么好事情了。

大学生应该珍惜在大学的时间，多积累一些知识，以后施展本领、赚钱的机会会更多，而学习机会一旦失去，毕业后就很难再寻找到了。

2. 社会实践

社会实践也就是通常意义上的假期实习，对于在校大学生具有加深对本专业的了解、确认适合的职业，为向职场过渡做准备，增强就业竞争优势等多方面意义。也有些学生希望趁暑假打份零工，积攒一点零花钱。总的来说，大学生社会实践主要有专业实践与社会调查两类。

（1）专业实践

走进企业或单位进行实习锻炼，促进专业知识的进步，是大学生校外社会实践的一种参与方式。

“没有工作经验很难找工作”，这几乎是大学生求职过程中遇到的最大麻烦。据相关资料统计，三分之二的大学生有过“因没有工作经验而被企业拒绝”的经历，有些企业更是在招聘会上打出“应届毕业生免谈”的标语。尤其在《新劳动法》实施后，为了有效控制人力资源成本，有一定工作经验的人才必然成为用人单位的首选，这也使得大学生的就业形势更加严峻。为了积累所谓的“工作经验”，大学生花样百出，许多学生将促销、家教等“经历”当“经验”，还有学生把实习单位做的那些打字、复印文件等工作当“工作经验”，事实上，这些所谓的工作经验与企业实际岗位所要求的工作经验还有相当大的距离。

这里，需要认清的是企业所谓的“工作经验”更多的是指“专业实践”，即大学生在自己所学专业或在特定职位上所积累的经验，而这才是企业 HR 真正看中的！通过参与企业各种形式的校园招聘或假期实习生计划，如“可口可乐总经理选拔”活动，华硕“职业精英项目挑战赛”等，不仅有助于大学生积累到企业 HR 所看好的“专业实践”和“工作经验”，还能让学生更轻松地写出与众不同的金简历，让学生的综合实力更引人注目。

（2）社会调查

社会调查是大学生利用寒暑假，围绕经济社会发展的重要问题，开展社会研究，提出解决问题的意见和建议，形成调研成果的一种校外实践方式。大学生可以通过社会调查正确认识社会现象，掌握科学研究方法，提高分析问题和解决问题的能力，努力把握事物的本质和规律。

社会调查的形式和内容是极为丰富的，主要包括以下几方面：

①结合专业进行社会调查

通过考察了解本专业的发展情况、在社会上的需求程度以及在国家建设中的地位和作用，考察所学专业就业形势及方向，帮助确定个人职业规划和专业学习目标，从而激发对专业的学习热情和积极性。

②结合社会热点进行专项调研

大学生应关注社会发展，从自己的角度针对社会上的一些热点问题进行专项调研，提出自己的看法和建议，从而提高自己分析问题、解决问题的能力。

③结合国情开展民族文化的考察调研

大学生可以利用寒暑假以伟大的民族、悠久的历史、富饶的资源和美丽的山河等为专题，通过考察学习历史和地理知识，了解中华民族的灿烂文化，增强民族自豪感。

④结合家乡的发展变化进行调研活动

大学生本着热爱家乡、了解家乡、为家乡做贡献的主题，通过对家乡风土人情、自然资源、周边环境等调查，对家乡的现状进行评估，对家乡的未来进行思考，从而为建设自己的家乡做准备。

（3）志愿服务

“大学生志愿服务西部计划”又称“西部计划”，这项活动是由共青团中央、国家教育部、中央组织部、国家人事部于2003年根据国务院相关要求共同组织实施的。计划从2003年开始，按照公开招募、自愿报名、组织选拔、集中派遣的方式，每年招募一定数量的普通高等院校应届毕业生，以志愿服务的方式到西部贫困县的乡镇从事为期1~2年的教育、卫生、农技、扶贫以及青年中心建设和管理等方面的工作，推进农村共青团工作、全国农村党员干部现代远程教育试点工作、基层检察院、基层人民法院、基层司法援助、西部农村平安建设等方面的志愿服务工作。志愿服务期满，鼓励其扎根基层，或者自主择业和流动就业，并在其升学、就业方面给予一定的政策支持。

鼓励青年知识分子到实践中去、到基层和艰苦地区去经受磨炼，健康成长，是我们党和政府的一贯方针。动员大学生到西部去，到祖国和人民最需要的地方去建功立业，对于促进西部贫困地区教育、卫生、农技、扶贫等社会事业的发展，拓展大学生的就业、创业渠道，培养和造就一批既有现代科学文化知识，又有基层工作经验和强烈社会责任感的优秀青年人才，弘扬“奉献、友爱、互助、进步”的志愿精神，推动经济社会持续快速健康发展，都具有非常重要的作用和意义。

1.4 规划我的宿舍生活

在大学里，基本上都要求学生住集体宿舍，离开了家，住进了宿舍，一间学生寝室住8个人或6个人或4个人，来自不同的地方，说着带方言的有点别扭的普通话，从此开始了3年或4年或更长时间的朝夕相处。当学生走进校园时，最先认识的就是自己的室友，而在若干年之后与大学室友之间的情谊也是最难忘的。宿舍生活、宿舍卫生、宿舍文化等都是学生日常生活中不可或缺的部分。所以大学生一定要处理好与室友的关系，和其建立良好的感情。同住在一间宿舍里的同学来自不同的地方，有着各自不同的生活习惯和文化背景，一起共同生活难免会有磕磕碰碰，只要能正向地解决矛盾，就能融洽地相处下去。

1.4.1 学会接受别人

在与室友的交往中要坚持与人为善，不要过分挑剔别人，理解别人的生活习惯或民族习惯，善于理解和宽容别人。只有自己先善待了别人，别人才能善待自己。

1.4.2 多从别人的角度和立场来考虑问题

这要求具有同理心。现在我们大部分同学都是独生子女，在家里都是小太阳，没有养成为别人考虑的习惯。一个人不可能总是一个小世界的中心，在宿舍里大家都是平等的，只有互相体谅大家才能和谐相处。

1.4.3 养成良好的生活习惯

早睡早起、作息时间规律，尽可能减少因为个人的生活习惯不同而给别人带来的不便。大家在生活习惯上保持一致，会避免许多矛盾。但如果和大家的作息时间不一致，要尽量避免发出声响，妨碍他人休息。一个好的、积极向上的宿舍文化，对每个人的成长影响都很大，每个人都应为好的宿舍文化贡献自己的力量。

1.4.4 生活细节不能忽略

不要在背后议论他人。没有经过别人允许不要随便用别人的物品，如果主人不在，应该留言或事后打招呼，说明原因，请求原谅。对细节的处理也能看出做人的根本。

1.4.5 讲究个人卫生和宿舍卫生

卫生是宿舍中不能忽视的部分。好的卫生习惯和生活环境会给学生的学习和生活带来好心情。“一屋不扫何以扫天下”，好的卫生习惯，更会给学生毕业之后的工作和生活带来不一样的责任心。

1.4.6 注意人际关系

尽量不要与任何人发生正面冲突，遇到矛盾后马上寻找化解的办法，而不是指责对方的不是。要多记住别人的好，删除所有的不愉快，把宿舍当家来经营。

第2章 职业生涯规划概述

教学目标： 通过本章的学习，学生能够掌握职业、职业生涯规划等概念，了解职业生涯规划的相关理论。

2.1 职业生涯规划的概念

2.1.1 认识职业

1. 职业的概念

在德语中，职业一词为“Beruf”，有“天职”之意，意味着职业是个人从学校毕业起就应当为之不懈奋斗的目标。因此，职业本身已经包含了职业精神和职业道德的内容，是一种高尚的事业。下面通过将职业与职位、工作做比较来认识职业的概念。

（1）职业

职业是指人们在社会生活中所从事的，以获得物质报酬作为自己主要生活来源并能满足自己精神需求的，在社会分工中具有专门技能的工作，是对特征相同或相似的一类工作的统称。职业，不同于工作，职业更多的是指一项事业。因此，职业问题不是简单的工作问题，就职业一词的本意而论，职业至少包含四个方面的含义：

第一，与人类的需求和职业结构相关，强调社会分工。

第二，与职业的内在需求相关，强调利用专门的知识和技能。

第三，与社会伦理相关，强调创造物质财富和精神财富，获得合理报酬。

第四，与个人生活相关，强调物质生活来源，并设法满足精神生活。

（2）职位

职位是按相关规定担任的工作或为实现某一目的而从事的明确的工作行为，职位由一组主要职责相似的岗位所组成。职位在任何时候都应根据组织机构的目标和流程而设置，不能因人来设置，也不能因任职者调离而舍弃，职位是组织机构的基本单位。

岗位是组织要求个体完成的一项或多项责任以及为此赋予个体的权力的总和。一份职位一般是将某些任务、职责和责任组为一体而成；而一个岗位则是指由一个人来从事的工作。

岗位与人对应，只能由一个人担任，一个岗位或若干个岗位的共性体现就是职位，即职位可以由一个岗位或多个岗位组成。比如制造型企业的生产部门的操作员是一个职位，这个职位有许多岗位的员工担任。如果具体到某个工序就是岗位了。比如钻孔操作员，操作员的职位可能由钻孔操作员、层压操作员、丝印操作员等岗位组成。

（3）工作

工作是一个多义词，有时被称为职业，有时被称为职位，有时被称为任务。大学毕业班的同学经常说找工作，这里的工作是指职位。比如老师告诉学生这一周要去完成某项工作，这里的工作是指工作任务。

2. 职业的作用

职业的作用是指职业活动与职业角色对人、对社会的作用及影响。概括起来主要有以下几个方面。

（1）影响个人能力

一个人的能力是在个人遗传素质的基础上，在一定的社会环境里，通过社会实践而形成和发展起来的。人的能力是多方面的，如语言表达能力、组织管理能力以及在所学专业上某方面的能力，等等。长期从事某种职业，就会使人在某些方面的能力得到进一步的提高，而在另外方面的能力则会相对削弱。

（2）影响个人性格和兴趣

性格是人个性中稳定并起核心作用的心理特征，性格由处事原则、处世态度和活动方式三个方面组成。具体表现为一个人是活泼还是文静，是豪放还是拘谨等。兴趣是一个人热衷于认识某种事物或积极进行某种活动的心理倾向，兴趣是由于人的需要而产生，并在社会实践中培养和发展起来的。每一种职业都要求掌握相关的知识和技术，遵守一定的规则、章程和职业道德，从而影响角色承担者的行动方式、处事原则和态度，即个人的性格。长期从事某种职业就会对职业的某些方面形成浓厚的兴趣，如音乐家对声音、地质工作者对石头、历史学家对古书等的兴趣就是如此。

（3）影响个人及其家庭的社会地位

一个人社会地位的高低，主要取决于：其一，经济收入的多少。不同职业、职位给就业者带来的经济收入显然存在差别。其二，社会权力的大小。不同职业、职位能给就业者带来大小不同的权力。比如，高层管理类职位给就业者带来的权力就比较大，而服务类职业、职位给就业者带来的权力就较小等。其三，社会声望的高低。经济收入和社会权力对职业的社会声望有一定影响，但不能完全决定其高低。影响职业或职位声望高低的因素还有晋级提升的机会、职业声誉、劳动环境条件、安全感和历史传统等。一个家庭的社会地位，取决于该家庭中已就业者的社会地位。

（4）影响人们的生活方式

生活方式不仅是指人们的消费方式、言谈举止和其他日常生活方式，还包括人们的劳动方式或工作方式等。不同的职业要求其就业者必须掌握不同的知识和技术，遵守不同的职业规范，由此便决定了不同职业有不同的劳动方式或工作方式。人们的消费方式、言谈举止和其他日常生活方式要受职业的影响，如军人的日常生活方式就与机关工作人员的生活方式有别，教师的言谈举止与工人的言谈举止不同，等等。由于职业不但影响人们的兴趣、能力和性格，而且还影响其生活方式，所以，一个人长期从事某种职业，便会形成一种特定的个性心理和行为模式，即形成一种特殊的职业生涯模式。职业生涯模式将会长期影响其以后的生活方式。

（5）影响人生价值的实现

从个人角度看，职业活动本身，体现了生命的意义。随着社会的进步，每个人都有了越来越多的职业选择机会和越来越大的事业发展空间。人在多变的社会中摸索着职业道路，寻找着更好的职业发展空间，扮演着适合自己的人生角色。

（6）推动人类社会的发展

人类社会由科技、教育、经济和政治等多方面构成。如科技工作者推动着科技的进步，教育工作者推动着教育事业的发展等，每种职业都对人类社会的发展具有积极的促进作用。当今社会，每一项主要的工作，每一种重要的劳动及社会活动，都有与之相应的职业：如体育成了职业，文学艺术成了职业，家务劳动成了职业，就业指导也成了职业。正因为如此，就业不仅仅是个人发展的主要方式，而且还是为人类、为社会作出贡献的重要方式。

3. 职业的构成要素

职业不可能脱离社会、经济和技术条件而独立存在，它们之间有着相互依存的关系。没有社会的进步、经济的发展，就不会产生相应的职业，而社会因众多的职业分工和从业者的工作及对社会的贡献，才构成了人类共同生活的基本结构，成为推动历史前进的力量。职业的社会性，还体现在社会对该职业的需求及其法律地位上。技术条件主要是指每一种职业所要求的职业素质和技术标准。职业主要由以下几个要素构成：

（1）职业名称

职业名称是指职业的符号特征，通常用社会通用的名称来命名。随着社会的发展，一些过时的职业将会逐渐退出历史舞台，与此同时，也会有更多新的、符合时代发展的职业产生，出现许多新的职业名称。

（2）职业主体和职业客体

职业主体是从事一定社会分工活动，具有承担该职业活动所需要的资格和能力的劳动者。职业活动的工作对象、内容、劳动方式和场所等被称为职业客体。

（3）职业技术

职业技术是劳动者在从事职业活动中所运用的自然技术、社会技术与思维技术的总和。职业技术体现在人们从事职业活动时使用工具、材料、工艺的方法，也包括尚未形成系统的经验。

（4）职业素质

职业素质是从事职业活动的最基本的条件，如教师必须具有丰富的知识、正常的语言表达能力等。

（5）职业报酬

报酬是人们从事职业工作所应该得到的经济回报。

4. 职业要求

职业要求是指一定职业对于任职者受教育程度、技能技巧、工作能力、道德品质、身体状况等各项素质的综合要求。职业要求主要包括技能和非技能两方面的内容。技能方面包括能力、技术、知识、思维、判断和决策等；非技能方面包括职业道德、心理、智商、情商、职业观、学历和资格证书等。任何一种职业的职业要求都具有独特性，同一职业又因职位不同、组织不同而有一定的差别。

虽然不同的职业对从业者的需求不同，但大体上对从业者的一般要求还是具有共性的。一般职业要求主要包括沟通能力、专业能力、表达能力、动手能力、组织管理能力、创新能力和情感能力。

（1）专业能力

专业能力是指从事职业和创业活动所必需的知识和技能，以及运用已经掌握的知识和技能解决工作中实际问题的能力。专业能力是人们从事某一特定社会职业所必须具备的能力和本领，是大学生能力培养中最为基础、最为重要的能力，是影响大学生就业的最重要因素之一。精通专业知识和技能是大学生适应社会生活，对社会有所贡献所必须具备的素质。一般地，毕业生就业后能否很快适应专业工作要求，取得工作单位中上司和同事的认同，首先与其掌握的专业能力和技能密切相关。专业知识技能的水平越高，就越有利于其开展工作，也越有利于工作中各种关系的处理，有利于形成良好的职业发展循环。

（2）表达能力

表达能力是指应用语言或文字阐明自己的观点、意见或抒发自己思想的能力。表达能力包括口头表达能力、文字表达能力、图示表达能力等若干种形式。表达能力的重要性不仅在毕业生参加工作走向社会后强烈意识到，而且在求职择业时就会有深切的感受，如求职自荐信的撰写、个人材料的准备、回答招聘人员的问题、接受用人单位的面试等，每个环节都需要较强的表达能力。一个表达能力很差的人难以在工作中处理好各种各样的关系，适应力自然较低。

（3）沟通能力

人际沟通泛指通过各种媒介，将一种观念或信息由一个人传达到另一个人的过程。人类通过沟通和用以沟通的各种媒介互相传播着各种信息，为自己提供生存和人生发展必需的资源和条件。良好的人际交往和沟通能力已经成为现代社会衡量人才质量的重要参数之一。

（4）动手能力

动手能力也就是实际操作能力。动手能力是人的智力转化为物质力量的关键，是专业工作者必须具有的基本实践能力。毕业生实际水平的高低，主要是看其操作的速度、准确度和灵活度三个方面。

（5）组织管理能力

每个人在未来工作中都会不同程度地需要组织管理才能，这是现代社会对人才的要求。大学生培养自己的组织管理能力，就要积极主动地抓住机遇和锻炼的机会，在生活中拥有一颗为他人服务的爱心，善于观察，善于取人之长补己之短，这样，组织管理能力会逐步得到锻炼和提高。

（6）情感智力

情感智力是指人们识别自己和他人的情绪，鞭策自己进取，并驾驭自己情绪以及把握人际关系的能力。具体包括以下几点：

①自我觉察。自我觉察是了解自己内心想法和倾向的能力，如准确地自我评估、自信心等。

②自我调控。自我调控是控制自己内心世界的活动及冲动的能力，如自制力、诚信、适应力、创新精神等。

③成就动机。成就动机是引导或推动人达到目的的情绪倾向，如责任感、主动性、乐观态度等。

④移情。移情是觉察他人的感情与需求及关心他人事情的能力，如善解人意、服务定位、助人发展、政治敏锐力等。

⑤社交技巧。社交技巧是善于使他人产生自己期待的反应，如感召力、领导能力、合作与配合能力、团队协调能力等。

（7）创新能力

创新能力是各种智力因素和能力品质在新的层面上融为一体，相互作用形成的一种合力，创新能力是在多种能力发展的基础上，利用已知信息，创造新颖独特的具有社会价值的新思维、新产品的能力，创新能力是一种综合性的、高层次的思维和行动能力。大学生要培养强烈的好奇心，细微的观察力、深刻的洞察力和大胆设想、勇于探索的精神以及提出问题、解决问题的能力，以便为走上工作岗位后创造性地工作打下扎实的基础。

5. 职业的特性

职业从产生的那一刻起，便有了自己的特性，具体表现为以下几个方面：

（1）时代特性

近数十年，人类的生产力发展水平得到了极大提高，伴随着科学技术的进步发展、社会制度和管理制度的变革以及人类物质文化生活水平的提高，社会分工结构进一步调整。

旧有的、不符合社会发展需要的职业正逐步消失，如印刷厂的铅字工、打铁匠、卖货郎等；新职业不断地产生，如网络编辑员、理财策划师、健康管理师、芳香保健师等，这些新生的职业按以前的眼光来看，很不可思议，但它们却实实在在地存在，并且随着时代的进步，成为人们现代生活中不可缺少的一部分。

（2）社会特性

职业充分体现了社会分工，是社会发展的必然产物，每一个职业都体现了社会分工的细化，体现了对社会生产和社会进步的积极作用。

（3）经济特性

人们通过从事某种职业获得稳定的经济收入，而不是断断续续的，这是人们生存和发展的基本保障，也是人们参与社会劳动的回报。正是因为职业具有明显的连续性和经济性，职业才能与人们的日常生活和社会活动紧密地联系在一起，成为人们生活中非常重要的一部分。

（4）多样特性

随着社会经济的发展和科技的进步，社会分工越来越细，职业种类也越来越多，呈现出多样化的特点。在知识经济的推动下，我国的产业结构必将发生重大的变化，随之会产生许多新行业，增加许多新职业。

（5）发展特性

职业是随着生产力的发展而不断变化的，有的职业将逐渐退出历史舞台，代之以新职业；同一职业，随着知识和技术的创新，其基本职业要求也会发生变化。比如，汽车生产厂家的焊工，已被智能化的机械手所取代，IT 产业的生产、销售、维修服务等一系列相关职业的出现，都是伴随着计算机的出现而产生的。互联网的出现，为社会创造了诸如网络管理、系统维护、网站建设、网络信息服务、信息开发等大量的相关职业。在我国，目前有些旧职业正在不断消失，新职业还在不断产生，职业仍在剧烈变化中。

（6）技术特性

现代社会，每一种职业都有一定的技术含量或技术规范要求。人类社会不断发展，科技水平日益提升，职业的科学技术含量越来越高。即使是在劳动密集型产业中，对于某一种职业，也必须要求从业者具备一定的技术能力或操控能力。职业的技术特性要求从业者必须进行特定的职业知识学习，进行专门的技术技能或操作规程训练。这一点也正是职业教育兴起和得到认可的根本原因。目前，社会发展日新月异，随着科技水平的快速提升，职业的发展必定由劳动密集型向高科技型转变，提高职业从业者的技术水平和学习能力是适应社会发展的必要准备。

6. 职业的形成和发展

职业从其产生开始，随着生产力和社会分工的发展，一直处在不断分化中，有的兴起，有的衰落，有的繁荣发达，有的凋零衰败，各自经历着不同的命运。任何行业都要经历一个从产生、发展、成熟到衰退的生命周期。作为大学毕业生，要想成为社会的强者、胜者，就要抓住发展的机遇，转变就业观念，提高自身素质，使自己适应社会和时代发展的要求，成为一个有胆识、有魄力、有能力的新时代弄潮儿。

（1）职业的形成

职业是人类社会发展到一定阶段的产物。在原始社会初期，并无职业可言。虽然在氏族成员中有自然分工，但还没有形成专门的职业。随着社会生产力的发展，社会分工开始逐渐形成，在氏族公社里，产生了按性别和年龄进行的不稳定分工，可以说是职业的萌芽。随着生产力的发展，人类征服自然的能力不断提高，畜牧业从农业中分离出来，出现了人类社会第一次大分工。随着生产力的进一步发展，手工业又从农业中分离出来，且出现了专门经营交换产品的商业。随着私有制的产生和阶级的出现，又有了体力劳动和脑力劳动的分工与对立。这样，人类社会中各种各样的职业随着生产力的逐步发展而产生了。从职业形成的历史可知：社会分工是人类社会生产和社会生活发展的必然结果，每个人在社会分工中占有一席之地，这就是他的职业。社会分工是职业产生的社会基础，社会分工不消失，职业就仍然存在并继续发展。

职业是一种相对稳定的、由社会分工形成的，并要求从业者具有一定专业知识和技能的劳动。职业是人类生存和发展得以实现的一种普遍的社会形式。职业的产生离不开人类劳动，劳动创造了人，也创造了职业。社会是各种职业和各种职业活动的统一体，正是各种职业和各种职业活动构成了纷繁复杂的人类社会。

（2）职业的发展

自从职业产生以来，就随着社会生产力的进步和社会分工的发展而不断发生变化。职业的发展主要表现在以下几个方面：

①内容不断更新

同一职业在不同时代会随着社会的发展和科学技术的进步而具有截然不同的内容。现代的农民不同于刀耕火种时代的农民，农业劳动已不是仅仅依靠体力的劳动，现代农业要求农民掌握现代生物学知识、育种知识、栽培知识和技术、土壤肥料知识、气象知识、农业机械知识和技能等现代化农业科学技术知识，所采用的工具较原始农业所用工具更是有了天壤之别。邮政业也已不靠“骑马传送邮件”，现代邮政业除了使用飞机、火车、汽车传送邮件外，还广泛使用电报、电话、传真、电子邮件和卫星通信等手段传递信息。社会进步了，职业的内容也在不断地变化，从业者的观念、知识和技能也必然会随之更新。

②分工逐步细化

例如，农业最早是指种植业，即农民所从事的劳动包括各种作物从播种到收获的一系列活动。随着生产力的发展，出现了粮食作物种植与经济作物种植的区分。经济作物种植又分为棉花种植、果树种植、茶种植和桑种植等，于是出现了棉农、果农、茶农、桑农等。现代农业的发展使种植活动本身也产生了社会化服务体系，体现了职业的进一步分化，标志着农业专业化的形成。又如，建筑业已从原始的单一职业发展到现代化的由建材生产、建筑设计、土木建筑、建筑装修等数十个职业构成的庞大的建筑职业群。

③结构逐渐优化调整

从19世纪开始，在一些工业发展比较快的国家，从事制造业、运输业、采矿业等工业活动的劳动力逐渐超过了从事农业生产的劳动力。20世纪初，一些发达国家又进入了服务业取代制造业的时代，交通运输、邮电通信、商业、饮食业、行政管理、社会福利、文化教育、卫生、体育、信息等在职业中占了很大比重。亦即，从事农业生产和工业生产的人数在逐渐减少，从事服务行业的人数在不断增加。

④新型职业不断涌现

科学技术的不断创新和运用是新型职业不断产生的动力和源泉。每次新的技术革命，都必然导致大批新型职业产生，同时又有部分传统职业被淘汰。例如，蒸汽机的使用使整个机械制造业、运输业、纺织业发生了巨大变化，铁路的出现促使成百上千种新的职业产生，石油和电力应用导致了城市电气、汽车、飞机、电报、电话、无线电、化学工业、塑料工业等一大批新型行业与相应新型职业的产生，以原子能、计算机、空间技术和现代生物科学为标志的新技术革命，正在开辟着许许多多高新科技产业及一大批新的职业领域。据相关资料统计，现在每年平均有600多种新职业产生，同时有500多种传统职业被淘汰，这就意味着越来越多的人将转移自己的职业岗位。

⑤对从业人员的素质要求越来越高

职业内容的不断更新和新型职业的不断产生，对从业人员的素质提出了更高的要求。例如，新资源的开发、新技术的发明和应用、生产工具的革新、生产组织的改革和管理水平的提高，要求人们必须具有更高的科学技术知识和操作技能，同时要求人们更新观念、解放思想、开阔视野，树立时间观念、效率观念、竞争观念、组织纪律和合作观念。由于职业的不断发展与变化，从业人员的职业转换将越来越频繁。在一些发达国家，人一生平均转换职业 6~7 次。每次职业转换都会对从业人员提出新的要求，这就使得人们必须摒弃过去那种一次选择定终身的传统观念，树立不断选择、不断发展的观念，适时调整自己与外界环境的关系，不断提高自己的职业素质，以适应发展的新职业的要求。

现代职业活动越来越需要手脑并用，即使是劳动密集型职业，也不再是纯体力劳动。随着大量新技术的广泛应用，职业对体力的要求相对下降，而对智力的要求相对上升。早期炼钢厂招收新工人，挑选的是力气大、跑得快的人，而现代炼钢厂，自动化的机械操作代替了繁重的体力劳动，需要的是能够使用电子计算机控制炼钢过程的有知识、有技能的新工人。因此，知识与技能越来越成为人们谋求职业和胜任工作的基本条件。

7. 新时期职业发展趋势

（1）将出现大批新兴职业

职业种类越来越多，分工不断趋于精细，职业之间的差异不断加大，许多新兴职业应运而生。随着现代科学技术的进步而出现的职业，如高新技术研究与应用，新材料、新工艺、新能源开发，网络设计与管理，计算机软件开发等；随着市场经济的发展而出现的职业，如注册会计师、营销策划、广告策划、资产评估、商务代理等；随着一些边缘科学的开发而出现的职业，如生命科学研究、人口学研究、社会学研究、心理咨询研究等；随着社会服务需求的扩大而出现的职业，如公益慈善事业管理、社区服务、家政服务、法律顾问、中介服务、环境设计与保护等；为适应政治体制及其管理而出现的职业，如公共事业管理、行政监督、司法监督等。这些新兴职业打破传统职业格局，需要大批具备现代科学思想、掌握现代科学知识和现代管理手段的创造型人才。因此，必须不断适应形势发展，培养出开拓创新型、社会应用型人才，否则将不能满足职业发展的需要。

（2）技术性职业将成为各行业主体

在知识经济时代，生产工艺和管理手段日益现代化和高科技化，产品的科技含量越来越高，技术性工作将成为各行业的先导。各种类型的科学技术人员和现代技术型管理人员将支撑起整个行业，成为企业生存和发展的决定性因素。失去科学技术工作的支撑，这些行业将落后甚至被淘汰，相关的职业也将会随之消失。掌握现代科学技术和现代管理手段的人才，将在竞争中显现出优势地位。为适应这种趋势，人才培养要全面提高科学理念，掌握现代科学技术、现代信息技术、现代实验技术和现代管理技术。

（3）现代行政办公型职业将得到迅速发展

随着政府机构的改革和各类组织行政办公自动化的发展，传统型文职人员需求量减少，而适应现代信息管理与办公自动化的新型咨询参谋型文职人员需求量迅速增加，如计算机软件编写员、计算机制图技术员、计算机辅助信息检索员、计算机辅助设计的工程软件专家、计算机终端操作员、信息分析论证专家、行政助理、人事助理、外事助理、技术助理等。精通业务、熟练掌握外语和计算机技术，有较强参谋能力、策划能力、组织能力和外交能力的高级行政办公人员将受到各类组织的欢迎。文职人员的培养要突破传统模式，重点培养具备高深公共事业管理理论、熟悉某专业领域业务的专家型人才。

（4）服务型职业将广泛发展

在新的时期，服务型行业将大力发展，社会将从以生产为中心的时代逐渐过渡到以服务为中心的时代，在服务型行业就业的人员将逐渐超过生产性行业。服务型行业将对社会发展和人类生活产生重大影响。服务型职业主要有商业服务型、社会服务型、生活服务型和私人服务型。服务型职业的发展需要各种类型的人才，如何培养高素质的服务型人才，规范服务工作质量标准，鼓励高素质人才从事服务工作，培养更多大师级、专家型服务人才，已成为全社会所关注的问题。

（5）未来职业对劳动者的素质要求越来越高

未来职业的专业性、技术性、创造性越来越强，对劳动者素质能力的要求越来越高。体力劳动类职业和各种职业对体力的要求将大大降低，而逐渐被脑力劳动和创意性工作所代替。随着社会的进步和市场经济规范化的发展，文化素质较低的人将失去职业竞争力。社会将需要具备高等文化水平、掌握现代科学技术、熟悉国际惯例和国际竞争形势、具备全球战略视野和创新能力的人才。

（6）职业者之间的竞争更加激烈

随着科学技术的进步和社会产业结构的变化，部分新兴职业将越来越兴旺，而另一部分职业将逐渐被淘汰，这是社会发展的必然结果。这就使人才在行业间、部门间的流动不断增多，也促使劳动者不断接受教育，更新知识，掌握新技术，提高适应时代发展的能力，不断迎接竞争的挑战。另外一部分劳动者由于不能适应职业发展的需求而转岗、下岗，结构性失业问题还会不断出现。

（7）执业资格制度将促进职业的规范化

执业资格制度是指对某些责任重大、社会通用性强并关系国家或公共利益的专业技术岗位的人员依法实行控制，通过统一考试、注册管理，保证从业人员质量，以保障国家和人民财产安全和多方利益。

（8）未来职业将更加重视体现人的自我价值

职业不再仅仅把人作为一种“工具”，而是作为生产的要素和创造财富的手段。职业将越来越重视发挥人的智慧和潜能，在工作中满足人的安全感、归属感、自尊感和成就感，实现人的自我价值。新兴职业越来越强调人的综合素质、创新能力、合作能力和对高新技术的掌握，从而促使人才不断学习，更新自我，在创造社会财富的同时，促进人类自身的发展和完善。劳动者不再仅仅将职业作为谋生的手段，而是将其作为生活的重要组成部分，是人生快乐的重要源泉，是体现自我价值的重要途径。整个社会都要重视劳动者在工作中的自我价值实现，同时要引导劳动者将自我价值与团体价值、社会价值正确统一起来。

2.1.2 认识职业生涯规划

1. 生涯

(1) 生涯的含义

生涯不是个人随意的短暂的行为，也并不简单的就是一份工作，生涯是经人们规划、思考和权衡而创造出来的一种生活模式。国外学者对生涯的定义有所不同，但目前，大多数的西方学者所接受的生涯定义是舒伯的观点：生涯是生活里各种事态的演进方向和历程。生涯统合了人一生中依序发展的各种职业和生活角色，由此表现出个人独特的自我发展形态。生涯不仅包括职业角色，也包括和工作有关的其他角色，如子女、学生、公民、休闲者等。生涯是个人通过从事工作所创造出的一个有目的的、延续一定时间的生活模式，如图 2-1 所示。

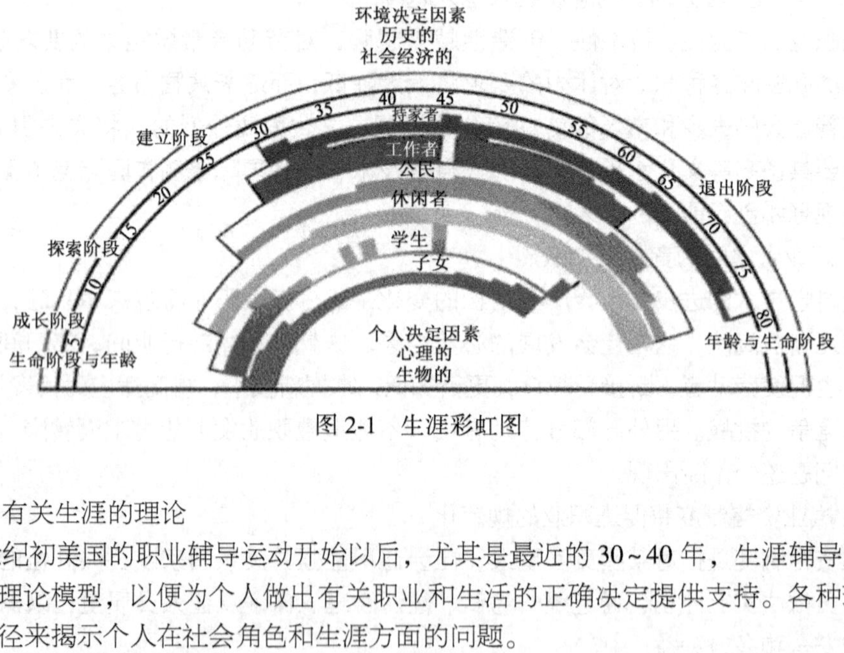

图 2-1 生涯彩虹图

(2) 有关生涯的理论

20 世纪初美国的职业辅导运动开始以后，尤其是最近的 30~40 年，生涯辅导建立起了一系列的理论模型，以便为个人做出有关职业和生活的正确决定提供支持。各种理论通过不同的途径来揭示个人在社会角色和生涯方面的问题。

1) 帕森斯的特质因素理论

帕森斯的特质因素理论又称为帕森斯的人职匹配理论，特质因素论是最早的职业辅导理论，1909 年美国波士顿大学教授弗兰克·帕森斯（Frank Parsons）在其《选择一个职业》的著作中提出了人与职业相匹配是职业选择的焦点的观点，他认为，每个人都有自己独特的人格模式，每种人格模式的个人都有其相适应的职业类型。所谓“特质”，就是指个人的人格特征，包括能力倾向、兴趣、价值观和人格等，这些都可以通过心理测量工具来加以评量。所谓“因素”，则是指在工作上要取得成功所必须具备的条件或资格，这可以通过对工作的分析而了解。在这一理论中，他提出了职业设计的三要素模式：其一，清楚的了解自己，包括性向、能力、兴趣、自身局限和其他特质等资料；其二，了解各种职业必备的条件及所需的知识，在不同工作岗位上所占有的优势、不足和补偿、机会、前途；其三，上述两者的平衡。特性与因素理论的核心是人与职业的匹配，其理论前提是：每个人都有一系列独特的特性，并且可以客观而有效地进行测量；为了取得成功，不同职业需要配备不同特性的人员；选择一种职业是一个相当易行的过程，而且人职匹配是可能的；个人特性与工作要求之间配合的越紧密，职业成功的可能性越大。

特性—因素强调个人的所具有的特性与职业所需要的素质与技能（因素）之间的协调和匹配。为了对个体的特性进行深入详细的了解与掌握，特性—因素论十分重视人才测评的作用，可以说，特性—因素论进行职业指导是以对人的特性的测评为基本前提。它首先提出了在职业决策中进行人—职匹配的思想。故这一理论奠定了人才测评理论的理论基础，推动了人才测评在职业选拔与指导中的运用和发展。

特性与因素匹配理论产生近百年来经久不衰。其中，三要素模式被认为是职业设计的至理名言，并得到了不断发展和完善，形成职业选择和职业指导过程的三个步骤：第一步，进行人员分析，评价个体的生理和心理特征；第二步，分析职业对人的要求，并向求职者提供相关的职业信息；第三步，人职匹配，个人在了解自己的特点和职业要求的基础上，借助职业指导者的帮助，选择一项既合适自己特点又有可能获得的职业。

总体上看，特性—因素理论为人们的职业设计提供了最基本的原则，各种心理测量工具和美国出版的大量的职业信息书刊也为之提供了良好的支持。这样，由于该理论较强的可操作性，使之被人们广为采用。但也应该看到该理论中的静态观点和现代社会的职业变动规律不相吻合，忽视了社会因素对职业设计的影响和制约作用。

2）霍兰德的“类型论”

约翰·霍兰德（John Holland）是美国约翰·霍普金斯大学心理学教授，美国著名的职业指导专家。他于1959年提出了具有广泛社会影响的职业兴趣理论。认为人的人格类型、兴趣与职业密切相关，兴趣是人们活动的巨大动力，凡是具有职业兴趣的职业，都可以提高人们的积极性，促使人们积极地、愉快地从事该职业，且职业兴趣与人格之间存在很高的相关性。霍兰德认为人格可以分为现实型、研究型、艺术型、社会型、企业型和常规型六种类型。

霍兰德的类型理论提供了一个重要的生涯辅导理念：把个人特质和适合这种特质的工作联合起来。生涯辅导（简单地说就是职业辅导）强调生涯探索，对自我能力、兴趣、价值以及工作世界的探索，霍兰德巧妙地拉近了自我与工作世界的距离。借助霍兰德代码，当事人能迅速地、有系统而且有所依据地在一个特定的职业群里进行探索活动。令人称道的是，这一理论提供和个人兴趣相近而内容互有关联的一群职业，而不是仅仅冒险地去建议个人选择一种特殊的职业或工作。此外，在生涯咨询（具体就是职业指导），霍兰德的职业性理论也可以出其不意地引导当事人走向一个主动、积极的行动方向，进行动态探索。得到自己的代码和相关的职业群名称，当事人得以“起而行”地探查和自己将来有可能选择的职业的各种事务，包括工作内容、资薪收入、工作所需条件，等等。

霍兰德的理念是：人的内在本质必须在职业生涯的领域中得以充分扩展，期待一个人能在适当的生涯舞台上充分地展现自我，实现自我，不仅能安身，更能立命。他的理论就是协助当事人从迷惑中找到“人之所是”的立命之所。

职业兴趣是职业选择中最重要的因素，是一种强大的精神力量，职业兴趣测验可以帮助个体明确自己的主观性向。

3）舒伯的生涯发展理论

舒伯1953年在《美国心理学家》杂志发表文章，提出“生涯”的概念，他把职业生涯的发展看成是一个持续渐进的过程，一直伴随个人的一生。其主要理论观点是：

①自我概念

“自我概念”是舒伯理论中的核心概念。“自我概念”是指个人对自己的兴趣、能力、价值观及人格特征等方面的认识。一个人的自我概念在青春期以前就开始形成，至青春期较为明朗，并于成人期由自我概念转化为职业生涯概念。工作与生活满意与否，就在于个人能否在工作和生活中找到展现自我的机会。用舒伯的话说，“职业生涯就是对自我的实践”。

②生涯发展阶段

舒伯认为人的职业生涯发展分为五个阶段。

第一个阶段：成长阶段（14~15岁）。

儿童开始辨认他们周围的事物，并逐渐开始意识到自己的兴趣所在以及和职业相关的一些最基本技能。他们这个阶段发展的任务是：发展自我形象和对工作世界的正确态度，并了解工作的意义。

第二阶段：探索阶段（15~24岁）。

这个阶段分为三个时期：

15~18岁，青少年开始通过学校生活、社团休闲活动、兼职打零工等机会，对自己的兴趣、能力、角色、职业进行探索，收集相关信息，尝试自己对于职业的一些假象。

18~21岁，青年人进入就业市场或接受专业训练，开始将一般性的职业偏好转化为具体的职业选择。

22~24岁，个人初步确定自己的职业并试验其成为长期发展领域的可能性。

第三阶段：建立阶段（25~44岁）。

个人开始尝试选择适合自己的职业领域。这个阶段发展的任务是个人致力于工作上的稳定，大部分人处于最具创造力的时期。

第四阶段：维持阶段（45~64岁）。

个人通过不断努力来获得职业生涯的发展和成就，并逐渐能在自己的领域中占有一席之地。这一阶段发展的任务是维持既有的成就与地位。

第五阶段：衰退阶段（65岁以上）。

由于生理及心理机能日益衰退，个人职业角色的分量逐渐减少，开始考虑退休并享受自己的晚年生活。

③职业循环发展理论

舒伯在后期，提出在一个人一生的职业发展过程中，职业发展的五个阶段：成长阶段、探索阶段 、建立阶段、维持阶段、衰退阶段是一个循环再循环的过程。

职业发展的五个阶段并不完全和年龄相关，而且各阶段之间并不存在严格的界限，可能有交叉，在人生中的不同时期，都可以经历由这五个阶段构成的一个“小循环”。职业生涯发展是一个循环往复的过程。

④生命彩虹图

舒伯认为一个人的职业生涯发展与其个人在发展历程的各个阶段中所扮演的各种角色

有关，如儿童、学生；休闲者、公民、工作者、夫妻、家长；父母和退休者。人在某一阶段对某角色投入得多，会导致这一角色的成功，同时也可能导致另一角色的失败。他称发展的各个阶段为生活广度，称个人扮演的角色为生活空间。生活广度和生活空间交汇成为生涯彩虹图。这一思想描绘出了生涯发展阶段与角色彼此间交互影响、多重角色生涯发展的状况。

2. 职业生涯规划

（1）职业生涯的概念

职业生涯是一个发展的概念，即将个人的职业生活看做是一个动态的过程，是以心理开发、生理开发、智力开发、技能开发、伦理开发等人的潜能开发为基础，以工作内容的确定和变化、工作业绩的评价、工资待遇、职称、职务的变动为标志，以满足需求为目标的工作经历和内心体验的经历。

广义的职业生涯，是指从职业兴趣的培养、职业能力的获得、选择职业、就职，直到最后完全退出职业劳动，这一完整的职业发展历程，从0岁人生的起点开始。职业心理学家舒伯认为，人的一生所经历的职业及非职业活动都应视为职业生涯的内容，在时间范围上与生涯的概念等同，按照舒伯的定义，职业生涯除了职位之外还包括各种生活角色。

狭义的职业生涯，是指一个人从职业学习开始，直到职业劳动最后结束的整个职业工作历程，限定于直接从事职业工作的生命历程。这种较狭义的定义来自霍尔，他主张职业生涯只包括一个人一生中与其职业相关的活动和经验，按照这个定义，职业生涯起始于任职前的职业学习和培训，终止于退休。

无论是广义的职业生涯还是狭义的职业生涯，都淡化了职业作为谋生手段的作用，而指向个人生命的意义。这里，职业不只是谋生手段，更是实现个人价值、追求理想生活的重要途径。

（2）职业生涯规划的概念

职业生涯规划是指一个人结合自身条件和现实环境，确立自己的职业目标，选择职业道路，制订相应的培训、教育和工作计划，并按照职业生涯发展的阶段实现具体行动以达到目标的过程。职业生涯规划的主体是自己，是贯穿一个人一生的过程，其功能在于为职业生涯设定目标，并找出达成目标所需采取的步骤。按照时间维度，职业生涯设计可以分为短期规划、中期规划、长期规划和人生规划四种类型。

短期规划是指2年以内的规划，主要是确定近期目标，规划近期应完成的任务。如计划2年内熟悉新公司规则，融合到企业文化中，为此要花较多的时间与同事、领导沟通，向“过来人”学习。

中期规划一般涉及2~5年的职业目标和任务，是最常用的一种职业生涯规划。例如3年后要成为部门经理，完成相应的业绩，以及为实现此目标而参加的培训等可采取的具体措施。

长期规划是指5~10年的规划设计，主要是要设定较长远的目标，如规划35岁时成为分公司副总经理，以及为实现此目标应采取的具体措施。

人生规划是指整个职业生涯的设计，设定整个人生的发展目标和阶梯。

（3）职业生涯规划的出发点——“四定”原则

1）定向

方向定错了，则南辕北辙，距离目标越来越远，还要重新走回头路，付出较大代价。职业生涯决策，决不能犯“方向性错误”。一般情况下，职业方向由本人所学专业确定。但现实中，“学非所用”、“用非所学”、专业不对口的情况也比比皆是，不足为奇。主要看是否适合自己。这里，专业已经淡化到次要的地位，如果有可能，大学生最好不要让理想屈从于专业。当然，理想和专业一致将更加完美。

2）定点

确定职业发展的地点。有的人毕业后去南方，去沿海发达城市；有的选择去西部，去基层，到祖国最需要的地方去。在选择职业发展地点时，一定要综合考虑。有些城市，经济发达，薪水高，但竞争强烈，压力大。另外，观念差异、气候等因素也需要考虑。

3）定位

择业前要对自己的水平、能力、薪资期望、心理承受能力等进行全面分析，做出较准确的定位。不可悲观地把自己定位过低，更不要高估自己，导致期望值过高，一旦不能如愿，失望也就越大。如果刚一毕业，就被大公司选中，那是你的运气，如果没有这么好的机遇，也不要气馁。不要过分在意公司的名气，薪资的高低，只要这家公司，这项专业岗位适合自己，就应去试一试。要确立从基层做起，逐步积累经验，循序渐进，谋求发展的理念，这样对自己的一生都有好处。

4）定心

稳定自己的心态。人的一生必然会有高低起伏，成功与挫折总是结伴而行，个人的职业生涯也不例外。在实现职业理想与目标的过程中，难免会有磕磕绊绊和意想不到的困难。对大学生来说，就是要保持一种心态，敢于直视就业过程中的困难和问题，始终坚定地按照自己的正确规划去实现理想。

小贴士

美国心理学博士格林豪斯（Greenhouse）的研究侧重于不同年龄段职业生涯所面临的主要任务，并以此为依据将职业生涯划分为五个阶段：职业准备阶段、查看组织阶段、职业生涯初期、职业生涯中期和职业生涯后期。

1. 职业准备。典型年龄段为0~18岁。主要任务：发展职业想象力，对职业进行评估和选择，接受必需的职业教育。

2. 查看组织。18~25岁为查看组织阶段。主要任务是在一个理想的组织中获得一份工作，在获取足量信息的基础上，尽量选择一种合适的、较为满意的职业。

3. 职业生涯初期。处于此期的典型年龄段为25~40岁。学习职业技术，提高工作能力；了解和学习组织纪律和规范，逐步适应职业工作，适应和融入组织；为未来的职业成功做好准备，是该期的主要任务。

4. 职业生涯中期。40~55岁是职业生涯中期阶段。主要任务：需要对早期职业生涯重新评估，强化或改变自己的职业理想；选定职业，努力工作，有所成就。

5. 职业生涯后期。从55岁直至退休为职业生涯的后期。继续保持已有职业成就，维护尊严，准备引退，是这一阶段的主要任务。

2.2 职业生涯规划的意义

2.2.1 职业生涯规划的意义

每个人家庭生活的质量如何、心情是否愉快、是否受人尊重，几乎都与工作有千丝万缕的联系。可以说，工作决定着人的命运。为此，做好职业生涯规划对每个人来说都是非常重要的。

第一，职业生涯规划可以发掘自我潜能，增强个人实力。

一份行之有效的职业生涯规划将会：

（1）引导大学生正确认识自身的个性特质、现有与潜在的资源优势，帮助你重新对自己的价值进行定位并使其持续增值；

（2）引导大学生对自己的综合优势与劣势进行对比分析；

（3）使大学生树立明确的职业发展目标与职业理想；

（4）引导大学生评估个人目标与现实之间的差距；

（5）引导大学生前瞻与实际相结合的职业定位，搜索或发现新的或有潜力的职业机会；

（6）使大学生学会如何运用科学的方法采取可行的步骤与措施，不断增强自己的职业竞争力，实现自己的职业目标与理想。

第二，职业生涯规划可以增强发展的目的性与计划性，提升成功的机会。

生涯发展要有计划、有目的，不可盲目地“撞大运”。许多时候人们的职业生涯受挫就是由于生涯规划没有做好。好的计划是成功的开始，古语讲，凡事“预则立，不预则废”就是这个道理。

第三，职业生涯规划可以提升应对竞争的能力。

当今社会处在变革的时代，到处充满着激烈的竞争。物竞天择，适者生存。职业活动的竞争非常突出，要想在这场激烈的竞争中脱颖而出且保持立于不败之地，必须设计好自己的职业生涯规划。这样才能做到心中有数，不打无准备之仗。而不少应届大学毕业生不是首先坐下来做好自己的职业生涯规划，而是拿着简历与求职书到处乱跑，总想会撞到好运气，找到好工作。结果是浪费了大量的时间、精力与资金，到头来感叹招聘单位是有眼无珠，不能“慧眼识英雄”，叹息自己英雄无用武之地。这部分大学毕业生没有充分认识到职业生涯规划的意义与重要性，认为找到理想的工作靠的是学识、业绩、耐心、关系、口才等条件，认为职业生涯规划纯属纸上谈兵，简直是耽误时间，有那时间还不如多跑两家招聘单位。这是一种错误的理念，实际上未雨绸缪，先做好职业生涯规划，磨刀不误砍柴工，有了清晰的认识与明确的目标之后再把求职活动付诸实践，这样的效果要好得多，也更经济、更科学。

从人力资源的角度出发，用人单位非常看重新进员工的职业生涯规划是否透明，是否与公司的发展一致。有一位毕业生在自己的求职资料中简要地描述了自己的生涯规划——“乐意从最基层的工作做起，用3~5年时间熟悉业务，掌握相应经验，然后向高级主管职位挑战”，尽管其成绩在众多竞争者中很一般，但却应聘成功。只有少数求职者会写出自己

的未来发展规划。这些规划，让人觉得求职者的求职意向是经过深思熟虑的。即使其生涯规划只有5年甚至更短的时间用于为本企业工作，用人单位也乐意聘请这种目标明确、规划透明的人。北京市保洁技术有限公司高级人力资源经理透露，该公司在中国每年招聘应届毕业生100名左右，凡是职业生涯规划早的人，现在大多数都已成为总监、副总监或高级经理。

小贴士

职业生涯规划的主要原则

1. 可行性。规划要有事实依据，并非是美好的幻想和不着边际的梦想，否则只能是纸上谈兵。

2. 清晰性。保证目标与措施的清晰明确，可以按部就班地具体实施计划以达到目标。

3. 适时性。规划中的各项措施与行动应该有明确的时间表，以便及时评估和修正。

4. 适应性。未来有很强的不确定性，规划需要有一定的弹性，能随着环境的变化而适时调整。

5. 持续性。规划要考虑到生涯发展的整个历程，每个发展阶段应能持续连贯衔接。

6. 长远性。规划应该从大方向着眼，尽可能制定远期目标。

7. 挑战性。如果目标是在原地踏步不前，则规划就失去了原本的意义，也无法激励自己。

2.2.2 职业生涯规划的基本理念

1. 职业生涯规划不一定都能使事业成功，但没有规划的人很难取得事业上的成功

一个人的事业能否成功取决于太多的因素，个人的素质、机遇和环境都起着重要的作用。所以，好的职业生涯设计不一定能保证事业的成功，但是，没有规划职业生涯，事业是很难取得成功的。以前，我们的父辈们的职业生涯都由组织来“安排”，他们被社会环境所左右，在这种情况下，个人有再好的职业生涯规划也无济于事。而现在，环境的因素已经弱化了，想干什么、怎么发展基本取决于每个人自己。在这种环境下，如果没有清晰的职业生涯规划，我们的事业就会像大海里迷失方向的小船一样，是不可能到达一个理想的终点的。可以说，对自己的发展有设计肯定胜于不设计，多设计一定胜于少设计。

2. 设计不要起因于对现实工作的不满

职业生涯规划绝对不是情绪化与不满的代名词，大学生更不能在自己生活已经产生情绪化与不满时才来做生涯规划，希望通过对职业生涯的规划来消除和减轻自己的情绪化与不满。虽然职业生涯规划有时确实能解决生活与工作上的情绪化与不满，但是，很明显这是“手段”与“目的”的混淆。如果搞错了，对职业生涯规划的这件事情来说，很有可能是得不偿失的。

在进行职业生涯规划前，必须先要有一颗平常心，有条理地分析自己的各项因素、评估自己、解析环境、了解企业，然后以客观、合理的态度来决定自己将何去何从。

3. 了解自己的特色

或许有人会说：“我没有什么特色。”其实，这没有什么特色就是你个人的特色。因为所谓的特色就是你个人所拥有的与别人不同的地方。每个人的职业生涯规划都要依据个人的特色来设计，才比较容易成功。

当然，除了特色之外，还有一些习惯、身体状况等，都和职业生涯规划有密不可分的关系。因为在你拟定好职业生涯规划后，如何去执行、如何克服挫折等都和这些因素有着密切的关系。这里仅就个人的不同特色，将人们区分为九大类型。

（1）知识专家型

这一类型的人适合从事诸如教学、研究开发、写作、律师、会计之类的工作，他们应用知识和专业来谋生，此类人有逐年增多的趋势。这些人给人类社会的进步创造了许多价值，从而受到人们的尊重。因此，许多人从学生时代就规划着自己要成为这一类型的人。

此类人应该注意以下两点：

①不断地充实自己，使自己不会被淘汰，同时不会有名实不符之虞。

②适时地整理、发表自己的专业知识，既可教育社会大众，也可以扩大知名度。

（2）技术专家型

这类人适合从事诸如电脑、建筑、医师、雕刻之类的工作，属于应用技术、专业工作的人。在社会上，他们也占有相当大的比重，并且由于他们所提供的服务与产品是帮助人们解决问题和克服困难的，所以这类人的价值和重要性很容易被体现出来。技术专家型与知识专家型的区别在于，他们必须将专业知识了解、熟记于脑海中，并且还能熟练操作，能够随时展现专业技巧，不像知识专家型那样有时可以光说不练。

此类人应该注意以下几点：

①除了不断地吸收新知识之外，还要定期做必要的操作，否则日久技疏，专业就退步了。

②技术专业之所以被肯定，一定要有具体的实务依据与经验积累，所以要长期地投入，不能心猿意马。

③兴趣与努力自然是技术专家不可或缺的，但是天分与才气对这一行来说也是不可或缺的，否则顶多成为匠，而无法成为师。

（3）坐拥金山型

现在许多人都很富有，富有的原因不外乎以下几种情形：其一，省吃俭用，节省得来；

其二，投机取巧，不劳而获；其三，继承祖先遗产，生而有之。由于坐拥金山型的原因不同，因此人们对金钱的价值和处理方式也有很大的差异。

（4）一马当先型

这种类型的人做事果敢，意气风发，凡事一马当先，身先士卒，只进不退。于是，这一类的人整天不停地忙碌着。

由于个性使然，这类人主动积极，容易交到朋友。顺利时继续向前，遇到挫折时也不会气馁，永远保持一马当先的风格。这类人要注意的是：

①他们本身的优点使他们容易得到资讯、人缘和机会，但也因为如此，他们可能不知珍惜、使用，以至于失去许多人缘、资讯、机会。所以，一定要特别提醒自己珍惜已有的东西。

②一马当先的人一般来说都是年纪稍轻的人，因为此时充满活力、精神，等年纪大了，想冲也冲不起来。因此，这一类型的人要善用自己的本钱，作为将来成为企业栋梁的基础与资源。

③不是任何事情都可以一马当先的，有些事情确实急不得，急了就容易出差错。

（5）大树遮阴型

有许多人靠父母的关系，好像一生下来就注定将来要做董事长、总经理。人们自然都会认为“好幸福啊！这种职位我们一辈子也不敢想”。其实不然，这些人或许也有他们自己的苦闷，只是外人没有察觉罢了。

对这种大树遮阴型的人来说，有三点建议希望他们注意：

①不少这种类型的人由于成功的机会比别人多，所以不知道珍惜这份成功，因此，面对挫折与危机时，他们表现出的处理能力自然也会比别人差，所以应该时时刻刻以此为戒。

②努力去超越前辈。每一个人都不应该对现状满足，要确定志向，做得比别人更好。对这类型的人来说，祖先留下来的不是财富、地位，而是一份不可推卸的责任。

③在特定的情况下，放弃庇荫。如果一个人实在不喜欢这个行业，这份庇荫，则可以考虑选择自己喜欢的职业。因为如果让一个人一生做一件自己不想做的事情，相信他不会做得很出色。

（6）海市蜃楼型

这一类型的人好大喜功，凡事讲究排场、气派。这种类型的人把小事情可以吹成大的；把没有的事情可以吹成有的；把坏事情可以吹成好的。

对这种类型的人来说，世界是非常美好的，明天充满着希望。他们从来不去担心世界黑暗的一面，即使明天的日子或许也并不那么好过，但他们顾不了这些。对于这类人，有三点建议要请他们注意：

①对于任何事情，朝“正面”、“善良”的方面来衡量自然是好的，但也不可失之虚假，如果明知道事情的真相，就不可夸张形容。

②将这种理想化作具体目标，同时将不可能的部分剔除，接下来付诸实践，这才是有意义的。

③骗人、欺世是一时的，绝不会永久，就像纸里包不住火一样。

（7）天纵英才型

对于这类人来说，似乎什么事情都不难，他都可以迎刃而解。由于他天生机智，因此学习比别人快，吸收知识比别人多。但是，就是因为如此，他也容易养成骄纵的性格。

对此类人有两点建议：

①不可恃才傲物，对自己不懂的事情务必要虚心学习、接受，要知道山外有山、天外有天。

②独木难撑大厦，一人难敌众人。再聪明和能力再强的人，都要与别人合作，否则寸步难行。

（8）取长补短型

取长补短型的人能团结与自己专长、能力相辅的人，共同工作与生活，不但获得了自己的成功，也创造了朋友和同事的灿烂人生。

这种类型的人做事情既合天理又顺人情，是不可多得的俊杰。若能使自己成为这一类型的人或与此类型人结合，你的职业生涯已经成功了一半。

（9）随遇而安型

其实在这个社会上，十之八九的人都属于此类型，认为只要今天过得去，就过了今天再说，明天的事明天再说。不是说人们没有了志气，而是人们已经被生活同化了、吞没了。于是，人们慢慢地习以为常，自然而然也就变得随遇而安了，对于这种类型的人来说，进行职业生涯规划是十分重要的。

第3章

职业生涯规划步骤

教学目标：通过本章的学习，学生能够掌握性格、兴趣、能力、价值观的探索方法，目标设定的原则，决策的方法等，掌握职业生涯规划的步骤，并能够根据自己的实际情况为自己进行职业规划。

一个系统的职业生涯规划应当包括觉知与承诺、认识自己、认识工作世界、决策、行动和再评估/成长六个步骤。

1. 觉知与承诺

在这个阶段，学生了解到生涯规划的重要性和作用，并愿意花时间来规划自己的生涯。但要注意的是，生涯规划是一个过程，是一种面对生涯发展的态度，它未必能立竿见影，马上为自己带来理想的工作。就好像我们播下的种子，未必能马上发芽一样。所以，对生涯规划要有合理的预期。

2. 认识自己

系统化的生涯规划是一个“从内而外”的过程。因此，在生涯规划时，首先要认识自己，诚实地自问：

（1）我有哪些人格特质？

（2）我的兴趣是什么？

（3）哪些东西是我生命中不能缺少的？我最看重什么？

（4）我有哪些技能是与众不同、赖以生存的？

（5）其他：健康、性别、民族等。

3. 认识工作世界

工作世界信息和自我信息是生涯规划中重要和基础的部分。对工作世界的了解具体包括：

（1）专业与职业的关系；

（2）工作世界宏观发展趋势；

（3）具体职业对工作人员的要求、条件和待遇等；

（4）继续教育方面的选择。

4. 决策

决策时综合整理和评估信息的部分，在决策时有可能因信息不全而重新回到前面两个步骤，具体内容包括：

（1）综合与评估信息；

（2）目标设立与计划；

（3）处理决策过程中的各种问题：生涯信念、障碍。

5. 行动

行动是将全部的探索和思考落实的阶段。学生要通过行动来实现自己设立的工作目标，通常包括：

（1）具体的求职过程；

（2）制作简历、面试。

6. 再评估/成长

当学生在实践中迈出生涯的重要一步——进入工作世界时，随着外部环境的变化，他们或许会继续沿着过去的规划前进，也有可能发现过去规划已不适合自己，或者发现过去的规划并不尽如人意。这就需要再次进行生涯探索，修正生涯规划。所以，生涯规划是一个循环的过程，需要一辈子来探索。本部分具体内容包括：

（1）走进职场；

（2）管理生涯规划——生涯规划档案。

3.1 自我探索

3.1.1 大学生为什么要认识自我

“认识你自己”这句话是镌刻在古希腊戴尔菲城那座神庙里唯一的碑铭，犹如一把千年不熄的火炬，表达了人类与生俱来的内在要求和至高无上的思考命题。尼采曾说：“聪明的人只要能认识自己，便什么也不会失去。”

自我认识是主体的我对客体的我的感觉和观察，形成一定的自我概念，并形成自我评价。其中“客体的我”包括生理自我，如自己的性别、身高、体重、形态、健康状况等；包括心理自我，即认识自己的心理特征，如兴趣、气质、性格及能力等；还包括社会自我，如自己的社会角色、自己的人际关系、自己在群体中的地位，如此形成“我是怎样的人”的概念。

“我是谁？”这个看来很简单的问题，但回答起来并不容易。认识自我一方面可以帮助学生在大学里有针对性地进行学习，参加社会实践，培养职业能力和素质，为择业做准备，另一方面可以帮助学生确定职业目标、培养完善的人格、发挥自己的优势、挖掘自己的潜能。

认识自我，是我们每个人自信的基础与依据。即使处境不利，遇事不顺，但只要自己赖以自信的巨大潜能和独特个性及优势依然存在，就可以坚信：我能行，我能成功。一个人在自己的生活经历中，在自己所处的社会境遇中，如何真正地认识自我、肯定自我，如何塑造自我形象，如何把握自我发展，如何抉择积极或消极的自我意识，将在很大程度上影响或决定着一个人的前程与命运。

3.1.2 性格探索

1. 什么是性格

自己或别人通常会用什么词形容自己？“活泼”、“沉静”、“内向”还是“外向”？这些词常常就和一个人的性格有关。关于性格（personality），心理学家们有多种定义，但其中有两个基本概念是一致的：独特性以及行为的特征性模式。具体而言，性格也称为人格特质，是一个人在生活中对他人、对事、对自己、对外在环境所表现出来的一致性因应方式。每个人在其成长经历中，可能受到生理、遗传、家庭教养、文化、学习经验等因素的交互作用，从而形成自己的独特个性，在不同的情境中表现出特定的气质。

2. 性格与职业

（1）性格与职业息息相关

性格使一个人更加偏爱某一种而非另一种环境，由于性格的不同，每个人在对不同环境的认知过程中，也表现出不同的个性化风格。从事与自己的性格不匹配的工作，个人的才能就会受到阻碍，会让人觉得整个工作状态都很不佳。使一个人在某种职业中获得成功的性格，可能会让其在另一种职业中大受挫折。因此，在职业选择中，人们应尽可能充分考虑自己的个性特征与职业要求是否相适应，这样在工作中就能够满足自己的独特欲望，能够发挥自己特有的能力，还能利用自己的个人资本，体验到更多的快乐和愉悦。

（2）性格在职业发展上的重要性

有专业人士认为，在职业发展上，性格比能力重要。某些用人单位在选择人才时也越来越看重一个人的性格。如果一个人能力不足，可以通过培训提高，一年不行两年，两年不行三年，总可以开发出来。但一个人的性格与职业或岗位不吻合，要改变起来，就比较困难了。所以，用人单位在招聘人才时，将性格的测验放在首位，当性格与职业岗位吻合时，才对其能力进行测验考查。如果性格与职业岗位不吻合，则可能影响他的职业发展，所以，性格在相关的职业发展中起着至关重要的作用。

3. 通过 MBTI 了解性格

（1）MBTI 介绍

MBTI（Myers-Briggs type indicator）的理论基础来源于瑞典心理学家荣格（Carl Jung）有关知觉、判断和人格态度的观点，由布莱格斯（Katherine C. Briggs）和她的女儿迈尔斯（Isabel Briggs-Myers）研究发展成为心理测评工具，因此称为 Myers-Briggs type indicator。

MBTI 有许多研究数据的支持，属于信度、效度都较高的心理测评工具。这一工具的用途非常广泛，被用于自我探索、职业发展、人才选拔、团队建设、管理培训、恋爱与婚姻咨询、教育（学业）咨询及多元化培训中。

（2）MBTI 中的四个维度

MBTI 衡量的是个人的类型偏好（preference），或称为倾向。所谓“偏好”，“是一种天生的倾向性，是一种特定的行为和思考方式”。它们各自识别了一些人类正常和有价值的行为，也可能成为误解和偏见的来源。MBTI 用四维度偏好二分法来评估一个人的类型偏好，每个维度偏好二分法均由两极组成。

1）能量倾向：你更喜欢将自己的注意力集中于何处？你从何处获得活力？E-I 维度。

①外倾（extroversion（E））

注意力和能量主要指向外部世界的人和事，而从与人交往和行动中得到活力。

②内倾（introversion（I））

注意力和能量集中于自己的内心世界，从对思想、回忆和情感的反思中得到活力。

2）接受信息：你如何获取信息？S-N 维度。

①感觉（sensing（S））

用自己的五官来获取信息。喜欢收集实实在在的、确实已出现的信息。对于周围所发生的事件观察入微，特别关注现实。

②直觉（intuition（N））

通过想象、无意识等超越感觉的方式来获取信息。喜欢看整个事件的全貌，关注事实之间的关联。想要抓住事件的模式，特别善于看到新的可能性。

3）处理信息：你是如何做决定的？T–F 维度。

①思考（thinking（T））

通过分析某一行动或选择的逻辑后果做出决定。会将自己从情境中分离出来，对事件的正反两方面进行客观地分析。从分析和确认事件中的错误并解决问题中获得活力。目标是要找到一个能应用于所有相似情境的标准或原则。

②情感（feeling（F））

喜欢考虑对自己和他人来说什么是重要的。会在头脑中将自己放在情境所牵涉的所有人的位置上并试图理解别人的感受，然后在此基础上根据自己的价值判断做出决定。从对他人表示赞赏和支持中获得活力。目标是创造和谐的氛围，把每一个人都当做一个独特的个体来对待。

4）行动方式：你如何与外部世界打交道？J–P 维度。

①判断（judging（J））

喜欢将事情管理得井井有条，过一种有计划的、井然有序的生活。喜欢做出决定，完成后继续下面的工作。生活通常会比较有规划、有秩序，喜欢把事情敲定下来。照计划和日程安排办事对他们来说很重要。从完成任务中获得能量。

②知觉（perceiving（P））

喜欢一种灵活、自发的方式生活，更愿意去体验和理解生活而不是去控制生活。详细的计划或最后决定会使他们感到被束缚。愿意对新的信息和选择保持开放，直到最后一分钟。足智多谋，善于调节自己适应当前场合的需要，并从中获得能量。

在 MBTI 测评结果中，每个维度上一个人只能是一种偏好，如一个人是内倾的就不能是外倾的，是知觉型的就不会是判断型的。但是，这并不代表一个人是内倾的就没有丝毫外倾的特征，这就好像用右手的人不代表他的左手是完全没有用处的，有许多时候需要左右手配合。性格也是如此，一个人如果是内倾，就意味着在绝大多数情况下其自然反应是内倾的，但是也有外倾的时候，在特别的情境下，甚至可能主要表现为外倾。所以，不要绝对地看待测评的结果。

（3）16 种 MBTI 类型

人的性格非常复杂，每个维度都会彼此影响。因此，将上述四个维度结合起来，是正确理解一个人的方法。在 MBTI 中，四个维度中的两极正好组合成 16 种人格类型。

①ISTJ

沉静，认真；贯彻始终、得人信赖而取得成功。讲求实际，注重事实，能够合情合理地去决定应做的事情，而且坚定不移地把事情完成，不会因外界事物而分散精神。以做事有次序、有条理为乐——不论在工作上、家庭上或者生活上，重视传统和忠诚。

②ISFJ

沉静，友善，有责任感和谨慎。能坚定不移地承担责任。做事贯彻始终、不辞辛劳和准确无误。忠诚，替人着想，细心；往往记着他所重视的人的种种微小事情，关心别人的感受。努力创造一个有秩序、和谐的工作环境和家庭环境。

③INFJ

探索意念、人际关系和物质拥有欲的意义和它们之间的关系。希望了解什么可以激发人们的推动力，对别人有洞察力。尽责，能够履行他们坚持的价值观念。有一个清晰的理念以谋取大众的最佳利益。能够有条理地、果断地去实践他们的理念。

④INTJ

具有创意的头脑、有很大的冲劲去实践他们的理念和达到目标。能够很快地掌握事情发展的规律，从而想出长远的发展方向。一旦作出承诺，便会有条理地开展工作，直到完成为止。有怀疑精神，独立自主；无论为自己或他人，有高水准的工作表现。

⑤ISTP

容忍、有弹性；是冷静的观察者，但当有问题出现，便迅速行动，找出可行的解决方法。能够分析哪些东西可以使事情进行顺利，又能够从大量资料中，找出实际问题的重心。很重视事件的前因后果，能够以理性的原则把事实组织起来，重视效率。

⑥ISFP

沉静、友善、敏感和仁慈。欣赏目前和他们周围所发生的事情。喜欢有自己的空间，做事又能把握自己的时间。忠于自己所重视的人。不喜欢争论和冲突，不会强迫别人接受自己的意见或价值观。

⑦INFP

理想主义者，忠于自己的价值观及自己所重视的人。外在的生活与内在价值观配合。有好奇心，可以很快看到事情的可能与否，能够加速对理念的实践。试图了解别人、协助别人发展潜能。适应力强，有弹性；如果和他们的价值观没有抵触，往往能包容他人。

⑧INTP

对任何感兴趣的事物，都要探索一个合理的解释。喜欢理论和抽象的事情，喜欢理念思维多于社交活动。沉静，满足，有弹性，适应力强。在他们感兴趣的范畴内，有非凡的能力去专注而深入地解决问题。有怀疑精神，有时喜欢批评，常常善于分析。

⑨ESTP

有弹性，容忍；讲求实际，专注即时的效益。对理论和概念上的解释感到不耐烦，希望以积极的行动去解决问题。专注于“此时此地”，喜欢主动与别人交往。喜欢物质享受的生活方式，能够通过实践达到最佳的学习效果。

⑩ESFP

外向，友善，包容。热爱生命、热爱人，爱物质享受。喜欢与别人共事。在工作上，能用常识、注意现实的情况，使工作富趣味性。富灵活性、即兴性，易接受新朋友和适应新环境。与别人一起学习新技能可以达到最佳的学习效果。

⑪ENFP

热情而热心，富有想象力。认为生活是充满许多可能性。能够很快地找出事件和资料之间的关联性，而且有信心地依照他们所看到的模式去做。很需要别人的肯定，又乐于欣赏和支持别人。即兴而富于弹性，时常信赖自己的临场表现和流畅的语言能力。

⑫ENTP

思维敏捷，机灵，能激励他人，警觉性高，勇于发言。能随机应变地去应付新的和富有挑战性的问题。善于引出在概念上可能发生的问题，然后很有策略地去加以分析。善于洞察别人。对日常例行事物感到厌倦，甚少以相同方法处理同一事情，能够灵活地处理接二连三的新事物。

⑬ESTJ

讲求实际，注重现实，注重事实。果断，很快作出实际可行的决定。能够安排计划和组织人员以完成工作，尽可能以最有效率的方法达到目的。能够注意日常例行工作的细节。有一套清晰的逻辑标准，会有系统地跟着去做。会以强硬态度去执行计划。

⑭ESFJ

有爱心、尽责，合作。渴望有和谐的环境，而且有决心营造这样的环境。喜欢与别人共事以能准确地、准时地完成工作。忠诚，即使在细微的事情上也如此。能够注意别人在日常生活中的需要而努力供应他们。渴望别人赞赏他们和欣赏他们所做的贡献。

⑮ENFJ

温情，有同情心，反应敏捷和有责任感。高度关注别人的情绪、需要和动机。能够看到每个人的潜质，愿意帮助别人发挥其潜能。能够积极地协助人和组织的成长。忠诚，对赞美和批评都能做出很快的回应。社交活跃，在一组人当中能惠及他人，有启发人的领导才能。

⑯ENTJ

坦率、果断，乐于作为领导者。很容易看到不合逻辑和缺乏效率的程序和政策，从而开展和实施一个能够顾及全面的制度去解决一些组织上的问题。喜欢有长远的计划、喜欢有一套制定的目标。往往是博学多闻的，喜欢追求知识，又能把知识传给别人。能够有力地提出自己的主张。

4. MBTI 与职业的匹配

知道自己的 MBTI 类型，可以帮助学生了解职业倾向。有研究数据表明，S-N、T-F 两种维度的组合 ST、SF、NF、NT 与职业的选择更为相关。

ST 型的人更关注通过实效和实际的方式帮助别人，如健康护理和教育领域。例如，一位 ST 型的心理咨询硕士将会成为心理测评和应用方面的专家。

SF 型的人喜欢通过实践的方式帮助别人，如健康护理和教育领域。例如，一位 SF 型的心理咨询硕士将关注自己的管理、督导技能，以发展和促进同事之间有效的工作关系。

NF 型的人希望能通过在宗教、咨询、艺术等领域的工作来帮助人们。例如，一位 NF 型的心理咨询硕士将成为临床专家来帮助人们成长、发展，学习如何更好地了解自己和他人。

NT 型的人更关注理论框架，如科学、技术和管理，喜欢挑战。例如，一个 NT 型的心理咨询硕士将运用他的战略重点和管理技巧，成为人力资源领域的管理者。

工作安全感则受 IJ、IP、EP、EJ 的影响最大，其中 EJ 类型的人最易有工作安全感，而 IP 类型的人常常在工作中对组织、未来等缺乏安全感。

当然，16 种 MBTI 类型各有其职业倾向。其中，职业倾向的描述都是从大的类别描述的，从中理解自己的职业倾向时，请不要陷入类别名称的描述，而更重要的是要看到这一类别工作的特点。因为在现实的工作世界中，工作名称千变万化，即使相同名称的职位也可能因不同公司而要求相异，所以只有知晓适合自己性格类型的工作特点才能灵活地运用这一理论帮助自己选择工作。

MBTI 16 种性格类型的职业倾向如表 3-1 所示。

表 3-1　　**MBTI 16 种性格类型的职业倾向**

ISTJ （1）管理者 （2）行政管理 （3）执法者 （4）会计 或者其他能够让他们可以利用自己的经验和对细节的注意完成任务的职业。	ISFJ （1）教育 （2）健康护理（包括生理、心理） （3）宗教服务 或者其他能够让他们运用自己的经验亲力亲为帮助别人的职业，这种帮助是协助或辅助性的。	INFJ （1）宗教 （2）咨询服务(包括个人、社会、心理等) （3）教学/教导 （4）艺术 或者其他能够促进他们情感、智力或精神发展的职业。	INTJ （1）科学或技术领域 （2）计算机 （3）法律 或者其他能够让他们运用智力创造和技术知识去构思、分析和完成任务的职业。
ISTP （1）熟练工种 （2）技术领域 （3）农业 （4）执法者 （5）军人 或者其他能够让他们动手操作、分析数据或事情的职业。	SFP （1）健康护理（包括生理、心理） （2）商业 （3）执法者 或者其他能够让他们运用友善、专注于细节的相关服务的职业。	INFP （1）咨询服务（包括个人、社会、心理等） （2）写作 （3）艺术 或者其他能够让他们运用创造和集中于他们的价值观的职业。	INTP 科学或技术领域 或者其他能够让他们基于自己的专业技术知识独立、客观分析问题的职业。

续表

ESTP	ESFP	ENFP	ENTP
（1）市场 （2）熟练工种 （3）商业 （4）执法者 （5）应用技术 或者其他能够让他们利用行动关注必要细节的职业。	（1）健康护理（包括生理、心理） （2）教学/教导 （3）教练 （4）儿童保育 （5）熟练工种 或者其他能够让他们利用外向的天性和热情去帮助那些有实际需要的人们的职业。	（1）咨询服务（包括个人、社会、心理等） （2）教学/教导 （3）宗教 （4）艺术 或者其他能够让他们利用创造和交流去帮助促进他人成长的职业。	（1）科学 （2）管理者 （3）技术 （4）艺术 或者其他能够让他们有机会不断承担新挑战的工作。
ESTJ	**ESFJ**	**ENFJ**	**ENTJ**
（1）管理者 （2）行政管理 （3）执法者 或者其他能够让他们运用对事实的逻辑和组织完成任务的职业。	（1）教育 （2）健康护理（包括生理、心理） （3）宗教 或者其他能够让他么运用个人关怀为他人提供服务的职业。	（1）宗教 （2）艺术 （3）教学/教导 或者其他能够让他们帮助别人在情感、智力和精神上成长的职业。	（1）管理者 （2）领导者 或者其他能够让他们运用实际分析、战略计划和组织完成任务的职业。

在运用 MBTI 性格类型时，同学们应该注意：每个偏好、每种类型没有哪种是更好的，也没有更坏的，更没有对错之分。每种类型都是独特的，会在适合的环境中发挥自己的特点。认识自己的性格类型，可以让同学们更好地了解自己，理解自己的行为特点，根据自己的特点学习、工作和解决问题，但这并不意味着它可以成为约束你不做某事或不选择某种事业的借口。世界上没有百分之百适合某种性格的职业，也没有百分之百不适合某种性格的职业，懂得用己之长，整合资源，才是问题解决之道。性格认识旨在帮助同学们更好地了解自己的行为和做事特点，理解他人为何与自己不同。评价的标准不止一个，人与环境的互动也很复杂，很难用某个标准来评价。所以，请注意不要在工作中因性格类型而固化地看待甚至歧视某些人。

3.1.3 兴趣探索

1. 兴趣对个人的意义

兴趣是个人对某种事物或某种活动的一种选择态度，表现为某方面需求的情绪倾向。一位著名的诺贝尔化学奖获得者与复旦大学学生对话时说："有一件事比较重要，这就是兴趣。"有许多年轻人问他做学问有什么捷径，他回答说："没有捷径。如果找到自己的长处，甘心情愿把许多时间与精力投注到上面，就会进步得比较快，而一旦进步得快，做起来就会更有兴趣。因此，学习和工作便成了一种享受。”一个人找到自己最感兴趣的工作，就等于踏上通向成功的道路，角色转换就会容易。

2. 兴趣与职业生涯规划的关系

从心理学角度来说，在职业选择时，首先需要了解自己的兴趣。比如，有的人喜欢操作，靠自己灵巧的双手，在技能操作领域得心应手，如果你硬要把他的兴趣转移到书本的理论上来，他就会感到无用武之地。有的人动手能力差，但是喜欢钻研理论知识。这种兴趣上的差异就构成了职业选择的重要依据。

（1）兴趣可以使人的智力潜能得到充分发挥

当一个人对某种事物发生兴趣时，就能调动起整个人的积极性，积极探索，增强克服困难的意志，反之，“牛不喝水强按头”是不会取得好效果的。

（2）兴趣可以提高人的工作效率

一个人对某项工作感兴趣时，枯燥的工作也变得丰富多彩，趣味无穷。兴趣使工作不再是一种负担，而是一种享受。兴趣可以调动人的全部精力，高度集中，从而提高效率。据相关研究，如果一个人对某项工作有兴趣，则能发挥他全部才能的80%~90%，并且长时间保持高效率工作而不感疲倦，而对工作没有兴趣的人，只能发挥其全部才能的20%~30%，也容易筋疲力尽。

（3）兴趣是事业成功的重要因素

许多成功人士都有着惊人的相似之处，就是对自己感兴趣的事非常执著，一旦认定，什么都不能改变，全身心投入，一味追求，这是成功的有力保证，一个人如果选择了自己不感兴趣的职业，不仅压抑才能，还会很痛苦。所以，选择职业不要仅看工资多少，城市怎样，最主要的还要看自己是否有兴趣。

3. 职业兴趣

职业兴趣反映了职业特点和个体特点之间的匹配关系，是人们职业规划的重要依据和指南，职业兴趣测验正适用于了解这两方面特点之间的匹配关系，从而为实现“恰当的人从事恰当的工作”提供可靠的科学依据。常用的职业兴趣测试工具是霍兰德职业兴趣测评系统。

兴趣是可以培养的，也是可以随着对该事物的认知的增加而发生改变的。所以，对一门新的学科或者专业，首先应该是去了解它，尽量找出与自己的兴趣相关的、吸引自己眼球的地方，然后培养对它的兴趣。有许多同学入学后对自己的专业不喜欢，没有兴趣。实际上有可能是对专业不了解。鉴于中国高校专业选择的特点，我们应该尽量地去了解自己的专业，找到值得热爱的地方，培养自己的兴趣，这样才能在专业学习上获取动力，取得成功。

4. 霍兰德的兴趣类型理论

（1）兴趣类型

著名的生涯辅导理论家霍兰德（Holland）自20世纪70年代以来，提出了一系列的研究假设。他认为：①职业选择是人格的一种表现，某一类型的职业通常会吸引具有相同人格特质的人，这种人格特质反映在职业上就是职业兴趣。②大多数人的职业兴趣可以归纳为六种类型：即实用型、研究型、艺术型、社会型、企业型和事物型。③个人的职业兴趣往往是多方面的，很少只是集中在某一种类型上。人们可能或多或少地具备上述所有六种兴趣，只是偏好程度不同。因此，为了比较全面地描绘个人的职业兴趣，通常用最强的三种兴趣的字母代码来表示一个人的兴趣，这个代码就称为“霍兰德代码”（Holland code）。这三个字母间的顺序代表了兴趣的强弱程度的不同。比如，SAI 和 AIS 的人具有相似的兴趣，但他们对同一类型事物的兴趣强弱程度是不同的，如表 3-2 所示。

表 3-2　**霍兰德职业兴趣类型**

类型	喜欢的活动	重视	职业环境要求	典型职业
实用型(R)	用手、工具、机器制造或修理东西。愿意从事实物性的工作、体力活动，喜欢户外活动或操作机器，而不喜欢在办公室工作。	具体实际的事物，诚实，有常识	使用手工或机械技能对物体、工具、机器、动物等进行操作，与“事物”工作的能力比与“人”打交道的能力更为重要。	园艺师、木匠、汽车修理工、工程师、军官、兽医、足球教练员
研究型(I)	喜欢探索和理解事物，喜欢学习研究那些需要分析、思考的抽象问题，喜欢阅读和讨论有关科学性的论题，喜欢独立工作，对未知问题的挑战充满兴趣。	知识，学习，成就，独立	分析研究问题、运用复杂和抽象的思考创造性地解决问题的能力，谨慎缜密，能运用智慧独立地工作，一定的写作能力。	实验室工作人员、生物学家、化学家、心理学家、工程设计师、大学教授
艺术型(A)	喜欢自我表达，喜欢文学、音乐、艺术和表演等具有创造性、变化性的工作，重视作品的原创性和创意。	有创意的想法，自我表达，自由，美	创造力，对情感的表现能力，以非传统的方式来表现自己，相当自由、开放。	作家、编辑、音乐家、摄影师、厨师、漫画家、导演、室内装潢设计师
社会型(S)	喜欢与人合作，热情关心他人的幸福，愿意帮助别人成长或解决困难、为他人提供服务。	服务社会与他人，公正，理解，平等，理想	人际交往能力，教导、医治、帮助他人等方面的技能，对他人表现出精神上的关爱，愿意担负社会责任。	教师、社会工作者、牧师、心理咨询师、护士
企业型(E)	喜欢领导和支配别人，通过领导、劝说他人或推销自己的观念、产品而达到个人或组织的目标，希望成就一番事业。	经济和社会地位上的成功，忠诚，冒险精神，责任	说服他人或支配他人的能力，敢于承担风险，目标导向。	律师、政治运动领袖、营销商、市场部经理、电视制片人、保险代理人

续表

类型	喜欢的活动	重视	职业环境要求	典型职业
事物型(C)	喜欢固定的、有秩序的工作或活动，希望确切地知道工作的要求和标准，愿意在一个大的机构中处于从属地位，对文字、数据和事物进行细致有序的系统处理以达到特定的标准。	准确、有条理、节俭、盈利	文书技巧，组织能力，听取并遵从指示的能力，能够按时完成工作并达到严格的标准，有组织有计划。	文字编辑、会计师、银行家、办事员、税务员和计算机操作员

请注意，“实用”、“事物”等只是霍兰德用来概括某一人格特征的词，在此有其特定的含义，与人们日常用语中的含义不完全等同。因此，不要被人们日常用语的褒贬含义误导。另外，在阅读每一种类型的描述时，要知道这些特质的描述是一种理想的、典型的形式，不可能恰好符合个人的情况。

阅读表 3-2，在符合自己情况的语句下面画线，并思考自己日常生活中有哪些与之相符的事例使自己作出这样的判断。按一、二、三的顺序选择出认为最符合自己情况的三种类型。这有可能就是自己的霍兰德代码。

（2）职业环境类型

霍兰德认为：①同一职业群体内的人有相似的人格特质，因此对情境和问题会有类似的反应，从而产生特定的职业氛围，亦即职业环境，同一职业环境中的群体具有特定的价值观念、态度倾向和行为模式。②工作环境也可以分为六种类型，其名称及性质与兴趣类型的分类一致。③具体职业通常也采用上述三个字母代码的方式来描述其工作性质和职业氛围。例如，建筑师这一职业的代码是 AIR，律师是 EAS，而会计则是 CRI。

为了鉴别不同职业的代码，霍兰德及其同事做了一项非常庞大的研究并于 1996 年出版了《霍兰德职业代码字典》（*Holland Career Index*），为 12000 多个工作提供了霍兰德代码。需要注意的是，该职业索引是一份未经本土化的版本，因此在职业名称和职业对应的霍兰德代码上可能与中国国情有偏差。在使用时，可以用做参考，拓展对于职业的思路，不必拘泥于职业代码。

（3）六种类型之间的关系

霍兰德提出了六角形模型来解释六种职业类型之间的关系：在六角形模型中，任何两种类型之间的距离越近，其职业环境及人格特质的相似程度就越高。例如，企业型和社会型在六角形模型中是相邻的类型，它们的相似性也最高，因为这两种类型的人都比其他类型的人更喜欢与人打交道，只是他们打交道的方式不同而已。而事物型和艺术型处于对角线的位置上，它们就缺少一致性而具有相反的特质：事物型的人喜欢循规蹈矩，而艺术型的人则追求自由与个性化。六角形模型可以帮助人们对兴趣类型与职业环境类型之间的适配性进行评估。

3.1.4 技能探索

1. 能力

能力是人的一种个性心理特征，能力具有经常的稳定的特点，是影响活动效果的基本因素，能力的高低会影响一个人掌握活动的快慢、难易和巩固程度。能力按照其获得方式可以分为能力倾向和技能两类。

能力倾向是指上天赋予每个人的特殊才能，如音乐、运动能力等。能力倾向是与生俱来的，不过也有可能因未被开发而荒废。因此，这是一种潜能。

技能则是指经过后天学习和练习培养而形成的能力，如阅读能力、人际交往能力、表达能力等。在个人成长的过程中，从什么也不会做的小婴儿到一个自理生活、能够看、听、行走、阅读、写字的普通成年人，其实我们每个人都已经学会了无数的技能。

2. 能力与生涯发展

心理学家罗圭斯特与戴维斯在对个体的工作适应问题进行多年研究以后，提出了明尼苏达工作适应论。他们认为：当工作环境能够满足个人的需求时，个人会感到“内在满意”；而当个人能够满足工作的要求时，个人能够达到“外在满意”。当个人能够同时达到内在和外在满意时，个人与环境之间的关系就比较协调，个人的工作满意度就会比较高，在该工作领域也能持续发展。

3. 技能

表达技能的词汇，也就是用来说服雇主给自己工作的词汇。无论是简历还是面试，其实要达到的目标都是试图向雇主证明：我有良好的能力，足以胜任这份工作。因此，面对“我为什么要雇你”这样的问题，学生在简历和面试中的回答都应当以自己与工作相关的能力为主线。学生所谈到的任何能证明自己能力的事情，都将增加自己得到工作的机会。要做到这一点，需要对自己拥有什么样的能力有清楚的认识，同时还要了解具体职业所要求的技能是什么。最后，还需要在简历和面试中将自己与职业相关的技能以恰当的语言和事例充分地表达出来。

对个人技能的认识，建立在对技能分类的了解上。辛迪·梵和理查德·鲍尔斯将技能分为三种类型：①知识技能；②自我管理技能；③可迁移技能。通常人们比较容易想到自己所具有的知识技能，但实际上后两种技能更为重要。它们使学生有可能不局限于自己所学的专业，可以在更广的范围内选择职业；它们对于学生在竞争中胜出具有关键性的作用，并且使学生能够在工作中得以更长久地发展；而雇主们对它们的重视程度，也往往超过了对单纯知识技能的重视。

（1）知识技能

知识技能是指那些需要通过教育或者培训才能获得的特别的知识或能力，也就是个人所学习的科目、所懂得的知识。比如：你是否掌握外语、中国古代历史、电脑编程或化学元素周期表等知识？知识技能一般用名词来表示。

知识技能不可迁移，也就是说，它们是一些特殊的词汇、程序和学科内容，必须经过有意识、专门的培训才能掌握。它们常常与学生的专业学习或工作内容直接相关。正因为如此，许多大学生由于不喜欢自己的专业，在找工作时往往陷入两难的境地：一方面，他们认为找工作必须“专业对口”，但是又不喜欢自己的专业，不想将之作为从事一生的职业；另一方面，如果“专业不对口”，自己不是“科班出身”，则担心自己与专业出身的应聘者相比缺乏竞争力，甚至觉得很难跨越专业的鸿沟。在这种情况下，似乎唯一可行的方式就是通过升学来改换专业。

事实上，知识技能并非只有通过正式的专业教育才能获得。除了学校课程外，课外培训、专业会议、讲座、研讨会、自学、资格认证考试等方式都可以帮助个人获得知识技能。此外，许多公司也为新员工提供相关的上岗培训。例如，某著名的会计师事务所在对新员工的培训中，第一年的主要内容就是针对非专业学生补充财会基础。由此可见，即使是一些专业要求较高的职业如会计师等，其专业技能也可以在就职后的培训中获得。实际上，越是大公司，越是看重个人的综合素质，而不那么在意个人是否已经具备专业知识。不少外企在校园招聘时都已不再区分学生的专业背景。

因此，如果想从事本专业之外的工作而又不愿或不能重新选修一个专业，仍然有许多途径可以帮助学生获得相关的知识技能。在招聘中，专业知识技能绝对不是用人机构所重视的唯一。当前现存的状况是知识技能的重要性被夸大，以至于许多学生在校内选修大量的课程、在校外参加各种培训班并考取一大堆认证。他们在简历上以大篇幅列举的学习成绩、获得的证书、拿到一等奖学金等所有这一切，无非都只证明了个人的知识技能。殊不知一大堆互不相干的知识技能堆砌在简历上，只能给人以庞杂的感觉，不能让招聘人员明白它们与所要应聘的职位之间有多大关系。实际上，所有得到面试机会的人，应该说其简历上表述的知识技能都已基本达到了应聘职位的要求；而进入最后一轮面试的人，实际上都是能够胜任该职位专业技能要求的。而最终使人获得工作机会，并在工作中能够长久发展的，还是自我管理技能和可迁移技能。

需要注意的是，技能的组合非常重要。通常我们所说的“复合型人才”，正是指具有不同知识技能的人。技能的组合使得学生在人才市场上更具有竞争力，也更有可能将工作完成好。例如，如今懂英语的人很多，但既精通英语又精通建筑专业知识的人就不那么多了。而在大型合资建筑工程中，非常需要能与外国专家进行良好沟通的专业人才。再如，一个辅修平面设计专业的心理系学生，更有可能在进行设计工作时运用自己的消费心理学知识与客户进行充分的沟通，令客户更加满意。从这个角度来说，不论你现在学习的专业是否是你所喜爱的，或是你将来要从事的，你从中获得的专业知识在某个时候就有可能派上用场。甚至一些并非你所学专业看上去似乎并不那么起眼的知识，都有可能使你在面试时显得与众不同、比他人略胜一筹。

（2）自我管理技能

自我管理技能经常被看做个性明智而非技能，因为它们被用来描述或说明人具有的某些特征。自我管理技能涉及个体在不同的环境下如何管理自己：是勇于创新还是循规蹈矩，是认真还是敷衍了事，能否在压力下保持镇定，是否对工作有热情，是否自信等。

良好的自我管理技能能够帮助个体更好地适应周围的环境、应对工作中出现的问题，因此自我管理技能也被称为“适应性技能”。一个人是如何使用自己的专业知识、以什么样的态度从事工作的，这甚至比工作内容本身更为重要。正是这样一些品质和态度，将个人与许多其他具有相同知识技能的候选人区别开来，最终得到一份工作，并能够适应新的环境和规则，在工作中取得成就，获得加薪和晋升的机会。因此，有人称它们为“成功所需要的品质、个人最有价值的资产”。

事实上，人们被解雇或离职更多的时候是因为缺乏自我管理技能，而不是因为缺乏专业能力（比如，由于个性上的原因易与他人发生摩擦等）。在用人单位对刚毕业大学生的意见中，经常听到的就是“缺少敬业精神、没有服务意识、眼高手低、不认真、不踏实、没有主动进取精神”等，而这些都是与自我管理技能相关的。许多大学生因为从小受到父母、老师的呵护，缺乏这方面的意识，在处理工作问题和人际关系上往往显得不成熟、以自我为中心。他们没有认识到：企业要求员工是成熟、能负责、能独立解决问题的成年人。可以说，在大学生从校园走向社会之前，培养良好的自我管理技能，学会如何为人处世，是至关重要的。

自我管理技能无论是一个人先天具有的还是后天习得的，都需要练习。它们可以从非工作（生活）领域迁移转换到工作领域。也就是说，耐心、负责、热情、敏捷这些技能并不是通过专门的课程学习到的，而是在日常生活中随时随地培养的。

（3）可迁移技能

可迁移技能就是一个人会做的事，比如教学、组织、说服、设计、安装、帮助、计算、考察、分析、搜索、决策、维修，等等。

可迁移技能的特征是它们可以从生活中的方方面面，特别是工作之外得到发展，却可以迁移应用于不同的工作之中。因此，可迁移技能也被称为“通用技能”。

基于这样的原因，可迁移技能也是个人最能持续运用和最能够依靠的技能。随着信息时代的到来、新技术日新月异的发展，知识的更新换代不断加快。这意味着个体需要不断学习新的知识技能才能跟上时代的发展。正因为如此，当今的时代越来越强调“终身学习”。“学习能力”（可迁移技能）已经比拿到某个专业的硕士学位（知识技能）更为重要。

与知识技能相比较，可迁移技能无所谓更新换代，而且无论你的需求和工作环境有什么变化，它们都可以得到应用。随着人们工作经验和生活阅历的增加，可迁移技能还会得到不断的发展。既然它们在许多工作中都会用到，它们的重要性不容忽视。事实上，知识技能的运用都是在可迁移技能基础之上的。当学生把某种可迁移技能与某种知识技能结合在一起时，就可以去应聘相关的职位了。

从这个意义上说，在求职的时候，尽管自己从来没有从事过某个职务，但只要实际上具备这个职务所要求的种种技能，就可以证明自己有资格去从事它。因此，如果自己不是“科班”出身，仍然有可能跨专业从事自己想从事的职业，尤其是那些对知识技能要求并不是很高而可迁移技能占重要地位的职业。

4. 雇主们最重视的技能

雇主们通常在大学毕业生身上寻求的、也是使得这些学生有资格担任某一职位的东西包括了他们的教育背景、经验和态度的综合素质。有些领域需要专门的知识或证书（如医学、程序设计、化工）等，但大部分职业并不要求有什么特殊的知识技能，而需要的是一些更为普遍、一般性的技能和素质（即可迁移技能和自我管理技能）。根据美国“全国大学与雇主协会”的调查，美国雇主们最为重视的技能和个人品质按顺序排列如下：

(1) 沟通能力；

(2) 积极主动性；

(3) 团队合作精神；

(4) 领导能力；

(5) 学习成绩；

(6) 人际交往能力；

(7) 适应能力；

(8) 专业技术；

(9) 诚实正直；

(10) 工作道德；

(11) 分析和解决问题的能力。

我们可以看到，其中的第（1）、（4）、（6）、（7）、（11）都属于可迁移技能，第（2）、（3）、（9）、（10）都是自我管理技能，而知识技能排在第（5）和第（8）。

在美国劳工部及美国生涯咨询和发展协会对雇主进行的另一份调查结果也显示：雇主们非常重视员工的自我管理技能和可迁移技能。具体如下：

(1) 善于学习；

(2) 读、写、算的能力；

(3) 良好的交流能力，包括听、说能力；

(4) 创造性思维和解决问题的能力；

(5) 自尊、积极、有奋斗目标；

(6) 有个人和事业开拓能力；

(7) 交际、谈判能力及团体精神；

(8) 良好的组织和领导能力。

事实上，在国内，企业所看重的同样是这些能力。许多企业在招聘人才时不仅看其学习成绩，更重视其他的综合能力，如良好的沟通、表达能力，较强的分析、组织能力以及领导能力，尤其是团队精神。

3.1.5 价值观探索

1. 什么是价值观

价值观就是人们在生活和工作中所看重的原则、标准或品质。它指向人们一生中最重要的东西，因此它也是一套自我激励机制。

生涯大师舒伯认为，职业价值观是个人追求的与工作有关的目标，亦即个人在从事满足自己内在需求的活动时所追求的工作特质或属性，职业价值观是个体价值观在职业问题上的反映。

2. 职业价值观的特性

(1) 职业价值观因人而异

由于每个人的先天条件和后天经历不同，其职业价值观的形成也会受到不同的影响，因此，每个人都有自己的价值观和价值观体系。在同样的客观条件下，具有不同价值观和价值观体系的人，其动机模式不同，产生的行为自然也不同。

（2）职业价值观相对稳定

价值观是人们思想认识的深层基础，它形成了人们的世界观和人生观。它是随着人们认知能力的发展，在环境、教育的影响下，逐步培养形成的。人的价值观一旦形成，便会相对稳定，但当自身状况和外界环境发生较大变化时，职业价值观也会随之改变。

（3）职业价值观具有阶段性

根据马斯洛的需求层次理论，当人低层次的需求得到满足之后，他就会产生更高层次的需求。从职业人生来看，大多数人的职业价值观是具有阶段性的，特别是随着某一阶段的自身需求满足后，新的职业价值观也就会随之产生并确定下来。

（4）职业价值观不唯一

人的职业价值观不是唯一的，择业时会有几个动机支配人的选择，人们常常为选择感到痛苦时，就是因为个人的职业价值观不唯一，而在某一职业中又难以得到全部满足，从而患得患失。

3. 价值观与职业选择

价值观是人们在考虑问题时所看重的原则和标准，是人们内在的驱动力。因此，价值观在人们的职业生涯发展中往往起到极其重要的、决定性的作用，甚至可能超过了兴趣和性格对人的影响。比如，麦肯锡管理咨询公司的合伙人、被业界尊称为“中国咨询业第一人”的潘望博，放弃名利，做没有酬劳的传教人，就是出于他的价值观判断和选择（信仰是一个人核心价值观的体现）。这些事例都充分说明了价值观对一个人职业选择的深刻影响。

在人们的日常生活中，同样可以看到价值观对人们的巨大影响。比如，你的父母是不是常常用他们的价值标准来影响你进行专业、职业方面的选择？而当你的观点与他们的意见发生分歧时，这种冲突是否也是不同价值观之间矛盾冲突的体现？

4. 价值观可以发生变化

从舒伯的生涯发展理论和马斯洛的需求层次理论可以看出，个人由于所处的生涯发展阶段、社会环境的不同，其需求会发生改变，从而可能导致价值观的变化。比如，有许多刚毕业的大学生，都希望进外企，做白领，把赚钱当做自己的首要目标。因为在这个阶段，他们面临买房、成家等任务，这些都需要经济支持。而在工作10余年、有了一定经济基础的人群中，则有不少人意识到，仅仅为了钱而从事自己不喜欢的工作是一件痛苦的事情。所以，他们在考虑职业选择时，薪酬就不再是排首位的价值观了。寻找一个适合于自己兴趣爱好的、能兼顾家庭的工作成为他们的目标。他们的需求发生了改变，他们在职业上所看重的东西（即工作价值观）也随之变化了。

此外，由于我们身处的时代是一个多元社会，多种价值观的冲击也会导致原有价值体系的混乱乃至改变。仅以个人的职业发展而言，在计划经济体制时期，讲的是“干一行，爱一行”，“我是革命的一块砖，哪里需要哪里搬”。而如今在改革开放的大潮下，“尊重个体的差异和独特性、充分发挥个人才能”已经成了社会所推崇的理念。

由于时代的巨大变迁、多元价值体系的冲击，以及个人的成长和发展所带来的变化，个人的价值观常常变得混乱。因此，个人需要对自己的价值观进行探索。一个人越清楚自己的价值观，越了解自己在工作和生活中想要寻求什么、什么对自己来说是最重要的，他的生涯目标也就越清晰。而当现实环境与理想发生冲突、鱼与熊掌不可兼得时，他也更容易做出决策，因为他清楚哪些东西是可以放弃的，哪些是不可或缺的。不同的价值观会产生不同的行动选择。而价值观不清晰的人，往往会陷入混乱、难以抉择。

3.2 工作世界探索

3.2.1 了解工作世界信息的作用

1. 促进正确的生涯决策

如果能够清晰、全面地了解工作世界，知道尽管毕业生众多，竞争激烈，只要自己仔细了解企业用人要求及工作发展的普遍路径和规律等，就能够结合自己的特点在社会中找到属于自己的工作，从而作出合理的生涯决策，而不是盲目跟风追逐所谓“好工作”，最后却迷失在求职大军中。

2. 进一步认识和了解自己

在探索工作世界的过程中，学生常常会陷入两难的境地。比如，留在大城市找一份不稳定、目前也不很理想的工作，但是未来的学习、发展机会可能很多；回到家乡小镇有个待遇不错的、稳定的工作，但是自己将来的发展前景非常有限，缺乏挑战性。世间的事没有完美的，外部条件总给人们设立这样或那样的限制，看上去似乎很难，也会有些沮丧，但是深入地思考，就会发现人们正式在这种两难的选择当中，越来越知道什么是对自己真正重要的，也越来越了解自己是谁，从而调整自己的行动，走出属于自己的生涯道路。

3. 培养和提升大学生的能力

许多大学生寄希望于学校、职业辅导老师或其他专业的职业辅导工作人员能够告诉他们工作世界是什么样的，但结果常常令人失望，因为每个人由于个人知识、经验的局限不可能完全掌握所有工作世界的信息，所以工作世界的探索更多地需要大学生自己来完成。在这个探索过程中，大学生可以培养和提升自己的许多能力，比如自我管理能力中的为自己负责任，可迁移技能中的沟通、搜集、观察能力等。

4. 预测未来发展

工作世界信息可以帮助学生预测未来可能发生的情况，以便预先做出准备，但也应知道预测的风险所在，并为此做好心理准备。

3.2.2 工作世界信息包括的内容

1. 有关工作世界的一些基本事实

大学生在探索工作世界时，应了解和自己专业相关的职业有哪些，学习专业知识的目的是帮助学生更好地发展自己，绝不是限制人的发展。当学生用更广阔的思路来看工作世界时，会更容易理解下面的一些基本事实：

（1）目前工作世界中有超过20000种的职业，对于大多数人来说，都有数种职业适合他们。

（2）相关调查表明，各个经济收入阶层和各种行业领域的人都热爱自己的工作。

（3）没有哪一种工作能够完全满足自己所有的需要。所有工作都有其局限性和令人失望之处。自己需要通过其他活动来平衡自己的生活，才有可能感觉到完满。

（4）工作市场和经济形势都时常发生变化，甚至是急剧的变化，有的行业在目前可能充满了机会，但却会在数年内饱和。

所以在工作世界中，每个学生都有可能找到属于自己的那份工作，只是需要做好心理准备：这是一个过程，对不同的人，过程也会有长短不同；变化是其中必然要面对的，一个决定可能不会持续一生，也常常伴随着风险，因此需要个人不断调整和变化才能保持满意度。面对工作世界，自己需要学会如何应对工作的变动，而不是一意地去回避它。

2. 宏观工作世界现状

宏观工作世界的现状包括劳动力供求关系、各地区各行业的需求分析、职业生涯的理念等内容。工作世界信息的实时性很强，因此自己在应用这些信息时应当注意其时效性。

（1）结构性失业问题突出

结构性失业是经济、产业结构变化以及生产形式、规模变化促使劳动力结构进行相应调整而导致的失业。由于我国正在对经济结构进行重大调整，与之相应地，劳动力结构必然要进行同步调整，这不可避免地会造成结构性失业。这就意味着“劳动供给过剩和短缺并存”，失业不是因为缺乏就业机会，而是合格的劳动力不足。其中高级技术人才和高级管理人才尤为短缺。

（2）信息化、全球化时代带来国际化人才竞争

当人们身边的计算机技术从PC发展到互联网，再到Web 3.0，人们确信托夫勒所预言的信息时代确实到来了。信息技术的高度发展缩短了全球各个国家的距离，使经济资源在全球范围内进行重新组合和配置，越来越多的跨国企业进入中国，同时，中国的企业也开始向国外发展，中国的建筑公司开始在国外兴建工程。另一方面，中国也成为世界的代工中心，从世界工厂到中国制造，企业的国际化趋势必然要求具有国际化视角与素质的员工。

此外，使用外籍员工也会带来更加激烈的人才竞争压力。就目前的状况看，外资企业比国内企业在员工待遇上要高出很多，而外资企业中外籍员工的薪酬和他们在某一职位上的竞争力又显著地高于本地员工。

因此大学生进行职业生涯规划时，应当具有一定的国际化视角，将自己放到更广阔的

平台上，这样才有利于长久的发展。

对宏观工作世界的了解可以帮助学生在求职时比较从容地承受激烈的竞争，提前做好技能、心理等方面的准备，以积极姿态应对所面临的各种情况。

3. 与具体工作相关的信息

当探索工作涉及某个具体工作时，需要了解的信息更为细致，通常包括以下几个方面：

(1) 公司文化和规范；

(2) 工作内容和职责；

(3) 工作要求的知识、技能和素质；

(4) 工作要求的资历和资格；

(5) 工作时间、地点和环境；

(6) 工作的可发展空间；

(7) 薪酬待遇和福利；

(8) 如果要去应聘还需要了解公司的招聘文化。

3.2.3 探索工作世界的方法与途径

1. 形成自己预期的职业库

许多大学生不知道如何进行工作世界的探索，其中一个很重要的原因就是工作世界的信息浩如烟海，根本搞不清应该从哪儿下手，更谈不上如何进行了。如果有一个探索范围，则会容易很多。通过前面的自我探索可以帮助个人初步形成一个探索的范围。自我探索中的性格、兴趣探索，每一部分最后有相应适合的职业出现。此外，每个人还有自己心目中理想的职业，可以通过头脑风暴的形式把它们罗列出来。这样就获得了一个职业清单，看看这些职业有什么共同点，就可能启发自己想到更多值得探索的职业。结合自己的能力和价值观再次从职业清单中进行筛选，最终就得到自己预期的职业库。

相关研究表明，在做决策时，太多的信息容易让人迷失，反而拿不定主意；而过少的信息又起不到让当事人了解客观事实的作用。所以，在形成预期职业库时，库的大小根据自己的情况要有适当的平衡，通常5~10个职业的调查是比较适中的。在信息探索过程中，抛开自己固有的想法，保持开放的心态，就容易获得客观的信息。

2. 用职业分类的方法帮助探索工作世界

在繁杂的工作世界中挑出相关、有用的信息，是一项艰巨的工作。学生即使形成了自己的职业库，但到底有哪些工作可能和职业库得出的职业特点相符合，这也是一个问题。如果能按照一定的规则将职业分类，学生就可以轻松地找到和这些特点相关的工作了。下面介绍一些比较经典的职业分类方法。

(1) 霍兰德的职业环境分类

霍兰德职业环境分类在兴趣探索一节有详细的描述，在此不再赘述。

(2) 工作世界地图

普里蒂奇在霍兰德六边形模型的基础上作了一些调整，增加了人—事物、资料—概念两个维度。人—事物维度分别表示与人相关的工作，例如为人们提供服务、帮助等；与具体物体相关的工作，如机械、生物、材料等。资料—概念维度分别表示与具体事实、数字、计算等打交道的工作和用理论、文字、音乐等新方式表达或运作的工作。

美国大学考试中心把普里蒂奇的研究进一步推向深入，他们在兴趣的两维基础上，将职业群体的具体位置标定在坐标图上，从而得到工作世界图。该图共分12个区域，共有20个职业群被标定在图中。

(3)《中华人民共和国职业分类大典》

《中华人民共和国职业分类大典》是我国第一部对职业进行科学分类的权威性文献，由国家劳动和社会保障部、国家质量技术监督局、国家统计局联合编制。该书将中国目前的社会职业分为1943个。这1943个职业分归8个大类、66个中类、413个小类，并具体确定了各个职业名称。其中8个大类具体为：

①国家机关、党群组织、企业、事业单位负责人；

②专业技术人员；

③办事人员和有关人员；

④商业、服务业人员；

⑤农、林、牧、畜、水利业生产人员；

⑥生产、运输设备操作人员及有关人员；

⑦军人；

⑧不便分类的其他从业人员。

(4) Jobsoso职业分类

Jobsoso是国内职业测评公司北京北森公司于2005年3月16日正式发布的职业分类系统，该系统以全球领先的职业分类信息技术为基础，并经过适度的本土化，可以进行独立的职业信息搜索。这一系统包含1000余种职业，可以分为以下22大类：

①管理；

②传媒、艺术、文体娱乐；

③销售及相关职业；

④商业及金融；

⑤医疗专业技术；

⑥行政及行政支持；

⑦计算机和数学分析；

⑧医疗卫生辅助服务；

⑨农、林、畜牧业；

⑩建筑、工程技术；

⑪安全防卫、消防；

⑫建筑及冶炼类；

⑬科学研究；

⑭食品加工和餐饮服务；

⑮设备安装、维修和保养；

⑯社区及社会服务工作；

⑰建筑物、地面清洁及维护；

⑱企业生产；

⑲法律工作；

⑳个人护理及服务性职业；

㉑物流；

㉒教育、培训及图书管理。

该系统对某个具体职业从职位名称、直属上级、直属下级、合作部门、职业描述、工作内容、教育背景、核心课程、工作经验、培训认证、工作环境、职业前景、知名公司、薪酬待遇、相关职业、榜样人物、该职业对人的核心要求等角度进行了比较全面的描述。

（5）其他常见分类方法

社会上还有一些通俗的分类方法，比如最热门的职业、最受人尊敬的职业、最赚钱的职业、需求量最大的职业、发展前景最好的职业，等等，这些分类也可以帮助学生对更多的职业有所了解。但是学生应当牢记一点的是：最重要的还是要选择适合自己的职业！

3. 其他探索工作世界的方法

工作信息探索的方法有很多，依据一定的规律可以提高效率，例如从近至远的探索。所谓近和远，是指信息与探索者的距离。通常近的信息比较丰富，远的信息更为深入；近的信息较易获得，远的信息则需要更多的投入和与环境的互动才能了解。所以，从近至远的探索是一个范围逐渐缩小、了解逐渐加深的过程。

非正式评估是探索者有意无意得到的对某个信息的最初评估。正式评估是指各种各样正式的职业测评，如兴趣测评等。电脑资讯如今已经成为越来越主要的获得大量信息的途径，和职业相关的网站很多，比如中国劳动力市场网、前程无忧、智联招聘、中华英才、搜狐招聘频道、中青在线人才频道、各高校职业指导网站等，也有一些网站专门提供某个专业的职业信息或留学信息等更有针对性的资讯。

生涯人物访谈处于近与远的中间，在效率和信息的真实性上有比较好的平衡。这种方式是指学生对身居自己感兴趣职位的人进行采访。接受访谈者应是我们称之为“生涯人物”的人，在这个职位上已经工作了3~5年甚至更长时间。为防止访谈中的主观影响，应至少访谈两人以上，如既与成绩卓然者谈，也与默默无闻者谈，则效果会更好。访谈时，学生应明确访谈的目的是收集供职业生涯决策的信息，而不是利用生涯人物来找工作，以免引起双方的尴尬。建议学生在正式进行访谈前，至少做两件事：一是为自己准备一个“30秒广告”，因为在访谈过程中，对方可能会问到你的职业兴趣和目标；二是对需要提出的问题做一些准备，这样有助于访谈的深入进行，能够取得较高的效率。访谈中，学生可能提出的问题包括：

（1）在这个工作岗位上，每天都做些什么？

（2）你是如何找到这份工作的？

（3）你是如何看待该领域工作将来的变化趋势的？

（4）你的工作是如何为实现组织的总体目标或使命贡献力量的？

（5）你所在领域有“职业生涯道路”吗？

（6）本职业需要什么样的人？

（7）到本领域工作所需的基本前提是什么？

（8）就你的工作而言，你最喜欢什么？最不喜欢什么？

（9）什么样的初级工作最有益于学到尽可能多的知识？

（10）工作中采取行动和解决问题的自由度如何？

（11）本领域有发展机会吗？

（12）本工作的哪部分让你最满意，哪部分最有挑战性？

（13）什么样的个人品质或能力对本工作的成功来讲是重要的？

（14）你认为将来本工作领域潜在的不利因素是什么？

（15）依你所见，你在本领域工作遇到了什么样的问题？

（16）对于一个即将进入该领域工作的人，你愿意提出特别建议吗？

（17）本工作需要特别的知识、技能和经验吗？

（18）这种工作需要什么样的教育或培训背景？

（19）公司对刚进入该工作领域的员工提供哪些培训？

（20）还有哪些方法能帮助我深入了解该工作领域？

（21）你的熟人中有谁能作我下次的采访对象吗？当我打电话给他（她）时，可以用你的名字吗？

（22）根据你对我的教育背景、技能和工作经验的了解，你认为我在作出最终决定之前还应在哪个领域、什么样的工作上进行深入的调查研究呢？

当然，以上这些问题学生可以根据自己的需要再整理，但对生涯人物关于工作的主观感受还是应该问一下的。另外，给生涯人物留出提供其他信息的机会，说不定会让人有意外的收获。

我们身处一个资讯发达的时代，搜寻工作信息的方法有很多很多，例如行业展览会、信息面试、角色扮演等也都是不错的途径。对于工作世界的探索，光讲方法是不够的，关键还要做到有心，随时留意周围的信息。

3.3 决策与行动

3.3.1 决策风格

所谓决策风格，是指个体在长期的决策过程中形成的比较稳定的决策倾向。职业决策风格，则是指个体在职业决策过程中表现出来的习惯途径或行为偏好，且作为一项个性心理特征影响着职业决策最终方案的取舍和决断。丁克里奇（Dinklage，1966）提出，人们通常采用下面这几种决策模式：

1. 痛苦挣扎型

有些人会花很多的时间和精力来收集信息，确认有哪些选择，向专家询问，反复比较，却迟迟难以做出决定。他们常爱说的一句话是“我就是拿不定主意”。出现这种情况时，收集再多的信息进行分析比较也无济于事。需要弄清的是他们被一些什么样的情绪和非理性信念困住了，比如害怕自己做出错误的决定、追求完美，等等。

2. 冲动型

与“痛苦挣扎型”相反，有的人遇到第一个选择就紧紧抓住不放，不再考虑其他的选择或进一步收集信息。他们的想法是：“先决定，以后再考虑”。比如，先找到一份工作做了再说。冲动的决策方式可能是出于对困难的回避，不愿意花时间、精力去探索。这种方式的危险在于风险太大，一旦看到有更好的选择时自然追悔莫及。

3. 直觉型

有一些人将自己的直觉感受作为决定的基础。他们通常说不出什么理由，一味表示：“就是觉得这个好”。人们在择友时常常采用这样的决策方式。直觉在人们对环境情况无法获得充分信息时会比较有效，但直觉有可能不符合事实，有时候，人们的判断可能会因自身先入为主的偏见而产生较大的误差。因此，人们不能仅仅将直觉作为决策的依据。

4. 拖延型

这些人习惯将对问题的思考和行动都往后推迟，“过两天再考虑”是他们的口头禅。大学生常讲的“我还没有准备好工作，所以打算先考研”，就是这种方式的体现。拖延型的人心中暗暗抱有这样的希望：也许事情过几天就自动解决了。然而，问题并不会自动解决，有时候甚至会越拖越严重。如果你现在不知道该怎么找工作，那么读完研究生也未必就能知道。

5. 顺从型

这样的人倾向于顺从别人的计划而不是独立地做出决定。他们常说：“只要他们都觉得好，我就觉得好。”比如，许多大学生一窝蜂似的争取出国，进外企，考研，参加各种培训班，只因为“大家都这样做”。从众的人固然在追随群体的过程中获得了一种虚假的安全感，但却忽略了自身的独特性，这造成他们的选择在很大程度上并不适合自己。他们在不必费心思考的同时，也牺牲了对生命可能有的满足感。

6. 瘫痪型

有时候，个体可能在理性上接受了应当自己做决定的观念，却无法开始决策过程。他们知道自己应该开始了，但在内心深处总笼罩着“一想到这件事就害怕”的阴影。事实上，他们无法真正为决策和决策的后果承担责任，而这种害怕承担责任的心理可能又源于家庭在其成长过程中长期的不当养育方式。

3.3.2 职业决策中的挑战

决策为什么难以做出？这是因为决策总是具有风险性，要求人们为其后果承担责任；同时，影响决策的因素相当复杂，而且其中有相当多的阻碍。

1. 决策的风险与责任

人们在日常生活中无时无刻不在做决定，决定可以分为以下几种类型：

（1）确定无疑的决定。所有的选择及结果都是清楚明白的决定。比如，一栋教学楼有左右两个楼梯，而上课的教室位于大楼的右侧，从右边的楼梯上楼到教室要近一点，那么去该教室上课的同学可能就会选择走右边楼梯。

（2）有一定风险的决定。这时有多种选择，每种选择的后果虽然不完全确定，但个人在一定程度上知道可能会有什么样的选择和结果。比如，一个大学生决定中午在食堂吃什么，因为他天天都在这个食堂吃饭，大体上他知道食堂提供的各种饭菜的滋味如何，是否适合自己的喜好。但有些饭菜，他从来没有品尝过，另外食堂师傅的炒菜水平也可能有波动，因此对于各种选择的结果并不能完全确定。

（3）不确定的决定。对于有哪些选择，各种选择相应会产生什么样的结果，几乎完全不清楚。比如，你想投资炒股，但是你对股票完全不懂，对于股市行情不能判定。

生活中的决定大多不会是第一种，而多属于第二种，也就是说，有可能获得一定的信息，做出某种预测。当人们面临第三种决定时，最好先尽可能地去搜集一些信息，以便把自己的选择变成第二种决定。职业生涯规划的目的，也正是尽可能地搜集信息，并以一种理性的方式做出决策，将第三种决定转换为第二种决定，减少风险。

从决定的分类中，我们可以看到：做决定时，通常都不可能拥有全部的信息。也就是说，大多数决定都有预测的成分，都具有不确定性和风险。如果人们对一件事做决定，就意味着要为该决定的结果承担责任。但是，人们无法确保决策的结果总是有利的——人们总有犯错误的可能，所以，这种责任也必然伴随着一定程度的焦虑和不安。

决策的风险使得许多人采取了听天由命、随大流或让父母等他人做主的方式，来逃避对决策结果所要承担的责任。但这样的人在逃避决策和责任的同时，也逃离了自由。因为世上万事，几乎总是有这样那样的风险。曾有人写道："笑，有被人视为傻瓜的风险。哭，也有被人视为伤感的风险。"不冒风险的人可以逃避挫折和悔恨，但同时他也丧失了学习、感受、变化、成长、生活和爱的机会。其实，生活中最危险的事就是不去冒险。被"稳定"和"安全"锁住，这个人就变成了奴隶。只有敢于冒险的人，才是自由的。无怪乎有人说："不得不在各种不同的行动方案之间选择，是为自由而付出的代价。"

2. 决策的复杂性

决策难为的另一个原因是其复杂性——有诸多因素可能会影响人们的决策。著名的职业辅导理论家克朗伯兹将影响个人职业决策的因素划分为四类：

（1）遗传和特殊能力

遗传和特殊能力即个人得自于遗传的一些特质，如种族、性别、外貌特征、智力、个人天赋等，在某种程度上决定了个人的职业表现或影响到个人的生涯。例如，在现阶段的大学生就业中，性别因素仍然不可否认地影响到求职者是否有机会参与面试和被录用；而身高、体形、健康状况等先天条件在诸如模特、文艺工作者、军人等职业的招募中也占据了重要的地位。

（2）环境和重要事件

环境和重要事件包括人类活动（如社会、文化、政治、经济活动，家庭、教育活动）的影响和自然力量（如自然资源的分布或自然灾害，如地震、洪水以及干旱）的影响。很显然，家庭的社会经济地位（偏远农村还是沿海城市，是否贫困家庭）、家庭对于个人的期望（如是否重视教育）、所在地区的教育水平等，都会在很大程度上影响到个人的求学背景和发展机会。而像“改革开放”这样重大的社会政治经济变革，也极大地改变了社会中千万人的人生轨迹。

（3）学习经验

这里的学习是指广义上的学习，即每个人在日常生活中不断积累的经验和认识。例如，一个孩子在与小伙伴玩耍的过程中，发现如果自己愿意与伙伴们分享玩具，别人就会更乐意与自己玩。那么，这个孩子可能由此学到了“分享”、“合作”。而如果父母总是为自己的孩子包办一切，不允许他有自己独立的想法或喜好，那这个孩子就学到了“不负责任”。这样的孩子长大到该独立进行职业决策时，就很难承担决策的责任，也没有自己的主见。再比如，某小学生恰好遇上了一位特别和蔼可亲、循循善诱的数学老师，于是对数学产生了浓厚的兴趣，对教师这一职业也怀有美好的向往。成年后，他最终选择数学教师作为自己的终身职业。由此可见，每个人在其成长过程中都积累了无数的学习经验，个体的学习经验是独特的，而这对于个体的职业生涯选择又具有重要的影响。一个人是自信还是自卑、敢于冒险还是畏惧变化，他怎样看待他人，他对于教师、医生、警察等各种职业有些什么样的印象，他更看重工作带来的成就感还是与家人相处的时间，等等，这一切，都与个人的学习经历有关。

（4）任务取向的技能

受到上述种种因素的作用，个人在面临一项任务时，会表现出特定的工作习惯、解决问题的能力、心理状态、情绪反应和认知的历程，这称为“任务取向的技能”。比如，面对找工作这件事情，同一个班里所有的同学都没有经验，都感到犯怵。但其中有的人可能会积极地面对困难，会想到利用学校就业指导中心所提供的各种信息和资源（如听讲座、参加学校组织的各种考察实践活动等），向自己的亲友、老师和高年级的同学请教，之后会开始探索和思考自己的兴趣、能力，并着手联系实习的机会。这样，当他们到了大四的时候，已经对自己和劳动力市场都有了相当的认识，也积累了不少的信息和资源，可以说是胸有成竹了。而另外一些人则一味地拖延，不去面对困难，直到大三或大四时才开始着急，或寄希望于自己的某个亲戚能够帮助找一份工作，或埋怨学校不帮助毕业生联系就业单位，最后草草找到了一个职位了事。在这个过程中，不同的人所表现出来的心态、习惯和能力，其实反映了他们不同的任务取向的技能。

3. 职业决策中的阻碍

职业阻碍就是任何使人难以实现某一职业目标的障碍或挑战。职业阻碍分为外部阻碍和内部阻碍两种。内部阻碍就是那些存在于人们自身的障碍，通常人们对其有较大的控制力，如焦虑、拖拉等。外部阻碍则来自于外界，是人们难以控制的，如就业中存在的重男轻女现象。但人们往往把外部阻碍想象得过多、过大，这实际上属于内部阻碍。在生涯决策中，人们需要明辨内部障碍和外部障碍，才能采取相应的对策。个人出现决策困难的情形，通常又分为两种：

（1）生涯不确定

生涯不确定是正常的发展性的问题。大学生还处在生涯探索阶段，在以前的学校教育中又缺乏与职业生涯规划相关的内容，造成大学生普遍不了解自己的兴趣或能力、价值观不清晰、缺乏关于工作世界的信息等状况，因此难以进行生涯决策。这种情况通常只要得到关于自我认识、工作世界介绍等相关的信息即可解决，而这可以通过职业生涯规划课程、阅读相关书籍、参加社会实践活动等实现。

（2）生涯犹豫

生涯犹豫这是由个人特质引起的，如个人兴趣与能力有差异，个人偏好与社会期待有冲突，价值观受到环境条件限制，非理性生涯观念桎梏等。比如说，有的人由于自信心低落，极大地阻碍了对于职业的憧憬与选择；有的人虽然做出了初步选择，却感到非常焦虑；还有的人，虽然经过多方的探索，在职业兴趣方面却仍然相当混乱，等等。这一类的学生需要较长时间个别的生涯辅导，甚至是心理咨询和治疗，才能帮助他们提升自我价值感，增进对自我的肯定与信任，并在此基础上改善他们的决策能力。

3.3.3 应对职业决策中的挑战

对于决策中的挑战，可以通过多种方面进行调节和改善。

1. 计划型决策：CASVE 循环

在进行重大决策时，为了减少风险，尽可能充分地考虑决策所涉及的多方面因素。我们推荐使用计划型决策，计划型决策由沟通（communication）—分析（analysis）—综合（synthesis）—评估（evaluation）—执行（execution）五个步骤组成，其英文缩写为 CASVE 循环。

（1）沟通

个人发现理想与现状有差距，意识到问题的存在。这一步是决策的开始。个人如果没有意识到自己的需要，则后面的步骤都无从谈起。比如，许多大学一年级的学生，常常觉得“职业生涯规划”离自己还很遥远，认为找工作“是大三大四的事”，自己才大一，只要好好学习就够了。只有当他们具备了职业生涯规划的意识，了解到找工作不是一蹴而就的事情，才会开始产生这方面的需求，从而进入职业决策的下一阶段。

（2）分析

将问题的各个组成部分相互联系起来，对现状进行评估，了解自己和自己可能的选择，对所有的信息进行分析。这当中还包括确认要做出的决定——决定的性质、具体的目标、决策的标准，等等。不少人将目标与达成目标的手段混淆，比如为了学历而读书，但实际上学历只是手段，就业才是最终目的。如果并没有弄清楚自己的目标，比如出国或者考研是为了什么，就开始盲目行动，必然不会有好的结果。可以说，分析是决策过程中最容易出现问题的阶段。许多人倾向于用简单化的方式得出结论，直接跳到行动步骤，而未能真正弄清问题的关键，也未能收集充足的信息。

（3）综合

在分析的基础上，个人形成可能的解决方法并进一步收集相关信息，确认自己的选择。这里需要注意的是，不要在没做探索之前就匆忙决定，这样会将自己的选择面限制得很窄。在生涯规划中，我们提倡先扩展个人的职业前景清单（通常要列出至少 10 个以上可以从事的职业），打开视野，充分地看到自己所拥有的可能性，再在收集信息的基础上适当压缩（至 3~5 个最后选项）。

（4）评估

从可行性和满意度两方面评估信息，并按评估结果对所有选择进行排列，得出最终的选择。比如，可以将所有的重要价值观列成表作为评判的标准，并按每一项对所有的选择进行加权计分，最后按总分排序。

(5) 执行

根据自己最终的选择制订计划，采取行动。

需要注意的是，决策是一个循环的过程，也就是说，在行动之后，还需要对自己的决定及其结果进行评估，由此可能进入新一轮的决策过程。

2. 决策平衡单

在决策过程中对可能的选择进行评估排序时，需要详尽地考虑该决定所涉及的各方面因素。一个有效的方法是使用“决策平衡单”，决策平衡单将重大决策的思考方向集中到四个主题上：个人物质方面的得失、他人物质方面的得失、个人精神方面的得失、他人精神方面的得失。

在使用时，可以按上述四个类别列出个人所有的重要价值观并按其重要程度赋予权重，并将它们作为评判的标准，逐项对所有的选择进行加权计分，最后按总分排序。表 3-3 所示，是一个比较“国贸专业研究生”、“英文记者”和“导游”这三种选择的决策平衡单。

表 3-3　**小王的决策平衡单**

选择项目	权重	选择一 国贸专业研究生		选择二 英文记者		选择三 导游	
	−5 ~ +5	加权分数（+）	加权分数（−）	加权分数（+）	加权分数（−）	加权分数（+）	加权分数（−）
考虑因素							
个人物质方面的得失							
1. 个人收入	3	0（0）		2（+6）		4（+12）	
2. 未来发展	4	5（+20）		4（+16）		2（+8）	
3. 休闲时间	2		−1（−2）	0（0）		3（+6）	
4. 对健康的影响	1	2（+2）		2（+2）		4（+4）	
他人物质方面的得失							
1. 家庭收入	3		−1（−3）	2（+6）		4（+12）	
2. 家庭地位	2	5（+10）		3（+6）			−2（−4）
个人精神方面的得失							
1. 创造性	5	4（+20）		4（+20）		4（+20）	
2. 多样性和变化性	5	4（+20）		5（+25）		5（+25）	
3. 影响和帮助他人	4	3（+12）		4（+16）		5（+20）	
4. 自由独立	4		−1（−4）	4（+16）		5（+20）	

续表

选择项目	权重	选择一 国贸专业研究生		选择二 英文记者		选择三 导游	
	-5 ~ +5	加权分数 （+）	加权分数 （-）	加权分数 （+）	加权分数 （-）	加权分数 （+）	加权分数 （-）
考虑因素							
5. 被认可	3	5（+15）		3（+9）		4（+12）	
6. 挑战性	3	4（+12）		5（+15）		5（+15）	
7. 应用所长	5	2（+10）		5（+25）		5（+25）	
8. 兴趣的满足	4	3（+12）		5（+20）		5（+20）	
他人精神方面的得失							
1. 父亲	3	5（+15）		3（+9）		3（+9）	
2. 母亲	3	5（+15）		2（+6）			-1（-3）
3. 男朋友	2	3（+6）		4（+8）		4（+8）	
4. 老师	1	5（+5）		4（+4）			-1（-1）
总分		165		201		200	

决策平衡单使用方法：

将自己的各种生涯选择水平排列在决策平衡单的顶部。

在平衡单的左侧，垂直列出自己在“个人物质方面的得失”、“他人物质方面的得失”、“自我精神方面的得失”、“他人精神方面的得失”四个方面的重要价值观和考虑因素。

给各种价值观和因素按1~5的等级分配权重。一项价值观或因素的重要性越大，其权重就越高。5为最高权重，表示“非常重要”；3代表“一般”，而1代表“最不重要”。对自我需求和价值观的准确了解，是给价值观和考虑因素指定权重的前提。

按照各项生涯选择满足个体价值观和考虑因素的程度，进行打分。分值在“-5”分到“+5”分之间，其中“+5”表示价值观和考虑因素在该生涯选择中得到了完全的满足，“0”表示不知道或无法确定，而“-5”表示价值观和考虑因素完全未能得到满足。

将各项生涯选择的得分与各项价值观和考虑因素的权重对应相乘进行计分，将结果记录在相应的空格内。

将每一选择下所有的正负积分相加，得出其总分。对所有总分进行比较和排序。

在使用决策平衡单时，要注意其目的不仅在于得出最后的排序结果，填的过程也很重要。因为列举各项考虑因素、给各项价值观分配权重以及给各项选择打分的过程本身，就是在帮助个人理清自己的思维。这样一个仔细思索和反复推敲的过程，可能比单纯得出一个结果更为重要，更能够帮助个人作出适合于自己的决策。

显而易见，这样的决策方式需要投入比较多的时间和精力。因为和许多事情一样，决策虽然有各种方法和技巧，但却没有捷径可走。也正因为这种决定产生的结果具有十分重要的意义，我们才需要投入这么多的时间和精力。

3. 理智与情感

计划型决策是一种理性的决策方式，该方式主要采用归纳、演绎和推理的方法进行思考。在实际生活中，人们不难发现，虽然许多人懂得做这种逻辑的、按步骤进行的利弊分析，但在得出排序结果后却仍然难以作出最终的决策。这是因为，单纯理性的决策忽略了情感的作用。

人不仅有理性，也有情感。在传统教育中，情感由于其缺乏理性的可控性而经常遭到人们的排斥和轻视。殊不知，情感也是人类天性的一部分，是有其重要功能和作用的。情感往往携带着相当大的能量，否认和压抑并不会让情感自动消失，反而有可能在暗地里给人造成种种阻碍。人们常见的压抑愤怒，然后在一件小事上爆发就是这样的例子。

而且许多选择上，并没有绝对的“好”、“坏”之分。常言说得好：萝卜青菜，各有所爱。在价值观部分，我们也曾讲过，每个人都有其独特的价值取向，各人所需要、所看重的东西不同，很难判断孰是孰非。选择职业时，如果人们不去聆听和尊重内心深处的爱恨或直觉，而是一味听从专家意见、大众标准和热门排行，往往就会落入陷阱而无法作出正确的选择。这时，收集再多的信息、再比较权衡也无济于事，因为人们的认知和情感不一致，人们的内心产生了冲突。许多人难以作出恰当的决策，原因就在于此。

只有当情感和认知一致时，人们才会感到内在的和谐，人们才感觉自己是一个统合的、高度一致的人，人们也会更容易信任自己的选择，从而更有力量去承担决策的责任。做到这一点，始于对自己的情绪、需求和独特性的尊重。

4. 认知调节和心理咨询

如果认真地进行了自我探索和对工作世界的探索，也采用了上述决策方法和工具，却仍然感到混乱或难以决策，那么可能需要更多认知上的调节。必要时，可以求助于心理咨询师。解决了内心深层次的困扰之后，将更有能力来处理职业决策方面的问题。

3.3.4 目标设立与行动计划

1. 目标

目标对生涯发展具有非常重大的指导意义。许多大学生一方面感到迷茫；另一方面，却又不能停下来，花一点时间看清楚自己的方向，只是盲目地胡乱奔跑。“忙—盲—茫”的现象在当代大学生中屡见不鲜，这种“边跑边看路”的做法无异于缘木求鱼。就像《爱丽丝梦游奇境记》里，猫对爱丽丝说的那样：如果你不知道自己想去哪儿，那么走哪条路都无所谓。而你只要一直往前走，哪怕是胡奔乱跑，也总可以到达某个地方。但你对自己的处境满意与否可就是另一回事了。并且，如果连你都不知道自己要什么，那么别人也不可能给你有效的帮助。

只有当个人在头脑中对自己的职业发展方向有清晰的概念，他的生命才会有意义和方向，而这也许是人生中最珍贵的财富之一。

2. 设立目标的指导原则——SMART 原则

（1）specific

不要用含糊笼统的语言，目标必须是具体的、明确的。

（2）measurable

目标必须是可以衡量的，这样你才有一个可以衡量成功或者失败的标准，从而可以准确地评价你是否达到了自己的目标。

（3）achievable but challenging

目标必须是有挑战性并且又可以达到的。也就是说，就你的能力和特点而言，实现这个目标是现实的、可能的，但又有一定难度。

（4）rewarding

目标有意义、有价值，并有奖惩的措施。也就是说，实现这个目标能带给你成就感、愉快感；反之，则会使你有所损失。

（5）time-bounded

目标必须有明确的时间限制。

（6）controllable

在 SMART 的这几条标准之外，还有一条原则对于目标设定来说是非常重要的，那就是可控性。主要是指你对影响到目标实现的因素具有相当的控制能力。

采用上述原则设立目标的好处是：使你所制定的目标与计划有实现的可能，并且可以帮助你在一段时间之后回顾总结自己所取得的进步与不足，明确自己该干什么以及进展得怎么样。

3. 目标和行动计划示例

职业目标又可以分为长期目标、中期目标和短期目标。当人们把自己的中长期目标分解为一个个小的短期目标时，就有了具体的行动计划和步骤。这样做有助于个人对自己的职业生涯发展进行管理。

案例 3-1

想象五年后的你①

1976 年的冬天，当时我 19 岁，在美国休斯敦太空总署的太空穿梭实验室里工作，同时也在总署旁边的休斯敦大学主修电脑。纵然忙于学校、睡眠与工作之间，这几乎占据了我一天 24 小时的全部时间，但只要有多余的 1 分钟，我总是会把所有的精力放在我的音乐创作上。

我知道写歌词不是我的专长，所以在这段日子里，我处处寻找一位善写歌、词的搭档，与我一起合作创作。我认识了一位朋友，她的名字叫凡内芮（Valerie Johnson）。

① 李恕权．挑战你的信仰［M］．扬智文化，2000.

自从20多年前离开美国得克萨斯州后，就再也没听过她的消息，但是她却在我事业的起步时，给了我最大的鼓励。仅19岁的凡内芮在得克萨斯州的诗词比赛中，不知得过多少奖牌。她的写作总是让我爱不释手，当时我们的确合写了许多很好的作品，一直到今天，我仍然认为这些作品充满了特色与创意。

一个星期六的周末，凡内芮又热情地邀请我到她家的牧场吃烤肉。她的家族是得克萨斯州有名的石油大亨，拥有庞大的牧场。她的家庭虽然极为富有，但她的穿着、所开的车、与她谦诚待人的态度，更让我加倍地打从心底佩服她。凡内芮知道我对音乐的执著。然而，面对那遥远的音乐界及整个美国陌生的唱片市场，我们一点渠道都没有。此时，我们两个人坐在得克萨斯州的乡下，我们哪知道下一步该如何走。突然间，她冒出了一句话：

“ Visualize , What you are doing in 5 years?（想象你5年后在做什么？）”

我愣了一下。她转过身来，手指着我说：“嘿！告诉我，你心目中‘最希望’5年后的你在做什么，你那个时候的生活是一个什么样子?”我还来不及回答，她又抢着说：“别急，你先仔细想想，完全想好，确定后再说出来。”我沉思了几分钟，开始告诉她：“第一，5年后，我希望能有一张唱片在市场上，而这张唱片很受欢迎，可以得到许多人的肯定。第二，我住在一个有很多很多音乐的地方，能每天与一些世界一流的乐师一起工作。”

凡内芮说：“你确定了吗?”

我慢慢稳稳地回答，而且拉了一个很长的Yes——!

凡内芮接着说：“好，既然你确定了，我们就把这个目标倒算回来。如果第5年，你有一张唱片在市场上，那么你的第4年一定是要与一家唱片公司签上合约。”

“那么你的第3年一定要有一个完整的作品，可以拿给很多很多的唱片公司听，对不对?”

“那么你的第2年，一定要有很棒的作品开始录音了。”

“那么你的第1年，就一定要把你所有要准备录音的作品全部编曲，排练就位准备好。”

“那么你的第6个月，就是要把那些没有完成的作品修饰好，然后让你自己可以逐一筛选。”

“那么你的第1个月就是要把目前这几首曲子完工。”

“那么你的第1个礼拜就是要先列出一整个清单，排出哪些曲子需要修改，哪些需要完工。”

“好了，我们现在不就已经知道你下个星期一要做什么了吗?”凡内芮笑着地说。

“喔，对了。你还说你5年后，要生活在一个有很多音乐的地方，然后与许多一流的乐师一起忙着工作，对吗?”她急忙地补充说。“如果，你的第5年已经在与这些人一起工作，那么你的第4年照道理应该有你自己的一个工作室或录音室。那么你的第3年，可能是先与这个圈子里的人在一起工作。那么你的第2年，应该不是住在得克萨斯州，而是已经住在纽约或是洛杉矶了。”

次年（1977年），我辞掉了令许多人羡慕的太空总署的工作，离开了休斯敦，搬到洛杉矶。

说也奇怪：不敢说是恰好5年，但大约可说是第6年。1983年，我的唱片在亚洲开始畅销起来，我一天24小时几乎全都忙着与一些顶尖的音乐高手，日出日落地一起工作。

每当我在最困惑的时候，我会静下来问我自己：5年后你“最希望”看到你自己在做什么？

如果，你自己都不知道这个答案，你又如何要求别人或上帝为你做选择或开路呢？别忘了！在生命中，上帝已经把所有“选择”的权力交在我们的手上了。

如果，你对你的生命经常在问“为什么会这样？”“为什么会那样？”的时候，你不妨试着问一下自己，你是否很“清清楚楚”地知道你自己要的是什么？

在这里，我们的确看到了人生职业规划的重要性，在将这个规划细细拆分，我们马上就会发现，其实我们根本没有时间停下来发呆。

仅仅有目标和行动计划还不够，最重要的是落实行动。人们的时间不是无限的，想做的事情也不容人们无限延期。其实人们完全可以在每一日的生活中做一些微小的事情，一步一步接近自己的理想，而不必在等待中虚耗生命。

第二部分
就业篇

第4章

大学生就业政策与法规

教学目标：通过对本章的学习，学生能够了解当前大学生的就业政策、与就业相关的法律法规；能够有效地运用国家促进毕业生就业的相关政策，找到适合自己的工作；能够合理地利用就业的法律法规，保护毕业生的就业权益。

4.1 大学生就业政策

案例 4-1

在农村闯出一番天地照样是一份事业①

27 岁的谷浩出生在一个水产养殖家庭，受家庭环境的影响，自幼立志于从事水产养殖业。2004 年报考上海海洋大学，被农林经济管理专业录取。求学四年，取得管理学学士学位，并辅修了水产养殖专业。在校期间，他思想进步，团结同学，有集体荣誉感，能为他人着想。积极参加社会活动和社会时间，有较强的动手能力和应变能力。

大学毕业后，谷浩一度憧憬在城市大型水产企业干出一番事业。但在企业里干过一段时间后，他看不到大的前景。彷徨中，他短暂地转过行，干过建筑、物流。2010 年年底他决定回乡创业，“在农村闯出一番天地照样是一份事业”，他说。

回乡搞水产，根据当地市场需求，因地制宜地选择了普通的淡水“四大家鱼”为主力养殖品种。因为养殖这些品种投资少，风险小，更易推广，而且市场销量稳定，销路不用愁。

谷浩利用自己的专业知识，在三年里不停地借鉴学习、实践摸索，通过养殖技术模式化改变，养殖品种、规模的市场化调节，他很好地控制了养殖投入资金周转时间，降低养殖风险、大大提高了

① 在农村闯出一番天地照样是一份事业［J］. 中国大学生就业，2014（12）：46.

资金利用效率和经济收益。如今，在地方政府创业贷款扶持下，他承包养殖水面300亩，年产值100余万元；另经销代理“通威牌”“海大牌”等知名品牌水产饲料，年销售1000余吨，辐射周边水产养殖专业户近百户。“我现在年纯收入几十万元没问题，比在外面打工强多了。”他说。作为一个立志于发展当地水产养殖业的现代年轻人，回乡创业，谷浩并没有满足自己拿着养殖技术独自发展，而是心系周边的水产养殖户，借助自身塘口的示范作用，利用自己掌握的养殖技术和资讯，积极影响着周边水产养殖户，因地制宜地帮助他们实现增产增收。

他加入父亲谷雨组织成立的“南陵县谷雨水产养殖专业合作社”，手把手地指导农户搞养殖，实现效益翻番。他还通过水产饲料的代理销售及客户服务，依托通威股份、海大股份、武汉华扬动保等国内知名水产企业的水产养殖技术和产品，走村串户为周边三县水产专业养殖户规划了规模化、标准化养殖模式，并帮助农民们看鱼病、做防疫，让这些养殖户的养殖产品更快更好地进入市场，创造更高的经济效益。他利用自身校友的人脉关系、相关企业的技术力量，不仅让养殖户们学到了养殖技术，更加强了同他们的沟通，创造了更多合作交流机会。通过谷浩几年的技术服务和培训指导，当地许多养殖户从亩均产量300~500斤的粗放式养殖模式向亩产1000~2000斤的规模化、标准化、科学化养殖转变，亩均收益实现千元级增长。

如今，食品安全事故频发，老百姓越来越关注食品的安全性。在谷浩看来生产安全食品是他们刻不容缓的职责。现阶段，他在大学导师的指导下，通过学习、摸索，慢慢带动养殖户从一味杀虫消毒的鱼病防治模式向注重“微生物制剂调水”、“中草药内服”的科学化、生态化鱼病防控体系转变，合理投喂饲料，合理控制生长度，让产量和质量并存。为此，他正在组建一个水产品开发公司，采用公司加农户的发展模式，建造标准化养殖基地，建立完善一套安全绿色的水产养殖模式，建立健全水产品安全追溯体系，让公司成为一个集生产、销售和科研于一体的现代化渔业企业。

因为开拓进取，倾力奉献，踊跃参与美好乡村建设和乡村旅游发展，为芜湖市美好乡村建设贡献青春力量。作为南陵县谷雨水产养殖专业合作社团支部书记的谷浩，在团市委、市美好办、市旅游局联合开展的“美好乡村好青年”评选活动中获得2014年芜湖市“美好乡村好青年”称号，在美好乡村建设中发挥榜样引领作用。他的贡献与努力得到了认可。

近年来，大学毕业生就业问题已得到社会广泛关注，已经引起了党和政府的高度重视。为帮助大学毕业生顺利就业、迈好走向社会的“第一步”，从中央到地方，从相关部门到社会各方，都在齐心协力，想方设法促进就业。国家和相关部门先后出台实施一系列政策措施，打破了计划经济体制下对大学毕业生就业的诸多限制和束缚，着重建立起允许并鼓励大学毕业生合理流动就业的制度环境，积极引导和鼓励大学毕业生到基层、到西部建功立业，加快完善对大学毕业生就业服务的体系。大学毕业生在就业时，一定要了解这些规定，只有这样，才能避免在就业中走弯路，才能正确地选择合适的工作单位。

4.1.1 国家的就业政策

1. 我国高校毕业生就业政策的发展历程和特点

中华人民共和国成立以来，我国高校毕业生就业政策在不同的社会经济时期有着不同的内容，大体可以分为三个阶段，分别以国家统一分配实行政府包办，逐步实现毕业生与用人单位之间“双向选择”，市场主导、自主择业为其主要内容，这三个阶段的就业政策有着各自不同的特点。

（1）计划经济体制阶段高校毕业生就业政策

中华人民共和国成立后实行的是社会主义性质的计划经济体制，在以此为前提的条件下，我国高校毕业生就业政策以“国家分配、统包统分”为主要内容模式，这一阶段自1950年高校毕业生就业分配工作开始至1985年。

国家对高校毕业生的就业“统包统分”的依据是国家当时的国情和现实情况，在很长一段时间里，这种分配政策充分发挥了国家宏观调控的职能作用，其“重点使用、重点配备”原则和“合理分配、加强重点”原则保证了重点经济建设地区的人才供给，保证了国家建设对人才的需要。

（2）教育体制改革和发展时期高校毕业生就业政策

1978年改革开放后，经济呈现出多元化趋势，单纯的统一分配制度无法满足经济社会对人才的多元化需求。1985年5月27日中共中央颁布《中共中央关于教育体制改革的决定》（以下简称《决定》），《决定》是我国对高等学校毕业生就业政策改革的重要标志，打破了计划经济指令性的、硬性的分配政策。《决定》指出，对于国家招生计划内的学生，其“毕业分配，实行在国家计划指导下，由本人选报志愿、由学校推荐、用人单位择优录用的制度”。这样就形成了以“供需见面”为主要形式，以“双向选择”为指导目标的高校毕业生的就业政策。

“供需见面、双向选择”适应了我国经济体制改革发展的趋势，对于高校毕业生和用人单位而言是互利和双赢的。这种互利双赢性质的就业政策初步实现了人才资源的合理配置，有利于毕业生个人意愿的发展，也有利于企业、事业单位选拔人才的自主性、人性化初露端倪。

（3）社会主义市场经济条件下高校毕业生就业政策

1993年中共中央、国务院颁布了《中国教育改革和发展纲要》（以下简称《纲要》），《纲要》是高校就业政策改革正式跨入市场经济体制阶段的重要标志，是“自主择业”就业模式的政策依据。《纲要》明确规定：“除对师范类学科和某些艰苦行业、边远地区的毕业生，实行在一定范围内定向就业外，大部分毕业生实行在国家方针、政策指导下，通过人才劳务市场，采取自主择业的就业办法。”1995年国家教育委员会在《关于1995年进行普通高等学校招生和毕业生就业制度改革的意见》中，要求各普通高校对“并轨”后所招学生，毕业时原则上在本系统、本行业内自主择业，条件成熟后逐步过渡到大多数毕业生自主择业，并在2000年基本完成高校毕业生就业制度改革。

2. 国家促进普通高校毕业生就业的“五项措施”

（1）鼓励高校毕业生到基层、到中西部地区就业

案例 4-2

在西部大地书写青春与梦想①

“到西部教书去！到祖国最需要的地方去，那里才是我实现人生价值的地方！”

① 侯朝茹．在西部大地书写青春与梦想［J］．中国大学生就业，2014（5）：28-29.

"带着山里人的坚韧和年轻人的追求，去大西北丈量人生！"这是14年前我们在校园里发出的青春誓言。2000年8月5日，带着学校领导、老师们的嘱托与祝福，我们15名赴新疆且末县任教的大学毕业生踏上了西行的列车。

接受考验

且末县，地处塔克拉玛干沙漠的东南边缘，气候极其恶劣，年降水量不足20mm，夏天几乎不下雨，全年沙尘天气多达200多天。"且末人民苦，一天半斤土，白天吃不够，晚上还要补"。刚到且末时，我们都出现了流鼻血、嘴唇干裂、咽喉疼痛等症状，恶劣的自然环境考验的不仅是我们的身体，更考验着对自己选择的坚持。

但且末人民热情、真诚，尤其那些可爱的维吾尔族孩子感动着我们。有一次，我讲课时流鼻血了，前排的学生赶紧掏出纸帮我止血，并关心地说："老师，这里风大天干，您要多喝水。"听了他的话，我的心里有一种说不出的暖意。

最令我们无奈的是频发的沙尘暴天气，印象最深的是2001年春季第一次遇到沙尘暴时的情景。那天我正在上课，突然间教室昏暗下来，我惊呆了，学生喊道："老师，沙尘暴来了。"当我想打开电灯照明时，才发现已经停电了，光线越来越暗，能见度不到2米，空气中弥漫着呛人的尘土味。学校马上通知停课，让老师护送学生回家。我们第一次遇到这样的天气，心里都有点害怕。回到宿舍，井慧芳担心地说："沙尘暴一来就要停课，这对孩子们是多大的影响呀，耽误的时间可怎么补回来呢？"那一刻，我们明白了正是且末恶劣的自然环境，所以才缺老师，从此我们更加珍惜每一天上课的时间，最大限度地把学生们耽误的课补回来。

在最初的那几年，我与内地的同学保持着联系，他们一封封充满关爱的信件和一个个问候的电话，让我坚信我的选择是正确的。但是随着时间的推移，本来就落后的且末与内地的差距越来越大，听到的都是同学们在事业上的发展、生活上的富足，这让我心里有说不出的感觉。不少同学都劝我，凭你的能力回来发展，你会生活得更好。有段时间我也委屈过、彷徨过、失落过，但真正让我平静下来、坚持下来的却是一个战友的离开。

那是一个寒冷冬天的傍晚，我们送来自河北省衡水地区的朱老师到汽车站。当时他是初三（7）班的班主任，他要离开的消息一直瞒着自己的学生，但孩子们还是知道了朱老师要走的消息，在凛冽的寒风里，学生们在汽车站的门口排列成整齐的队伍，眼里噙着泪花，默默地向老师一次又一次挥手告别。班车徐徐开动，孩子们顿时哭成一片。当时的情景，震撼着我们送行的每个人。突然，班长哭着问我："侯老师，你们会不会也走？"看着他们渴望的表情和无助的眼神，我的心里一阵酸楚，同时也涌起一种力量："不，我们会留下来，好好地教你们！"我不假思索地回答。14年了，我们用行动兑现着对孩子们的承诺——留下来，好好地教孩子们！

责任在肩

自2009年新疆乌鲁木齐发生"七·五"恐怖暴力事件以来，恐怖暴力事件冲击着每一个新疆人的神经，也冲击着在新疆工作的我们。家人的担心，朋友的牵挂，也曾经使我们动摇。但是我们都很清楚，这些暴恐分子的罪恶行径，就是要制造各族群众恐慌的心理，就是要扰乱正常的生产生活秩序，最终达到分裂祖国的政治目的。所以，在新疆，学校教育成了同民族分裂分子争夺下一代的主阵地。作为一名人民教师，我们深感肩上责任重大。新疆的各族青少年才是新疆未来社会的支柱，我们有责任教育好他们，帮助他们树立正确的世界观、人生观、价值观，把他们培养成维护新疆政治稳定、经济社会发展的中坚力量。我们的责任大于天。

心中的痛

岁月的坚守中，最让我们难以承受的是与家人分离不能照顾他们的愧疚、父母病重无法尽孝的痛苦。“带着山里人的坚韧和年轻人的追求，我要去大西北丈量人生”，这是来自革命老区涞源的辛忠起在2000年8月赴疆教书时写下的誓言，14年来他实践着自己的诺言。多年的辛勤工作，再加上气候干燥，使辛忠起患上了皮肤病和高血压，这些身体上的痛苦他都能承受，但最令他纠结的是对母亲的牵挂。2011年母亲突发脑梗，经过抢救虽然保住了性命，但却瘫痪在床，生活不能自理，还丧失了语言能力，再加上多年的高血压、糖尿病，老人的身体状况非常糟糕。作为儿子，他多么希望能守在母亲身旁端水喂药照顾着，可自己的选择却注定这是一种奢望。

2013年暑假，他回家探亲，正赶上母亲因为肺部感染住院，他下车的第一站就直奔县医院，望着躺在病床上的母亲，这个山里的汉子扑通跪在她面前，再也控制不住自己的泪水，一句话也说不出来……最近，辛忠起一直想从电脑视频里看看母亲的样子，可父亲总以各种理由搪塞拒绝，就是反复告诉他：“忠起，你要好好工作，家里会照顾好你妈。”辛忠起内心万分纠结，彻夜难眠，他不知道这是噩梦还是预感，现在他最大的愿望就是回家能看到妈妈还在病床上躺着……

青春无悔

“只有荒凉的沙漠，没有荒凉的人生！”这是我们第一次进入沙漠时看到的刻在公路牌上的标语，也深深刻在我们心里。14年来，我们工作在边疆，奋斗在基层，已成长为学校的骨干教师、学科带头人，多次获得优秀教师、优秀班主任等荣誉称号，在各类教育教学大赛中屡获佳绩；14年来，我们培养了一批批优秀毕业生，他们考取北京理工大学等知名学府，成为建设新疆的栋梁之才。回顾这14年的从教生涯，且末这片沃土滋润了我们的成长，所以，我们更加坚信这里就是我们实现人生价值的地方。

广漠的戈壁滩上，有一种植物叫红柳。红柳的根可以绵延数公里，甚至数十公里，红柳的存在靠的就是这样的根。我们愿意做一棵棵红柳，扎根西部，坚忍不拔，甘于吃苦，平实做人，为广袤贫瘠的土地带去无尽的生命力。

我们深知，一个人的选择只有契合时代的要求，符合人民的需要，才会有意义、有价值。中国的发展不能没有西部地区的发展，我们愿意选择坚守，扎根边疆，把最大的孝与爱献给西部的父老，献给边疆的孩子，献给伟大的祖国，这就是我们的中国梦。

1）基层就业的概念

基层就业就是到城乡基层工作。国家近几年出台了一系列优惠政策鼓励高校毕业生积极参加社会主义新农村建设、城市社区建设和应征入伍。一般来讲，基层既包括广大农村，也包括城市街道社区；既涵盖县级以下党政机关、企事业单位，也包括社会团体、非公有制组织和中小企业；既包含自主创业、自谋职业，也包括艰苦行业和艰苦岗位。

2）国家鼓励毕业生到基层就业的主要优惠政策

①对到农村基层和城市社区从事社会管理和公共服务工作的高校毕业生，符合公益性岗位就业条件并在公益性岗位就业的，按照国家现行促进就业政策的规定，给予社会保险补贴和公益性岗位补贴。

②对到农村基层和城市社区其他社会管理和公共服务岗位就业的，给予薪酬或生活补贴，同时按规定参加有关社会保险。

③对到中西部地区和艰苦边远地区县以下农村基层单位就业、并履行一定服务期限的高校毕业生，以及应征入伍服义务兵役的高校毕业生，按规定实施相应的学费补偿和国家助学贷款代偿。

④对具有基层工作经历的高校毕业生，在研究生招录和事业单位选聘时实行优先，在地市级以上党政机关考录公务员时也要进一步扩大招考录用的比例。

3）基层就业项目的种类

近年来，中央各相关部门主要组织实施了 4 个引导高校毕业生到基层就业的专门项目，包括：团中央、国家教育部等四部门从 2003 年起组织实施的“大学生志愿服务西部计划”；中央组织部、原国家人事部、国家教育部等八部门从 2006 年开始组织实施的“三支一扶”（支教、支农、支医和扶贫）计划；国家教育部等四部门从 2006 年开始组织实施的“农村义务教育阶段学校教师特设岗位计划”；中央组织部、国家教育部等四部门从 2008 年起组织实施的“选聘高校毕业生到村任职工作”。具体内容如表 4-1 所示。

表 4-1　　中央部门组织实施的基层就业项目

项目名称 细则	大学生志愿服务西部计划	“三支一扶”计划	农村义务教育阶段学校教师特设岗位计划	选聘高校毕业生到村任职工作
招募对象与条件	普通高校应届毕业生	主要为全国普通高校应届毕业生	1. 以高等师范院校和其他全日制普通高校应届毕业生为主，可招少量应届师范类专业专科毕业生。2. 取得教师资格，具有一定教学实践经验，年龄在 30 岁以下的全日制普通高校往届本科毕业生。3. 参加过“大学生志愿服务西部计划”、有从教经历的志愿者和参加过半年以上实习支教的师范院校毕业生同等条件下优先。 4. 报名者应同时符合教师资格条件要求和招聘岗位要求	30 岁以下应届和往届的全日制普通高校专科以上学历的毕业生。重点是应届和毕业 1~2年本科生、研究生，原则上为中共党员（含预备党员），非中共党员的优秀团干部、优秀学生干部也可选聘。参加国家人力资源和社会保障部、团中央等部门组织的到农村基层服务的“三支一扶”、“志愿服务西部计划”等活动期满的高校毕业生，本人自愿且具备选聘条件的，经组织推荐可作为选聘对象。对于各省（区、市）此前已经选聘到村任职的高校毕业生，本人自愿，通过组织考察推荐，可转为选聘对象

续表

项目名称 细则	大学生志愿服务西部计划	“三支一扶”计划	农村义务教育阶段学校教师特设岗位计划	选聘高校毕业生到村任职工作
招募方式	全国公开招募、自愿报名	公开招募、自愿报名、组织选拔、统一派遣	公开招聘、合同管理。方式有专场招聘会、网上招聘会、组织设岗所在地有关部门到高校招聘等	程序为：个人报名、资格审查、组织考察、体检、公示、决定聘用、培训上岗
岗位	到西部贫困县的乡镇从事基础教育、农业科技、医疗卫生、基层青年工作、服务新疆、服务西藏、基层社会管理等工作	支农、支教、支医和扶贫岗位，及部分乡镇团委副书记岗位	特设岗位教师原则上安排在县以下农村初中，适当兼顾乡镇中心学校。人口较少的边境县、少数民族自治县和少数民族县可安排在农村生源占60%左右的县城学校	一般安排为村党组织书记助理、村委会主任助理、村团组织书记或副书记等职务

（2）鼓励高校毕业生应征入伍服义务兵役

案例 4-3

士兵骄子——记第二炮兵某部优秀大学生士兵高明①

高明——北京大学光华管理学院在校入伍大学生士兵，一名在党的创新理论哺育下成长起来的80后青年，在短短一年多的军营生活中，以“崇文尚武”的精兵形象证明了自己的“高明”：当兵半年，成为导弹测控专业二号位操作号手，改写了这个号位一直由士官和干部担任的历史；仅用一年，学会了六七年老兵才能掌握的专业技能，多次在各级组织的军事比武中夺魁……

2007年6月，肩扛上等兵军衔的高明走上了第二炮兵学习贯彻落实科学发展观经验交流会的讲台。从“阳光青年”到“优秀士兵”。

2005年11月17日，高明迎来自己的20岁生日。在这个特殊的日子里，他报名参加了征兵体检。

一个月前，北大“校园网”上一则简短的通知让高明兴奋不已：北京市海淀区人民武装部首次组织在北京高校在校大学生中征集新兵。当兵去！高明的选择让身边的许多人感到疑惑。

他的老师、时任北京大学光华管理学院党委副书记马化祥介绍说，在校入伍的大学生需要推迟两年才能毕业，而光华管理学院的学生就业前景非常好，年薪也高。中断两年学业参军入伍，如果算一笔经济账，高明的损失是很大的。

① http：//www.gfbzb.gov.cn/zbbm/zcfg/dxsrw/201403/20140314/819870409.html，2015年5月访问.

高明品学兼优，在校期间先后担任班长、团支书，连续两年被评为校级“三好学生”，多次获得奖学金，是同年级中最早一批加入中国共产党的学生。高明的许多好友也感到不解。有的说：“凭你的条件，完全可以保送研究生，花两年时间去服役，不值得！”有的劝：“不要因为一时冲动，耽误了自己的前程……”最终，高明还是选择了参军。他说：“当兵是自己儿时的梦想，更是一名时代青年、高校学子应该尽的义务。”

2005年12月7日，读大三的高明办理了休学手续，穿上了绿军装，成为第二炮兵某部一名义务兵战士，也成为中华人民共和国成立后北大第一个在校参军的大学生士兵。

军营与大学校园相比，更强调集中统一，这也是高明最怕过不了的一“关”。

果然，他接二连三地出问题——第一次军容风纪检查，他的头发长了半寸、指甲长了1毫米，受到了连长的批评；第一次出操，他睡过了头，排长敲着他的床，叫了十多声，才把他从睡梦中唤醒；第一次接受任务，他随口答了一声“稍等”，又挨了班长的训……

20岁的高明开始理解了大学生与军人的区别。他说：“我不想为虚度军旅生涯而后悔。”为了早日成为一名合格的士兵，高明给自己立下一条规矩：相同的错误决不犯两次！很快，他就成了新兵连的“标准兵”，当上了副班长，连队每周的光荣榜上，他得到的小红旗最多。2006年年底，高明被评为“优秀士兵”。曾当过高明班长的陆少华感叹道：“高素质大学生士兵是军中之骄，高明是我带的最好的兵！”从“北大学子”到“导弹精兵”，高明所在的技术营是“军事训练一级营”，先后涌现出“全军学习成才标兵”徐海波、“全军优秀指挥军官”董慧、导弹技术尖子王忠心等一批先进人物。

高明来到这个先进集体后，常常在夜深人静的时候自问：自己在这里能书写出什么样的精彩人生？

高明第一次随着整齐的队伍，来到部队军事演练的现场。肃穆的训练大厅内导弹高耸，威武壮观。这一幕，使他亲身感受到了身为一名火箭兵战士的光荣与责任。

“我要用一名职业军人的标准要求自己，成为一名出色的导弹精兵。”高明说。不论干什么工作，高明都坚持高标准、自我加压。训练时，他除正常完成训练课目外，还经常偷偷给自己开“小灶”。为了锻炼体能，他每天都要跑一个5公里，晚上点名后，还要做100个俯卧撑、100个仰卧起坐、100个深蹲起立。2006年春节，军营里洋溢着欢庆的气氛。有的战友在电话亭与亲人通话，有的战友在网上和亲友聊天，高明却在操场上跑了10公里，用特殊的形式欢度自己走进军营的第一个春节。

入伍一年后，高明以18分17秒的成绩成为全营5公里越野冠军。高明所在的技术营，测试专业技术含量高，涉及工科、理科等10多个学科知识。这对文科出身的高明来说，无疑是一个严峻的挑战。为了尽快弥补学科短板，高明从连队图书室借来了《电工学》《电子电路》《机械制图》等20多本与导弹知识有关联的书籍，一本一本地啃，加班加点地学，虚心拜老兵为师。一年内，他掌握了导弹5大核心专业，学会了一般人需要几年时间才能掌握的专业理论知识。导弹技术尖子、五级士官王忠心说，自己与导弹打了20多年交道，带了16个徒弟，没见过像高明这样认真学习、刻苦训练的大学生士兵。“从高明身上，大家改变了对大学生士兵不能吃苦、一身娇气的看法。”王忠心说。

2006年8月，高明撰写了一篇题为《深山读兵书》的体会文章，畅谈自己在军营的所见所闻、所感所想，文中充满了以苦为乐的豪迈情怀和乐观主义精神。北京大学青年网分13次刊载，引起了北大师生的热切关注，仅两天，点击率就达5000多次，跟帖500多个。

入伍一年多来，高明先后18次参加各级军事比武考核，每次都名列前茅。2007年春，他凭借过硬的专业理论和良好的专业技能，成为全旅历史上唯一一名担任导弹测控专业二号位操作号手的义务兵战士。

从“敢提问题”到“主动献策”，在战友眼里，高明还是个爱“挑刺”的兵。营教导员吴学军是“优秀政治教员”。2006年3月的一天，他上完政治课后找新兵征求意见，问到高明时，高明却毫不客气地指出他的授课“引文”不当、知识含量不高、“照本宣科”等10多个问题。吴学军当场弄了个“大红脸”。后来，他常说：“是高明给我上了一课，以后我备课不敢马虎了，授课质量得向北大教授看齐。”

部队宣传处处长仇念平说：“高明直率、自信、执著，敢于表达自己的观点。他身上表现出来的，正是80后一代最显著的特点”。2006年5月，营里组织导弹专业理论考核，高明以97分的成绩名列第一。可对这个“第一”，他却有疑问。在高明看来，他十拿九稳能考满分。出乎他的意料，少考了3分。高明不信自己答错了，为了这3分，他找到营长“论理”。有战友劝他：都已经是全营第一名了，就是真判错了，也不必那么较真。“我不是争那3分，争的是对导弹专业那份科学严谨的态度，必须弄个水落石出。”高明也较真地说。最后，营长把试卷和专业教材摆在高明面前，高明傻了眼：对照教材判卷无误，而自己的答案，却是源自另一套教材。

原来，随着导弹装备的快速发展和更新换型，导弹装备教材和导弹训练教材新老版本并用，造成个别地方内容不统一、表述不一致、数据有出入。“这件事关系到部队的作战训练，一定要弄清楚。”高明说。于是，他利用业余时间，将多本教材拿到一起，逐章逐节地核对、查证、修订。5个月后，他校正出上百处不当之处，给有关部门写下了2万字的教材修改参考建议。2007年3月，部队开展“赞颂新成就、履行新使命、迎接十七大”主题教育活动，高明走上讲台，从国家扶持“三农”的几个数字入手，结合自己所学的经济管理知识，谈他眼中的科学发展观，内容实在、形式活泼，在官兵中引起热烈反响。

“高明的到来，为军营带来了活力。军营欢迎这样的高素质士兵。”高明所在基地政委唐国庆少将说，时下，80后已经成为军队士兵的主体，特别是学养丰厚的高素质80后在军营士兵层面的出现，将会带动部队整体文化技能水平的提高。“即使延迟两年毕业，我也从未因参军而后悔。”高明说，“我在部队得到的东西是无价的。”

中国人民大学郑风田教授认为，大学生参军会有不少意外收获：可以培养团队意识，增强体质，培养吃苦耐劳的精神，收获不错的人脉。可身边的同学和家长却有不同的想法：“好不容易考上大学，再去当几年兵，转业后仍然面临找工作的压力，打破了原来做好的人生规划，时间成本太大了”；“我要不要携笔从戎去扛枪”等，许多大学生感觉就像又站在人生抉择的路口，不知向左还是向右。如何看待大学生应征入伍这件事？应征入伍的流程是什么？高校毕业生应征入伍服义务兵役能享受哪些优惠政策呢？

1）大学生应征入伍的“三大利好”

利好之一：部队建设的生力军。大学生士兵知识底蕴厚实，思维活跃敢于创新，悟性高有个性，到部队后很快就脱颖而出，成为部队建设的骨干。据某摩步师军务科统计，该师 128 个关键岗位，大学生士兵占了四分之一。某摩步旅去年年底评选优秀士兵时，该旅 9 名大学生士兵全部榜上有名。某装甲团组建局域网，请地方网络公司要花 30 多万元，团里 3 名计算机专业的大学生士兵主动担纲后，不到 1 个月就完成了任务，节约经费近 10 万元。该团政委介绍说，大学生士兵主人翁意识和上进心都很强，爱琢磨、爱思考，去年大学生士兵给团里提出的合理化意见、建议就达 70 多条，对部队训练、教育和管理等各项工作促进很大。调研中，受访的各级领导都表示，如果大学生士兵增多，对提高部队建设质量将起到不可小觑的推进作用。

利好之二：个人成长的奠基石。经过部队最少两年的摔打磨炼后，大学生士兵综合素质往往会得到普遍提高。邹建毅于 2003 年考入井冈山大学信息科学与传媒学院计算机应用专业学习。2005 年国家首次在大学生中应征义务兵，邹建毅怀揣着成为一名军人的梦想，踊跃报名参军，由学院推荐通过体检、政审等程序，最终成为南京军区某部一名战士。2007 年 12 月退伍后，他返校继续完成学业，2008 年 7 月毕业后，他又积极响应国家在应届毕业生中招收士官的号召，顺利通过体检和政审成为直招士官，进入解放军第二炮兵某部通信营服役。

利好之三：就业压力的缓冲器。近年来，大学生就业形势越来越严峻。而且，近几年来，随着部队待遇逐年提高，愿意参军的大学生也不断增多。许多大学毕业生都想到部队寻求发展的空间和机会，如果条件成熟可以在部队长期干下去。

2）大学生应征入伍的征集对象

男兵征集对象以高中（含职高、中专、技校，下同）毕业以上文化程度的青年为主，优先批准学历高的青年入伍，优先批准应届高中毕业生入伍。征集的非农业户口青年，应具备高中毕业以上文化程度；征集的农业户口青年，应具备初中毕业以上文化程度，尽量多征集高中毕业以上文化程度青年入伍。

女兵征集对象，为普通高中应届毕业生和普通高等学校全日制应届毕业生及在校生。

当年已被普通高等学校录取及正在高校就学的学生应征且符合条件的，可以批准入伍。

3）时间安排

从 2013 年起，我国的征兵时间由冬季调整到夏秋季。全国的征兵时间是从 8 月 1 日开始、9 月 1 日批准入伍、9 月 5 日起运新兵、9 月 30 日征兵结束。为便于大学生参军入伍，高校比较集中的地区一般会将征兵时间提前到 6 月开始组织实施，在学生毕业离校或放假前，完成初检、初审和预定兵工作。

4）政治要求

征集的青年应当热爱中国共产党，热爱社会主义祖国，热爱人民军队，遵纪守法，品德优良，决心为抵抗侵略、保卫祖国、保卫人民的和平劳动而英勇奋斗。主要了解应征青年本人的现实表现、个人基本情况、主要经历、奖惩情况以及家庭成员和主要社会关系成员的有关情况等。

5）基本身体条件

身高：男性 160cm 以上，女性 158cm 以上。

体重：标准体重＝（身高－110）kg。男性不超过标准体重的30%不低于标准体重的15%；女性不超过标准体重的20%也不低于标准体重的15%。

视力：右眼裸眼视力不低于4.6，左眼裸眼视力不低于4.5。屈光不正，准分子激光手术后半年以上，无并发症，视力达到相应标准的，合格。

具体身体条件要符合国防部颁布的《应征公民体格检查标准》和相关规定。

6）文化及年龄要求

男青年为当年12月31日以前年满18~20周岁，高中毕业文化程度青年可以放宽到21周岁，普通高等学校在校生可以放宽到22周岁，高职（专科）毕业生可以放宽到23周岁，本科及以上学历毕业生可以放宽到24周岁。

女青年为当年12月31日以前年满18~19周岁，普通高等学校在校生可以放宽到20周岁，普通高等学校应届毕业生可以放宽到22周岁。根据本人自愿，可以征集年满17周岁的高中应届毕业生入伍。

7）大学生优惠政策

大学生参军入伍除享受义务兵正常优待外，还享受优先报名应征、优先体检政审、优先审批定兵、优先安排使用的政策，大学生合格一个批准入伍一个，对在本辖区难以解决的，由省（区、市）统一协调解决，合格的大学生未被批准入伍前，不得批准高中以下文化程度青年入伍。对批准入伍的大学生在安排去向时，优先安排到军兵种或专业技术要求高的部队服役。在部队服役期间，还可以优先选改士官，高校毕业生士兵还可以直接选拔为军官。

退役后，在就业安置、考研升学等方面享受更多优惠政策。如：普通高校应届毕业生应征入伍服义务兵役，退役后三年内参加全国硕士研究生招生考试的，初试总分加10分，立二等功及以上的免试（指初试）攻读硕士研究生；具有高职（高专）学历的，退役后免试入读成人本科，或经过一定考核入读普通本科；荣立三等功以上奖励的，在完成高职（专科）学业后，免试入读普通本科；在招录公务员、参照公务员法管理机关（单位）工作人员，招聘事业单位工作人员时，要确保同等条件下优先录用（聘用）符合政府安排工作条件的退役士兵。边疆、民族地区乡镇机关招录公务员时，可以拿出一定数量的职位，招录符合职位要求、政府安排工作的退役士兵。退役士兵报考公务员、应聘事业单位职位的，在军队服现役经历视为基层工作经历，服现役年限计算为工龄。财政支付工资的各类工勤辅助岗位遇有空缺时，应当首先用于接收由政府安排的符合岗位条件的退役士兵。

8）大学生应征入伍的流程

每年的5、6月份，大学生预征兵动员的宣传、组织工作在各高校隆重开展，这给忙于参加各类招聘会的广大高校毕业生增添了一股绿色的清风，也让许多大学生有了圆梦军营的机会。大学毕业生入伍从网上预征到走进兵营还需一个过程，想顺利融入部队这个大团体，除自身条件应符合要求外，还需了解清楚应征入伍的程序，可以向学校学工部（处）、就业指导中心、人民武装部等部门咨询。

高校毕业生应征入伍服义务兵役的程序如下（以男生报名程序为例）：

①网上登记：每年8月5日前，有应征意向的男性大学生（含在校生、应届高校毕业生）可以登录“全国征兵网”（网址：http://www.gfbzb.gov.cn），填写个人基本信息，报名成功后，自行下载打印《大学生预征对象登记表》，符合国家学费资助条件的，同时还应

下载打印《高校学生应征入伍学费补偿国家助学贷款代偿申请表》（以下分别简称《登记表》、《申请表》），分别交所在高校征兵和学生资助管理部门进行审核。

②初检初审阶段：大学生在毕业离校或放假前，根据学校通知，携带本人身份证（户口簿）、毕业证书（高校在校生持学生证），按规定的时间到指定的地点参加学校所在地县级兵役机关组织的初审初检，被确定为预征对象的学生，领取兵役机关和学校相关部门审核盖章后的《登记表》、《申请表》。

③体检政审：大学生可以在学校所在地或者入学前户籍所在地、经常居住地选择一个作为自己参军入伍的应征地。征兵工作开始后，应征地兵役机关会将具体上站体检时间、地点通知大学生本人，大学生可以根据通知要求，携带本人身份证（户口簿）、毕业证书（高校在校生持学生证）以及审核盖章后的《登记表》、《申请表》直接参加应征地县级征兵办公室组织的体格检查，由当地公安、教育等部门同步展开政治联审工作。

④走访调查：政治联审和体检初步合格者，将由县级征兵办公室通知大学生所在乡（镇、街道）基层人民武装部，安排走访调查。

⑤预定新兵：县级征兵办公室对体检和政审双合格者进行全面衡量，确定预定批准入伍对象，同等条件下，优先确定学历高的应届高校毕业生为预定新兵。

⑥张榜公示：对预定新兵名单将在县（市、区）、乡（镇、街道）张榜公示，接受群众监督，公示时间不少于5天。

⑦批准入伍：体检、政审合格并经公示的，由县级征兵办公室正式批准入伍，发放《入伍通知书》。学生凭《入伍通知书》办理户口注销、享受义务兵优待，等待交接起运，统一输送至部队服役。申请学费资助的，还要将加盖有县级征兵办公室公章的《申请表》原件和《入伍通知书》复印件，寄送至原就读高校学生资助管理部门。

（3）积极聘用优秀高校毕业生参与国家和地方重大科研项目

国务院办公厅《关于加强普通高等学校毕业生就业工作的通知》（国发办〔2009〕3号）中提出，鼓励国有大中型企业特别是创新型企业创造条件，更多地吸纳有技术专长的高校毕业生就业。充分发挥高新技术开发区、经济技术开发区和高新科技企业集中吸纳高校毕业生就业的作用，加强人才培养使用和储备。

承担国家和地方重大科研项目的单位要积极聘用优秀高校毕业生参与研究，其劳务性费用和相关社会保险费按规定从项目经费中列支，具体办法由科技、教育、财政等部门研究制定。高校毕业生参与项目研究期间，其户口、档案可以存放在项目单位所在地或入学前家庭所在地人才交流中心。聘用期满，根据工作需要可以续聘或到其他岗位就业，就业后工龄与参与项目研究期间工作时间合并计算，社会保险缴费年连续计算。

（4）鼓励和支持高校毕业生到中小企业就业和自主创业

各级政府要进一步清理影响高校毕业生就业的制度性障碍和限制，为到中小企业就业的高校毕业生提供户籍与档案管理、人事代理、社会保险办理和接续、职称评定以及权益保障等方面的服务。对各类企业招用非本地户籍的普通高校专科以上毕业生，各地城市应取消落户限制（直辖市按各自相关规定执行）。

有意愿自主创业的大学生，可以参加创业培训和实践，接受普遍的创业教育，以系统学习创办企业的知识、完善创业计划、提高企业盈利能力、降低风险、促进创业成功。高校毕业生自主创业，可以享受小额担保贷款和贴息支持、免收相关行政事业性收费、享受培训补贴及免费创业服务等优惠政策。

（5）强化对困难家庭高校毕业生的就业援助

为落实《国务院办公厅关于做好2013年全国普通高等学校毕业生就业工作的通知》（国办发〔2013〕35号）要求，从2013年起，对享受城乡居民最低生活保障家庭的毕业年度内高校毕业生给予一次性求职补贴。

①补贴发放对象：在毕业年度内有就业意愿并积极求职的享受城乡居民最低生活保障家庭的高校毕业生。补贴标准由省级财政、人力资源和社会保障部门会同相关部门根据当地实际情况制定。

②申领发放程序：各高校应组织符合条件的高校毕业生在离校前集中申请一次性求职补贴。各高校要对申请材料进行初审，并将初审通过的申请补贴人员名单在校园内公示。各高校将公示无异议的申请补贴人员名单及申请材料汇总报送高校所在地人力资源和社会保障部门。人力资源和社会保障部门应及时对申请材料进行审核，审核通过后将补贴发放人员名单报送高校所在地同级财政部门。

③补贴发放方式：从2014年起，高校毕业生求职补贴由各地人力资源和社会保障部门集中为申请人办理个人银行卡，并通知申请人所在高校领取、发放申请人银行卡。申请人本人凭身份证和密码激活银行卡，领取一次性求职补贴。

4.1.2 地方及学校的就业政策

1. 地方就业政策

作为发展中国家，我国在建设社会主义市场经济的过程中，不断升级和调整产业结构，传统工业的地位正逐步下降，吸纳就业能力减弱，使得各地方政府面临着重大的就业压力，就业已悄然成为评价各地方政府业绩的重要指标之一，因此各地方政府都把解决就业放在重要位置，实施积极的就业政策，强化就业的重要地位。现今，许多地方政府都在施行积极的就业政策，努力消除不同就业群体之间的差别化就业，并取得了一定的成效。

小贴士

盘点2014年各地高校毕业生就业新政①

北京市：在就业服务层面上，北京籍和外地籍的大学生无差别对待。将加大公租房覆盖面，刚就业大学生和外来务工人员可以通过公租房解决住房问题。

上海市：民政局推出了大学生社区服务计划，选聘应届大学生到社区担任书

① http：//www.jyb.cn/job/jyzc/201404/t20140428_579776.html，2015年5月访问.

记助理或主任助理；人保将创新创业经费纳入补助范围。

福建省：降低创业门槛，使毕业生能够高效、便捷申领证照；继续实施万名大学生创业培训计划并给予专项补助。

贵州省：启动实施“新一轮大学生创业引领计划”，对符合条件者提供小额担保贷款及贴息、税收减免等政策。

海南省：为困难毕业生发放求职补贴；实施就业见习计划和创业引领计划；为毕业生提供职业培训。

河北省：建20万套保障房，加强毕业生保障房建设。

湖南省：为农村大学生提供创业扶持资金、税费优惠、信息支持甚至单位对口扶持，降低他们创业就业的门槛。

江西省：对高校毕业生就业收费政策进行调整，将原高校毕业生就业派遣服务费收费项目改为高校毕业生就业综合服务费，不得向学生个人收取。提供一万个适合大学生就业岗位，发放100亿元贷款推动创业带动就业，建立风险补偿机制。

辽宁省：困难家庭高校毕业生将继续被纳入到就业援助体系，享受“一对一”职业指导和重点帮扶。

天津市：对女大学生创业就业提供支持，与成功的女企业家对接，为女大学生提供实习机会；举办创业导师、创业计划书等一系列比赛，从而得到资金扶持、小额贷款等，为女大学生创业提供绿色通道。

云南省：进一步推进“贷免扶补”，支持创业；加大培训，尽量引导高校毕业生到基层、企业、一线去工作。

浙江省：将毕业生创业小额担保贷款额度从20万元提高到30万元，将2年贴息期限延长至3年，设立合伙企业还可以适当提高贷款额度；首创了对毕业生开“网店”的优惠贷款政策，店主只要通过了网上交易平台实名注册认证，就可以享受小额担保贷款和贴息政策。

在沙漠中，人们将非常深刻地体会到一个向导是多么重要。同样，如果找工作时像无头苍蝇一样，对国家和地方的政策一无所知，也会事倍功半，因此大学生也需要政策导向！但是现在有许多大学毕业生都认为：我应该把时间和精力都集中在寻找接收单位上，当遇到意料之外的情况时再去翻阅相关政策法规。这样的想法是错误的：临渴掘井和亡羊补牢会让人痛彻心扉。

毕业生就业，是每位毕业生所面临的必经阶段，是每位毕业生人生旅途的必然转折。选择职业，是每一个即将结束学业的毕业生所面临的现实问题，也是毕业生走向社会，实现自己人生目标的关键一步。

为此，毕业生应熟悉掌握就业的基本程序和毕业派遣的相关内容，处理好每一个环节，才能少走弯路，顺利走向社会。

2. 高校毕业生就业工作部门的职责及工作程序

在现行的全国普通高等学校教育制度中，高等院校不仅担负着教育、培养各类人才的重任，同时还需本着对社会、对毕业生负责的态度，按照国家普通高等学校毕业生就业政策，尽可能帮助毕业生顺利就业。目前各高校一般都设置有就业工作部门，负责毕业生就业工作，一般的职责是：

（1）根据国家方针政策和规定以及学校主管部门的工作意见，制定本学校的工作细则；

（2）负责本校毕业生生源的资格审查，及时向国家教育部或就业主管部门报送毕业生资源情况；

（3）为毕业生提供就业信息、就业咨询，组织召开校园招聘会，提供双向选择机会和推荐就业等服务工作；

（4）开展毕业生就业教育和就业指导活动；

（5）负责毕业生《就业协议书》等签约材料的签证和登记工作；

（6）按照就业主管部门要求提出就业建议计划；

（7）开展与毕业生就业相关的调查研究工作；

（8）开展毕业生就业后的反馈工作。

各高校根据具体情况，就业工作时间有所差别，一般情况如表 4-2 所示。

表 4-2　**高校毕业生就业工作程序表**

时间安排	工作内容
11 月份	1. 学校根据国家相关精神制定毕业生就业工作实施意见； 2. 统计毕业生基本情况及毕业生资格审核； 3. 进行毕业生就业工作人员培训； 4. 就业咨询与就业指导
11 月中下旬开始到 5 月中旬结束	1. 举办校园招聘会； 2. 鉴证毕业生签订的《就业协议书》
5 月中旬	1. 核对毕业生签订《就业协议书》情况； 2. 收集、整理毕业生《就业协议书》； 3. 编制毕业生就业建议方案
6 月份	1. 填写《毕业生登记表》； 2. 整理毕业生档案； 3. 办理离校手续
7 月份	1. 发报到证、户口迁移证等； 2. 学校通过机要局转递毕业生档案； 3. 处理毕业生就业遗留问题

3. 毕业生就业签约及就业报到程序

（1）大学生就业签约

毕业生就业签约是指毕业生与用人单位签订就业协议书。就业协议书是明确毕业生、用人单位和学校三方在毕业生就业工作中各自权利和义务的书面表现形式。签订就业协议是一种法律行为，协议书一经签订，便视为生效合同，具有法律效力，毕业生应该正确认识和严肃对待就业协议书。

1）就业协议书与劳动合同的异同

就业协议书与劳动合同都是用人单位录用毕业生时所订立的书面协议，都具有一定的法律效力，但两者还是有所区别的，主要表现在：

①法律依据不同：就业协议的依据是1997年国家教育委员会制定的《普通高等学校毕业生就业工作暂行规定》，而劳动合同则依据于2008年实施的《劳动合同法》。前者属于部门规章，后者属于国家基本法律，部门规章的法律效力低于国家劳动基本法律。

②签订内容不同：就业协议书主要是毕业生和单位的工作约定。劳动合同是学生和单位之间从事具体工作和享受何种待遇等权利和义务的约定，内容更为具体，劳动权利义务更为明确。

③签订时间不同：一般是就业协议书签订在先，劳动合同签订在后（一般是学生到单位报到后）。如果毕业生与用人单位就工资待遇、住房等有事先约定，亦可在就业协议书备注条款中予以注明，日后订立劳动合同对此内容应予认可。

④签订目的不同：就业协议书是对学生基本情况的认定，是学校编制就业计划和毕业生派遣的依据。劳动合同是劳动者和用人单位明确在劳动时间、岗位、报酬、劳动保护等方面的权利和义务。

⑤签订主体不同：就业协议书经毕业生和用人单位签字盖章，即具有法律效应，学校鉴证后列入就业方案。劳动合同是毕业生与用人单位签订的协议，学校不是劳动合同的主体，需由用工单位所在地劳动管理部门（各级劳动局）鉴证、盖章，才具备法律效力。

⑥时效性不同：就业协议的效力始于签订之日，终于学生到工作岗位报到之时。就业协议的作用仅限于对学生就业过程的约定，一旦毕业生到用人单位报到，就业协议的使命也就完成了。就业协议不能替代劳动合同，不是确定劳动关系的凭证。

2）毕业生就业协议书的签订步骤

①学生将本人基本信息据实网上填报，信息核查无误后由学校统一打印并发放。

②签约单位（包括接收单位）签署意见并盖章。

③毕业生（或用人单位）将双方签好的就业协议书送到学校就业指导中心审核，鉴证。凡填写不符合要求和规定的，要求毕业生（用人单位）补齐后，学校就业指导中心再予以审核和鉴证登记。

④就业协议书的鉴证。就业协议鉴证登记是指学校学生就业指导中心对就业协议书的有效性及双方当事人的资格审核及鉴证登记。

3）签订就业协议书时应注意的问题

①明确就业单位是否已建立人事代理关系和有审批的用人计划。

有人事权的单位可以直接接受毕业生；无人事权的单位，除了用人单位必须在协议书上签字盖章外，还必须加盖用人单位上级主管部门的公章，以示同意录用。签约前必须清楚无人事权的单位是否与人才交流中心建立人事代理关系、是否已向其所在地人事局申报用人计划，上述条件若有一项不存在，意味着签订的就业协议无效。

例如：某毕业生在社会人才市场上与某私营企业洽谈成功，但未问清该单位是否已与人才交流中心建立人事代理关系，是否有当地人事局审批的用人计划，就与单位签订就业协议。结果到当地人事局鉴证时，因该单位上述手续不齐备，被判定签订的就业协议无效，该同学也丧失了与其他单位签订就业协议的良机。

②明确就业单位的具体工作部门和工作岗位。

用人单位与毕业生签订就业协议，确定了双方互相接纳的关系。但是值得注意的是，毕业生需要向用人单位提前了解清楚自己以后工作的具体部门和工作岗位，并在协议书上写明。否则可能发生毕业生对用人单位安排的具体部门和工作内容感到意外或不满而不能接受的结果，以致造成双方争执。

例如：某毕业生与某企业签订就业协议，但未进一步明确具体工作部门。毕业生报到之后，发现该单位将其安排在所属的企业内部刊物做编辑。该毕业生坚决不同意，与单位交涉，双方僵持不下。毕业生回到学校寻求解决办法，学校只能尽力进行调解，但用人单位认为其做法无错，坚持不改。最后该毕业生只好继续在此单位工作。

③明确毕业生升学或公务员的处理办法。

如果毕业生升学或考公务员，是否录取的结果又没有揭晓，毕业生则应如实向用人单位说明，并与用人单位就如果考取后的处理办法达成一致意见，在协议书上明确约定。从实践来看，如果毕业生能够充分尊重用人单位，提前将报考情况向用人单位进行说明，那么在通常情况下，大多数用人单位对毕业生升学或考公务员会给予谅解并同意的。不过，毕业生应及早将考取结果通知用人单位，以便使他们能够重新招聘和补充毕业生。

例如：某毕业生在与用人单位洽谈之前，已经报考了升学考试，毕业生也如实向用人单位做了说明，但是并未在协议书上以文字方式明确。后来考研结果揭晓，该毕业生被录取，而用人单位不同意放行，理由是单位急需该毕业生，而且并未书面同意该毕业生读研究生。这样，该毕业生就很被动。

④明确工作和生活条件。

工作和生活条件是毕业生选择单位的重要因素，也是毕业生做出工作成绩的必要基础。在双方签订协议时，不仅需要在口头上达成一致，而且需要在书面上予以明确。特别是用人单位应如实向毕业生说明真实情况，双方均应严格遵守协议。同时，毕业生到单位报到后，应与用人单位签订劳动合同，进一步明确劳动内容、劳动报酬、保险福利、服务期限等事项，以免以后发生纠纷。

例如：某毕业生在前往单位工作以后，发现该单位提供的工作和生活条件，远不是当初承诺的那样。企业违反国家劳动法的相关规定，让工作人员经常在节假日和夜晚加班，而且不按国家规定的标准发放加班费。居住的房间由厂房改建，周围污水横流，老鼠在房屋外乱窜。毕业生们联合一起，向劳动部门控告，单位总是承诺要进行改进，但始终变化不大。而在就业协议书中，双方没有对此进行明确规定，使毕业生无法找到进行交涉和有利于自己的依据。

⑤明确违反协议的责任。

从毕业生就业的实践看，大部分就业协议都得到了认真履行，但由于种种原因，每年总有一些毕业生或用人单位要求违约。对违约行为，国家教育部在相关规定中，明确违约一方必须承担违约责任，并支付一定的经济赔偿金，但并没有规定明确的数额，因此，各学校与用人单位在执行中，就有不同数额的差别。对此，毕业生在与用人单位签约前，除了学校的规定外，还要与用人单位进行协商，对可能发生的违约责任予以确定，对赔偿金额予以明确，以便任何一方发生违约时，就可以有据可依，避免无谓的损失。

（2）就业报到证

1）什么是报到证

就业报到证的全称是全国普通高等学校本专科毕业生就业报到证，它是由国家教育部统一印制、省级高校毕业生就业主管部门签发，列入当年国家就业方案的毕业生才能持有的有效报到证件，如图 4-1 所示。

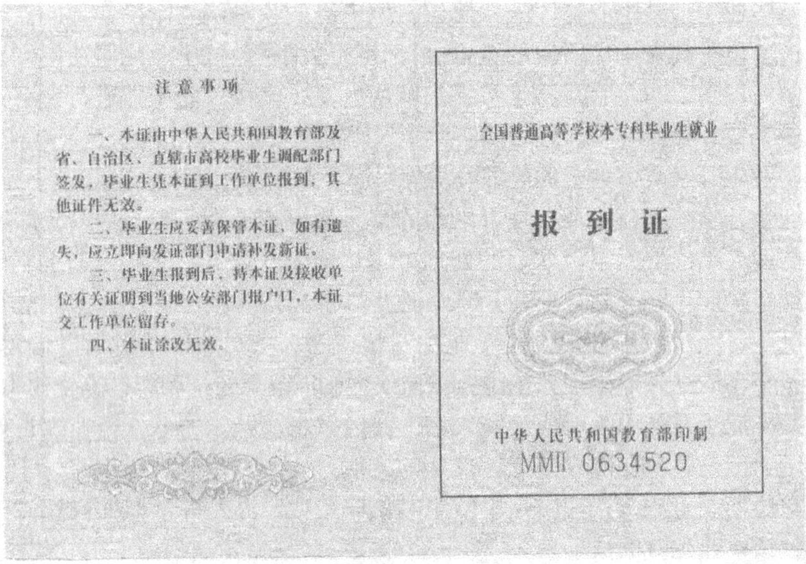
注意事项

一、本证由中华人民共和国教育部及省、自治区、直辖市高校毕业生调配部门签发，毕业生凭本证到工作单位报到，其他证件无效。

二、毕业生应妥善保管本证，如有遗失，应立即向发证部门申请补发新证。

三、毕业生报到后，持本证及接收单位有关证明到当地公安部门报户口，本证交工作单位留存。

四、本证涂改无效。

全国普通高等学校本专科毕业生就业

报到证

中华人民共和国教育部印制

MMII 0634520

图 4-1　就业报到证样本

案例 4-4

寻找遗失的工龄

小郝是江西省景德镇市人，2010 年从省内一所大学毕业后来到深圳的一家民营单位工作，合同期为三年，他的档案按规定寄回了景德镇市教育局毕分办。

2013 年小郝在与公司合同期满后回到了家乡景德镇，同年小郝参加了该地国企昌河飞机工业（集团）有限公司的招聘，并最终被昌飞所录用。小郝在进厂办理手续时突然发现找不到毕业时所领取的报到证，这时他才猛然想起自己毕业时由于疏忽没有按时到景德镇市教育局去办理报到手续。昌飞人事部的工作人员告诉他，没有报到证，他从2010年到2013年参加工作的工龄就不能计算，为此，小郝找到景德镇市教育局毕分办，希望开具有关证明，但工作人员答复小郝，由于他当年没有及时报到，这期间的工龄也就无法计算了。

◎ **点评：**

报到证是高校毕业生到工作单位就业的报到凭证，是毕业生参加工作时间的初始记载和凭证。毕业生就业后的工龄由毕业生到档案接收单位报到之日开始计算，在毕业生以后的职称评定和干部提拔中还要用到。在上述案例中，小郝毕业时由于未能及时到档案接收单位——景德镇市教育局毕分办报到，从而导致其到昌飞工作之前的工龄清零，同时也意味着小郝在今后的职称评定和干部评定等方面都要受到影响。

2）报到证的作用

①证明持证的毕业生是纳入国家统一招生计划的普通高等学校毕业生。

②作为高校毕业生到工作单位就业的报到凭证，用人单位以就业报到证为依据接收和安排毕业生工作，政府机关单位和国有事业单位凭就业报到证到编制部门办理录用人员编制。

③转接毕业生的个人档案和户籍的依据。

④毕业生工作后转正和干部身份的证明。

⑤计算工龄起始时间的依据。

⑥毕业生参加工作时间的初始记载和凭证，以后在职称评定和干部提拔中还要用到。

3）办理报到证的一般流程（以江西省为例）

毕业生就业报到证一般是由学校就业部门到江西省高校毕业生就业工作办公室统一签发的，时间为每年的6月底至7月初。

而在每年的6月初至6月20日，江西省统一对各高校毕业生的就业方案进行审核，各高校要提供毕业生与用人单位签订并经学校就业工作部门鉴证的就业协议书原件，以及毕业生升学、出国等所有毕业后去向的依据，并要与《江西省高校毕业生就业信息网络监测与共享系统》中制作当年本科、专科毕业生的就业方案数据进行审核。

办理就业报到证的一般流程如图4-2所示。

小贴士

在学生毕业后的两年内，如果因为工作变动等原因可以申请改签报到证，我们一般称为“改派”。改派时毕业生凭原报到证、毕业学校出具的证明和新单位的接收函（或协议书）在学校就业部门统一办理，重新改签新报到证。

毕业生在毕业一年内如果遗失了就业报到证可以申请补办，毕业生先要在省、市级日报上申明作废，同时毕业生本人要提出申请，到原所在学校出具证明，由学校就业部门统一办理，重新补发新证，并在备注栏里注明“遗失补发”；毕业生毕业超过一年的，不再补发新证，只能开具就业报到证遗失证明。

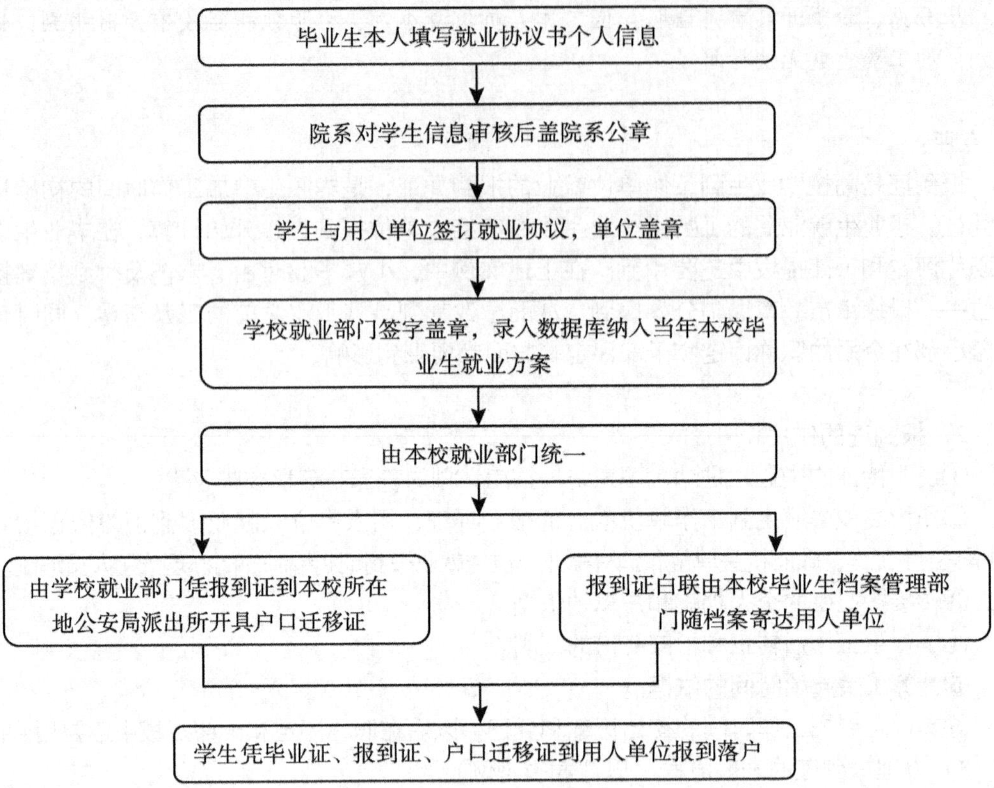

图 4-2　办理就业报到证流程图

(3) 毕业生的户口迁移

户口通常是指“户籍”，即公安部门以户为单位，登记本地内居民的册子。我国政府依靠户口来统计中国人口方面的数据。没有户口，就是“黑户”，将面临种种麻烦，比如没办法办理身份证（于是需要身份证的事情都没法做），没办法登记结婚，没办法领取社会补助等。

一般来讲，毕业生户口有五种去向：

①工作单位有户籍管理的条件（比如政府部门、国有企事业单位等）；

②毕业后若没有落实单位，档案挂靠在人才交流中心的，户口迁入人才交流中心；

③办理了择业代理的，户口可以选择迁入择业代理部门所属集体户口；

④回原籍；

⑤任逍遥，不知所踪。

办理户口迁移时，需开具户口迁移证。户口迁移证是公民的户口所在地变动时，由原户口所在地迁往新落户地址的凭证，由户口迁出地的公安机关开具。领到户口迁移证后，毕业生应仔细核对并妥善保管，不要折皱污损，更不能丢失，有错漏不能自行涂改，否则作废。持证人到达迁入地后，必须在有效期内将户口迁移证交给户口登记机关申报入户。

（4）毕业生的档案

1）什么是档案

根据《中华人民共和国档案法》中的规定，档案是指过去和现在的国家机构、社会组织以及个人从事政治、军事、经济、科学、技术、文化、宗教等活动直接形成对国家和社会有保存价值的各种文字、图表、声像等不同形式的历史记录。

大学毕业生的档案是指通过全国统一考试录取的大学生在校期间的档案材料，它主要包括了该生的高考成绩、大学期间的学习成绩、表现情况、受到的奖励或处分、家庭状况等内容。

2）档案的作用

案例 4-5

弃档很容易，后果很严重

小胡2009年从江西省一所大学毕业以后，签约到广东一家公司，在去报到的路上，因突发事件被迫转去杭州，从此便一直在杭州工作至今。2014年4月底，小胡要领结婚证，才发现户口本不见了。原来户口迁移证随档案在5年前被学校派遣到广东了。而自己在杭州工作后，没有及时与广东那家公司解约并到学校办理改派，造成现在广东方面不给落户，杭州方面没法落户的问题。

◎ **点评：**

大学毕业生人事档案引发的问题主要有三种：一是毕业后没有及时将档案存放在就业单位、人才市场或生源地，导致工龄为零或缺失；二是毕业生辞职后，没有及时与单位解约，或是解约后没有及时到学校办理改派手续，导致出现“死档”；三是毕业生自己保存档案，档案的完整性、真实性得不到保障。如果材料丢失，处理起来很麻烦。

毕业生的人事档案是用人单位选拔、聘用毕业生的重要依据。用人单位往往根据毕业生人事档案中所反映的德、能、才以及专业特长，将其安排到适当的工作岗位上。因此，其档案能否准确、及时、安全地到达用人单位手中是非常重要的。

小贴士

（1）毕业生档案的去向。毕业生档案一般根据毕业生就业报到证转递，若有特殊情况应在毕业生就业协议书中另行约定。

（2）档案的转递方式。按照相关规定，高校毕业生档案必须以机密文件由机要通信方式转送到就业单位。

（3）档案的转递范围。凡派遣单位不属于机要转递范围的中小公司、企业以及县区以下单位，毕业生应向学校提供准确的属于机要转递范围的上级主管单位及就业单位的详细地址。

(4) 凡机要局无法寄递的单位，可以由就业单位持介绍信来校领取毕业生档案。

(5) 一般情况下档案寄递后一周内到达用人单位，毕业生可以向就业单位的人事部门查询，若较长时间没有收到档案，应在两年内向学院就业管理部门申请查询。

4.1.3 人事代理制度

1. 什么是人事代理

公共就业和人才服务机构可以在规定业务范围内接受用人单位和个人委托，从事下列人事代理服务：

(1) 流动人员人事档案管理；

(2) 因私出国政审；

(3) 在相关规定的范围内申报或组织评审专业技术职务任职资格；

(4) 转正定级和工龄核定；

(5) 大中专毕业生接收手续；

(6) 其他人事代理事项。

2. 高校毕业生怎样办理人事代理

按照《人才市场管理规定》中的相关规定，人事代理方式可以由单位集体委托代理，也可以由个人委托代理；可以多项委托代理，也可以单项委托代理；可以单位全员委托代理，也可以部分人员委托代理。

单位办理委托人事代理，必须向代理机构提交有效证件以及委托书，确定委托代理项目。经代理机构审定后，由代理机构与委托单位签订人事代理合同书，明确双方的权利和义务，确立人事代理关系。

3. 人事代理的具体内容

人事代理的具体内容由代理方和委托方协商确定，代理方可以提供以下服务：

(1) 为委托方提供人事政策咨询，并协助委托方研究制定人才发展规划和人事管理方案等。

(2) 为委托方管理人事关系、人事档案。办理专业技术人员专业技术职务任职资格的申报工作；办理大中专毕业生见习期满后的转正定级手续，调整档案工资；出具因公或因私出国，自费留学，报考研究生，婚姻登记和独生子女手续等与人事档案有关的证明材料。

(3) 为国家承认学历的大中专毕业生提供人事代理服务，从签订人事代理合同之日起按相关规定承认身份，申报职称，计算工龄，确定档案工资，办理流动手续。

（4）为委托方接转党团组织关系，建立流动人员党团组织，开展组织活动。

（5）为委托方代办失业、养老等社会保险业务。

（6）为委托方代办人才招聘业务，提供人才供需信息，推荐所需专业技术人员和管理人员，负责聘用人员合同签证。

（7）根据委托方要求，开展岗位培训，并协助委托方制订培训计划。

（8）根据委托方要求，开展人才测评业务。

（9）代理与人事管理相关业务。

4. 人事代理程序

（1）委托方向代理方提出申请，并提供相关材料。

个人办理委托人事代理，根据各自情况的不同，必须向当地人才流动机构分别提交下列相关证件：

①应聘到外地工作的，必须提交委托人事代理申请。聘用合同复印件、身份证复印件、聘用单位证明信（证明其单位性质、主管部门、业务范围）等。

②自费出国留学的人员，必须提交委托人事代理申请、原单位同意由人才流动机构保存人事关系的函件、出国的相关材料等。

③辞职、解聘人员尚未落实单位的，必须提交委托人事代理申请及辞职、解聘证明，身份证复印件等证件。

（2）代理方对委托方申报的材料进行审核。

（3）委托方与代理方签订人事代理合同。

（4）代理方向相关方面索取人事档案及行政、工资、组织关系等材料，并办理相关手续。

（5）人事代理当事人的权利和义务，由双方以协议的形式予以明确，共同遵守。

小贴士

人事代理实行有偿服务，其收费标准按照国家和各省相关部门规定执行。

4.1.4 聘用制度和国家公务员制度

在许多人眼里，在机关工作的公务员有个“金饭碗”，在事业单位工作是吃“皇粮”的。每次公务员考试，都会吸引许多大学生。甚至有不少大学生成了“考霸”，常年奔波各地考公务员，大有不考上誓不罢休的气势。相应的，参照公务员管理的事业单位的事业编制岗位也似乎成了“香饽饽”。公务员捧的是“金饭碗”吗？在事业单位工作是吃“皇粮”的吗？在选择、报考公务员和事业单位岗位就业时要注意哪些问题呢？

1. 什么是国家公务员制度

国家公务员制度，是指党和国家对国家公务员进行管理的有关法律、法规、政策等的统称或总称。其中包括《国家公务员暂行条例》和录用、考核、奖励、纪律、职务升降、培训、交流、回避、工资、保险、福利、辞职辞退、退休、申诉、控告等单项制度及实施办法、实施细则等。

2. 国家公务员职业的特点

（1）公务员的稳定。与企业的高风险性相比较，公务员在所有职业里面确实是比较稳定的。虽然国家在不断推进公务员及事业单位改革，但目前来说，只要能做到“爱岗敬业”、“不违反国家法律”等基本要求，做好自己的本职工作，基本上不需要担心“炒鱿鱼”、“新人抢位”等情况出现。

（2）公务员的收入。以江西省的本科生为例，每个公务员从入职后算起，大部分公务员的工资基本上是两年加一次，一次加28元/月（地区不同会略有差异），一般刚参加工作的公务员与工作了十多年的公务员工作差距不会很大。总体而言，每个地区的公务员收入和本地的经济状况成正比，一般会比本地的平均年收入略高一点（江西省2008年在岗职工平均年收入为21000元）。另外，现在许多政府部门已经实行了阳光工资，收入更加阳光透明。

（3）公务员的福利。公务员的福利主要包括基本医疗保险和住房公积金：

①在新医改方案出台前，公务员享受公费医疗待遇，大病小病均可以报销，这成为许多同学报考公务员的重要原因之一。虽然现在公务员已经取消了公费医疗制度，全面实现了公务员基本医疗保险制度。但是国家公务员在参加基本医疗保险的基础上，同时享受医疗补助政策，公务员医疗补助是国家公务员在参加基本医疗保险的基础上，国家为保障公务员医疗待遇水平不降低而建立的医疗补助制度。

②公务员的住房公积金是在工资内扣除，按1∶1的比例由单位和个人共同缴纳，在享受住房公积金的同时，还享受住房津贴（即货币分房），等于在住房方面享受双重保障。另外，用住房公积金购房，可以享受较低的首付和贷款利率，公务员在这方面可以节省较大一笔开支。

（4）其他职业特点。

①公务员工作时间比较有规律，大部分遵循“朝九晚五”的工作作息。除了特殊岗位和少数情况外，没有太多的加班。与许多企业相比较，劳动强度不算太高。

②有些行政机关单位对公务员的在职教育有“学费补贴”（前提是要能完成在职教育并获得学位），这样既减轻了个人经济负担，又获得了更高的学位学历。

③目前人们普遍认为公务员的社会地位比较高，且有机会从政仕途，身为公务员更容易获得精神上的满足，这种满足感在现代社会也很重要。

3. 公务员考试的流程

公务员考试被称为“第一考”，报名人员众多，流程比较复杂，考试战线拉得比较长。许多时候公务员的报考时间也是同学们参加招聘会的高峰。大体来说报考公务员主要经过以下阶段，如表4-3所示。

表 4-3 公务员报考流程表

阶段	名称	具体内容		测试目的
第一阶段	报名	资格审查		学历、经历、其他背景
第二阶段	笔试	公共科目	行政能力测试	行政职业能力潜力
			申论	行政职业综合知识
		专业科目	专业考试	具体岗位专业知识
第三阶段	面试	结构化面试		
		情景模拟		综合能力和个人素质
		实际操作		具体工作技能
第四阶段		组织体检		身体情况
第五阶段	考核	查阅档案、调查了解		品行

4. 公务员考试的内容（以 2015 年度公考大纲为例）

目前，我国的公务员考试制度大致可以分为中央、国家机关公务员考试和地方公务员考试两种，基本包括了各个系统的公务员考试，例如招警考试、海关系统公务员考试等。除此之外，公务员考试还有其他类型，例如各省市选调生。考试都包括笔试和面试阶段。笔试（公共科目考试）包括所有报考人员均需参加的《行政职业能力测验》和《申论》。行政职业能力测验为客观性试题，考试时限 120 分钟，满分 100 分；申论为主观性试题，考试时限 180 分钟，满分 100 分。

（1）《行政职业能力测验》

《行政职业能力测验》是公职类考试中最有代表性的科目，经过不断调整之后，其试卷近几年稳定为五个模块，分别是：语言理解与表达、数量关系（数字推理和数学运算）、判断推理（图形推理、定义判断、类比推理和逻辑判断）、常识判断和资料分析。

（2）《申论》

申论是测查从事机关工作应当具备的基本能力的考试科目。申论试卷由注意事项、给定资料和作答要求三部分组成。申论考试按照省级以上（含副省级）综合管理类、市（地）以下综合管理类和行政执法类职位的不同要求，设置两类试卷。

省级以上（含副省级）综合管理类职位申论考试主要测查报考者的阅读理解能力、综合分析能力、提出和解决问题能力、文字表达能力。

①阅读理解能力——要求全面把握给定资料的内容，准确理解给定资料的含义，准确提炼事实所包含的观点，并揭示所反映的本质问题。

②综合分析能力——要求对给定资料的全部或部分的内容、观点或问题进行分析和归纳，多角度地思考资料内容，作出合理的推断或评价。

③提出和解决问题能力——要求借助自身的实践经验或生活体验，在对给定资料理解分析的基础上，发现和界定问题，作出评估或权衡，提出解决问题的方案或措施。

④文字表达能力——要求熟练使用指定的语种，运用说明、陈述、议论等方式，准确

规范、简明畅达地表述思想观点。

市（地）以下综合管理类和行政执法类职位申论考试主要测查报考者的阅读理解能力、贯彻执行能力、解决问题能力和文字表达能力。

①阅读理解能力——要求能够理解给定资料的主要内容，把握给定资料各部分之间的关系，对给定资料所涉及的观点、事实作出恰当的解释。

②贯彻执行能力——要求能够准确理解工作目标和组织意图，遵循依法行政的原则，根据客观实际情况，及时有效地完成任务。

③解决问题能力——要求运用自身已有的知识经验，对具体问题作出正确的分析判断，提出切实可行的措施或办法。

④文字表达能力——要求熟练使用指定的语种，对事件、观点进行准确合理的说明、陈述或阐释。

（3）面试

在公务员考试总成绩中，公共科目笔试成绩占50%，面试成绩和专业科目考试成绩共占50%，一般来说，入围面试的考生们笔试分数相差不大，许多都是相差1分或0.5分，但是面试完后来居上的例子比比皆是，因为面试成绩相差十几分是比较平常的事，而且，如果没有专业科目考试，总成绩是面试成绩乘以2再加上笔试成绩的，由此可见面试的重要性。江西省公务员面试一般是采取“结构化面试”的方法，考题一般为5道，主要考核点多集中在综合分析社会热点、人际关系处理、应急事件处理、组织筹备等类型的题目上，考查的能力相对比较全面。

目前结构化面试的题目难度有不断加大的趋势，特别是对社会热点的考查越来越广泛，这就要求同学们对时事政治热点保持高度的敏感性。若有必要，同学们可以报一些面试的培训班，在有经验的老师指导下，在比较短的时间内迅速掌握公务员面试技巧。

4.2　大学生就业法规

自20世纪90年代初以来，随着中国就业的市场化与普通劳动者就业形势的日益严峻，虚假招聘现象也随之出现且日益泛滥。相应地，许多本想通过劳动力市场找到一份工作的求职者纷纷沦为虚假招聘的受害者，而大学生求职者正是其中一个尤为突出的群体。越来越多的大学毕业生表示，泛滥的虚假招聘的确已给大学生尤其是大学新生和大学毕业生造成了很大困扰，以至于有大学毕业生对媒体称他们现在找工作不但“难”而且“险”。可见，就许多大学生而言，招聘陷阱早已被定义为一个需要得到社会足够关注的社会问题。

小贴士

中央电视台东方时空栏目组和智联招聘网联合发起的网上调查显示，当问及“你是否遇到过招聘陷阱”时，在参与调查的12463名大学毕业生中，有55%的人予以肯定回答。

时隔约5年后，英才网联合搜狐就业等媒体推出历时2周的调查，同样当问及“求职路上，你被忽悠过吗?”时，在参与调查的近6000人中，有77%的人表示自己在求职过程中有过被骗经历，其中有6%的人受骗三次或三次以上。而在有过受骗经历的被调查中，76%的人是在大学期间做兼职或实习、刚毕业找工作时被骗。

4.2.1 就业中应掌握的法律知识

随着民主和法制建设进一步加强。知法、用法已是一个公民必备的素质。在就业、签约时应该明了哪些是与保护自身利益相关的法律，思考一下用人条件是否侵犯了他人的权利，明确自己的责任和相关的义务。

1. 劳动法相关知识

劳动法（labour law)，是调整劳动关系以及与劳动关系密切联系的社会关系的法律规范总称。我国的劳动法是《中华人民共和国劳动法》，于1995年1月1日起施行。最新立法为2008年的《中华人民共和国劳动合同法》，需配合使用。

（1）劳动者的权利

劳动者享有平等就业和选择职业的权利、取得劳动报酬的权利、休息休假的权利、获得劳动安全卫生保护的权利、接受职业技能培训的权利、享受社会保险和福利的权利、提请劳动争议处理的权利以及法律规定的其他劳动权利。

（2）工作时间和休息休假

1）国家实行劳动者每日工作时间不超过8小时、平均每周工作时间不超过44小时的工时制度。

2）用人单位应当保证劳动者每周至少休息1日。

3）用人单位在下列节日期间应当依法安排劳动者休假：元旦，春节，国际劳动节，国庆节，法律、法规规定的其他休假节日。

4）用人单位由于生产经营需要，经与工会和劳动者协商后可以延长工作时间，一般每日不得超过1小时；因特殊原因需要延长工作时间的，在保障劳动者身体健康的条件下延长工作时间每日不得超过3小时，但是每月不得超过36小时。

5）有下列情形之一的，用人单位应当按照下列标准支付高于劳动者正常工作时间工资的工资报酬：

①安排劳动者延长工作时间的，支付不低于工资的百分之一百五十的工资报酬。

②休息日安排劳动者工作又不能安排补休的，支付不低于工资的百分之二百的工资报酬。

③法定休假日安排劳动者工作的，支付不低于工资的百分之三百的工资报酬。

6）国家实行带薪年休假制度。劳动者连续工作1年以上的，享受带薪年休假。具体办法由国务院规定。

案例 4-6

加班，不一定有加班费

小王所在公司由于生产任务紧，经理要求职工公休日加班，小王本计划公休日出去玩一天，但考虑到单位统一要求，并且以前单位每次加班都按工资的200%发加班费，如果不加班，领导不高兴，加班费也领不到。于是，小王还是表示同意加班。加班过后，经理通知大家：下周一全公司统一休息，作为对公休日加班的补休。小王感到非常不满，认为自己牺牲了公休日来加班就是能挣点加班费，并且劳动法也规定这种情况下公司应当按工资的200%发给加班费。因此，她提出不同意安排补休，而是要求发给其200%的加班费。那么，公司是否一定要向小王支付加班费呢？

◎ **点评：**

在企业中，由于生产经营的需要，依法安排职工在休息日加班是常有的事情，但在加班过后，是应安排补休，还是支付加班费呢？劳动法第44条中规定，休息日安排劳动者工作又不能安排补休的，支付不低于工资的百分之二百的工资报酬。由此可见，休息日安排劳动者工作，企业可以首先安排补休，在无法安排补休时，才支付不低于工资200%的加班费。也就是说，是安排补休还是支付加班费，由企业来决定，当企业能够安排职工补休时，职工应当服从。这既保护了劳动者的休息权，有利于职工的身体健康，也使职工及时恢复体力投入新的工作，有利于安全生产。因此，公司的做法是符合法律规定的，小王应当服从。

（3）工资

①工资分配应当遵循按劳分配原则，实行同工同酬。工资水平在经济发展的基础上逐步提高。国家对工资总量实行宏观调控。

②用人单位根据本单位的生产经营特点和经济效益，依法自主确定本单位的工资分配方式和工资水平。

③国家实行最低工资保障制度。最低工资的具体标准由省、自治区、直辖市人民政府规定，报国务院备案。用人单位支付劳动者的工资不得低于当地最低工资标准。

④工资应当以货币形式按月支付给劳动者本人。不得克扣或者无故拖欠劳动者的工资。

⑤劳动者在法定休假日和婚假、丧假期间以及依法参加社会活动期间，用人单位应当依法支付工资。

（4）女职工劳动保护特别规定

①用人单位应当加强女职工劳动保护，采取措施改善女职工劳动安全卫生条件，对女职工进行劳动安全卫生知识培训。

②用人单位应当遵守女职工禁忌从事的劳动范围的规定。用人单位应当将本单位属于女职工禁忌从事的劳动范围的岗位书面告知女职工。

女职工禁忌从事的劳动范围由本规定附录列示。国务院安全生产监督管理部门会同国务院人力资源社会保障行政部门、国务院卫生行政部门根据经济社会发展情况，对女职工禁忌从事的劳动范围进行调整。

③用人单位不得因女职工怀孕、生育、哺乳降低其工资、予以辞退、与其解除劳动或者聘用合同。

④女职工在孕期不能适应原劳动的，用人单位应当根据医疗机构的证明，予以减轻劳动量或者安排其他能够适应的劳动。

对怀孕7个月以上的女职工，用人单位不得延长劳动时间或者安排夜班劳动，并应当在劳动时间内安排一定的休息时间。

怀孕女职工在劳动时间内进行产前检查，所需时间计入劳动时间。

⑤女职工生育享受98天产假，其中产前可以休假15天；难产的，增加产假15天；生育多胞胎的，每多生育1个婴儿，增加产假15天。

女职工怀孕未满4个月流产的，享受15天产假；怀孕满4个月流产的，享受42天产假。

⑥女职工产假期间的生育津贴，对已经参加生育保险的，按照用人单位上年度职工月平均工资的标准由生育保险基金支付；对未参加生育保险的，按照女职工产假前工资的标准由用人单位支付。

女职工生育或者流产的医疗费用，按照生育保险规定的项目和标准，对已经参加生育保险的，由生育保险基金支付；对未参加生育保险的，由用人单位支付。

⑦对哺乳未满1周岁婴儿的女职工，用人单位不得延长劳动时间或者安排夜班劳动。

用人单位应当在每天的劳动时间内为哺乳期女职工安排1小时哺乳时间；女职工生育多胞胎的，每多哺乳1个婴儿每天增加1小时哺乳时间。

⑧女职工比较多的用人单位应当根据女职工的需要，建立女职工卫生室、孕妇休息室、哺乳室等设施，妥善解决女职工在生理卫生、哺乳方面的困难。

⑨在劳动场所，用人单位应当预防和制止对女职工的性骚扰。

⑩县级以上人民政府人力资源社会保障行政部门、安全生产监督管理部门按照各自职责负责对用人单位遵守本规定的情况进行监督检查。

工会、妇女组织依法对用人单位遵守本规定的情况进行监督。

⑪用人单位违反《女职工劳动保护特别规定》第六条第二款、第七条、第九条第一款规定的，由县级以上人民政府人力资源社会保障行政部门责令限期改正，按照受侵害女职工每人1000元以上5000元以下的标准计算，处以罚款。

用人单位违反《女职工劳动保护特别规定》附录第一条、第二条规定的，由县级以上人民政府安全生产监督管理部门责令限期改正，按照受侵害女职工每人1000元以上5000元以下的标准计算，处以罚款。用人单位违反本规定附录第三条、第四条规定的，由县级以上人民政府安全生产监督管理部门责令限期治理，处5万元以上30万元以下的罚款；情节严重的，责令停止有关作业，或者提请有关人民政府按照国务院规定的权限责令关闭。

⑫用人单位违反《女职工劳动保护特别规定》，侵害女职工合法权益的，女职工可以依法投诉、举报、申诉，依法向劳动人事争议调解仲裁机构申请调解仲裁，对仲裁裁决不服的，依法向人民法院提起诉讼。

⑬用人单位违反《女职工劳动保护特别规定》，侵害女职工合法权益，造成女职工损害的，依法给予赔偿；用人单位及其直接负责的主管人员和其他直接责任人员构成犯罪的，依法追究刑事责任。

（5）劳动争议

①用人单位与劳动者发生劳动争议，当事人可以依法申请调解、仲裁、提起诉讼，也可以协商解决。调解原则适用于仲裁和诉讼程序。

② 劳动争议发生后，当事人可以向本单位劳动争议调解委员会申请调解；调解不成，当事人一方要求仲裁的，可以向劳动争议仲裁委员会申请仲裁。当事人一方也可以直接向劳动争议仲裁委员会申请仲裁。对仲裁裁决不服的，可以向人民法院提起诉讼。

③在用人单位内，可以设立劳动争议调解委员会。劳动争议调解委员会由职工代表、用人单位代表和工会代表组成。劳动争议调解委员会主任由工会代表担任。劳动争议经调解达成协议的，当事人应当履行。

2. 劳动合同法相关知识

劳动合同，也称为劳动契约、劳动协议，劳动合同是指劳动者同企业、事业、机关单位等用人单位为确立劳动关系，明确双方责任、权利和义务的协议。根据协议，劳动者加入某一用人单位，承担某一工作和任务，遵守单位内部的劳动规则和其他规章制度。企业、事业、机关、团体等用人单位有义务按照劳动者的劳动数量和质量支付劳动报酬，并根据劳动法律、法规和双方的协议，提供各种劳动条件，保证劳动者享受本单位成员的各种权利和福利待遇。

（1）劳动合同的订立

1）用人单位自用工之日起即与劳动者建立了劳动关系。用人单位应当建立职工名册备查。

2）用人单位招用劳动者时，应当如实告知劳动者工作内容、工作条件、工作地点、职业危害、安全生产状况、劳动报酬，以及劳动者要求了解的其他情况；用人单位有权了解劳动者与劳动合同直接相关的基本情况，劳动者应当如实说明。

3）用人单位招用劳动者，不得扣押劳动者的居民身份证和其他证件，不得要求劳动者提供担保或者以其他名义向劳动者收取财物。

4）建立劳动关系，应当订立书面劳动合同。已建立劳动关系，未同时订立书面劳动合同的，应当自用工之日起一个月内订立书面劳动合同。用人单位与劳动者在用工前订立劳动合同的，劳动关系自用工之日起建立。

5）劳动合同应当具备以下条款：

①用人单位的名称、住所和法定代表人或者主要负责人；

②劳动者的姓名、住址和居民身份证或者其他有效身份证件号码；

③劳动合同期限；

④工作内容和工作地点；

⑤工作时间和休息休假；

⑥劳动报酬；

⑦社会保险；

⑧劳动保护、劳动条件和职业危害防护；

⑨法律、法规规定应当纳入劳动合同的其他事项。

劳动合同除前款规定的必备条款外，用人单位与劳动者可以约定试用期、培训、保守秘密、补充保险和福利待遇等其他事项。

6）劳动合同的期限

劳动合同分为固定期限劳动合同、无固定期限劳动合同和以完成一定工作任务为期限的劳动合同。固定期限劳动合同，是指用人单位与劳动者约定合同终止时间的劳动合同。用人单位与劳动者协商一致，可以订立固定期限劳动合同。无固定期限劳动合同，是指用人单位与劳动者约定无确定终止时间的劳动合同。以完成一定工作任务为期限的劳动合同，是指用人单位与劳动者约定以某项工作的完成为合同期限的劳动合同。用人单位与劳动者协商一致，可以订立以完成一定工作任务为期限的劳动合同。

7）劳动合同期限3个月以上不满1年的，试用期不得超过1个月；劳动合同期限1年以上不满3年的，试用期不得超过2个月；3年以上固定期限和无固定期限的劳动合同，试用期不得超过6个月。同一用人单位与同一劳动者只能约定一次试用期。以完成一定工作任务为期限的劳动合同或者劳动合同期限不满3个月的，不得约定试用期。试用期包含在劳动合同期限内。劳动合同仅约定试用期的，试用期不成立，该期限为劳动合同期限。

8）劳动者在试用期的工资不得低于本单位相同岗位最低档工资或者劳动合同约定工资的80%，且不得低于用人单位所在地的最低工资标准。

（2）劳动合同的履行和变更

①用人单位与劳动者应当按照劳动合同的约定，全面履行各自的义务。

②用人单位应当按照劳动合同约定和国家规定，向劳动者及时足额支付劳动报酬。用人单位拖欠或者未足额支付劳动报酬的，劳动者可以依法向当地人民法院申请支付令，人民法院应当依法发出支付令。

③用人单位应当严格执行劳动定额标准，不得强迫或者变相强迫劳动者加班。用人单位安排加班的，应当按照国家相关规定向劳动者支付加班费。

④用人单位变更名称、法定代表人、主要负责人或者投资人等事项，不影响劳动合同的履行。用人单位发生合并或者分立等情况，原劳动合同继续有效，劳动合同由承继其权利和义务的用人单位继续履行。用人单位与劳动者协商一致，可以变更劳动合同约定的内容。变更劳动合同，应当采用书面形式。变更后的劳动合同文本由用人单位和劳动者各执一份。

（3）劳动合同的解除和终止

1）用人单位与劳动者协商一致，可以解除劳动合同。

2）劳动者提前30日以书面形式通知用人单位，可以解除劳动合同。劳动者在试用期内提前3日通知用人单位，可以解除劳动合同。

3）用人单位有下列情形之一的，劳动者可以解除劳动合同：

①未按照劳动合同约定提供劳动保护或者劳动条件的；

②未及时足额支付劳动报酬的；

③未依法为劳动者缴纳社会保险费的；

④用人单位的规章制度违反法律、法规的规定，损害劳动者权益的；

⑤以欺诈、胁迫的手段或者乘人之危，使对方在违背真实意思的情况下订立或者变更劳动合同的；

⑥法律、行政法规规定劳动者可以解除劳动合同的其他情形。

用人单位以暴力、威胁或者非法限制人身自由的手段强迫劳动者劳动的，或者用人单位违章指挥、强令冒险作业危及劳动者人身安全的，劳动者可以立即解除劳动合同，不需事先告知用人单位。

4）劳动者有下列情形之一的，用人单位可以解除劳动合同：

①在试用期间被证明不符合录用条件的；

②严重违反用人单位的规章制度的；

③严重失职，营私舞弊，给用人单位造成重大损害的；

④劳动者同时与其他用人单位建立劳动关系，对完成本单位的工作任务造成严重影响，或者经用人单位提出，拒不改正的；

⑤以欺诈、胁迫的手段或者乘人之危，使对方在违背真实意思的情况下订立或者变更劳动合同的；

⑥被依法追究刑事责任的。

5）有下列情形之一的，用人单位提前30日以书面形式通知劳动者本人或者额外支付劳动者1个月工资后，可以解除劳动合同：

①劳动者患病或者非因工负伤，在规定的医疗期满后不能从事原工作，也不能从事由用人单位另行安排的工作的；

②劳动者不能胜任工作，经过培训或者调整工作岗位，仍不能胜任工作的；

③劳动合同订立时所依据的客观情况发生重大变化，致使劳动合同无法履行，经用人单位与劳动者协商，未能就变更劳动合同内容达成协议的。

6）有下列情形之一的，劳动合同终止：

①劳动合同期满的；

②劳动者开始依法享受基本养老保险待遇的；

③劳动者死亡，或者被人民法院宣告死亡或者宣告失踪的；

④用人单位被依法宣告破产的；

⑤用人单位被吊销营业执照、责令关闭、撤销或者用人单位决定提前解散的；

⑥法律、行政法规规定的其他情形。

小贴士

签订劳动合同时的注意事项

1. 劳动合同一定要合法：如果签订的劳动合同不合法，你的权益保护就会遇到困难。因此，一定要先确认自己签订的劳动合同是否具备产生法律约束力的条件，包括：用人单位本身是合法的；双方签订的劳动合同内容（权利和义务）必须符合法律、法规和劳动政策，不得从事非法工作。

2. 合同中的权利和义务的约定要明确：双方的权利和义务应当在合同中明确约定。对于工作的内容应当尽量细化。例如，岗位工种外延大或比较广，说明在履行劳动合同期间，当事人从事的岗位工种变化范围大。你可以要求用人单位对岗位工种适度细化。

3. 要读懂合同的附件：在签订劳动合同前，要仔细阅读关于相关岗位的工作说明书、岗位责任制、劳动纪律、工资支付规定、绩效考核制度、劳动合同管理细则和相关规章制度，不论这些文件是否被用人单位作为劳动合同的附件。

4. 明确工作类型：首先要明确工资是税前工资还是税后工资。税前工资是包含了劳动者依法应当承担的个人所得税，劳动者实际拿到的工资是税前工资减去个人所得税和“五险一金”所剩下的金额。如果用人单位承诺支付的是税后工资，一定要用人单位在合同中予以明确，否则发生争议时将被认定为税前工资。

5. 保护好自己的证件：用人单位在签订合同时通常要看劳动者的各种证件，如身份证、毕业证等，用人单位看证件可以，但不要让他们把证件的原件拿走，用人单位只有权利拿走劳动者证件的复印件，而没有权利向劳动者索要原件留底。

3. 社会保障法相关知识

社会保障法是指调整关于社会保险和社会福利关系的法律规范的总称，包括安全生产法、消防法等。也是保障社会成员基本生活需要和经济发展享受权的各种法律规范的总称，社会保障法是调整以国家和社会为主体，为了保证有困难的劳动者和其他社会成员，以及特殊社会群体成员的基本生活，并逐步提高其生活质量而发生的社会关系的法律规范的总和。

社会保险是政府通过立法强制实施，运用保险方式处置劳动者面临的特定社会风险，为其暂时或永久丧失劳动能力，失去劳动收入时提供基本收入保障的法定保险制度。社会保险实行社会统筹与个人账户相结合的原则，社会保险基金由国家、用人单位、劳动者三方负担，实行统一管理。社会保险主要包括基本养老保险、基本医疗保险、失业保险、工伤保险和生育保险。

（1）基本养老保险

①职工应当参加基本养老保险，由用人单位和职工共同缴纳基本养老保险费。无雇工的个体工商户、未在用人单位参加基本养老保险的非全日制从业人员以及其他灵活就业人员可以参加基本养老保险，由个人缴纳基本养老保险费。公务员和参照公务员法管理的工作人员养老保险的办法由国务院规定。

②基本养老保险实行社会统筹与个人账户相结合。基本养老保险基金由用人单位和个人缴费以及政府补贴等组成。

③用人单位应当按照国家规定的本单位职工工资总额的比例缴纳基本养老保险费，记入基本养老保险统筹基金。职工应当按照国家规定的本人工资的比例缴纳基本养老保险费，记入个人账户。无雇工的个体工商户、未在用人单位参加基本养老保险的非全日制从业人员以及其他灵活就业人员参加基本养老保险的，应当按照国家规定缴纳基本养老保险费，分别记入基本养老保险统筹基金和个人账户。

④个人账户不得提前支取，记账利率不得低于银行定期存款利率，免征利息税。个人死亡的，个人账户余额可以继承。

（2）基本医疗保险

①职工应当参加职工基本医疗保险，由用人单位和职工按照国家相关规定共同缴纳基本医疗保险费。无雇工的个体工商户、未在用人单位参加职工基本医疗保险的非全日制从业人员以及其他灵活就业人员可以参加职工基本医疗保险，由个人按照国家相关规定缴纳基本医疗保险费。

②国家建立和完善城镇居民基本医疗保险制度。城镇居民基本医疗保险实行个人缴费和政府补贴相结合。享受最低生活保障的人、丧失劳动能力的残疾人、低收入家庭60周岁以上的老年人和未成年人等所需个人缴费部分，由政府给予补贴。

③参加职工基本医疗保险的个人，达到法定退休年龄时累计缴费达到国家规定年限的，退休后不再缴纳基本医疗保险费，按照国家相关规定享受基本医疗保险待遇；未达到国家规定年限的，可以缴费至国家规定年限。

（3）工伤保险

①职工应当参加工伤保险，由用人单位缴纳工伤保险费，职工不缴纳工伤保险费。

②用人单位应当按照本单位职工工资总额，根据社会保险经办机构确定的费率缴纳工伤保险费。

③职工因工作原因受到事故伤害或者患职业病，且经工伤认定的，享受工伤保险待遇。其中，经劳动能力鉴定丧失劳动能力的，享受伤残待遇。工伤认定和劳动能力鉴定应当简捷、方便。

（4）失业保险

①职工应当参加失业保险，由用人单位和职工按照国家相关规定共同缴纳失业保险费。

②失业人员失业前用人单位和本人累计缴费满1年不足5年的，领取失业保险金的期限最长为12个月；累计缴费满5年不足10年的，领取失业保险金的期限最长为18个月；累计缴费10年以上的，领取失业保险金的期限最长为24个月。重新就业后，再次失业的，缴费时间重新计算，领取失业保险金的期限与前次失业应当领取而尚未领取的失业保险金的期限合并计算，最长不超过24个月。

③失业保险金的标准，由省、自治区、直辖市人民政府确定，不得低于城市居民最低生活保障标准。

（5）生育保险

①职工应当参加生育保险，由用人单位按照国家相关规定缴纳生育保险费，职工不缴纳生育保险费。

②用人单位已经缴纳生育保险费的，其职工享受生育保险待遇；职工未就业配偶按照国家相关规定享受生育医疗费用待遇。所需资金从生育保险基金中支付。生育保险待遇包括生育医疗费用和生育津贴。

4.2.2 大学生常见的求职陷阱

1. 大学生求职陷阱的表现特征

大学生就业陷阱是指招聘单位，其他机构或个人，利用大学生的弱势地位（如社会经验不足、自我保护意识差、就业竞争激烈等），以提供就业机会为诱因，采用违法悖德等手段，与大学生达成权利与义务不对等的各类就业意向（协议），以期侵害大学生合法权益的现象。当前大学生就业陷阱主要表现出四个典型的特征。

（1）欺骗性

主要表现为招聘单位以攻势强劲的虚假宣传，信誓旦旦的不实承诺，热情有加的伪善行为来取得大学生的信任和很高期望，然后在协议中提出苛刻条件，隐藏各种不法目的。

（2）诱惑性

主要表现为招聘单位着力包装，夸大事实，并以单位各种招牌、荣誉、待遇和发展前景蛊惑大学生，一旦大学生被其所诱骗上钩，则脸色突变，真实嘴脸暴露无遗。

（3）隐蔽性

违法用人单位的各种伎俩都有十分华丽的诱人说辞，听起来入情入理，面面俱到，句句都令人心动，其实处处布下陷阱。涉世不深的大学生十分单纯，难辨真伪，很快成为猎取的对象。

（4）违法性

就业中的违法目的各有不同。一类是违法违规留人才。有些单位扣留大学生的户口、证件等使大学生欲走难行；有些迫使大学生签下“卖身契”，使大学生不敢轻易毁约。另一类就是坑蒙拐骗，使大学生掉进自己挖下的高薪陷阱、培训陷阱、中介陷阱，甚至诱骗大学生入股，推销、传销等，还有些用人单位给大学生设置了协议陷阱、合同陷阱或试用期陷阱，使大学生感到欲罢不能，求助无门。

2. 大学生求职陷阱的主要类型

（1）最为盛行的钱财陷阱

钱财陷阱之目的在于直接骗取钱财，虽无确切数据，但许多虚假招聘案例表明，钱财陷阱是最为常见的一种类型。钱财陷阱主要有三种方式：一种是以各种手段直接骗取求职者本人的钱财；第二是把求职者作为骗取他人钱财的道具或“帮手”；第三种则是既骗取求职者的钱财，又利用求职者来骗取他人钱财。这类陷阱又可划分为以下主要类型：

①传销陷阱

传销是中国特有的名词，是伴随着直销这一营销模式进入中国内地而出现的。从大学生求职角度看，这种欺诈性传销无疑是一种重要的甚至防不胜防的招聘陷阱，自然成为需要予以重点关注的虚假招聘类型。

案例 4-7

求职误入传销组织①

苏白是河北省某高校应届毕业生，一次到东莞外企求职的经历换来了她20多天的传销噩梦。

一天，苏白突然接到一个区号为0769的电话，对方说是“汤姆逊公司”，打算在石家庄开分公司，要招聘人员。苏白曾经在河北银河网上发过个人简历，所以对此也不觉得奇怪。对方告知她公司的网址，并说若有意的话，下午2点以后可以打电话过去。

放下电话，苏白便上网查看公司信息，输入网址，眼前豁然一亮，真的是一家外企！认真浏览了以后，当天下午苏白便打过去电话。公司工作人员说要进行两轮语音面试，合格者25日就去公司进行为期半年的培训。对于找工作四处碰壁的苏白来说，外企半年的培训十分诱人，为了不耽误时间，苏白当场决定接受面试。经过了两轮面试，苏白得到正式通知，她被“汤姆逊公司”录取。

苏白怀揣着激动的心情来到了东莞“汤姆逊公司”，结果她被一位姓齐的主管告知，她的工作是“网络销售”，而且这里根本不是“汤姆逊公司”，也没有她应聘的职位。汤姆逊公司变成了“网络销售”，苏白欲哭无泪，大脑一片空白。齐主管警告苏白说：“你可以先了解网络销售，适合就做，不适合可以找其他工作，只是东莞很乱，没有暂住证，出去要多加小心，被警察逮着了要罚款的……”苏白的第一反应：上当了。第二反应吓着了，自己身陷虎穴。苏白对于齐主管介绍的网络销售行业基本没听进去，一直想着如何出逃。苏白的手机在刚才出门的时候，被公司同事以玩游戏的名义骗走了，就是说她根本无法报警，也通知不了任何人。

在此后的几天里，苏白对这家公司的状况有了一定了解，她发现，几乎每个人都是被骗到东莞的。这家公司从每个省的人才招聘网上搜集信息，然后以“汤姆逊公司”名义进行电话语音面试，并以要进行适当的进修邀其南下培训。直到有一天，苏白偷了手机，发短信跟家人说了网络销售的具体情况后，才知道自己身陷传销，而且是大学生传销。第二天苏白强烈要求离开公司，公司看到苏白20多天没有任何业务进展，最后就放她走人了。

传销组织利用大学生求职心切的心理，通过各种渠道（如网络）发布他们所捏造的各式“招聘”信息，先将不明真相的求职大学生诱骗至传销窝点。在这一过程中，传销组织一般都会派人接站，并尽量将前往应聘的求职者诱拐至其事先不会告之的真实窝点。

之后，传销组织便逐步实施其整套欺诈性方案：首先对求职者施以“人身控制”（通过监视甚至胁迫等暴力手段进行）或“人情牌”（营造一种平等、关爱和团结的氛围，试

---

① http：//www.job0917.com/news/info1299721390.html，2015年5月访问.

图用情感来瓦解求职者的心理防线。），随后便使用其杀手锏——高强度“洗脑”，以力争从思想上控制受骗者，使其沉浸于传销者所勾画的“一夜暴富”的美梦中。同时着重对已被彻底同化的受骗者（已被发展成为传销组织的成员）进行有关如何发展下线（新人），如何打电话“邀约”人，如何向家中要钱，如何发财，以及如何应对执法部门询问等的业务培训。通过上述步骤，传销组织成功实现“扩网”，并通过不断的“拉人头”或“收取入门费”等，最终牟取巨额经济利益。当然，不同类型的传销组织以及不同时期的传销组织，在上述行骗路径中的不同环节，往往会采取不同的具体策略。但万变不离其宗，此类传销组织的核心始终是诱骗乃至胁迫求职者掏空自己的钱袋，并继续“帮助”组织诱骗更多的人前来掏空他们的钱袋。

②公关陷阱

“公关”陷阱是指那些通过散播急招“公关先生”、“公关小姐”或“私人伴侣”、“私人伴游”等高薪（一般月收入都在万元以上）招聘信息，借机骗取求职者钱财的虚假招聘现象。应该说，这种骗术的“技术含量”并不高，但据媒体资料，大学生掉入公关陷阱的案例并非少见。

“公关”陷阱具有几个比较突出的特征：其一，“牛皮癣”式招聘广告尤为多见，如张贴在公交车站台广告灯箱、电线杆以及大学校园等。此外，网络、手机短信等也成为其重要的广告发布平台；其二，许诺极为丰厚的薪酬；其三，利用公众对社会上“特殊服务”行业从业者高额收入的丰富想象，尤其是部分求职者对这种高收入的强烈渴望；其四，行骗者（头目）多在外地，通过电话“遥控”求职者，无需与其谋面；其五，“借”用知名大酒店的场所，迷惑求职者；其六，多使用外地电话卡和银行卡。

公关陷阱的实质是打着“色情行业”的幌子，大肆骗取应聘者的钱财。一旦求职者通过招聘信息联系上行骗者，行骗者便通过电话竭力施展其预先设计好的连环骗局。一般是叫应聘者到某知名酒店大厅或酒店其他场所进行所谓的面试，并以各种理由（如电脑面试等）拒绝和应聘者见面。之后行骗者会告诉求职者面试成功，并以上班要先交保证金或押金为由，要求职者将相应款项打到其所提供的银行账户。对一些求职者提出当面交钱的要求，行骗者会以诸如“工作人员不能接触现金”为由予以拒绝。当应聘者如实照办后，行骗者的“胃口”便越来越大，会先后以各种名义（体检费、办证费、股东红包费等）为由，设法继续骗取更多的钱。更可笑的是，当求职者发现可能受骗要求退钱时，有些行骗者竟然会以“退钱可以，但要先交一定的手续费，如30%”为借口，继续捞一把。若求职者不给，则理所当然拒绝退钱；若求职者真给了这笔款项，行骗者则要么开始采取拖延战术，要么继续以其他名义骗钱，直至求职者完全清醒。通常，当求职者确定自己受骗后，行骗者最终都会“关机消失”。

③“星梦”陷阱

“星梦”陷阱，是一种名为招聘演员或模特，帮助应聘者实现明星梦，实则通过收取“拍摄费”或“签约费”等各种费用，诈骗其钱财的虚假招聘现象。该陷阱的一个突出特征是，多以演艺经纪公司的名义，或采用“星探”模式，在大街上主动接近其“猎物”（多为长相和身材比较好的女性），或通过在媒体上刊登虚假演员/模特招聘广告，诱骗“猎物”自投罗网。

④校园代理陷阱

校园代理陷阱突出体现为“校园招工代理”陷阱。一些骗子招募在校大学生作为学校“代理”，谎称让他们负责自己所在校区的有关招聘广告的发放、宣传及注册工作，为其招募各类周末及寒暑假短期工，但实则是利用这些学生来骗取其他应聘学生的钱财。

案例 4-8

大一学生代理招工遇“陷阱”①

收了 48 名同学的报名费，交给中介后，中介却人间蒸发，一个工作也没给提供，1680 元中介费也打了水漂。暑期来临，青岛大学大一学生小李从学校宣传栏看到信息后做起了校园中介代理，开始忙着为暑期打工的同学张罗找工作，如今，中介没了踪影，拿着收据和合同，小李却没处维权，只能拿自己的生活费将报名费退给部分同学。

信息栏里淘金做起中介代理

12 日，青岛大学商学院的小李一脸无助地告诉记者，早在 6 月中旬，他就开始为放假后找工作忙碌，他在学校宣传栏里看到 158 社会实践创业中心的吴铁刚招学生中介代理，就加盟了，把学校需要假期打工同学招到一起，每人收了 50 元报名费，吴铁刚负责给他们找工作，小李从中赚取一小部分费用。

小李说，为了证实 158 社会实践创业中心的真假，他还专门跑到他们在李沧区九水东路的办公地点，后来因为之前一位小邱同学与这家中介合作过，小李便放松了警惕，便与吴铁刚签订了专门的合作合同。

签订合同以后，小李便开始在校园里发布找暑期工广告，做起了学生中介。但是原本以为可以赚取一部分外快的小李没想到却赔了钱。

交千余元中介费却没见工作

小李说，6 月 20 日签了协议后，他和小邱两人总共召集了 48 名同学交了报名费，将费用收上来之后，小李和小邱将自己的提成部分留下，其他费用分三次全给了中介，中介则出具了三张收据，但都没有盖公章，仅有收款人签名，共有 1680 元钱。从 7 月 5 日开始，部分考完试的同学开始问小李和小邱要工作，可中介却不断推托，甚至拒接电话，收了中介费为同学联络不到工作，他和小邱在中间左右为难。

“起初承诺的是餐饮服务、业务员等工作，可到现在一份工作也没看到，也联系不上中介了，报名的同学都认为自己被骗，要退报名费。”家境本来就不好的小李犯了难，一边是索要报名费的同学，一边是人间蒸发了的中介，而他自己也拿不出足够的钱退回费用。

中介人间“蒸发”只得自己赔钱

从 7 月 5 日起，小李每天都打电话联系中介，中介一再推托，后来干脆不接电话了，但最终还是没有工作可提供。“有时中介说手机坏了，有时说自己去了外地，回青岛后会赶紧联系工作。”小李感觉出不对劲后，已经束手无策了。对方不接电话，自己

---

① http：//www. ncss. org. cn/fl/dxal/253105. shtml，2015 年 5 月访问.

只好用自己的生活费当报名费退给同学。12 日下午，小李再次来到位于九水东路的中介办公地点，发现里面已经空空如也，连门口的牌子也全拆掉了。

记者按照小李提供的吴铁刚手机号码打过去，对方一直无人接听。无奈之下，小李只好向派出所报警，希望能帮同学们讨回 1680 元的报名费。根据小李提供的合同和收据，记者发现中介方并没有盖公章，只有吴铁刚的个人手印，收据和合同上的单位也不吻合。

校园代理陷阱具有以下特征：其一，受骗学生的规模比较大。往往通过一个代理受骗的学生就多达数十人甚至上百人，而骗子往往在不同高校都招有代理，所以每次总共受骗的学生人数一般都有数百名；其二，每位学生受骗金额不多，少则数十元，多也就 200 元左右，但所有学生受骗总金额则比较大，一般多达上万元；其三，学生代理往往扮演着双重角色：既是骗子的“帮凶”，也是受害者（有的也被骗了押金，或最终为其他同学的受骗“买单”且背负着沉重的心理负担）。

除此之外，校园代理陷阱还包括“校园产品代理”陷阱，其实质是将劣质产品高价卖给学生。这类骗局的行骗流程多体现为：骗子到学生寝室，以招“产品校园销售代理人”为由，要学生交押金取得产品。其一般还会许诺，将回收学生卖不完的产品，解除学生的后顾之忧，进而诱骗学生“买”下价高质劣的产品。学生很快会发现产品为假货，却再也无法联系上骗子。

⑤“任务”陷阱

“任务”陷阱，其中以“销售任务”陷阱尤为突出，即一些所谓的“公司”以招聘诸如业务代表、商务代表之类职位为名，诱骗应聘者交纳若干产品押金（也有称之为信誉保证金、周转金等，往往高于产品本身成本的很多倍），再领取若干产品去销售，且必须完成一定销售额才能有工资（一般都是提成）。若完不成任务，根据之前签订的协议，“公司”便辞退求职者并“合法”占有了求职者之前交纳的产品押金。显然名为招聘，实为变相高价销售劣质产品或所谓的会员卡给求职者（求职者最终被迫成为“消费者”）。

除此之外，某些“任务”陷阱为求职者所设计的任务虽与销售无关，但本质都一样，即在正常情况下这些任务根本不可能完成，而招聘方则由此实现了对求职者之前所交押金等费用的“合理”侵占。如江西制造职业技术学院的小肖便遭遇了由“南昌创隆科技公司”设计的此类陷阱。据小肖所述，在与该公司签订合同时，对方要求必须交 300 元的押金，否则就不给合同。随后在 3 天的“锻炼期”内，公司让他每天走访 30 家化妆品店统计近 10 类资料，并提交工作报表、不少于 500 字的工作日记。小肖觉得自己无法完成，提出要中止合同，创隆公司即以违约为由，扣下 200 元押金。而据了解，与小肖情况类似的学生还不在少数，只是“锻炼期”内的工作任务有所不同，但相同的是基本都无法完成。

⑥网络兼职陷阱

所谓“网络兼职”是指求职者在互联网上获取兼职信息，只需通过电话、邮件、网络注册等方式与“招聘方”进行联系而无需见面。且以互联网为工作平台来完成兼职任务的一种工作方式。目前比较盛行的网络兼职主要有“兼职打字员”、“兼职网络调查员”、“网络推广员”等。虽不能肯定所有的网络兼职都是虚假的，但据资深互联网从业人士介绍，相当多打着“急聘”、“低门槛”及“高薪”等诸多具有极强吸引力的网络兼职信息基本上都是虚假的。这类信息的发布者大多瞄准在校大学生，其目的是通过各种方式骗取其钱财。

案例 4-9

寒假至　网络兼职骗局瞄上大学生①

寒假将至，不少网络兼职广告将目光瞄准大学生。“只要会上网，就能赚到钱”，“不用出门，日赚百元”……这样既自由又舒适，且回报高、门槛低的工作，怎能不让人动心？殊不知，在这些巧言粉饰的广告背后，很可能是陷阱。

晋中学院大二学生小张告诉记者，前几天，她在网上找到一份“刷信誉”的工作：应聘者只需到招聘方指定的网店付款购物，并附好评增加该网店信誉度，之后招聘方就将购物款和报酬返还。每代刷一次信誉，最低可以得到 2 元的报酬。于是小张抱着试一试的心态，购买了 1 张 100 元的游戏充值卡，并附上五星好评，对方立刻返还 103.5 元到她的账户。点几下鼠标，就能赚钱，何乐而不为？

1 月 12 日下午，小张在招聘方的指示下汇款 500 元购买充值卡，就在她把钱汇出后，却被告知订单被冻结，需再完成 100 笔订单才能解冻。汇出去的钱取不回来，完成 100 笔订单又没有足够的经济实力。小张赶忙联系当初的招聘方，但对方手机关机，QQ 与阿里旺旺下线，就此彻底消失了。

与小张有类似经历者不在少数，传媒学院刘莉在网上按照招聘方的要求填写了一份简历，除姓名、年龄、手机号等外，其中还包括将来接收工资的银行卡号。据刘莉介绍，对方随后以验证银行卡为理由，要求她提供手机校验码。之后不到 20 分钟，她的手机就收到银行的短信通知，卡里仅有的 150 元钱已被全部转出。

⑦其他常见陷阱

常见陷阱是指那些借招聘诸如文员、服务员等普通岗位为名，通过收取诸如报名费、建档费、服装押金、培训费、体检费等各种名义的费用，诈骗求职者钱财的虚假招聘现象。较之其他陷阱，这类虚假招聘似乎更为常见。

（2）劳力陷阱

所谓劳力陷阱，是指招聘单位或个人不直接骗取求职者的钱财，而是以各种名义骗取其劳动成果，既包括富有创意的脑力劳动成果，也包括体力等普通劳动成果。相关调查显示，劳力陷阱在招聘骗局中的比重达到 20%以上，仅次于钱财陷阱。

①招聘考试陷阱

招聘考试陷阱其实质是，招聘单位以考核应聘者的能力为由，无偿占有其劳动成果。据悉，许多中小企业甚至个别大型企业，利用求职者在应聘考试中的尽心竭力，以“招聘

---

① http://www.sx.xinhuanet.com/newscenter/2015-01/28/c_1114154727.htm，2015 年 5 月访问.

考试”为名，将公司接下的项目作为考题直接交给应聘者完成，在不支付任何报酬的情况下，占有应聘者的劳动成果，且不录用该成果的创造者。这类成果多涉及程序设计、广告策划文案、文章翻译、软件开发设计图纸、商标及铃声制作等脑力产品，也包括打字、校对和排版之类的普通劳力产品。

案例 4-10

笔试变成“免费劳动”

小薛是软件专业毕业生，在参加一家软件公司的考试时，小薛遭遇了“智力陷阱”。初试合格后，小薛进入笔试阶段。笔试要求小薛上机编写一段程序，时间不限。笔试结束后，小薛与其他几个求职者都没有得到任何回音，在交流中几个年轻人无意中发现，他们笔试的内容并不相同，而且这些程序恰巧能整合成一个项目。

由于通过招聘考试淘汰应聘者往往是非常普遍的行为，故相比于直接骗取求职者的钱财，这类剽窃其无形资产的骗局更具隐蔽性和迷惑性，也更不易被人们及时发现，往往更加难以维权。

②试用陷阱

试用陷阱，即以“试用”或“试用期”的名义，廉价甚至免费使用劳动力。此类陷阱大致有两种形式：其一，试用期限合法，一旦结束便以“求职者不符合公司要求”为由予以解聘；其二，找理由或非法延长试用期，应聘者再卖力表现，最终换来的依然是解聘。随后，用人单位会继续招聘同样也不会在试用后被正式录用的新人，如此周而复始，降低成本。大学毕业生就是此类陷阱的主要受害者。

案例 4-11

两次落入“试用期陷阱”

小于是一名专科应届毕业生，她曾先后到几家单位应聘，第一家是办公室文员，第二家是商场营业员，但是令她没想到的是两次试用期她都成了廉价劳动力。“我第一份工作是通过网上投简历找到的，他们承诺试用期一个月，试用期由公司的老职工带着我熟悉办公室工作流程，他们也告诉我试用期期间没有工资，公司只是提供食宿，我觉得单位不错，而且过了试用期待遇福利也很好，就一口答应了。”小于告诉记者，“在试用期间，我从来都是第一个到办公室，最后一个离开的，几乎包揽了办公室所有的杂碎活，谁需要打印、送文件都会找我。就这样在单位干了二十几天，到了月底领导也没有跟我说让我签合同的意思，待我去问却被告知公司暂时还没有招人指标，如果我想留下来，每个月只有600块钱，我觉得这和他们当初承诺的相差很大，所以便离开了。”

而她的第二份工作和第一份相差无几，因商场短期促销招了几十名营业员，促销期过了以后都以不适合此岗位为由辞退了。小于两次陷入“试用期陷阱”。

③高职位陷阱

一些用人单位怕招不到某些岗位的员工，如业务员、推销员、代理员等，便将这些岗位美化为“市场部经理”、“事业部总监”或“营销助理”等为求职者心仪的岗位，以诱惑求职大学生。待应聘成功后，便以“先熟悉工作”或“到基层先锻炼锻炼”为由，诱骗求职者继续工作，直到其无奈离开。这种陷阱的实质是“高招低用”，也可以说是“挂羊头卖狗肉”。

案例 4-12

高薪招聘，馅饼还是陷阱①

“只要拥有大专学历，就有机会被跨国金融集团录用，进入人才储备库，成为储备主管，底薪至少在5000元/月，并有高额奖金和优厚福利待遇……”又到大学毕业生应聘的高峰时期，各大网站出现了类似这样的招聘启事。

面对令人心动的启事，上海交通大学成人高校工商管理专业05级在读学生孙正婷，投递了简历。由于担心“储备主管”的职位竞争过于激烈，她选择了待遇稍低但仍算丰厚的“应届毕业生见习岗”。面试当天，她发现有近百位应聘者，而她应聘的职位却只招20名——1∶5的录取率着实让她担心。应聘者多是来自交大、同济、财大的金融专业毕业生，更让她信心不足。第一轮面试出人意料的简单。回答了面试官几个常规问题后，小孙被通知可以参加培训和第二轮面试、笔试。3天的培训中，自称是公司的年轻高层，现身说法，详尽描绘了优厚待遇。接下去的笔试、面试更简单，仅仅是一些性格测评题。经过层层“筛选”，小孙被录用为公司的储备主管——这可比她应聘的“应届毕业生见习岗”高级多了。

简直出人意料的顺利。原本以为难于上青天的求职路，居然如此平坦。

小孙按要求前去公司报到，却被告知先要交纳250元费用，并暂时只能签订3个月临时合同。公司解释：250元是“保险代理人资格考试”报名费，3个月临时合同是为了给“储备主管”们参加培训和“基层锻炼”的时间。小孙恍然大悟，所谓“金融集团”，其实就是一家保险公司。更意外的是，原以为自己是过五关斩六将、在1∶5的比例中脱颖而出，没想到，初试中见的大多数人，都在“录用”之列，远远超过“10位储备主管”职数。在大家追问中，公司方面终于承认：无论是什么职位，进入公司之后，都要从事至少3个月的保险员工作，只有完成一定业绩后，才可能晋升到原本承诺的职位。接下来更令人吃惊：原来，这家保险公司基本上每周都在招聘相同的岗位，相同的招聘内容，相同的培训内容，甚至连面试和笔试的试题都相同。在上海各高校如交大、财大、华师大的求职论坛中，这家公司被高挂于“有欺骗行为单位”的黑名单。

最终，小孙放弃了这份工作。

① http://www.8020rc.com/news/40/39174.html，2015年5月访问.

第5章

求职前的准备

教学目标：通过本部分教学，使学生理解求职过程中常见的心理问题，转变求职观念，从而积极主动获取就业信息，并掌握求职材料的撰写要求和技巧。

5.1　调整就业心理

案例 5-1

九只狐狸①

盛夏酷暑，一群口干舌燥的狐狸来到一个葡萄架下。一串串晶莹剔透的葡萄挂满枝头，狐狸们馋得直流口水，葡萄架很高。

第一只狐狸跳了几下摘不到，从附近找来一个梯子，爬上去满载而归。

第二只狐狸跳了多次仍吃不到，找遍四周，没有任何工具可以利用，笑了笑说："这里的葡萄一定特别酸！"于是，心安理得地走了。

第三只狐狸高喊着"下定决心，不怕万难，吃不到葡萄死不瞑目"的口号，一次又一次跳个没完，累死在葡萄架下。

第四只狐狸因为吃不到葡萄整天闷闷不乐，抑郁成疾，不治而亡。

第五只狐狸想："连个葡萄都吃不到，活着还有什么意义呀！"于是找个树藤上吊了。

第六只狐狸吃不到葡萄便破口大骂，被路人一棒子了却性命。

第七只狐狸抱着"我得不到的东西决不让别人得到"的阴暗心理，一把火把葡萄园烧了，遭到其他狐狸的共同围剿。

① 郭寒宇．大学生职业发展与就业指导［M］．武汉大学出版社，2012：123-124.

第八只狐狸想从第一只狐狸那里偷、骗、抢些葡萄，也受到了严厉惩罚。

第九只狐狸因为吃不到葡萄气极发疯，蓬头垢面，口中念念有词：“吃葡萄不吐葡萄皮……”

◎ **点评：**

毫无疑问，第一只狐狸是一只心理健康的狐狸，这只狐狸是值得赞赏的，正如人们常说的：兵来将挡，水来土掩，遇河搭桥，逢山开路。在压力下，它先想办法，是问题解决型的，也是值得我们学习的。

第二只狐狸的做法，类似人们说的“酸葡萄”心理，这种方式是防御型的，在压力情境下虽然不是最好的，但也是健康的。特别是在“越得不到的越想得到”的心理下，酸葡萄心理也许会对人们的生活有所帮助。

第三只狐狸：不达目的不罢休。类似第三只狐狸的人格状态是偏执，这种人属于一棵树上吊死的人，其实当你找到好几棵树时，也许就会发现，风景不是这边独好。

第四只狐狸：吃不到葡萄郁闷死。生活中这样的“狐狸”也很多，就是那些怀才不遇的人。正如易中天先生说的：怀才就像怀孕，日子久了就会看出来。要相信，现代社会，只要你怀着“才”，就算在这个地方找不到“遇”，也会在其他地方找到知遇之人。

第五只狐狸：连个葡萄都吃不到，活着还有什么意义啊！这只狐狸就是今天那些因为目标受挫而自杀的人，在挫折面前没有足够的勇气和信心，以偏概全，最容易出心理问题。

第六只狐狸：喜欢外归因，遇到任何问题总是从外部找原因，认为是对自己的不公平。很少获得人生的乐趣。因为他没有从内部寻找原因。

第七只狐狸：缺乏自我认可，忌妒心和报复心很强。甚至有些自卑和偏激。

第八只狐狸：属于投机取巧型，不想通过积极努力获得自己想要的东西而总想走捷径或者通过非正常手段获得，道德发展不健全，是行为问题甚至走向犯罪的人。

第九只狐狸：为葡萄而疯狂，心理承受能力较弱，对打击和失败过于敏感。有些神经质，需要进行人格训练。

正如上面那九只狐狸一样，面对就业，大学生的心理是复杂多变的。通过几年大学生活，同学们在知识、能力与人格方面有了积极的显著发展，有着强烈的就业意愿和积极的就业动机，为能尽快实现自己的人生价值而感到由衷的欢欣；而就业岗位和就业方式的多样化也为大学生就业提供了更多的机遇和更大的自由度，许多大学生都摩拳擦掌，跃跃欲试，准备在所学专业领域一展身手。但是在就业过程中，又难免出现种种心理矛盾、心理误区和心理障碍。

5.1.1 大学生就业心理分析

就业心理是指人们在考虑就业问题，为获得职业做准备及在就业过程中产生的各种心理现象，对于个人就业心理而言，主要包括以下三个系统：就业导向系统、就业动力系统和就业功能系统。这三个系统相互关联、相辅相成，共同在人们的就业过程中发挥各自的作用。

第一，就业导向系统。所谓就业导向系统是指人们在就业过程中所具有的价值观、世界观和职业伦理。其系统中的各种成分引导个体选择符合自身发展的职业，追求特定的职业目标，接受和内化相应的职业价值，建立正确的职业角色，并对自身和他人的职业行为作出评价，努力争取就业成功。就业价值观对人们选择职业具有很大的指导作用，它决定了人们的职业目标和选择职业的标准。如：许多大学生对职业的名声特别重视，因此，他们往往选择考公务员，催生了当今的“公考热”。

第二，就业动力系统。所谓就业动力系统主要包括个人在就业过程中的兴趣、需要、信念、理想等。其系统中的各种成分推动个体积极地树立特定的职业目标，努力克服各种困难，坚持不懈地去争取职业目标的完善和人生价值的实现。如：当一个人选择了符合自己兴趣爱好的工作时，他就会全身心地投入，不断地学习新知识、新技能，最大限度地调动工作积极性，从而在工作中发挥自己的特长，获得最大的发展；当一个人选择了与自己兴趣爱好相背离的工作时，就没有相应的工作热情和动力，很难获得很大的发展。

第三，就业功能系统。所谓就业功能系统主要包括个人在就业过程中的气质、性格和能力。就业功能系统中的各种成分保证个体去适应和胜任相应的职业，在努力胜任挑战工作任务的同时，个体心理功能也得到磨砺、发展和加强。一般情况下，职业与个人的气质、性格和能力是相互作用、相互影响的：一个人的气质、性格和能力特点决定了一个人适合从事的职业，如果一个人具有体育相关的能力，他就适合从事与体育有关的职业；职业也在一定程度上塑造一个人的气质、性格和能力，一个性格较为内向的人从事公关工作一段时间后也会逐渐变得性格外向、活泼开朗。

5.1.2 不健康求职心理

1. 自卑心理

自我认识不足和期望值过低是形成自卑的最主要原因，自卑心理不仅使部分学生悲观失望，不思进取，错失良机，而且有碍于自身才能的正常发挥，影响其就业成功。

案例 5-2

J 学院英语专业毕业生小刘学习成绩和其他方面条件都不错，在就业的初期满怀信心。但由于口语问题，找过几家单位都碰了壁，结果产生了自卑感，在后来的择业过程中表现越来越差，陷入恶性循环而不能自拔，以至于到了招聘会上，她再也不敢找招英语专业的岗位，只能被动地问人家：“有招聘文员或行政的岗位吗？”最终未能落实就业单位。

◎ **点评：**

小刘的失败是由于自卑心理在作怪。在择业遭受挫折后，一蹶不振，对自己评价过低，丧失了应有的自信心，择业时缺乏主动争取和利用机遇的心理准备，不敢主动、大胆地与用人单位交谈，也就不能很好地表达自己。越是躲躲闪闪、胆小、畏缩，越不容易获得用人单位的好感。这种心理严重妨碍了一部分毕业生正常的就业竞争，使得那些原本在某些方面比较出色的毕业生也陷入“不战自败”的困惑。

在竞争激烈的求职场中，一些大学毕业生特别是普通院校的大学毕业生不敢大胆推荐自己，过多的看到自己某方面的缺陷和不足，觉得自己平淡无奇，无法与重点高校的高材生相比；有些形象一般的大学生害怕用人单位以貌取人；有些学生因为屡次求职失败，对自己产生怀疑，产生自卑心理。自卑是一种缺乏自信心的表现，它源于消极的自我暗示和他人对自己不客观的评价，是一种消极的失去心理平衡的心理状态。对于一些性格内向或有生理缺陷的大学生或是部分就业困难的女大学生，过多的自卑心理会成为他们就业或者生活很大的障碍。他们经常会因为害怕怯懦而无法展示自己的才能，最终导致就业的成功率不高。

小测试：

①遇到难事，你想寻求帮助，但又不愿开口求人，怕被别人取笑或轻视。

②当别人遇到麻烦时，你常会有幸灾乐祸的感觉。

③你爱向人自夸自己的能力和“光荣历史”。

④你认为学习成绩、工作成绩是很重要的。

⑤你觉得入乡随俗是一件困难的事。

⑥你觉得人的面子最重要，轻易认错是很失面子的行为。

⑦你害怕生人或陌生的地方。

⑧常常自问“我是很行的吗？”这类问题。

⑨你常觉得自己是不利处境下的牺牲品。

⑩你是个爱虚荣的人。

答“是”得1分，“否”得0分，统计一下你的总得分。

◎ **结果分析：**

0~2分者：很有自信心，能与人和睦相处。

3~6分者：很可能缺乏自信心，你行事可能保守而缺少魄力，但这也许能使你安于现状，生活在一种平静无事的环境中。如果你认真反思一下，把你认为你能做的事和你想做的事列成表格，你会发现，事实上，你能做的事要比你想做的事多一些。

7~10分者：你有一种强烈的自卑感，即使在表面上你自信、自负或自傲，但你很可能在自信和自卑的两极来回徘徊。有时这种性格上的矛盾令你感到痛苦或害怕。你得想办法采取行动消除自己的自卑感了。

征服畏惧，战胜自卑，需要的是面对现实的勇气，需要的是自我解脱的决心。如何面对就成为能否战胜自卑、走向自信的关键。在心理学中有一种治疗方法就是去做自己害怕的事，循序渐进直到不再害怕。具体方法如下：

（1）突出自己，挑前面的位子坐

在自卑群体中，很多人在学校课堂或者群体面试乃至公司开会时都爱坐在后排，希望自己不会“太显眼”。而他们怕受人注目的原因就是缺乏信心。

挑前面的位置坐，则是将自己置于众目睽睽之下，强迫自己拿出足够的勇气和胆量。久之，这种行为就成了习惯，自卑也就在潜移默化中变为自信。

另外，经常坐在显眼的位置，还有意想不到的收获，起到强化自己的作用。让老师和领导对自己印象深刻，在诸多同仁之中记住自己。

（2）目光坚定，正视别人

眼睛是心灵的窗口，一个人的眼神可以折射出性格，透露出情感，传递出微妙的信息。不敢正视别人，意味着自卑、胆怯、恐惧；躲避别人的眼神，则折射出阴暗、不坦荡心态。正视视别人等于告诉对方：“我是诚实的，光明正大的；我非常尊重你，喜欢你。”因此，正视别人，是积极心态的反映，是自信的象征，更是个人魅力的展示。

（3）练习当众发言

面对大庭广众讲话，需要巨大的勇气和胆量，这是培养和锻炼自信的重要途径。怀才不遇的人很多时候是缺乏表现自己的机会。给自己创造当众发言的机会，从无到有，从少到多，从短到长，假以时日会越来越自信。有许多原本木讷或有口吃的人，都是通过练习当众讲话而变得自信起来的，如萧伯纳、田中角荣、德谟斯梯尼等。因此，当众发言是信心的“维他命”。

（4）学会微笑

有一句电视台词说“爱笑的人运气都不会太差”。笑不但能治愈自己的不良情绪，还能马上化解别人的敌对情绪。尤其是初次见面如果你真诚地向一个人展颜微笑，往往能获得比较好的第一印象，这足以使你在往后的交往中顺利很多，从而充满自信。正如一首诗所说：“微笑是疲倦者的休息，沮丧者的白天，悲伤者的阳光，大自然的最佳营养。”

2. 自负心理

自负是指过高地估计个人能力、水平和在竞争中的地位，失去自知之明。与自卑心理恰好相反，自负心理也是由于不能正确认识自己而产生的，是缺乏客观地自我分析和自我评价的表现。这种心理在名校学生和学生干部身上表现得比较集中和突出。

案例 5-3

毕业生小张口才不错，在与用人单位人事专员面谈时自我感觉良好。一番海阔天空的高谈阔论以后，对方问他的个人爱好是什么时，他竟得意洋洋地宣称是网络游戏，自己曾经带队取得过某某杯游戏比赛的前五强。当对方问他期望的待遇是多少时，他坚定地报出年薪最少十万，否则在北京怎么生活？结果被用人单位毫不犹豫地拒之门外。

◎ **点评：**

小张的失败是典型的自负心理造成的。在这种心理的支配下，不少毕业生在求职择业过程中，总是自以为是，自以为自己什么都懂，什么都会，夸夸其谈，胡吹海侃，结果留给用人单位的是浮躁、不踏实的印象。试想，有哪家单位肯要一个不知天高地厚、自命不凡、眼高手低的毕业生呢？

部分学生大学毕业后，常常表现出很高的优越感，认为自己是从象牙塔里面出来的天之骄子，学了许多的专业知识，高人一等；有些同学认为经过十年寒窗苦读，什么都懂，在面试时夸夸其谈，过于张扬，结果会扭曲自己的才华，给用人单位留下不踏实的印象；

还有些同学认为现实无法满足自己发展的需要，英雄无用武之地。如今的就业市场上，大学生已经失去了原先的优势地位，文凭和学历已经不是决定性因素，个人能力才是关键。由于自负的学生通常是盲目的乐观，心理定位偏高，不能审时度势的认识自己，不切实际地追求高薪高福利的岗位，对于一些发展前景较好但是目前条件较为艰苦的工作轻易放弃，最终必然会高不成低不就，迟迟无法找到理想的工作，导致就业受挫。

3. 依赖心理

依赖心理与自卑心理相仿，也是一种不自信的表现，其主要特征是：在自立、自信、自主方面发展不成熟，过分依赖他人，经常需要他人的帮助和指导，遇事往往犹豫不决，缺乏自信，很难单独进行自己的计划或做自己的事，总是依赖他人为自己做出决策或指出方向。

案例 5-4

在N市今年2月份举办的大型招聘会上，毕业生小代的父母亲在招聘会尚未开始时，就早早地到会场打听企业的情况。招聘会开始很久以后，小代才姗姗来迟，并由家长陪同前往企业展位前面谈。面谈过程中，小代发言的时间还没有其父母多，结果谈了一家又一家，最终仍一无所获。

◎ **点评：**

小代的问题出在择业过程中过分依赖他人，其实，依赖他人是难以选择到一份满意的工作的。现在的毕业生中，独生子女所占的比例越来越大，他们的生活一帆风顺，没有经历过什么波折，再加上父母亲的过分呵护，客观上也培养了他们的依赖心理。这些毕业生大多缺乏主见、自我意识模糊，在择业中常会茫然不知所措，自己独立进行择业决策的能力差，以致在人才市场上，父母代替子女，亲友代替本人与用人单位洽谈的场面屡见不鲜。难怪有用人单位对依赖性过强的毕业生说："你本人都要靠别人来推销，企业还能靠你来推销产品吗？"

部分学生虽经已经接受了四年的大学教育，但是由于缺乏社会经验，对自我认知不清，在求职时缺乏自我决策的能力。他们在就业过程中往往缺乏主见、优柔寡断。对于自己是否签约某家单位，不是凭借自身思考来决断，而是依赖他人，根据父母、老师或同学、朋友的意思进行选择，最终造成上岗后发现自己不喜欢、不适应该岗位而离职。另一方面，某些毕业生求职时过度寄期望于各种社会关系，忽视了自身的素质和能力的提高，最终也影响了及时就业。

小贴士

当代大学生有不少是独生子女，在父母的精心呵护下成长，由于受应试教育的影响有些甚至是高分低能，动手实践能力差，思想上纯粹追求安稳，往往不敢主动求职，表现在就业过程中主要有：缺乏信心和勇气，使自己在就业中处于劣势。只要满足以下特征中的任意五项，即可诊断为依赖型人格。

（1）在没有从他人处得到大量的建议和保证之前，对日常事物不能做出决策。

（2）无助感，让别人为自己作大多数的重要决定，如在何处生活，该选择什么职业等。

（3）被遗弃感。明知他人错了也随声附和，因为害怕被别人遗弃。

（4）无独立性，很难单独展开计划或做事。

（5）过度容忍，为讨好他人甘愿做低下的或自己不愿做的事。

（6）独处时有不适感和无助感，或竭尽全力以逃避孤独。

（7）当亲密的关系中止时感到无助或崩溃。

（8）经常被遭人遗弃的念头所折磨。

（9）很容易因未得到赞许或遭到批评而受到伤害。

对依赖型人格障碍的治疗，可以采用以下方法：

（1）习惯纠正法

依赖型人格的依赖行为已成为一种习惯，治疗首先必须破除这种不良习惯。清查一下自己的行为中哪些是习惯性地依赖别人去做，哪些是自己做决定的。你可以每天做记录，记满一个星期，然后将这些事件按自主意识强、中等、较差分为三等，每周一小结。

对自主意识强的事件，以后遇到同类情况应坚持自己做。例如某一天按自己的意愿穿鲜艳衣服上班，那么以后就坚持穿鲜艳衣服上班，而不要因为别人的闲话而放弃，直到自己不再喜欢穿这类衣服为止。这些事情虽然很小，但正是你改正不良习惯的突破口。

对自主意识中等的事件，你应提出改进的方法，并在以后的行动中逐步实施。例如，在制订工作计划时，你听从了朋友的意见，但对这些意见你并不欣赏，便应把自己不欣赏的理由说出来，说给你的朋友听。这样，在工作计划中便掺入了你自己的意见，随着自己意见的增多，你便能从听从别人的意见逐步转为完全自作决定。

对自主意识较差的事件，你可以采取自我控制法逐步强化、提高自主意识。自我控制法是指在别人要求的行为之下增加自我创造的色彩。例如，你从朋友的暗示中得知她喜欢玫瑰花，你为她买一枝花，似乎有完成任务之嫌。但这类事情的次数逐渐增多以后，你会觉得这样做也会给自己带来快乐。你如果主动提议带朋友去植物园，或带朋友去参观插花表演，就证明你的自主意识已大为强化了。

依赖行为并不是轻易可以消除的，一旦形成习惯，你会发现要自己决定每件事毕竟很难，可能会不知不觉地回到老路上去。为防止这种现象的发生，简单的方法是找一个监督者，最好是找自己最依赖的个人。

（2）重建自信法

如果只简单地破除了依赖的习惯，而不从根本上找原因，那么依赖行为也可能复发。

重建自信法便是从根本上加以矫正、医治依赖型人格障碍。

第一步，消除童年不良印迹。依赖型的人缺乏自信，自我意识十分低下，这与童年期的不良教育在心中留下的自卑痕迹有关。你可以回忆童年时父母、长辈、朋友对自己说过的具有不良影响的话，例如："你真笨，什么也不会做。"、"瞧你笨手笨脚的、让我来帮你做。"等，你把这些话语仔细整理出来，然后一条一条加以认知重构，并将这些话语转告给你的朋友、亲人，让他们在你试着干一些事情时，不要用这些话语来指责你，而要热情地鼓励、帮助你。

第二步，重建勇气。你可以选做一些略带冒险性的事，每周做一项，例如：独自一人到附近的风景点做短途旅行；独自一人去参加一项娱乐活动，或一周规定一天"自主日"，这一日不论什么事情，绝不依赖他人。通过做这些事情，可以增加你的勇气，改变你事事依赖他人的弱点。

4. 攀比心理

攀比心理与忌妒心理相一致，都是当自己不如别人时而产生的一种心理状态。盲目攀比心理导致毕业生择业期望值居高不下，已经影响到毕业生顺利就业。

案例 5-5

S 大学的小魏即将毕业了，她已经参加了好几场大型招聘会拿到过几份 offer，但迟迟没有签约。第一次面试通过她本打算签约的，但听说同为本系学生会干部的小吴签到了月薪 5000 元的工作，她想："我和她各方面条件都差不多，她签到了月薪 5000 元的工作，我为什么要签 3000 元的。"因为这种想法她放弃了第一次签约。寒假的时候参加高中同学聚会，大家纷纷讨论彼此找到的工作，小魏曾经的同桌小李也找到了一份不错的工作，小魏想："中学时我的成绩一直比她好，读的大学也比她好，为什么她能签到这么好的单位。"再看到其他同学有的薪酬比较高，有的去了经济发达地区，小魏愈发不愿签约了，手中 offer 满满的，还在不断面试，期待更好的岗位。

◎ 点评：

一些学生喜欢攀比，觉得在学校里我成绩比你好，获得的荣誉比你多，"官职"比你高，理所当然工作也应比你好，却不知用人单位并非以此作为评判人才的标准，那些热衷于攀比的"高材生"最终只能成了掰棒子的"狗熊"，错过一个又一个就业好机会。

部分毕业生认为证明自己能力和实现自己价值的方式就是互相攀比，在找工作时经常以周围同学的就业标准来给自己的就业标准定位。如同学们经常议论哪个同学去了政府机关、事业单位，哪个同学去了高福利、高薪酬的外企，哪个同学去了北京、上海等大城市，等等。他们在心里总是要强迫自己："不能比别人差。"在这种心理的影响下，有些同学即使找到了适合自己的岗位，但是却以不如同学的工作好而白白放弃，最后因延误了最好的就业时机而后悔不已。

5. 从众心理

从众心理也是大学生不能很好认清就业形势和个人状况的表现。在就业过程中，脱离自己的实际情况，易受外界的暗示、干扰，容易不加分析地接受别人的意见，盲目地跟随别人，总是找热门职业，看到哪些岗位应聘的人数多，对这些岗位的渴望就强烈，不管自己胜任与否。抑或是人云亦云，容易轻易地放弃自己原来的打算，根据大家的意愿来定自己的职业理想，有些时候甚至全然不顾自己的现状和能力，不会扬长避短。由于缺乏相应的自主意识，结果只能“高开低走”，如果不及时调整，也会陷入自卑、恐惧和焦虑等心理状态。

案例 5-6

愚蠢的山羊

早晨，一只山羊在栅栏外徘徊，想吃栅栏里面的白菜，但是它进不去。这时，太阳东升斜照大地，在不经意中，山羊看见了自己的影子，它的影子拖得很长很长。“我如此高大，一定会吃到树上的果子，吃不吃这白菜又有什么关系呢？”它对自己说。

远处，有一大片果园。园子里的树上结满了五颜六色的果子。于是，它朝着那片园子奔去。

到达果园，已是正午，太阳当顶。这时，山羊的影子变成了很小的一团。“唉，原来我是那么矮小，是吃不到树上的果子的，还是回去吃白菜的好！”于是，它怏然不悦地折身往回跑。跑到栅栏外时，太阳已经偏西，它的影子重新又变得很长很长。

“我干吗非要回来呢？”山羊很懊恼，“凭我这么大的个子，吃树上的果子是一点问题也没有的！”

◎ **点评：**

“从众”心理，就像故事中那只山羊一样，由于对自己认识不清，完全被外界评价所左右。这是一种比较普遍的社会心理和行为现象。通俗地解释就是“人云亦云”、“随大流”；大家都这么认为，我也就这么认为；大家都这么做，我也就跟着这么做。而对于每一位大学生来说，我们都应该克服“从众”心理，在决定从事什么职业，去哪家公司时，不要盲目随大流，乱“扎堆”，更不能老用别人的眼光定位自己要找的工作。因为工作要靠自己去干，自己的路要自己把握。

大学生处于人格逐渐完善和成熟的阶段，更容易陷入“从众”心理的怪圈，受社会思潮和社会观念的影响，表现在就业过程中主要有：宁愿放弃所学专业，留在经济发达地区和中心城市打工，也不愿去经济落后、但有发展潜力、急需专业人才的地方发展；一味追求所谓的热门单位、热门职业，没有从职业发展、自身特点、能力和社会需要去考虑等。

要想克服求职中的“从众”心理，我们可以在找工作前先想想下面这几个问题：

（1）我有什么才能？

（2）我能够做什么？

（3）我的追求是什么？

（4）什么是我梦寐以求的，可以使我迸发激情？

(5) 究竟哪些事情我愿意一展才华?

(6) 什么样的环境让我感到如鱼得水?

(7) 什么样的环境最适合我发挥自己的才能?

在充分了解自身条件及今后职业的发展方向后，再做出正确的选择。

6. 焦虑心理

焦虑是由心理冲突或挫折而引起的，是人们紧张、不安、焦急、忧虑、恐惧等感受交织成的情绪状态。焦虑心理是面临就业大学生中最常见的心理状态，主要表现在：面对就业竞争激烈的市场，自己能否如愿以偿；在国家需要、个人志向、专业发展、工作环境等诸多矛盾中如何做出选择；选择失误是否应该辞职。特别是一些性格内向或者有生理缺陷的学生，或者成绩不佳、能力一般的学生，甚至一些担心性别歧视的理工科女生焦虑心理会表现得更为严重。

一般来说，焦虑状态并不会对未来的职业生涯产生影响，适度的焦虑可以使学生产生一定的压力，从而激发他们学习和不断丰富完善自己的动力。但是焦虑如果不能得到及时的缓解就有可能向更严重的心理问题发展，表现出情绪紧张、头晕目眩、心情紊乱、注意力不能集中、失眠等症状。过度的焦虑不仅影响大学生正常的生活、学习，还会成为就业的绊脚石，影响以后求职水平的正常发挥。

5.1.3 大学生就业心理自我调适

就业本身就是大学生认识和适应社会的一个过程，在求职过程中遇到困难，甚至经过几次挫折才最后成功是正常的；在就业中遇到许多心理冲突、困惑，产生一些不良情绪也是正常的。遇到就业问题时，要学会调节自己的心态，使自己能从容、冷静地面对就业这一人生重大课题，并做出正确、理智的选择。如果你遇到了就业心理困扰，可以试着从以下几个方面予以调节。

1. 接受客观现实，调整就业期望值

就业市场化、自主择业给大学生带来了机遇与实惠，但许多大学生对“市场”残酷的一面认识不足，对就业市场的客观实际了解不够。经过对就业市场、就业形势的客观了解与深刻体验后，大学生必须明白无论是抱怨还是气愤都没有用，与其成天怨天尤人，浪费时间、影响心情，还不如勇敢地承认和接受当前所面临的现实，彻底打破以往的美好想象，脚踏实地地寻求解决问题的好办法。

用人单位招不到人、大量毕业生无业可就的错位现象普遍存在，很大程度上因为大学生的就业期望普遍较高。因此，要顺利就业就必须首先根据自己的实际情况和就业形势，调整自己的就业期望值。调整就业期望值不是对单位没有选择，来者不拒，而是要在职业生涯规划和职业发展观念的基础上重新确定自己的人生轨迹。放弃过去那种择业就是“一次到位”，要求绝对安稳的观念。学会规划自己整个人生的职业生涯。在当前获得一个理想职业的时机还不成熟时，可以先就业，后择业，再创业。亦即，在择业时不要期望太高，可以先选择一个职业，不断提高自己的能力、积累工作经验，然后再凭借自己的努力，来逐步实现自我价值。

2. 充分认识职业价值，树立合理的职业价值观

传统观念认为人们工作就是为了满足生存需要，但是对于现代社会的人来说，职业对个体的意义已经远不是如此简单，职业可以满足人们从低层次到高层次的多方面需要。大学生要充分认识到职业对个体发展、社会进步所起到的重要作用。在择业时不能只考虑工作的经济收入、工作条件、地点等因素，更要考虑职业对自己一生发展的影响与作用，是否符合自己的职业价值观。

3. 清楚认识自我，主动捕捉机遇

大学生就业中的许多心理困扰都与大学生不能正确认识自我有关，因此正确地认识自我并接受自我，是调节就业心理的重要途径，根据自己的职业兴趣、性格、气质以及能力能干什么样的工作进行分析，这样才能知道什么样的工作更适合自己。许多大学毕业生通过亲历求职活动后发现自己的能力与水平并不像自己以前想象得那么高，容易出现各种失望、悲观、不满情绪。因此在认识自我后还要接受自我，对自己存在的问题不能一味抱怨或自卑，要接受自己的现状，学会扬长避短。

机遇的把握在求职过程中也是非常重要的，因此了解并接受了自我特点以后，还要学会抓住属于自己的机遇，这样才能保证顺利就业。要抓住机遇首先必须要多收集相关的职业信息，多参加各类招聘会，并根据符合自身情况的择业标准进行选择。甲之蜜糖，乙之砒霜，一份工作适合别人不一定适合自己，因此盲从不可取，只有适合自己的才是最好的。最后要注意机遇的时效性，机遇只青睐有准备的头脑，在发现就业机会时要主动出击，不能犹豫，也不要害怕失败，应有敢试敢闯的精神。

4. 坦然面对挫折，提高心理承受力

面对求职失败最重要的是调整自我心态，提高自己的心理承受能力。其实，就业的过程也是大学生重新认识自我、认识社会，并主动调整自我适应社会的过程。如果能够通过求职而增强自我心理调节与承受能力，对大学毕业生今后的职业生活都是非常有用的。

在求职中遇到挫折时，要用冷静和坦然的态度待之，客观分析失败的原因。首先，在经济危机就业竞争激烈的条件下，就业难是在所难免的，不能期望自己每次求职都能成功。要对可能出现的求职挫折有充分的心理准备。同时，求职也是一个认识工作世界的机会。求职失败有许多原因，要正确分析自己失败的原因，调整自己的求职策略，以便在下次的求职中获得成功。

5. 调整就业心态，促进人格完善

"你愿意在公司从最低的职位干起吗？"

"如果公司要求你经常加班，你同意吗？"

"有一个职位，待遇比较高但是若干年都难以调整，而另一个职位开始待遇比较低，不过比较有发展空间，你会选择哪一个？"

"我们工厂职工宿舍比较拥挤，伙食也不好，不过很快会好起来的，如果你愿意，你可以和我们一起来改造她。"

等等。

这些是企业招工时常常会遇到的问题，针对上述问题你会作出怎样的答案呢？

面对企业的各种问题反映出你对工作的心态。在求职时，自己或身边的同学出现一些不健康的心态是正常的，没有必要过度担心、害怕自己有心理障碍。当然对于这些不良心态也要学会主动调适，必要时还可以寻求相关心理专家的帮助。进行自我心理调适的方法有很多，首先，可以进行积极的自我心理暗示，鼓励自己、相信自己，帮助自己渡过难关。其次，可以向朋友、老师倾诉，寻求他们的安慰与支持。最后，还可以通过体育锻炼、听音乐、郊游等方式转移自己的注意力，排解心中的烦闷，放松自己的心情。

通过对自己在就业时出现的种种不良心态的分析，可以发现自己平时不容易察觉的一些人格缺陷。应该说这些人格缺陷是产生这种就业心理问题的根本原因，如果现在没有很好地完善自己的人格，那么这些问题还会在今后的工作、生活中继续带来困扰。因此，相关问题其实是暴露得越早越好，同时也不必为自己所存在的人格缺陷而懊恼，要在发现自己问题的基础上，积极改变自己、发展自己，使自己的人格更加成熟，使自己将来的人生道路更加顺利。

6. 提高自身素质，增强就业竞争力

较高的自身素质是人才成长的基础，是适应激烈竞争的必要条件。决定大学生求职成功有许多因素，但是最重要的是求职者的知识和能力。近年来，用人单位在招聘大学生时，对应聘者的科学文化水平和知识结构要求越来越高。一个人知识水平的高低，决定着他在择业过程中的成功率和相应的职位层次。因此，大学生应充分认识到广博的知识储备在就业中的重要作用，珍惜在校期间良好的学习机会，不断丰富和充实自己，建立合适的知识结构。首先，具备扎实的专业基础知识。大学生要重视专业知识的积累，力求对本专业知识的精益求精，从而应对当今就业市场人才专业化的要求。其次，具有宽广的知识面。科技的发展使学科间的交叉综合的趋势越来越明显，单纯掌握一方面的知识将很难有所作为，所以大学生要根据人才市场的需求，涉猎一些外语、计算机、哲学、人文社科等知识，不断扩大自身的知识面，不断提高自身的适应性。其三，具有创新能力和持续学习的能力。在知识经济时代，创新能力是衡量人才的重要标志，大学生要利用自己的学识不断培养自身的创新精神和能力，与此同时，不断进行学习，养成持续学习、终生学习的意识。其四，提高自身的心理素质。心理素质的高低是当今社会考察人才的一个重要因素，也是一个人顺利实现人生目标的重要条件，大学生要有侧重的加强心理素质的锻炼，不断提高自身的抗打击能力、抗挫折能力，培养坚韧不拔的毅力，从而以良好的心态应对社会激烈的竞争。

5.2 获取就业信息

在当今信息时代，信息的重要性不言而喻。谁能够以最快捷的方式占有最广、最准确、最有效的信息，谁就掌握了成功的机遇，大学毕业生的求职择业也是如此，求职择业是所有大学生必过的一个门槛，是人生面临的又一个重大的选择。

案例 5-7

命运青睐有准备的头脑

大学毕业生胡××来自农村，在江西某民办院校就读。刚进大学时，他就看到师兄、师姐和高年级的老乡们为找工作辛苦奔波的情景，他心中也暗暗为自己的将来着急。因为他知道父母能供他读大学已属不易，将来自己的工作只有靠自己寻找，父母是无能为力了。从大二开始胡××就有意识地收集求职方面的资料。有一次，一位即将毕业参加工作的老乡在临别时，除告诫他寻找工作的艰难外，还将一些介绍用人单位的资料、发布就业信息的报纸、就业指导方面的刊物和一本职业指导书送给了胡××。胡××利用课余时间把资料翻了一遍，对相关的求职知识和技巧有了大概的了解，他还细心地把用人单位的通信地址、网址和联系方式用一个小本抄了下来，准备将来派上用场。

从那以后，一有师兄、师姐和老乡毕业，他就主动向他们索取他们剩下来的有关求职就业方面的资料，并请求他们将来自己找工作时多提供相关信息，师兄、师姐和老乡们都爽快地答应了他。平时，学校就业指导中心发布的就业信息他每期必看，并将用人单位的相关信息抄在自己的小本上。两年来，这些信息已经汇集起厚厚的一大本了。从对这些信息分门别类的整理中，他了解到哪些单位是学校主要用人单位、哪些地区需要的毕业生较多，他甚至对同一个单位三年不同的需求情况都一清二楚。有了这本求职宝典，他对自己以后的求职充满了信心。

大三第二学期末，胡××就不动声色地忙开了。他先是给一些在广东和浙江工作的师兄、师姐和老乡们打电话，请他们提供本单位年度的需求信息；然后，他去班主任及亲戚家，留下了自己的自荐材料；最后，他到校就业指导中心查询了学校本学期就业工作的安排和即将举行的各地人才交流会的信息。做完这些之后，他又根据自己收集的需求信息，对学校的主要用人单位需求情况做了一番分析和预测，估计今年有可能需要他这个专业毕业生的用人单位，他就发一份求职信过去。

一个月后，各种渠道的信息慢慢地反馈回来。出乎他的意料，有六七家单位愿意接收他，许多单位都对他如此熟悉本单位的情况惊讶不已。胡××最终选择了一家自己满意的公司，并决定先去那儿实习。就这样，当其他毕业生还在毫无头绪、忙着收集信息的时候，他已在计划着怎样才能迈好走向社会的第一步。

◎ **点评：**

有一句名言说得好，“命运青睐有准备的头脑”。毕业生胡××知道在求职就业上没有优势可言，只有未雨绸缪，早做准备，才能抢占先机，捷足先登。因此大学二年级起，他实际就已开始了就业信息的收集工作，从用人单位的背景资料、需求情况到有关求职的知识和技巧，他都主动去熟悉和了解，并进行了分析、研究。另外，他也重视通畅各种就业渠道，以他为中心，师兄、师姐、老乡、班主任、就业指导中心等各种渠道的信息都畅通无阻地向他汇集。功夫不负有心人，他所做的这一切使他从一开始就占据了比其他同学更大的信息优势，从而为他赢得了时间和机遇，也占据了比其他人更多的主动。

有许多毕业生在求职就业上拥有比胡××更好的条件，但他们却总是怨天尤人：怪学校公布的就业信息太少；好单位的需求信息都照顾内部一小部分人；那些捷足先登者肯定有特殊关系，得到了特殊关照，等等，真是这样吗？据我们调查，所有院校都希望尽可能多地把自己的毕业生推荐出去，只要掌握了用人单位的需求信息都会想方设法地通知到相关的毕业生。相反，有些毕业生一方面他们自己平时不去主动收集、了解信息，不愿花时间、下工夫；另一方面，又由于他们的就业信息渠道不畅通，即使有什么需求也不能及时地通知到他们本人。结果往往是那些一呼即应、平时主动联系的毕业生抢占先机；而那些联系不上的毕业生，则往往错过许多就业机会。

5.2.1 就业信息的获取途径

1. 高校毕业生就业指导部门

高校的毕业生就业指导部门，是高校毕业生就业工作的管理服务部门。学校就业指导部门因为长期从事高校毕业生就业指导工作，经过多年的工作实践，与相关单位建立了长期的协作关系，每年都会为毕业生提供大量的就业信息，成为用人单位选拔毕业生所依据的一个主要窗口。所以，学校就业指导部门是毕业生获取就业信息的主渠道，其准确性、可靠性、准对性、质量都有明显的优势，因此成功率也较大。

一般情况下，来校招聘企业会在招聘会上向毕业生介绍公司情况、岗位职责、应聘条件、人力资源政策以及招聘程序等应聘中必须掌握的重要信息，这是含金量很高的信息发布会。由于招聘会在校园中进行，这相对其他求职方式有着显而易见的优势。首先是地利的方便，其次提供的招聘名额直接面向该校毕业生，针对性强使成功的可能性相对较高。

2. 各地人才市场、交流中心

除了校园招聘会，各地人才市场、交流中心举办的现场招聘会也是高校毕业生应该关注的获取就业信息的重要场所。通过招聘会可以了解各行业需求，增长自己的求职能力，展现毕业生个人风采，争取更多的就业机会。但现场招聘会上往往人山人海，简历满天飞，不管从企业还是个人来讲，实际效果并不尽如人意，针对性不高。社会上举办的许多人才招聘会，大多数都是人才市场向企业收取摊位费，向毕业生收取门票费。这类招聘会主要以赢利为目的，注重广告宣传，规模较大，但参加单位情况复杂，有时难免鱼目混珠，场面虽壮观，但没有工作经验的应届毕业生签约成功率却非常低。

案例 5-8

不放弃任何一次机会

毕业生小何因为车误点，等他赶到某地人才交流会会场时已是差不多收摊收场之时。他真是懊丧极了。要知道他这次专程来是冲着A单位来的。A单位在他心目中向往已久，他曾经投过一份材料给该单位人事部负责人，该负责人曾表示对他的材料很感兴趣并请他务必参加某月某日在某地举办的人才交流会，到时现场见面后可以决定是否签约。但自己这次偏偏却迟到了，实在不凑巧。

此时会场内不少单位已录满人员撤摊而去，剩下的单位也在整理材料准备收场。他很快便看见A单位的摊位空空如也，顿时凉了半截，开始漫无目的的在场内瞎逛。突然B单位的摊位令他眼睛一亮，该单位他也曾向往过，因为他的一位老乡就在此单位工作，且干得很不错，家乡父老对他是赞不绝口，只因为自己学历层次不够未敢冒昧联系，今天既然来了不妨试试看吧。他郑重其事地递上自己的一份材料，主动做了自我介绍，并说明了今天晚来的原因，凭着自己事先对该单位有一定了解，他与负责招聘的人谈得非常投机。最后该负责人指着手头一堆材料说初步人选已定，不过我们会考虑择优录用的，一周之后他意外地得到了B单位的正式面试通知。真是山重水复疑无路，柳暗花明又一村。

◎ **点评：**

在现场招聘会有时会因为一些无法抗拒或无法预测的客观因素造成信息失败，机会丢失。遇到这种情况一定要沉着冷静、随机应变，在不利之中挖掘信息、寻找信息。以上案例中的小何虽然在求职过程中暂时失利但由于他平时积累了一定的信息很快变被动为主动及时把握住了新的机会。如果不是事先对B单位有所了解很有可能这次将空手而归。因此毕业生应在平时信息积累的基础上积极主动的寻找新的机会，做好充分的准备。

3. 专门的招聘网站

用人单位和毕业生将各自的信息在网上公开，通过网络直接交流，达到互相选择的效果。网络信息快速、成本低、信息量也较丰富，避免了不少奔波之苦。但毕业生上网时一定要选择正规、权威的网站，对网上的信息要想办法求证，因为毕业生毕竟社会经验不足、识别虚假、欺骗信息的能力比较欠缺，比较容易被虚假信息蒙骗。近年来也发生过许多毕业生轻信网上虚假信息，导致钱财被骗、求职落空。因此，毕业生要擦亮双眼，选择适合自己的正规的求职网站，例如前程无忧、智联招聘和江西人才人事网等各地知名度较高且人力资源工作者常用的专门招聘网站。这类网站对用工企业收取相应档次的费用，但对一般求职者是免费的。也正因如此，网站信息的真实性较高。

案例 5-9

网上求职

毕业生黄××是管理学院一名本科学生，毕业临近，他在几个著名的、可靠的求职网站上精心建立了自己的电子简历，并把自己的个人信息和求职意向罗列其中，然后检索了好些符合自己意愿的岗位，投了电子简历。用他自己的话说，他这样做就是广撒网。于是他每周上网两次：看看有没有“上钩的鱼儿”，搜搜网上有关毕业生就业方面的信息。

一周之内，他就收到了不少公司的面试通知，陆续参加了一些面试；有一天，他发现某著名公司在网上进行招聘。阅读了招聘信息后，选择了一个自己感兴趣的职位，并有针对性地给这家公司发了一封求职信和简历，并附上自己的求职主页。几天没有得到答复，他再次点击了该公司的网站，更加详细地了解有关情况。发现该公司的招聘工作还没有结束，有些同类职位仍然空缺。他立即调整应聘岗位和要求，重新发送简历材料，取得面试机会。最终，在工作中表现出色，被公司正式录用。

◎ **点评：**

网络技术的飞速进步，使网络日益渗透于人们的工作和生活。如今的大学毕业生在求职择业中已将网上求职作为最重要的求职手段之一。网络世界蕴藏着巨大的信息量，是一个取之不竭的信息宝库，又因为其不受时空的限制，弹指之间，信息尽在掌握之中，不用花钱费力，不用在拥挤不堪的供需见面会之间疲于奔命，轻松、时尚、高效何乐而不为。但是，网络也是一把双刃剑，有的毕业生在网上喜获成功；有的毕业生却在网上上当受骗，尝了苦果。因此，网上求职，还得择业有方。

4. 实习、实践机会

社会实践、毕业实习是大学生自我开发信息的重要途径。可以直接掌握准确、可靠的就业信息，了解企业对毕业生的具体要求，并在实践过程中找到自身不足和缺点，及时进行弥补，同时也能够了解用人单位的动态，掌握企业的发展前景。在实践、实习过程中通过自己的努力获得用人单位的好评，达到就业的目的。

5. 各种社会关系

俗话说，“多一个朋友多一条路”，人际网络也是获得就业信息的一个重要渠道。信息的发出者和接受者都是人，信息自始至终都是在人与人之间传递的。有些单位愿意录用经人介绍或推荐的求职者，他们认为这样录用的人更可靠、更放心、稳定性更强。所以对于即将步入社会的大学生而言，亲朋好友、师长等往往是获得就业信息的重要渠道，因为他们都非常关心毕业生的就业问题，又来自社会的各个行业、各个阶层，与社会有多种联系，可以从不同渠道带来各种用人单位的需求信息。他们提供的信息具有直接、有效、可靠的特性，比较符合学生本人的求职意向。这些信息一旦被毕业生获得，很有可能转变为就业岗位。

案例 5-10

八面来风捕捉就业信息

J大学某毕业班大三下学期一开学便安排在外地实习两个月。正当班上其他同学整装待发之时，小王却不动声色地忙开了，他先电话找了家里所有亲戚拜托大家有合适的工作帮他留意。又找到班主任麻烦她若有合适单位请帮忙推荐，并留下两份自荐材料。然后他又找到学校负责就业推荐工作的老师请他们有重要信息及时告知自己。接下来他走访了自己最要好的一位低年级朋友，拜托这位师弟定期到校就业信息栏看看，将有关重要信息及时通报给他。最后他仔细查询了即将离开的两个月中各地人才交流会的信息并据实际情况做了安排。做完了以上联系工作小王安安心心地前往外地实习去了。这样小王尽管人在外地实习却总比班上其他同学消息更灵通，不断接到用人单位的面试通知，选择的机会颇多。实习刚结束小王的工作单位也顺利敲定。

◎ **点评：**

在日常就业指导工作中时常会听到有的毕业生抱怨：这么多用人单位的需求信息，学校怎么就及时通知他而不及时通知我，太不公平了。那些捷足先登者肯定是有特殊关系得到了特殊关照。真是这样的吗？据调查所有院校都希望尽可能多地把自己的学生推荐出去。只要掌握了用人信息都会想方设法通知到专业对口的毕业生。而实际情况却是由于毕业班同学很多外出实习或者做毕业论文、毕业设计或外出求职，联系起来很困难。往往是一条信息要打许多电话逐层通知，还不一定能传达到本人。而那些积极主动、联系密切的同学总是能抢占先机。小王显然在这个问题上处理得很好，虽然他在求职关键时期人在外地实习，但他能够主动密切与各方联系，动用一切关系，使得信息来源渠道畅通无阻，赢得了时间和机会。

6. 各种传播媒体

在传媒高速发展的今天，广播、电视、报纸、杂志、手机等新旧媒体都受到了招聘机构和求职者们的青睐。毕业生就业已不再是纯粹的个人事件，它受到了媒体的关注，成为社会的热点，近年来，随着国家和社会对毕业生就业工作的重视，关注学生就业工作的传媒不断增加。比如，国家及地方的人力资源网、全国高校毕业生求职网、人力资源管理局咨询中心、各地的政府报纸就业版块、各高校就业指导中心、就业微信和微博、《人才市场报》、《劳动信息报》等刊登了每年大学生就业的政策法规、行业现状、职业前景、人才需求等方面的信息，是毕业生收集就业信息、了解社会需求的一种可靠途径。

案例 5-11

我通过微博找到了工作！

毕业于H大学会计本科的曹同学是2012届毕业生。2011年10月份，他和同学一起为求个饭碗奔波。找工作之前，他和辅导员沟通过，自己也很明确地知道，专业学的会计，按照“先就业再择业”的理论，当前“专业对口”的校招模式下，他的就业方向也应该是这块。

签工作是一项充满挑战和压力的竞技运动，看到许多同学轮番被刷之后，恐慌会像瘟疫一样蔓延。当时他的感觉就是宁肯没工作，也决不去做会计，不是嫌弃这个职业，人生的第一份工作意义不同寻常。所以不能为了减轻内心的恐慌，禁不住同学的煽动，就急于签约，倒不如再好好想想，看自己的心性到底适合做什么，依据心性去找工作，比直接把自己当成大白菜去卖，感觉自然是不一样的。

可能有人会拍砖，认为校招是卖方市场，有工作签就不错了，还奢求什么“依据心性”。他解决这个问题就是寻求新媒体工具——微博。

2012年10月份，他下定决心不签会计之后，想转行做旅游或者企业拓展之类的工作，这一方面和自己兴趣有关，另一方面他大学在这些方面有些经验积累。校招是不可能让他签到这样的工作的，于是他开始通过微博寻求机会，很庆幸的是他在微博看到了一篇招聘简章。他当时大喜，心想："这不正是我需要的么"。于是迅速联系该单位，也由此认识了第一个老板。接下来的事情就很简单了，通过网络交流，同时按照旅游行业的要求修改了一份简历，经过忐忑的等待，三天后，他获得通过，半个月后，他提着行李到北京上班。

◎ **点评：**

工作不是只能通过一个渠道找的，微博是一个很好的平台，而且从微博平台上，你可以像查看一个人的空间来了解他一样了解一个企业，它的文化，它的信誉，它的工作内容等许多有用的信息你都可以自由查看。而且微博上的招聘，优先选择权在你。

从微博上看到如意的工作只是求职的开始，能不能获得offer，还得靠自己的简历和沟通能力。最终的最终，还是实力说话。另外，与传统招聘模式相比，微博求职仍旧存在着一些不安全因素。微博虽有"认证"一说，但并不严格，无法确保信息的真实性。微博招聘只是一种辅助，传统的招聘方式不可替代。

5.2.2 就业信息的筛选与鉴别

在各种各样的信息源中，获取的信息准确与否，将直接影响人们对事物判断的准确和抉择的对错。就业信息也一样，它是求职者择业的重要信息来源，也是求职者就业的先决条件。谁能及时获取信息，谁就能获得择业的主动权，谁能得到准确的就业信息，谁就向所求的职业迈进了一步。所以，及时获得准确的就业信息，对一个求职者来说非常重要。在求职过程中，多数求职者都会面临这样一个问题，面对铺天盖地的招聘信息感到无所适从。怎样筛选自己需要的有用信息，尤其在虚假信息层出不穷，行骗伎俩花样翻新的情况下，求职者如何快速准确地甄别真假招聘信息呢？这是所有求职者都想了解的问题。

1. 就业信息的筛选

（1）就业信息筛选的原则

在对信息进行筛选时应当遵循求真、求新和求专的原则。

求真就是要了解信息的真实程度。外界的信息可谓真假难辨，有的求职信息纯粹是子虚乌有、空穴来风；有的信息则仅仅是单位出于一种宣传的目的，而非真心实意的想录用新人，这样的招聘广告含有大量的水分；有的则是一些单位尤其是一些非法机构发布的具有欺骗性、欺诈性的聘用信息，这类机构常通过收取报名费、中介费和面试费等达到骗取学生钱财的目的。由于信息的虚假常会导致求职者的决策失误，给就业工作带来多方面的麻烦和损失。因此，求职者一定要对那些值得怀疑、可信度低的用人信息多加以了解、考察、分析和核实，及早将虚假性或欺骗性的信息排除在外。

求新就是要求自己掌握的就业信息要具有时效性。一般而言，就业信息具有一定的有效期，越是新近发布的信息，越具有较高的使用价值，这对于单位招聘计划、相关就业政策等尤其如此。有时企业已经招聘到了合适的人员，但却忘记将招聘信息更新。过时的信息、政策常会干扰或误导求职者的求职活动。因此，对求职者来说，及时拥有新的职位信息，就多了一份胜算的把握。

求专就是要有的放矢，缩小范围，从所有接触的信息中找到适合自己具体情况的有限信息。就业信息并非数量越多对一个人的求职进程越有益处。因为人们接触的信息往往同时包括有高相关的、低相关的、无关的以及错误的几类。如果无关或错误的信息过多，这类信息就反而会成为就业决策中的负担和额外的干扰源，对合理决策的作出会造成消极影响。毕业生应当格外关注那些与自己的专业、性格、兴趣、能力和特长相符的职位信息，因为这类信息更适合自己的发展，成为自己未来职业的可能性更大。

（2）就业信息筛选的要素

对于一份职位招聘信息来说，真实性、有效性和适合性只是评判其使用价值的一般原则，好的用人信息还应当包括以下诸方面的具体要素：

单位情况的简单介绍。包括单位名称、性质以及上级主管部门；单位的发展历史、现状及远景规划；在本行业中的实力或排名等。单位的整体发展状况为应聘者提供了一个实现自我价值的大环境。

对应聘人员的具体要求。这包括了对当事人思想政治、人品修养和职业道德等内容的要求；对年龄、身高、体重、相貌和体力之类生理内容的要求；对学历、专业方向、学习成绩和职业技能的要求；有的单位还可能对个人的职业兴趣、职业能力、性格和气质等心理特点提出要求。

招聘职位情况的介绍。包括所设立职位的收入、福利、工作地点、工作时间、工作环境、发展前途和晋升通道等方面的具体内容。这方面的信息与毕业生切身利益的关系最为密切，也最能够吸引他们关注的目光。毕竟，现在对该职位感兴趣的毕业生说不定就会成为该单位未来的正式员工。

通过过滤这一程序，广而杂的就业信息就只剩下最重要、最有价值的部分，要发挥这些信息的价值，求职者就需要立即行动，及时使用这些财富，及时向用人单位发出反馈，以免错失良机。

小贴士

甄选用人单位的八项条件

（1）公司形象和发展前景；
（2）出众的同事；
（3）培训机会；
（4）优厚的薪水和福利；
（5）开明的管理层；
（6）导师制；
（7）晋升机会多；
（8）公司的企业文化。

2. 就业信息的使用

只有充分利用了那些可用信息并帮助自己顺利地完成了择业的过程，才算达到了收集信息和筛选信息的目的。在求职过程中，应学会充分利用手中的就业信息，及时出击，全面提高，互通有无，在有限的时间内找到一份令自己满意的工作。

（1）运用信息的途径

①及时运用有价值的信息去选择适合于自己的工作。收集和筛选信息的最终目的就是为了选用，能择其有用者而用之，就达到了收集和筛选信息的最终目的。要根据职业的要求与自己已经具备的条件，两相对照，选择适合于自己的最佳职位，即达到人职的最佳匹配。当发现有适合自己的工作时，一定要及时主动出击，全力以赴，以免错失良机，遗憾终生。

②根据筛选出来的求职信息的要求，对照自身具备的条件，发现不足，调整自己的知识、智能结构，提高自己的工作能力。如发现自己哪方面的课程知识不足，就主动去学习；或发现自己有哪些方面的技能欠缺，就赶快去参加训练，去主动学习和掌握相关的知识和技能，以弥补自己的不足，那些无动于衷依然故我的做法是绝对错误的，因为你现在缺少的是你今后必须补上的，亡羊补牢尚未为迟。

③及时输出对他人有用的信息。当有些信息对自己不一定有用，但对他人也许十分有用，应该拿出这些信息与他人进行沟通。他人的顺利就业不但减少了就业竞争对手，同时也加强了自己与他人的交流，也许能从中获取对自己有用的信息。

（2）使用信息时的注意事项

①要捷足先登。即在注意到用人信息的发出时间、有效时间后，应尽早利用，力争捷足先登。如果晚了一步，用人单位已经与别人签约，即使你比别人更优秀，用人单位也爱莫能助。

②要人职匹配。要针对招聘单位的性质、竞聘岗位的特点、应聘人员的情况，结合自身的职业兴趣所在，发挥个人优势，充分表现自己的特长，去争取竞聘的成功，为今后个人职业生涯规划的发展奠定一个良好的基础。

③要锲而不舍。不为一时一事的失利而苦恼，要相信自己的实力，锲而不舍，及时调整方向和目标，尽早转向新的选择。我国著名数学家华罗庚说："如果说科学上的发现有什么偶然机遇，那么偶然的机遇只能给那些学有素养的人，给那些善于思考的人，给那些具有锲而不舍精神的人，而不是给懒汉。"大学生求职择业也同样需要这种精神。

④忌拖泥带水。经过筛选的信息，通过与用人单位的不断沟通，彼此双方相互了解，进而要做出录用、签约的决定。就个人而言，如果一时拿不定主意，还想再与别的单位比较一下，也不应拖得过长，以防给用人单位留下不好的印象，即使将来录用也会影响今后在单位的发展。

3. 虚假就业信息的鉴别

（1）虚假信息的一般特征

①坐收渔利。招聘不招人，招聘者通过招聘，获取大量报名、培训、服装、手续费等。这类招聘广告往往以非常优厚的待遇作诱饵，致使一些不在乎 10 元、20 元报名费的人受骗上当。在部分地区，还有人猎取一轮又一轮的廉价劳动力（试用期内付低薪，期满辞退，再行招聘），既坐收招聘之利，又降低工资成本，可谓一箭双雕。

②剽窃智力。有的公司以招聘的名义，以高薪引诱无偿地占有他人的劳动成果。招聘

时给应聘者各出所谓“考卷”一张，实为某研究项目的一部分或工艺方案，应聘者在不知情的情况下，努力完成招聘方交给的“考卷”，还唯恐不合格。待“考卷”交回后，招聘自然也无消息了。

③瞒天过海。有的单位以招聘为名虚晃一枪，实际上私下早有安排。譬如某领导将意中人放在事先安排好的“竞争”环境中，使其万无一失的“取胜”，其他应聘者只是陪衬。这样，对外可以光明正大地显示其“公平竞争”，“ 择优上岗”的用人制度。

④虚假广告。不少企业大张旗鼓地摆出招聘阵式，用意不在聘用合适人选，而在于制造热点产生新闻效应，显示其拓宽新领域，扩展企业形象，提高企业知名度。

⑤拐卖人口。与虚假招聘信息相比，拐卖人口的假招聘虽然不多但更令人深恶痛绝。这种招聘无需交保证金，更没有培训费。有的只是令人向往的优厚待遇、工作条件。假招聘者正是利用人们求职心切、渴望能得到挣钱机会的心理，在骗取应聘人的信任之后，将他们弄到外地贩卖。

⑥色迷心窍。不少人发迹之后，“富贵思淫欲”动起了歪心思，打着招聘女秘书的幌子，遇到合意对象时，或许诺高额薪酬，或当场便做出一些过于亲近的动作，如应聘人无反对意识，则正中下怀。

⑦误入传销。过于殷勤，主动打电话找你，轻松通过面试，许诺高薪和轻松的工作环境，实际情况明显不对；或要求你去外地面试，骗入他们早已设计好的传销窝点。

（2）虚假就业信息的危害

虚假广告、虚假招聘启事以及不法职业介绍所，给求职者造成的危害是明显的。他们玩弄各种骗术，采取“坑、蒙、拐、骗”等手段，使众多的应聘求职者人财两空，既花了钱财又消耗了时间和精力，精神上、经济上遭受双重创伤，求职者的合法权益受到极大侵害。而且，还因一些虚假信息以假乱真，使真实广告信息名声受损，使人们即使面对怀有诚意的招聘、合法经营的职业介绍所也望而却步。原本一些可以流动的人才，因此错失了发展良机，一些需要用人的单位却难以招到合格的人才。对个人、对单位、对社会都造成了不小的损失，破坏了社会和谐与稳定。

（3）辨别就业信息真伪的一般方法

①多选。优先选择到政府人事部门所属人才交流机构，开办的人才市场或人才中介机构求职应聘。这类部门不是以赚钱为目的，而以为用人单位、为人才服务为宗旨，运作规范，服务周到，信誉高，功能全。还有各级毕业生就业主管部门和就业指导机构，以及各级各类“双向选择”、“供需见面”会。

②多看。一看招聘单位有无法人执照；二看是否办理了合法的招聘手续。在人才市场设摊招聘的单位介绍均由市场统一印制、统一装订，招聘者可看黑板所示单位名称与实际招聘单位名称是否一致。另外人才市场还贴有摊位总表或专门印制的信息汇总报，招聘单位名称、性质、拟聘岗位均列于其上，应聘者可以先浏览摊位总表再进场应聘，做到心中有数。三看招聘工资是否与该岗位社会基本工资相符。四看招聘岗位是否与单位经营范围相符。

③多问。应聘者在人才市场求职应聘时，应仔细询问招聘单位的详细情况，包括其上级主管部门、单位性质、经营范围、用工形式、用工时间、工资待遇等，还可以直接向有关的管理部门咨询。

④多告。求职者在应聘活动中一旦遇到非法中介，或借名义欺骗、讹诈求职者的单位，应及时、迅速到人事部门、劳动部门咨询、投诉，寻求帮助。

除多选、多看、多问、多告外，熟悉人才流动方面的法律、政策也是非常必要的。毕业生平时应多了解这方面的信息，增强自我保护的本领。在毕业生求职方面，中国劳动法学研究会副会长、湖南大学法学院博士生导师王全兴教授特别强调：一定要学会行使“知情权”。毕业生初涉职场，在签订就业协议前，有对用人单位基本情况、劳动条件、劳动待遇等事实进行了解的权利，即“知情权”；招聘单位应有告知的义务。毕业生应当主动了解、询问用人单位情况，判断该单位提供信息的真实性。毕业生要利用这种权利保护自己的合法权益，保障就业的顺利进行。也有相当多的毕业生在对用人单位不了解、对用人单位将要给予的待遇，以及将要安排的工作岗位等都不清楚的情况下，与用人单位签订了协议。还有少数运作不规范的用人单位，往往夸大单位的现状、工作环境和将来的前景，或向毕业生开出空头支票，如安排住房、高额奖金、在总部或大城市工作，等等，以此来吸引毕业生应聘。毕业生报到后才发现，单位根本无法兑现他们的承诺。而毕业生对用人单位单方面违约提出诉讼，却欲诉无门。“知情权”，是毕业生在求职时避免上当受骗的有力武器，所以学会使用“知情权”，对毕业生顺利就业，找到满意的工作，可以起到积极的促进作用。

5.3 准备求职材料

求职材料是毕业生介绍自己基本情况、全方位展现自己风采的各种说明性和证明性材料。求职材料是择业过程中的敲门砖，推荐、面试、录用都离不开求职材料。求职材料呈现的形式既可以是书面文字的，也可以是网络电子版本的。求职材料在择业中有着不可替代的作用，毕业生应当重视求职材料的准备，切不可草草了事。

5.3.1 求职信的写作技巧

现在在简历中使用求职信的人已经很少了，因为大多数企业的 HR 都没时间去看求职信，而且大多数人的求职信都写得不好。

求职信是写给用人单位的信，目的是让对方了解自己、相信自己、录用自己，求职信是一种私人对公并有求于公的信函。是毕业生求职过程中常用的辅助材料。在写一份求职信时，毕业生必须思考“自己要干什么”、“自己会干什么”两个问题。要明确自己想要什么工作，自己最适合什么工作，确定自己是否具有从事此项工作所必需的知识与技能，这是很关键的。

一份好的求职信应该能使招聘者感到：一种积极的人生态度；一双能为团体带来活力、做出贡献的有力的手。求职信主要表述毕业生的主观愿望与专业特长，首段要力争引起招聘者的注意，可以开门见山地告诉招聘者申请求职之背景。要自我推荐，让招聘单位明白自己的这些能力可以满足他们的需要，但没有必要过分具体的陈述，因为简历会涵盖相关的内容，应强调自己的能力和经验，以后有助于公司的发展。最后毕业生可以表达自己的期望和对用人单位的谢意等。求职信应避免过于浮夸，过分谦虚，缺少自信，对薪水随意开价，避免在文字、排版、格式上出现错误。

求职信属于专用书信，书写时一定要符合书写格式和书信语言的礼仪规范。求职信是求职者以书面形式与用人单位进行的第一次接触，是“双向选择”的桥梁，是用人单位决定取舍的首要依据。求职信写得如何事关求职的成败，所以要注意求职信的写作技巧，写出高质量的求职信，接受用人单位对自己的一次非正式考核。

1. 格式规范，言简意赅

求职信的格式和一般书信的格式大致相同，由称呼、正文、结尾落款等几个部分组成。

毕业生如果知道阅信人的姓名和职务，最好将他直接写出来，比如“章经理：您好”。如果不知道对方的具体情况，就写“尊敬的先生/女士：您好”。在信的结尾要写一些祝愿性的话，并表达对面试机会的期望。

现在的求职信绝大多数是用电脑打印的，但如果自己的字写得很好，也可以亲笔书写，这样不仅给人以亲切之感，还可以向用人单位展示自己的特长。不管采用何种方式，行文都应该言简意赅，切忌废话连篇。篇幅不应过长，一般以800字以内为宜。

2. 富于个性，针对性强

求职信的首要目的是力求吸引对方，引起对方注意，切忌套话、空话连篇。因此，求职信在讲求规范的基础上，也要突出自己的特色，富有个性。

由于用人单位对求职信的要求不尽相同，求职信也应根据不同的需要有所变化。对于不同的公司，最好不要送上相同的求职信。比如，如果给外资企业去信，最好用中文和英文各写一封；如果单位招聘的是技术或档案管理人员，忌大谈自己多么好动，生性多么活泼；如果单位需要的是从事营销、公关或管理工作，可以突出自己的组织、协调能力和自信心，这样才能“投其所好”，赢得胜机。每个人都会有那么几点得意之处，只要对求职有帮助，小事也可以体现成绩。

3. 朴实诚恳，以情动人

求职信中，既要有客观的内容，如对自己几年来知识能力水平的描述和界定，也要有主观的情感，如对工作机会的渴望、对用人单位的感谢等。客观部分应真实坦诚，不夸夸其谈，不自我卖弄，朴实无华，真诚可信。主观部分则要言出由衷，以情动人。这就体现在求职信的“求”字上，既不能是哀求，似乎自信心不足，也不能是赐予，好像去用人单位是给他们面子。要求得有艺术、求得不露痕迹，既要让用人单位感受到自己的诚恳和期望，又要让用人单位对自己产生神秘感、产生想见自己一面的欲望，这样的求职信算是大功告成了。

4. 传递有效信息，争取面试机会

作为一名求职者，要尽量避免在求职信阶段就遭到拒绝，应该向用人单位传递一些有效的信息，这些信息包括：

(1) 自己明确的奋斗目标

对自己的前途有长期、明确目标的人，更易为单位赏识和任用，具有积极自我成长概念的人，对工作较积极、投入，努力进取并充满旺盛的事业心与斗志，能迅速进入工

作状态。

(2) 体现自己工作的意愿很强烈

自己刻苦学习了十几年，希望能将自己所学的知识和技能运用到工作实践中去，很渴望能在一个能实现自己人生价值的岗位工作，为个人和集体的共同目标工作。

(3) 有团队协作精神

进入单位后，需与领导、同事们配合工作，一个容易与人沟通协调的求职者可以说已有一半获胜的希望。如果自己曾有社团活动的丰富经验，尽量举例说明；如果自己是学生会干部，也可以列出。

(4) 掌握诚恳原则

在录用标准上，态度是首要的、永恒不变的第一原则，诚恳则是重要的、辅助的机动因素。若自己获准参加面试，求职信就完成了使命。

总的来说，写好一封漂亮的求职信首先要有内在美，这是最重要的一项。内在美的含义是指求职信要有内涵，要“投其所好”；其次，要有外在美。写求职信注重外在美并非要找些红红绿绿、有花纹的信纸，亦不是要用什么标准的楷体来做求职信的字体，外在美的含义是指对方收到信时有舒服整齐的感觉，而且文章最好能够长短得宜。再次，无论你的求职信写得如何突出，如果错误百出亦是徒然。所以你要再三阅读你的求职信，确保没有错漏，才能将信寄出。对于一些不太明了、没有把握的措辞要特别小心，避免被误解。

案例 5-12

一份机械制造专业毕业生的传统求职信

尊敬的领导：

您好！

我是一名具有扎实专业知识，具有团队协作精神，具有坚强意志和充满自信的机械学子——×××。

扎实的专业知识是成功的根本。我深知这一点，充分利用大学四年时间，认真学习，并且取得了良好的成绩。通过大学四年的学习，不仅使我掌握了机械行业的相关理论，而且使我具备了较强的动手能力和设计能力。

随着社会化大生产的发展，社会需要具备多项技能的复合型人才。在学好专业课的同时，我自修了计算机、外语和国际金融等热门知识。在计算机方面，能熟练运用FORTRAN、C语言进行编程，并能熟练运用Auto CAD、Word进行绘图和文字处理。在外语方面，具有一定的听、说、读、写和译的能力，曾完成5000字的专业文献翻译。此外，对金融也表现出浓厚的兴趣，曾自修了《国际金融》、《证券投资》、《货币银行学》等基础专业课。并曾在股市小试身手，积累了一定的经验，增长了见识。总之，拓宽了自己的知识面，提高了自身素质。

团队协作精神是发挥所学的保证。为了它，我积极参加集体活动，具备较强的协调能力。

坚强的意志是成功的必备素质。为了它，我男儿有泪不轻弹。

我有知识，我重团队，我自信，我坚信。给我一次机会，还您一个惊喜！

自荐人：×××

20××年××月××日

5.3.2　个人简历

在现今这样一个商业社会，交易无处不在，营销渗透到人们生活的每一个角落。应聘就业其实也是一次营销行为。而我们要销售的商品是人——你自己，要销售的对象当然就是招聘企业了。商品在出售之前，通常会有包装盒，漂亮的包装盒能让人对里面的东西浮想联翩。简历就像应聘者的包装盒，一份精美的个人简历能直接让你的购买对象（企业）对你芳心大动，要亲眼一睹（面试）。所以，包装简历，焉能随便应付？

1. 个人简历类型

（1）时间型简历：它强调的是求职者的工作经历，大多数应届毕业生都没有参加过工作，更谈不上工作经历了，所以，这种类型的简历不适合毕业生使用。

（2）功能型简历：它强调的是求职者的能力和特长，不注重工作经历，因此对毕业生来说是比较理想的简历类型。

（3）专业型简历：它强调的是求职者的专业、技术、技能，也比较适用于毕业生，尤其是申请那些对技术水平和专业能力要求比较高的职位，这种简历最为合适。

（4）业绩型简历：它强调的是求职者在以前的工作中取得过什么成就、业绩，对于没有工作经历的应届毕业生来说，这种类型不适合。

（5）创意型简历：这种类型的简历强调的是与众不同的个性和标新立异，目的是表现求职者的创造力和想象力。这种类型的简历不是每个人都适用，它适合于广告策划、文案、美术设计、从事方向性研究的研发人员等职位。

2. 个人简历的撰写技巧

（1）量体裁衣，对症下药

不少求职者都是一份简历走天下，应聘财务的职位是这份简历，应聘市场营销的职位还是这份简历，内容、格式、顺序、排版丝毫不作改变。企业HR招人的时候就经常遇到过这种情况：公司招外贸业务员，收到一份通过电子邮件发过来的简历，标题是“应聘外贸业务员”，求职信讲的是她对这个业务员职位如何感兴趣，但她简历中通篇描述的都是之前做秘书的经历，更过分的是，她简历中的“求职意向”中赫然写着“秘书”二字。无疑这是一份批量发出去想要撒网捞鱼的简历，但这种低级的错误往往让招聘单位反感。难以想象，一个连自己的简历都不愿意花精力做好的人对所应聘的公司能有多大的求职意愿，更难以相信她对工作会有热诚、勤奋的态度，最多不过是找个临时的安身之所而已。对于这种“万能型”的简历，招聘单位通常会第一时间从邮箱中删除。所以建议每一位求职者必须多准备几个版本，根据不同职位的职位描述，专门去撰写有针对性的简历，这样才能让HR感觉到求职者的诚意和对企业的尊重。

(2) 突出重点，给招聘企业一个招聘你的理由

现在求职者的简历都可以做到根据职位的要求，写出大致相关的内容。但问题是简历内容大多比较雷同，难以激起 HR 们对面试求职者的强烈兴趣。究其原因，是因为这些简历都没有给企业一个一定要招聘你的理由，也就是没有显示出你的核心竞争力，即没有独特的卖点。

如果你在申请 IT 企业的系统构架师的职位，而本身具有在英特尔参与系统技术支持项目的经验，那就应该用翔实的数据把这一经历分重点描述出来，并特意加粗“英特尔”三个字，利用这个公司的品牌为自己的简历增加分量。如果申请的是会计师事务所的职位，可以把自己的注册会计师（CPA）资格着重提一提，因为注册会计师每年通过率都极低。如果个人经历中有特别出色的表现，如应聘销售职位的你曾经在某个营销项目中出色或超额完成任务指标（最好使用数字说明，这样更加真实和具有说服力），或在某个特别困难的环境下出色完成任务，这都一定要写上，这些才是你简历中的亮点，它们会大大增加你获得面试机会的可能性。

(3) 内容实在，拒绝花哨和感性

“金玉其外，败絮其中”的简历现在比比皆是。没有太多经验的求职者喜欢“豪华”包装自己的简历：漂亮高档的铜版纸封面，高亮度的覆膜过胶外皮，新奇优雅的艺术签名，等等。简历外表确实能给人耳目一新的感觉，可惜 HR 们在打开这种简历见真章时，往往大失所望。里面的内容大多都描述简单，没有重点，对许多经历，如 HR 们最重视的工作经历或者社会实践只是寥寥几笔，或只是略略介绍在何企业、何职位上工作过，没有就具体的职责、业绩等方面展开描述。

有刚出校门的学生唯恐不能引起 HR 的注意或不能打动 HR，于是在简历中大量使用花哨、感性的语言，如：给我一个支点，我将撬起整个地球。

(4) 运用客观数据说明，不用主观评价

好的简历应该是引人入胜、有理有据的议论文，而不是记叙文，更不是抒情散文。简历不能是对工作经历或者校园生活的简单罗列，而是对岗位、工作级别、职责的概述，是对业绩的科学和理性的分析。所以要尽量用具体的事例和数据来量化自己的经历。企业要的是事实，是证据，而不是求职者的自我主观判断。

经常可以见到许多简历带有浓郁的“学生腔”，简历里经常出现一些主观的词语和自我评价，如“我组织能力非常强”、“通过这件事，我充分认识到……”，还有的甚至是抒情的风格，如“加入贵公司，是我从小的梦想，我将以贵公司为我第二个家”等。这类词语除了证明求职者的稚嫩之外，不会给 HR 带来任何正面的印象。

有一个标准可以帮助求职者理解如何确定简历中的措辞和风格，就是整个简历读起来像一份通俗易懂的电器产品说明书。如果简历能达到这种境界，那就说明求职者的简历撰写水平可以出师了。

(5) 只填写与职位有关的内容

许多求职者为了增加 HR 们的印象分，喜欢把自己所有的证书、技能和工作经验都罗列在一份简历上。实际上，HR 们只关心求职者的技能、经验和素质能否与本职位的要求相匹配，对于与本职位无关的因素都不关心。

任何简历中的内容都必须遵循一个原则，就是可以为职位的匹配度加分，不加分就必

定会减分，多余的东西应该一律删除。

（6）排版要符合逻辑

简历中每个模块都有固定的位置，以方便HR阅读，如果你要HR花很长时间在凌乱的信息中寻找他们想知道的信息，那这份简历的命运只会有一个，就是直接out。

例如有一份简历的模块顺序是这样的：个人概况—教育经历—培训经历—所获证书—工作经验—兴趣特长—求职意向。本来HR们最关心的部分“求职意向”和“工作经历”没有按照习惯放在简历的前面，而是分散地放在简历偏后的位置，这就大大浪费了HR的阅读时间。

大企业的招聘消息一发出，来自四面八方的求职简历便会雪片般涌来，现在许多大企业为了节省HR的阅读时间，都会有自己公司的简历模板，如果遇到这种公司，最好还是使用公司的模板来制作简历，这样HR在浏览简历时会方便很多，同时也会对这种体谅他们的行为产生好感。

（7）要包装，不要假装

简历就如一个人的外表，是要“美容”的，要通过合理的打扮和修饰，突出自己的优点，弱化自己的缺点。适当的包装能向招聘单位展示出你最美丽动人的一面。但我们不能“整容”，直接把自己描述成另一个人：明明只有英语四级证书，却说有六级水平；明明平时说话都不流利，偏偏说自己善于沟通；明明只有做过基层员工的经验，却说自己管理过有十几个人的团队。尽管这种描述有可能增加你面试的机会，但在接下来的面试中你会马上原形毕露，最终只会给面试官留下一个“不诚信”的印象而直接被淘汰出局。

（8）节约人力资源部的阅读时间，方便HR浏览

HR的工作压力其实很大，公司给出的招聘时间都很短，所以当HR非常繁忙时，他们基本上只看他最方便看到的简历。一切要占用HR大量工作时间去寻找、下载或者分辨的简历，都会被扔在一边。所以求职者在简历中提供的博客、视频、论坛帖子、个人网站等链接，HR几乎不可能去点击打开慢慢阅读的。

简历的文件格式以及投递方式也要考虑HR们的操作系统兼容情况。如有些求职者发送了PDF格式的电子简历或者文件，而不少公司根本没有安装打开这类文件的Acrobat Reader的软件，白白浪费了求职者的一番心血。

很多求职者不太注意邮件的文件名书写。如果能在文件名上下点工夫，抓准关键词，也可以让HR在一堆简历中发现你的简历。例如：“销售冠军应聘销售代表”、“世界500强企业销售冠军应聘高级销售”、“6年资深财务主管应聘财务经理”就比“王小波应聘销售代表”、“应聘财务经理”要吸引HR的眼球。

（9）注重细节

要注意简历撰文时用的标点符号是否有误，有无错别字、乱码、拼写错误等。现在的企业都非常注意细节问题，正所谓文如其人，招聘单位会通过一切细节来了解求职者的工作经验、性格特点、个人修养及其对工作的认真程度。

3. 简历包装四忌

过度包装，“注水”的简历，只会适得其反。

（1）“熟练使用”英语、计算机。英语和计算机已经成了毕业生必备的两项基本技能，

学生在简历中关于这两项能力的表述几乎是清一色的“精通”或“熟悉”。但事实上是许多学生根本听不懂考官用英语提的问题。这时，企业肯定会对学生的诚信产生质疑。此外，不少同学简历里都写着熟练使用计算机，但真正上机操作时，有的学生就显得“迟钝”了。很明显，对于计算机他只是掌握了简单的操作，与熟练操作相差甚远。

（2）“很强”的团队合作能力。大多数企业很看重团队合作精神，所以许多学生介绍自己有很强的团队合作能力，曾带领小组成功完成某个项目等。但在面试过程中，经常有学生会表现很突出，抢别人的话，不给其他人发言的机会。这与简历里表述的很强的团队合作能力显然不符。

（3）“突击提拔”自己的职务。大多数的企业倾向于招聘在学校里担任过一定职务的大学生，这促使许多学生在做求职简历时，“突击提拔”自己。学生会的干事可以改为主席；社会活动的参与者可以改为组织者。曾有一家企业人力资源部惊奇地发现，在收到的简历中，一所学校里同时有4个校学生会主席，文娱部部长不少于8个。如今企业也学聪明了，你说你是学生会主席，企业会偷偷地打电话给学校的老师、同学，到底是不是真“李逵”立刻见分晓。

（4）把芝麻说成西瓜。大学里许多学生会参与各种各样的社会实践，这些社会实践规模有大有小，但在简历中经常被描绘成大事，而学生自己在里面起到的也都是举足轻重的作用。比如，有的学生为了证明自己曾经参与过某项活动，把当时拍的现场照片放到简历中来，但图片证明不了你的领导能力。真正做过的一些事情，学生会在简历中写得非常详细，没有做过的事只能找句大话一笔带过。

4. 简历内容要素

一份好的简历，应该包括内容和格式。虽说现在大多数的企业都是使用人才网在线上进行简历的收集、筛选，很难从格式、模块上对简历进行突破。但接到企业面试通知时还是要携带自制的简历，因此，一方面要按照大型的人才网站提供的简历模板认真填写电子简历，另一方面为自己量身打造的简历也必不可少。优秀的简历是求职的第一块敲门砖。一般健全的简历主要包括以下主要内容：

（1）简历标题

常见的简历标题有“简历”、“个人简历”，直接用自己的名字“×××个人简历”。这样显得更突出，更一目了然。

（2）个人概况

个人概况一般是指户口本中出现的主要信息，例如：姓名、性别、个人照片、联系方式、出生日期、身份证号、身高、民族、婚姻状况和现所在地等，个人概况虽然不是简历的重点，但是是招聘单位对求职者的基本认知。而作为简历开头的一部分有些项目如身高、婚姻状况、身份证号在简历上可以不用反映出来。

①姓名

随着网络的普及，网名成了人们在虚拟世界甚至现实生活中必不可少的常用称号。有些求职者在网络求职时也喜欢用网名，但其实这是一个非常不好的做法，一方面会让招聘者觉得求职者态度有问题，对企业不够尊重；另一方面在电话通知面试时不知该如何称呼。这样的简历很容易在筛选阶段就被淘汰出局。所以在基本信息中应该填写自己的真实姓名。

②个人照片

关于简历中的个人照片现在有两种不同的说法，一种说法认为个人照片在简历浏览的时间里大概只占5%的比例，也就是说个人照片并不像一些人认为的那样“一张照片胜过千言万语”。另一种说法认为现在是一个看脸的世界，颜值高低与面试通知量成正比。

其实个人照片确实很重要，一张朴实大方、穿戴整齐的个人证件照能准确反映出你对工作、生活积极的态度，能够为你的简历增色不少，增加第一印象分。特别是一些职位本身就对相貌有一定要求，放上照片能给HR留下较深刻的印象。

简历中的照片适宜使用近期、清晰的个人证件照，且照片应尽量能反映你积极向上的一面，与你的气质相符。建议不要使用以下两类照片：一类是过于随意、过于生活的照片，如相素模糊，身着睡衣，萎靡不振，背景凌乱；另一类则是艺术照，这类美化过度连你自己都不认识的照片，很难让HR产生正面印象，甚至怀疑你的求职目的。现在在部分城市流行一种用婚纱摄影技术拍的证件照，价格在一百元左右，求职者身着正装，照出来很端庄清爽，深受毕业生的欢迎。但拍这类证件照要注意一点，必须真实地拍出求职者的本来面目，如果美化或修饰过度，即使HR因为照片注意了你，面试后也会大失所望，顺带对你其他的简历内容表示怀疑。

③性别

有毕业生认为既然简历上已经有照片了还用写性别吗？这不是一目了然的事吗？作为基本信息，性别栏还是必须要如实填写上的。

④联系方式

联系方式是HR对你进一步了解、通知你参加面试的方式，因此，为了不错失任何机会，请务必尽可能多地填写准确、有效且经常使用的联系方式。毕业生们经常填写的联系方式包括电话号码、电子邮箱、QQ号等，至于QQ号，许多HR表示不会添加求职者的QQ进行面试通知，所以联系方式最常采用的还是电话通知，在简历上请填写上至少两个电话，尤其是异地求职者，最好能填写上一个当地的联系电话，毕竟相比打长途通知远在外地的求职者来面试，HR们更愿意通知当地求职者。简历上填写的电话应该保持24小时开机确保能在任何时间内联系到你。有的毕业生认为只要在工作时间保持开机就可以了，其实不然，不少的面试通知电话是在晚上下班以后加班打的。

⑤出生日期

许多求职者会在简历上将自己的出生日期完整的写出来，精确到某年某月某日，其实除非用人单位有特别要求，可以不用写这么详细。简历上的出生日期栏填写的目的是为了让企业了解求职者的年龄信息，既然如此为何不直接写上年龄，信息过全一旦简历丢失会带来风险。

⑥兴趣爱好

兴趣爱好能在一定程度上反映求职者的性格、观念和工作心态。招聘人员每天要阅读许多份简历，如果你有一个特别而良好的爱好，也许可以让你的简历看起来与众不同。加深HR对这份简历的印象。另外，从某些兴趣爱好中也可以看出个人对事物的态度和性格特点。如你喜欢足球、排球等运动，表明你喜欢群体活动，具有团队合作精神；喜欢演讲和辩论，则代表你的沟通能力较强，这对应聘大多数职位都非常适用，如果你有这方面的爱好可以写入简历中。

如果你的兴趣爱好与所应聘的职位不相关，或者并不能很好地表现出你个人的性格特点，最好不要写。特别是应届毕业生，如果简历上可以表现的资历不多，可以通过这部分内容进行填充；如果你的兴趣爱好仅限于听音乐、上网、玩游戏等普通项目，则建议你最好不要添加到简历内容中，以免画蛇添足。

⑦其他信息

身高、体重、籍贯、民族、婚姻状况、政治面貌、身份证号这些信息不需要花费太多时间精力，只需如实填写即可。甚至企业若无要求可以不写。

(3) 求职意向

求职意向包括希望工作岗位、希望工作地点、到岗时间、发展方向和期望薪资待遇等内容。这是比较关键的一个模块，因为用人单位会通过你的职业定位判断你的发展方向是否与公司所招聘的职位相吻合，从而作为人职匹配的一个参考因素。在每次发送简历前，应先预览一番，确保所发送简历的求职意向与应聘职位一致，避免出现错投简历的尴尬情况。

①希望工作岗位（目标职位）

目标职位将最直接地表现出你个人的求职意向，并决定整份简历的内容重点与经历素材等写作基调，因为接下来的其他内容都将围绕你所期望的工作进行撰写。你可以结合自己的专业、特长、兴趣、能力、学历、年龄及社会发展形势等多方面的情况选择职业发展目标，目标职位切忌选择过多、差别太大，否则容易给用人单位“定位不清、职业目标不明确，稳定性欠佳”的印象。

例如：有同学同时选择行政、销售、国际贸易、机械设计4个不同的岗位类别，HR很难想象其真实的求职意向到底是什么。

②希望工作地点

此处你需要切合实际情况填写，因为通常HR会结合“籍贯”、“婚姻状况”等情况来判断“希望工作地点”的合理性，同时也会影响HR对人职匹配度的判断。符合实际的期望工作地点的选择，HR会认为工作稳定性相对较高。

③到岗时间

到岗时间无疑是用人单位评估求职者能否在需要的时间内顺利到岗的重要依据，特别是人才需求较急切的一些岗位，在筛选简历时会对到岗时间有一个比较重要的考量。因此你可以尽量缩减其中的可浮动时间。不过，并不是说到岗时间可以随意填写，越早越好，你应该根据自己的实际情况进行填写，常见的写法是“随时到岗”。

④发展方向

发展方向即你的职业发展规划。可以写到简历上，也可以在面试时口头表述。此处你需要围绕期望的工作岗位进行阐述，切忌空泛、模糊和面面俱到，语言表达上也需要简练、清楚。例如：“本人希望从事富有挑战性并能够发挥自己潜能和专长的工作，以实现自己的人生价值。”这样的表述内容太空泛，HR会认为你没有明确的职业发展方向。最好能有一些具体的、重要的内容，将焦点聚集在企业的需求上，如“一份具有挑战性的网站架构工作，发挥我在Web Service/J2EE架构和面向对象分析上的优势和能力。”

⑤期望薪资待遇

薪资待遇一直是部分求职者找工作时主要考虑的问题，也是求职、招聘过程中比较敏感的话题。作为没有多少工作经验的大学毕业生，在简历上开价可能会错失不少工作机会。有同学表示，在简历上写出自己对薪资的要求，可以排除掉达不到自己期望薪资的企业，但实际上很少有企业开出的薪资待遇是符合毕业生期望的。写出薪资要求的结果很有可能是错失一些初期薪资不高，但发展空间较好的工作。尤其当毕业生开价过高，简历中又体现不出多高的能力，反差太大，使企业认为该求职者眼高手低；而当毕业生开价太低，又让企业认为求职者不自信，或猜测能力有问题。因此，如果你对于自己所在行业岗位的薪资水平不了解，或对自己能够享受的薪资待遇不是很自信，建议你不要在简历中注明自己具体的“期望薪资待遇”，而是选择面议或者符合企业薪酬体系。

（4）教育经历

教育经历包括学校、学历、专业和接受教育的起止时间等内容。HR 会从教育经历中判断求职者是否符合所招聘职位的学历和专业要求。教育经历一般按时间顺序倒序排列，时间最近、学历最高的排在最前，依此类推，一般以一到两个为佳，追溯到高中即可。如果你的求职意向与所学专业差别太大，你可以在后续的实践经验或工作经验中突出自己的工作能力以弥补“专业不对口”的缺陷。跨专业求职的毕业生很有可能被怀疑是专业成绩不佳，在日后的面试中被面试官问到改行的原因。

（5）主要课程

简历不简是毕业生简历中存在的一个很大问题，许多毕业生会在个人简历上写出大学期间所学的所有课程和成绩，其实该项可写可不写，即使要写只写上主要课程就够了，尤其是与应聘职位最直接相关的课程，其他通识类课程如大学体育、马哲、就业指导课就可以忽略了。

（6）实践经验

作为一名没有经验的职场新人，不妨着重强调你最近的实习经历，尤其是与应聘职位最直接相关的实践经验等。“实践经验”按实践的时间倒序列举，主要描述你从这些实践中锻炼出来的能力和个人素质，并且这些能力和素质正是应聘职位所需要的，从而弥补你在工作经验上的不足。如果你有在同类企业实践的经验更好，可以详细重点描写。切忌不要编造、夸大，企业面试官都堪比名侦探柯南，几个问题下来，就能找到你的漏洞，最终给企业留下弄虚作假的印象。例如：只是在某房地产建筑项目中实习担当施工员的助理起协助作用，在简历中却说自己负责某项目施工，这在面试时就很容易露馅。

（7）培训经历

培训经历包括培训机构、培训课程及培训起止时间。你参加过的培训经历也会成为用人单位参考的因素。有工作经验的可以把与职位相关的培训经历写上去，如企业的认证培训课程、计算机课程、管理课程、某项职业技能培训等。

（8）工作经验

工作经验包括每项工作起止时间、公司名称、行业类型、职位类别、担任职位、工作描述和离职原因等内容。工作经验历来是用人单位评估求职者工作能力的主要依据，也是整份简历能否吸引用人单位眼球的关键。所以，此处你应该充分描述自己的工作内容和职责，最好再列出自己曾经取得的工作业绩和能力提升。

①工作时间

工作经历最好按照时间倒序列举，最近的一项工作经历放在最先，依此类推。正常情况下，一份工作从刚刚接触到完全掌握至少需要半年的时间。如果你每条工作经验的时间都只有几个月并不是好事，不但不会显得你工作经验丰富反而让人觉得工作稳定性太差。所以在换工作时要考虑清楚。同时每份工作之间的相关性也很重要，如果每份工作之间都毫不相关，那会给人定位不清的感觉。与应聘职位无关的工作经验即使再多，对于薪资的提升也没有多大助力。切不可为了连贯性或显得工作经验丰富而编造工作时间，日后的面试中很容易被问到工作经验，编造出来的工作经验在时间点上是经不起反复提问的。

②工作内容（公司名称、行业类型、岗位类别、担任职位、工作描述和离职原因）

你所提到的工作经历要与应聘职位有关，无用的经历一律不写或减少分量。工作描述的重点在于强调你的工作经验、资质以及成就，销售岗位要写销售的业绩，如果是文职类岗位则要有条理地写出做过的项目性工作。能够量化的一律量化，会更有说服力。若可能，对原工作单位做一个简短的背景资料介绍，如："该分公司为×××集团公司的下属单位，投资规模×××万元，职工×××人，主营业务×××"等，可以让HR对你所承担的工作有更全面的理解。撰写工作经历应该做到客观简练，实事求是，突出重点，以事实数据说话，切忌啰嗦、夸张，避免发表主观性的自我总结。对于离职原因，可以留待面试时口述。

（9）活动经验

作为应届毕业生，没有太多的工作经验，在校四年期间多少参加、组织过各类活动，此时，可以把自己参与过或组织完成过的某些活动添加在简历上。主要包含活动时间、活动名称、活动描述、责任描述等内容，例如：参与院系的科研项目或比较大型的社团活动等。描述重点在于自己在该活动中的职责、成绩与收获，重点突出自己的专业技能。

（10）技能专长

技能专长是求职者的核心竞争力。"技能"是大部分岗位通用的工作技能，比如Word、Excel、PPT等；而"专长"则是一项专业技能，是某个领域工作所需要具备的专业技术，如机械设计需要使用Pro/E或CAD等机械绘图软件，JAVA软件工程师需要会使用JAVA语言进行编程等。在描述专业技能时，不要仅用"很好"、"一般"、"熟练"、"精通"等概括性的词语进行表述，最好用等级证书说话。或者可以使用某项技能完成什么工作内容，如精通Excel，能熟练使用各类函数完成工程分析。

许多毕业生喜欢写上许多通用技能，如沟通协调能力、组织能力、吃苦耐劳，等等，但这些能力光写上几个字是不够的，太空乏，需要有具体事例支撑。不如在面试的时候叙述。

（11）语言能力

语言能力是指在你工作过程中各种语言的使用水平情况。主要包括普通话、英语及其他语种的使用情况。通常外资企业会对求职者的英语使用水平有所要求。因此，如果你所应聘的职位对某一种语言有要求，你需要将自己的等级水平在此填写清楚。有一位毕业生想要应聘某家外企，对方要求英语六级，但是该毕业生没有通过六级，仅差5分，因此他可以试着把自己的六级分数写出来，争取博得一个面试机会。

（12）所获奖励与荣誉证书

这里主要填写自己在校期间或工作期间所获奖项、荣誉等方面的信息，以突出自己的专业技能和特殊优势。如优秀学生干部、三好学生、奖学金等奖励，报刊发表过作品，广告设计大赛获奖等情况，这些荣誉代表你曾经优秀的表现，值得得到信赖，即使这些奖励与你所应聘的职位相去甚远，只要能说明你足够优秀，都可以在简历中列举出来。但值得注意的是，描写奖励情况时应特别强调奖励的级别及特殊性。因为大部分简历中，几乎求职者都在学生时期获得过奖学金、三好学生、优秀学生干部等荣誉。所以，最好能够将所获奖励的难度以数字或者获奖范围表示出来，让别人明白所获奖励的含金量，从而增加简历通过筛选的概率。如“获××大学校级奖学金一等奖（全校成绩排名前1%）”，使用“1%”描述获奖范围可以提升获奖奖励的含金量，无论是在视觉上还是在内容上都更能吸引HR的“眼球”。

（13）自我评价

许多求职者在写自我评价时感觉无从下手：如果把自己描述得过于优秀难免会有自吹自擂的嫌疑，但如果描述得过于平凡又有悖于撰写简历的初衷。所以选择不写自我评价。自我评价不能变成形容词大本营，建议结合自身特点及职位要求进行有针对性的客观的总结，文字平实可信不夸张，最好可以在简历中找到依据，用事实说话可以减少自我主观的感情色彩。

另外，应届毕业生的“自我评价”中不要总强调自己没有工作经验。事实上，用人单位早就考虑到应届毕业生工作经验上的欠缺，但他们需要的是毕业生解决基本问题的能力、自我管理能力，而没有工作经验并不等于没有解决问题的经验，因此，重复表明自己的工作经验不足，反而容易被误解为自信不足的表现。

5. 其他建议

（1）排版

对于缺乏工作经验的应届毕业生，招聘单位关心的是学生的学校和专业背景，以及社会实践和个人成绩、获奖情况，所以简历的排序应根据招聘单位的侧重来把重点放在前面，合理的顺序应该是：个人概况—求职意向—学校背景和专业—社会实践或者在校的活动—个人成绩或者获奖情况—所获得的证书—技能—自我评价等。

对于有经验的职场人士，招聘单位关心更多的是工作经验和学历。所以排序应该是：个人概况—求职意向—工作实践—教育经历—培训经历—所获得的证书—语言能力—自我评价等。

（2）篇幅

简历不是写得越多越好，许多求职者的简历洋洋洒洒数千字甚至上万字，通常HR一看到这种中篇小说一样的简历便头大，这样的简历不但不能吸引HR们的目光，反而让他们提不起兴趣而把简历放到一边去了。正如前文所说，HR们只看有用的信息，所以把简历的篇幅控制在1页，把重要的信息写上，若需要英文简历，再加上英文版1页，共2页足矣。作者工作了10年，换了几份工作，也只写了中英文各1页。如果有一些特别经历需要重点描述，也顶多加至1页半左右，即中英文共3页就够了。

如果求职者应聘的是高级管理层，一般也不会通过网上投递，而是由猎头或者自己直接将简历送到用人部门主管的手里，人事主管一般都会花时间认真阅读，那么他的简历写到5页都不为多。

（3）字体颜色

简历里所有的内容建议只用一种颜色，那就是黑色。HR 只关心内容，特别怕被过分花哨的东西分散了注意力。而且关键是 HR 往往会将初步筛选出来的简历复印成多份，然后将复印件交给部门经理，如果原件是彩色打印出来的，经过复印后出来的是黑白效果，那么彩色部分，尤其是彩照部分会变成漆黑一团，大大降低了简历的美观度。

（4）封面

求职简历不需要封面，直接把中英文简历订在一起给招聘单位就够了。许多 HR 从招聘会回来的第一件事就是把那些多余的封面给扯掉，尤其是那些漂亮的过胶封面，第一时间给扔进垃圾筒。因为这些封面不便于 HR 直接浏览简历。

（5）字体

HR 经常投诉的一个问题是求职者的简历的字体使用非常不规范。什么艺术字、宋体、黑体、Times New Roman 体、彩色字、黑白字等都一股脑儿地堆在简历上，并且字体的大小、颜色、形状等都完全不统一。这些对于每天要审阅数百甚至上千份简历的 HR 来说，简直就是视觉污染和疲劳轰炸。一位做 HR 的朋友称，对于正文里有太多稀奇古怪字体的简历是一律删掉，连看都懒得去看。

比较正确的做法是：正文标题可以用“三号”字或者“小二号”字，可以加粗。正文用“五号字”或“小四号”字，不要用到“四号”以上的字，否则会显得字体过于肥大，不够秀气。正文要用“宋体”或者“新宋体”，这是大家的阅读习惯。段落标题用字可以比正文大一号，也可以只是加粗或者加下画线。标题可以用“黑体”来突出显示。不要用“斜体”或者加框。

英文正文可以用“Times New Roman”，正文标题和段落标题也可以用“Arial Black”，其他字体大小可以参考中文版本。

（6）英文简历注意事项

英文简历应注意要与中文内容保持一致。注意时态：如果一直用的过去时，就用过去时；现在的工作，要用现在时。注意检查是否存在单词拼写错误。最好请英文过硬的朋友帮忙修改一下。

普通简历和优秀简历的对比如表 5-1 所示。

表 5-1　**普通简历和优秀简历的对比**

项目	普通简历	优秀简历
校徽	大部分没有	通常有
标题	“简历”或“个人简历”	有自己的名字、应聘的职位等
相片	形式花哨、姿势太怪	实在
个人信息	极为全面，甚至像人口普查表，有的则像征婚启事	简单，三行搞定最主要的信息，包括联系地址，电话、email 等
求职目标	大部分无	有
教育背景	加上很多课程名和奖励情况	由近及远写毕业院校，奖励单独一项进行介绍

续表

项目	普通简历	优秀简历
工作经验	较多，是一堆事情的堆积，而没有轻重之分，也不对其进行详细描述	有主次之分，最多不会超过 3～4 项，每份工作都能详细描述
获奖情况	一部分有、一部分没有。以罗列较多，没有归纳、没有分析	基本都有。除了描述以外还有对该奖项的归纳、分析和交代
个人特长	罗列较多，没有突出自己的独特之处；自己不太会的也列上了	选择性很强，不会随便写。够一定水准了才写上去
页数	2 页甚至更多，最后 1 页不足一半	整页，通常为 1 页
性格特点或爱好	描述具体，而且还不少	选择性地添加、描述
低级错误	很多，包括拼写、语法、时态、字体不一致、大小不统一等	几乎没有
真实度	一般不造假、艺术性地放大	不造假，但有表达的技巧
精确度	较低	较高
纸张	纸张过轻、不统一；五颜六色	A4 纸张、比较讲究
文字	不规范、大小、字体不统一	规范、统一大小、统一字体
排版	很差，不讲究	一丝不苟，十分讲究
打印	不整齐；	整齐；激光打印
文字风格	平铺直叙、大段描述	言简意赅、分点交代
主观印象	杂乱无章、无主次之分	精美舒畅、有重有轻

小贴士

为何你的简历石沉大海

每发出一份求职简历，相信你的内心就多了一份期盼与渴望，但是往往事与愿违，因为发出的简历有时如同石沉大海，杳无音信，这无疑严重地打击了求职者的求职信心。究竟是什么原因造成了这种情况呢？

1. 简历中没有注明应聘岗位名称

有的简历不注明应聘岗位名称，对于每天接收成百上千封简历的招聘人员，这样的简历很有可能一下就被 delete 了，谁让你不明确应聘目标，与人提供方便呢？

2. 简历内容与应聘岗位明显不符

有的简历呈现出来的工作经验与应聘岗位差异太大，也是瞬间被 delete 的对象。如企业招聘软件开发人员，简历却呈现出做销售或客户开发人员的工作简历。因为这样的简历没有突出任何方面的技能或专长，自己对自身的发展不清楚，如无头苍蝇四处乱撞，这样的求职者，企业不会欢迎。

3. 简历内容简单

有的简历只是程序化地列出接受教育、参加工作的时间段，对涉及的实际工作内容则轻描淡写，让人无法了解其做过哪些工作，具备什么样的知识、经验、技能，这样的简历呈现出来的信息有限，不会引起招聘人员的注意。

4. 简历出现错误或者时间顺序混乱情形

如果简历中出现错别字、时间顺序混乱或内容错误等情况，会让人觉得该求职者连最基础的事情都做不好，工作能力也好不到哪里去。所以，简历填写完毕，要反复检查，确保无误。

5. 简历呈现出“频繁跳槽”经历

用人单位普遍不喜欢“频繁跳槽”者，除非你本人所拥有的技能市场替代性很小。当然，求职者如果为了隐瞒“频繁跳槽”经历，造成简历不真实，则更是弄巧成拙。

案例 5-13

简历诞生记

毕业于江西科技学院 2015 届国贸专业的小马对于做简历有她自己的心得，早在大三下学期就完成个人简历的撰写，她说：

“在我的理解中，简历就是简洁明了地阐述自身履历，它是学习生活的简短集锦，也是求职者自我评价和认定的主要材料，它是一扇窗户，能使用人单位透过它了解到求职者的部分情况，也能激起用人单位与求职者进一步接触的浓厚兴趣。简历的使命就是让我们获准参加面试。

对于我们应届毕业生来说，简历是有利于我们寻找到工作的文件，一份好的简历可以给面试官良好的印象，从而让我们获得参加面试的机会。所以，大学毕业生头一件大事就是做好个人简历。通过老师的指导，我开始尝试着制作了自己人生中的第一份简历。我的总体思路就是以时间为主线，阶段性地介绍自己的情况。简历中主要包括：个人基本资料、教育背景、学习及奖惩情况、学校工作、社会实践经历、个人评估 6 个大块。

(1) 个人基本资料：主要介绍清楚自己的姓名、性别、出生年月、籍贯、学历、身高、体重等，值得注意的是一定要将自己的联系方式、通信地址写清楚，写详细，因为这是用人单位能顺利通知我们的重要途径。

(2) 教育背景：作为我们本科毕业生，主要应写清楚高中及大学的起止时间和就读的学校，这是为用人单位了解求职者的情况做一定的参考。

(3) 学习及奖惩情况：主要是介绍我们学习过的主要课程和各学期的成绩绩点，也包括我们在校期间获得的各类奖项，不需要面面俱到，但要抓住亮点。

(4) 学校工作：主要介绍自己在校期间担任的各项职务及其主要工作，也可以简要写一下从中得到的经验历练。

(5) 社会实践经历：主要介绍自己参加过的社会实践活动，最好是与求职意向相关，写清楚具体做的项目以及从中学到的知识。

(6) 个人评估：主要写出自己的性格特征，人格亮点及自身优势。我认为这一项是画龙点睛之笔，很可能成为简历中最吸引面试官眼球的地方。

简历的制作不仅要讲究内容，采用的格式规范也很重要。简历内容最好控制在一张纸之内，要真实客观，采用的语言尽量精练平实；简历的格式规范不要过于复杂，应采用方便阅读，逻辑和层次性较强的格式。一份好的简历需要不断改进和完善。

我们的人生中远不止一次面试，简历也不可能一成不变，随着时间的推移，我们的经历会越来越多，我们需要将其中的精华不断充实到简历中去，让我们的简历更加丰满——支撑着我们的梦想走得更远。”

第6章 求职技巧

教学目标：教学目标是使学生了解求职的方式、方法和技巧，通过实习锻炼求职的能力，结合模拟教学，掌握求职的全过程。能够以最快捷的方式占有最广、最准确、最有效的信息；充分做好面试准备，掌握面试技巧，在面试中适度表现自己，有利于取得求职的成功。

从校园到职场，每个人都要经历无法回避的求职过程。往往，求职的毕业生是困惑的，不知道自己如何做才能赢得招聘单位的青睐。常常，求职的尝试中一分耕耘得不到一分收获，结果只能是满怀事倍功半的无奈和迷茫而不知所措。求职是有方法的，而成功的求职更需要有效的方法。

掌握一定的求职技巧，做到有效的良好沟通，能够帮助你抓住每一次机会，以最快的速度找到自己理想的栖身之所。

求职择业是所有大学生必过的一个门槛，是人生面临的又一重大的选择。每个大学毕业生都渴望找到一个好职业、获得一份好工作，以便充分发挥自己的聪明才智，成就一番事业。那么，在就业机制日趋市场化，就业渠道逐渐多元化的今天，如何才能找到理想的职业呢?

可以说，求职择业是一项系统综合的工作，也是对求职者综合素质的一次检验。每一位求职者都应根据自己的实际情况和用人单位的具体要求，充分做好信息准备，掌握必要的求职技巧，勇敢面对现实，积极迎接挑战，努力地去实现自己的求职愿望，从而充分体现自己的人生价值。

6.1 笔试技巧

6.1.1 笔试的种类

笔试是一种常用考核办法，其目的是考核应聘人员的文字能力，知识面和综合分析事物的能力。笔试通常用于一些专业技术要求很强和对录用人员素质要求很高的单位，如一些涉外部门、技术要求很高的专业公司以及国家机关选聘公务员等。

目前常见的笔试种类：

1. 专业能力考试

专业能力考试主要是检验应聘者担任某职务时，是否能达到所要求的专业知识水平和相关的实际能力。如行政管理、秘书方面工作的单位，对应聘者文字能力的测试，部分单位对某种计算机语言有较高的要求时，测试应用特定语言编程的能力。为检验求职者实际工作能力或专业技术能力，通常还要进行专业技术能力考试。这种考试往往在特意设置的工作环境中进行。下面举几个例子：

（1）阅读一篇文章，写读后感。

（2）自编一份请求报告或会议通知。

（3）听完5个人的发言，写一份评价报告。

（4）某公司计划在5月份赴日本考察，写出需要做哪些准备工作。

（5）给一个科研题目，写出科研论文的详细大纲。

从你的答卷中可以看出你的文字表达能力，以及分析问题的能力和逻辑思维能力等。

2. 智商和心理测试

（1）智商测试

智商测试主要为一些著名跨国公司所采用，他们对毕业生所学专业一般没有特殊要求，但对毕业生的素质要求较高。他们认为，专业能力可以通过公司的培训获得，因此，有没有专业训练背景无关紧要，但毕业生是否具有不断接收新知识的能力是至关重要的。

智商测试并不神秘。一类是图形识别，比如一组有四种图形，让应聘者指出其相似点和不同点。这类题目在一些面向中小学生的智力游戏书中是很常见的，一些面向大众的杂志偶尔也刊登这类游戏题目。另一类是算术题，主要测试毕业生对数字的敏感程度以及基本的计算能力。比如，给定一组数据，让毕业生根据不同的要求求出平均值，其难度绝不超过对中学生计算能力的要求水平。尽管如此，一些NI科的毕业生也考不到60分。这类测试尤其是会计师、审计师等职业招聘时所常见的。

案例 6-1

海盗分钻石①

有5个海盗，在海上抢来了一百颗钻石，每一颗都价值连城。5个海盗都很贪婪，他们都希望自己能分得最多的钻石，但同时又都很明智。于是他们按照抽签的方法，排出一个次序。首先由抽到一号签的海盗说出一套分钻石的方案，如果5个人中有50%以上（不含50%）的人同意，那么便依照这个方案执行，否则，这个提出方案的

① http://www.cnki.com.cn/Article/CJFDTotal-QNKX200707074.htm，2015年5月访问.

人将被扔到海里喂鱼，接下来再由抽到二号签的海盗继续说出一套方案，然后依次类推到第5个。前提是5个海盗都很聪明。

游戏规则就是这样残酷，现在问题来了：

如果你是抽到一号签的海盗，你计划提出一套什么样的方案，在保住小命的前提下，分得最多的钻石？

(2) 心理测试

心理测试是用事先编制好的标准化量表或问卷要求应聘者完成，根据完成的数量和质量，来判定其心理水平或个性差异的方法。一些特殊的用人单位，常常以此来测试求职者的态度、兴趣、动机、智力、个性等心理素质。

案例 6-2

心理知识测试题

1. 判断一个人的心理健康与否，不能简单地根据一时一事下结论。一个人偶尔出现的一些不健康的心理和行为，并非意味着这个人就一定有心理疾病。( )

2. 心理不健康与心理健康并非泾渭分明的对立的两极，而是一个连续的状态。( )

3. 去学校心理咨询中心咨询的人，都是有心理疾病的人。( )

4. 心理压力总是有害的。( )

5. 同样的不幸事件因为个体的不同所引起的挫折感是不一样的。( )

6. 人本主义方法是一种指示性的心理疗法。( )

7. 害羞经常是由不熟悉的人或情境因素引起的。( )

8. 人本主义的观点认为，人类的主要任务是使自己的潜能得到不断发展。( )

9. 酗酒也是一种心理障碍。( )

10. 动机水平越高，工作效率就越高。( )

3. 综合能力测试

综合能力测试兼有智商测试的要求，但程度更高。比如，应聘者要在规定的时间内对一组数据、一组资料进行分析，找出其合理的地方和存在的问题，并设计出解决问题的方案。这是对学生阅读理解能力，发现、分析和解决问题的能力等素质的全方位测试，甚至有时候问答都是用英语进行，相对来说难度更大一些。

案例 6-3

著名公司如何笔试应聘者

1. 柯达：笔试是面试的程序之一。

柯达公司的面试过程是这样的：首先由人事部门根据简历介绍的情况安排面试，主要是针对简历的内容，进一步核实有关信息，并考察应聘者的综合素质。对于其中面谈较满意者，进行笔试测验。通过笔试后，进入第二轮面试。在这一过程中笔试是一个必经的程序。

2. 微软：很多考题没有标准答案。

在微软，如果是技术支持中心招聘人，一定会先进行笔试。比如说招聘应届毕业生，微软都是在报名之后先统一进行笔试。考卷分为两类，A 类考卷面向非计算机专业学生，其中逻辑思维方面的考核占 70%；B 类考卷面向计算机及相关专业的学生，技术方面的考核占 70%。而招聘销售人员，由于要求工作经验大于学校的教育背景，一般不会先笔试。研发中心和研究院招聘研发人员，因为此类人在他们各自的领域内已有相关文章或报告发表，也不用再笔试了。微软有一个专门的题库，有微软产品的测试，有英文测试，有 IQ（智商）的测试。

3. 惠普：全用英语答题。

在惠普，原来英语是要笔试的，现在为了简化程序，而且来惠普应聘的人英语都不错，所以只要有 CET4 级以上的证书就可以，英语不做专门笔试。

关于技术或其他方面，有些是有笔试的，例如上海软件开发中心要招聘软件开发人员，有的是用 C 语言来写程序，有的是用 Java 来写程序，笔试全用英语作答。惠普没有像 IQ 或逻辑能力之类的笔试。

4. IBM：笔试用中文。

IBM 笔试的设计思路主要是考查应聘者的逻辑推理能力，对于编程之类的工作，公司比较倾向做笔试。笔试并不是过关的唯一条件，只是作为参考，公司会看应聘者的经验，再加上他面试的结果，综合起来考虑他是否适合这个职位。但是在对大学生的招聘中，公司则希望他有一定的逻辑推理能力，所以笔试会常用一些，作为一个初选。

IBM 的笔试有一个题库，就是 IBM 全球统一使用的数据处理测试（databrocessopm）。最初几年是用英文测试的，近年来开始翻译成了中文。公司认为这套试题的设计就是为了考逻辑推理的，如果用英文，可能对一个人逻辑推理能力的判断就不够客观和完全，所以就把它翻译成了中文，笔试大概有 40~50 分钟。

6.1.2 笔试的方法与技巧

笔试是一种常用的考核办法，主要是用以考核应聘者特定的知识、专业技术要求或需要重点考核应聘者对文字的运用能力，以及考查录用人员素质的一种书面考试形式，笔试是用人单位对求职者所掌握的基本知识、专业知识、文化素养和心理健康等综合素质进行的考查和评估。笔试对应聘者来说是相对公平的一种测试方式，因而被越来越多的用人单位所采用。

1. 笔试形式

按考试的侧重点分类，目前求职过程中的笔试形式一般有以下几种：

（1）专业考试

专业考试主要是检验应聘者担任某一职务时是否能达到所要求的专业知识水平和相关的实际能力。专业知识考试的题目专业性很强，如外资企业、外贸企业对应聘者要考外语，科研机构招聘人员要考动手能力，公检法机关录用干部要考法律知识，等等。值得注意的是，这种考试方式已被愈来愈多的“热门”单位所采用。

（2）文化素质考试

文化素质考试是为了检验毕业生的实际文化素质，由用人单位给出范围或特定要求，让应聘者通过作文来考查其知识、思维、文字表达能力的一种笔试方式。如：要求文科学生运用某一原理，或某一历史知识，分析某一问题；要求理工科学生运用某一专业知识，解决某一实际问题，等等。

（3）技能测试

技能测试是为了检验应聘者的实际工作能力或专业技术能力。这种考试往往针对特定的工作岗位来设计。比如用人单位要招聘一名秘书，为了考查应聘者是否具有这方面的技能，会通过下面的题目来测试：阅读一篇文章，写读后感；自编一份请示报告和会议通知；听取 5 个人的发言，写一份评议报告；某公司计划在 5 月份赴日本考察，写出需要做哪些准备工作，等等。

（4）论文笔试

论文笔试是检验求职者分析、综合、比较、归纳、推理等思维能力的方法。其形式采用论述题或自由应答型试题。该笔试的最大长处，是有利于考查求职者的思考能力，从而能够检查求职者思想认识的深刻程度。这种测试往往会导致种种不同的答案，易于发现人才，促进智力发展，远比简单的测验题更能判断一个人的水平。论文笔试要求毕业生讨论问题要深刻、有见地。

（5）心理测试

心理测试是用事先编制好的用于测试被试者心理素质的标准化量表或问卷，要求被试者在一定时间内完成，根据完成的数量和质量来判断其心理水平或个性差异的方法。一些特殊的用人单位常常以此来测试求职者的态度、兴趣、动机、智力、个性等心理素质。

2. 笔试的准备

笔试从某种角度来说，能更深入地检验毕业生的综合素质，毕业生平时的知识积累程度，对知识是否真正理解和掌握，等等，通过笔试能得到较好的体现。用人单位的出题方式远比学校灵活多样，更侧重于能力，而不是单纯的知识。因此，在笔试之前，毕业生应对这类笔试进行深入的了解，做到知己知彼，不打无准备之仗。

（1）保持良好的身心状态

求职过程中的笔试毕竟不同于学校平时的考试，临考前要注意以下几点：

①要适当减轻思想负担，不可给自己施加过大的压力，否则适得其反。

② 笔试的前一天要注意休息，保证充足的睡眠，避免考试时精神不振，影响正常思维。

③要适当参加一些文体活动，从而使高度紧张的大脑得到放松休息，以充沛的精力去参加考试。

（2）了解笔试类型，做到有的放矢

不同的笔试类型，有不同的考试内容，毕业生在考前应做详细的了解，针对不同情况做出相应的准备。比如公务员考试就有明确的考试范围，并有指定的参考书，考生复习相对有针对性。而一些用人单位的笔试则相对灵活，范围也比较大，没有明确相关的参考书。毕业生可以围绕用人单位划定的大致范围翻阅一些相关的图书资料。笔试成绩与毕业生平时的努力也有很大的关系，如果毕业生兴趣广泛，平时注意吸收各种信息，考试时就能驾轻就熟，得心应手。

（3）笔试的知识准备

①学以致用，理论联系实际

现在的求职考试越来越强调用学过的知识来解决实际问题，具有很强的实用性。换句话说，现在的应聘考试主要是考核应聘者对知识的运用能力。因此，在复习过程中必须始终突出一个“用”字，通过各种实践，把学得的知识运用到工作实际中去解决各种具体的问题。

②提纲挈领，系统掌握

在知识与能力这两者中，知识无疑是基础，没有扎实的基础知识，也就无从谈什么能力的培养和提高。掌握知识的一个有效方法就是把零散的知识化为系统。但是应聘笔试往往范围大，内容广，存在着一定的随意性和盲目性，因此，凡是与求职相关的一些知识如文史知识、科技知识、经济知识、法律知识和一般的电脑知识，均要系统地复习一遍。

③多读多炼，提高阅读能力

提高阅读能力，对扩展知识面和回答应聘考试的各类问题很有益处。要提高阅读能力，首先得坚持进行阅读实践。知识的获得，主要依靠传授；能力的提高，则必须通过实践。复习时经常做一些阅读训练，有助于阅读能力的提高。在做阅读训练时，一定要做到“眼到”和“心到”，特别是“心到”。即对每个问题都仔细揣摩，认真思考，分析比较，综合归纳，努力提高自己的阅读能力。

④敏锐思考，提高快速答题能力

为了适应招聘考试中的题量，还应该尽快培养自己快速阅读、快速思维和快速答题的能力。因为现代阅读观念不只着眼于信息的获取，而且还特别重视速度。所以在准备笔试时一定要提高做题速度

3. 参加笔试应注意的细节问题

参加笔试时，还应注意以下一些细节：

（1）听从安排

应当在监考人员的安排下就座，而不要选择座位，更不要抢座位。如果因特殊情况，座位确实有碍自己考试需要调整时，一定要有礼貌地向监考人员讲清楚并求得其谅解，若实在不能调换，也应理解其工作上的难处。

（2）遵守规则

在落笔之前，一定要听清楚监考人员对试卷的说明，不要仓促作答，不要跑题、漏题或文不对题；更不能有不顾考场纪律，我行我素的行为，比如未经许可携带手机等通信工具，擅自翻阅字典、使用电子词典等。

（3）写好姓名和电话

做题前一定要先将自己的姓名、电话等被要求填写的个人情况写清楚，以免百密一疏，白白地做了一回“无名英雄”。

（4）卷面整洁

答卷时应注意卷面整洁、字迹清晰、行距有序、段落齐整、版面适度（即从对方阅卷装订方便出发，试卷上下左右边缘应该留出一些空隙而不要“顶天立地”）。因为求职过程中的笔试不同于在校时的考试，“醉翁之意不在酒”，有时用人单位并不特别在意应聘者考分的稍许高低，而是从中观察考生是否具有认真的态度、细致的作风，从而决定录用意向。

（5）光明磊落

防止一些可能被视作舞弊的行为或干扰考试的现象出现。诸如瞄别人的试卷，藏匿被考试单位禁止的参考材料，与旁人嘀咕，等等。另外，独自口中念念有词，把试卷来回翻得哗哗作响，用笔击打桌面，唉声叹气，抓耳挠腮，经常移动身体或椅子显出烦躁不安等举动是不会为自己带来任何好处的。

（6）手机等通信工具关机

毕业生参加笔试，一定要注意手机等通讯工具的处理，按照监考人员的要求，关掉手机放在包里或直接交给监考人员保管，否则手机等通信工具响起来时，你会不自觉地去看，就有作弊的嫌疑或给用人单位留下一个不严谨的印象，将直接影响到毕业生笔试的成绩或效果。

（7）没有必要提前离场

许多毕业时在大学养成了考试时候提前交卷的习惯，在应聘笔试中这样做并不是明智之举。笔试提前离场并不能说明你的实力，毕竟考试的结果是最终成绩，而不只是速度。有时用人单位会认为求职者在笔试中提前离场的行为表明了其对此次笔试的不重视。因此，毕业生即使提前把题答完也没必要提前离开，剩下的时间可以进行检查，这样一来可以提高成绩，二来可以给单位留下一个认真、务实、严谨的好印象。

参加完笔试，不论个人感觉如何，都应继续关注后续的招聘进程，提前做好进入下一轮竞争的准备。万一失败，则需分析原因，总结经验教训。

4. 参加笔试时应注意的几个方面

（1）克服自卑

笔试怯场，大多数是由于缺乏自信心所致。客观冷静地对自己进行正确评估，就能克服自卑心理，增强信心，应聘笔试同高考不同，高考是“一锤定音”，而求职应聘考试则有多次机会。

（2）有备无患

提前熟悉考场环境，有利于消除应试的紧张心理，还应看看考场注意事项，尽量按要求做好。除携带必备的证件外，一些考试必备的文具（钢笔、橡皮等）也要准备齐全。考试前要有良好的睡眠，以保证考试时有充沛的精力和良好的竞技状态。

（3）科学答卷

拿到试卷后，首先应通览一遍，了解题目的多少和难易程度，以便掌握答题的速度。

然后按先易后难的原则排出答题顺序，先攻相对简单的题，后攻难题。这样就不会因为攻难题而浪费时间太多，最终没有时间做会答的题。遇到较大的综合题或论述题，则应先列出提纲，再逐条撰写。最后，要尽量挤出时间对容易出错的地方进行复查，特别注意不要漏题，更不能跑题或出现错别字、语法不通、言不达意等错误。另外应当注意的是卷面字迹清晰，书写过于潦草，字迹难以辨认也会影响考试成绩。因为求职笔试不同于其他专业考试，有时招聘单位并不特别在意应试者考分的稍许高低。认真的态度，细致的作风，则会大大增强被录用的可能性。

6.2 面试技巧

面试是通过当面交谈问答对求职应试者进行考核的一种方式，是用人单位选拔人才的常用方式之一。对大多数大学生来说，笔试往往能够应付，但面试由于缺乏经验，常常不知所措。因此大学生充分做好面试准备，掌握面试技巧，在面试中适度表现自己，有利于取得求职的成功。

6.2.1 面试前的相关准备

面试前都要做哪些准备工作？如果你是通过网络投递的简历，要尽早查询你投递简历的公司所有招聘的职位（现在大多数招聘网站都有简历投递记录）。如果是在招聘会现场面试，最好能回忆起当时和面试官谈话的记录，以及你想知道的薪资待遇、工作职责等，为这次的面试做好准备。面试前的准备工作主要包括下面几个方面：

1. 确定“3W”

明确面试前的三要素——When（时间）、Where（地点）、Who（联系人）。

一般情况下，招聘单位会采取电话通知的方式。这时可得竖起耳朵仔细听。一定要记住面试的时间。万一没听清，千万别客气，赶紧问。

关于地点，还是以勤为本。若不熟悉，最好先跑去查看地形。估算一下路途时间，一定要留出充足的时间，绝对不要迟到，最好是提前5~10分钟进场。若因堵车等原因不能准时到达，也要电话说明情况，请求谅解。

对于一些大单位，最好记住联系人，如果是应聘高管职位，最好能了解一下老板的相关背景和个性风格等（一般情况下，老板肯定是面试高管的最后一关）。

2. 知己知彼

（1）事先了解一些单位背景，也就是先在家做一些调查（homework or research）。具体了解的问题包括：单位所在国家背景、单位所处整体行业情况、单位的组织结构。若有可能最好再多了解一些这个单位的人事情况。这些足以显示出应聘者对该企业的兴趣和向往。在当今这个信息时代，你不妨到企业的主页中转转，一定会有很大收获。当然尽管你暗地里为自己灌输了这么多的信息，可千万别一股脑儿全倒给人家，自然而然地流露出来才能达到自己真正的目的，不要有卖弄之嫌，他们了解的一定比你知道的更深刻，随时会给你打分。

（2）准备问题

仔细考虑：他们会问我一些什么呢？想对策——迎战。我想了解一些什么呢？找问题——挑战。

（3）模拟面试练习

3. 学习一些实用的面试技巧

关键要在20分钟内如何做自我介绍、如何尽可能展现自己的优势和实力，给面试官一个选择你的理由。对一些常见的面试问题要有应对的准备。最好能做个模拟面试演练，在亲友中找一个在企业做经理或HR的做个现场评判，提提建议，以便发现问题，及时调整。

除了专业、经验和敬业等通用要求外，不同的职位类型有不同的侧重要求。比如，营销类职位侧重沟通力、客户拓展力、机敏性；财会类侧重严谨度、原则性；技术研发类侧重逻辑性、专业性；企划、创意类职位侧重策划力、思维的发散性；工程类侧重执行力、实操性；人力资源类侧重亲和力、沟通力、推动力；行政服务类侧重服务性、热情度和细致度；而中高层管理类职位则侧重认识的高度、影响力、协调整合力等。

每家企业有不同的企业文化和对人才的软性倾向，有强调沟通协调力的、有强调执行力的，也有强调团队协作或职业感的，等等，虽然每个人的风格已经基本定型，但面试时不妨适当做有针对性的表现。作者在接到每一个猎头单时，在全面了解其企业背景、职位职责和任职要求外，也要了解其企业文化（包括显性的和隐性的，成文的和不成文的）、老板的风格与成长背景、对人才的软性要求和企业的经营与管理模式等。

4. 披挂上阵

（1）着装：力求简洁大方，无论你穿什么，都必须充分体现你的自信。一般来说，所穿的服装要保证干净，而且适合此行业穿着。一定要穿比较职业的着装（professional）。男士应着西装，女士应穿套装。着装的好与坏非常能左右你的自信心。只有你的着装与周围人相融合，你才会感到融洽放松，你的自信心自然也会提升。那么是否一定要穿名牌呢？其实真的没必要。单位真正看重的是你的内在素养。

（2）面试所带物品：带好简历。也许你会问："他们不是都有我的简历了吗？为什么还要我再带？"

①一般来说收你简历的人和面试你的人往往不一定是一个人。

②参加面试的人很多，简历容易混淆。

③别以为面试考官不紧张。他一紧张把你的简历搞丢也真说不准。

④面试考官有时会问你要简历，倒不是因为他没有，而且你的简历可能就放在他手上。他问你要的原因只是要看看你办事是否细心、周到，是否是有备而来。而且，考官手里的简历可能是多次复印的版本，或许已模糊不清，面目全非了。若这时你把一份纸张精良、制作完美的原版简历送到他面前，他必定会眼前一亮。就这一亮的工夫，你的"前三分钟印象值"便已经直线上升啦。

5. 心理战术

（1）保证睡眠：不要采取消极态度，觉得能睡多少睡多少吧。一定要按正常作息，保证足够的睡眠。不过有些人可能会兴奋过度或娱乐过头，导致自己第二天疲惫不堪，无精打采；有些人打破作息规律，早早就上床，睡得自己头昏脑胀，眼睛浮肿；还有一些人，紧张过度，死活睡不着。那怎么办？数绵羊吧。反正说到底，你必须睡个好觉。

（2）早饭：按日常习惯最好。为什么说要按日常习惯呢？这不仅是个生理问题，同时也是个心理问题。如果你在面试时突然感觉饿了，你就极可能一下子变得很紧张。越紧张你就越觉得饿，而越饿你就越紧张。这样恶性循环，使得一个小的生理反应变成了一个大的心理反应。所以为了使自己放松些，你可以早晨起来慢跑一会儿，以保证拥有一个好心情。

（3）建立自信：尤其是对面试失败者，再重建自信心是很关键的。尤其是那些从九重天跌下来的人，摔得太狠，爬起来会更艰难。但一定要记住，阳光总在风雨后，乌云散了有晴空。还有一些人，由于面试了很多次，经常是到最后一轮被刷了下来。久而久之，信心全失，认为自己是等不到“中举”的那一天了。

其实你一定要记住，付出了总会有回报，只是时间的问题。成功总属于执著的人。最后要说的是，万一在面试当头的节骨眼，你碰上了晦气的事情，怎么办？其实想必大家都有这种体会，当一个人保持一种积极的态度和一个良好的精神状态时，坏事会变好，好事也会变得更好，无论什么事你都能泰然处之。但当一个人情绪低落，态度消极时，眼前看到的便全是黑色事件，倒霉的事接踵而至。其实这都是一些心理的主观因素在作祟。用一颗平常心、一颗充满阳光的心去看这个世界，你会发现其实这世界很美。乐观一些，你会天天充满自信。

6.2.2 面试注意事项

1. 面试时注意事项

（1）简历要详，又要简

所谓要详，是指一定要充分地把自己的优势展露出来，不用把一些很虚的东西一一点到，但要把很实际的东西展示出来，这个时候没必要保留；但同时，不能冗长、啰唆，点到为止，言简意赅，除非你的简历有格外吸引人之处，否则简单一些，才会有更多的用人单位的目光投注在其中。

（2）说话要稳，不能浮躁

有些同学在应聘时说话很激动，显得很做作，不自然，学生气很重，虽然这些东西也许在应聘学生会时管用，但到了用人单位有时会被人认为没有社会基础，不予以录用。

（3）要有耐性

耐性很重要。有时，按约定时间去面试，可能还要等一段时间。假如是好工作，不要因为等得久而放弃。绝对不要用对方不守信或是效率太差为理由否决对方，这是很不成熟的学生的表现。社会就是社会，同学们一定要学会适应社会，不要让社会来适应你。

（4）要有特点，但不宜锋芒太露

大家都在应聘，假如你的条件没什么突出的，那么谈吐及说话内容就要有与众不同之处，来给对方留下深刻的印象。假如你没有自身的特长，就要刻意去思考一些更好的办法，但不要太另类，太哗众取宠，这样反而弄巧成拙；同时也不要把锋芒显得太突出，毕竟这是应聘，锋芒太露有些时候会带来意想不到的负面影响。不少同学面试时候被人提出口才甚佳之语，但往往等不来复试通知。

（5）不要太注重细节

许多应聘经验的文章里往往写着什么捡了张纸或是注重了什么细节才被录用，这只能作为文艺典型被披露的内容，不要认为所有单位都会这样，大部分用人单位还是更重视你的实际能力与表现，不是一些细节，假如你把精力放到了这上面，往往会有负面作用显现出来。

（6）回答问题要大胆、自信

面试官有时会提一些抽象的问题，比如给你 10 万元你怎么办，或是相关的问题，这个时候你不要不知道答题时傻笑，也尽量不要吞吞吐吐，因为你的答案其实并不重要（除非太另类或是太离谱），重要的是你的表情与态度，是不是有自信，是不是有语言表达的那股锐气，相信你用 10 万元去买双袜子要是表达好了，比别人吞吞吐吐地去开个大公司录用机会要大得多。

（7）表达你能吃苦，并且事实上也要做好吃苦的准备

吃苦是这个时代人比较缺乏的精神，同学们更要突出自己的能力去拼搏属于你们的明天。你要表达出你能吃苦的决心——包括体力上的以及精神上的（比如受气之类），这样才能有更多的机会——竞聘成功以及未来事业的成功。

2. 面试后注意事项

许多求职者只留意面试时的礼仪，忽略了应聘后的善后工作。但事实上，面试结束并不意味着求职过程的完结，有些事情还必须加以注意。

（1）写信或打电话表示感谢

为了加深招聘人员对你的印象，增加求职成功的可能性，面试后的两三天内，你最好给招聘人员打个电话或写信表示感谢。

当然，感谢电话要简短，最好不要超过 3 分钟；感谢信要简洁，最好不超过一页纸。感谢信的开头应提及你的姓名及简单情况，以及面试的时间，并对招聘人员表示感谢。感谢信的中间部分要重申你对该公司、该职位的兴趣，增加一些对求职成功有用的新内容。感谢信的结尾可以表示你对自己的信心，以及为公司的发展壮大做贡献的决心。

（2）不要过早打听结果

一般情况下，每次面试结束后，招聘主管人员都要进行讨论和投票，然后送人事部门汇总，最后确定录用人选，这个阶段可能需要 3～5 天的时间。求职者在这段时间内一定要耐心等候消息，不要过早打听面试结果。

（3）收拾心情

如果你同时向几家公司求职，在一次面试结束后，则要注意调整自己的心情，准备全身心投入应付第二家面试的考验中去。因为，在接到聘用通知之前，面试结果还是个未知数，你不应该放弃其他任何机会。

（4）查询结果

一般来说，如果你在面试的两周后，或主考官许诺的时间到来时还没有收到对方的答复，就应该写信或打电话给招聘单位，询问面试结果。如果你不幸没有被录用，千万不要

气急败坏，而应不亢不卑地、礼貌地表示感谢。

（5）做好两手准备

参加面试往往是自己被单位挑选的时候，或被录取，或被淘汰，无论结果如何，都要有所准备。面试后的一段时间内最好不要到外地出差或游玩，以免错过用人单位录用或进入下一轮面试的通知。若必须外出，最好向应聘单位事先说明，以表示你的诚意。

6.2.3 面试问题应答技巧

招聘中最常见的是用面试的方式，有的要经过笔试，但笔试完了之后还要通过面试。所以，面试是能否应聘成功的关键。通常面试成功与否就是通过应聘者的临场表现来确定的，因此做好以下几个方面工作为求职重中之重。

1. 面试沟通口才

大学毕业生在求职过程中，在自我介绍时应更加注意做到恰当、客观。许多大学毕业生社会实践经验不足、社会阅历贫乏，在求职过程中往往容易夸大其词，或者话不对题。大学毕业生在介绍自己时，都会举出一些在学校的成绩来证明自己的才干，但这些应该用客观的语言来叙述，切忌自我夸奖或赞叹。

招聘面试中，招聘者常常问及应试者的应聘动机，对于这类问题，每个人的回答方式各异。有的人会说："我想多赚些钱。"有的人也可能说："我是一个杰出的人，我想施展我的才能，实现我的抱负。"第一种说法显然可以理解，但未免过于庸俗，容易引起人的反感。第二种说法虽然值得佩服，但是"我"的意识过浓，应加以改进。如果这样说："贵公司是一个形象很好，前途很大的企业，我也自认为有一定能力，合乎招聘条件，并能够胜任这项工作，我相信我能为贵公司的发展做出贡献，自己也能求得一定的进步。"这种说法就能博得招聘者的好感。

案例 6-4

谦虚过头了

小梁是大学数控专业的毕业生，在开发区一家中外合资企业应聘面试数控工程师时，公司考官问他："你觉得你能胜任你应聘的职位吗？"小梁谦虚地答道："现在我还谈不上能胜任，但我可以多向领导请教，向同事学习，在实践中边干边学，积累经验。"考官又带他到生产车间实地参观，小梁显得有点惊讶地说："哇，这么先进的设备，我还从没有见过呢，如果我能应聘上，一定好好学习，钻研这些先进设备和技术，希望公司能给我一个学习的机会。"就因为小梁的这些谦虚话，他应聘失败。公司考官对他说："我们招聘的是能胜任本职位工作的人才，要能立即派上用场，而不是招收培训生。"小梁从考官的话语中领悟到含意，悔之晚矣。原来，小梁在学校实习时也接触过类似的先进设备，完全有能力胜任应聘职位。只不过小梁受"做人要谦虚"这一传统美德的熏陶较深，试图以谦虚博得考官的好感，没想到弄巧成拙。

◎ **点评：**

求职者应聘不能过于谦虚，而应实事求是，有多少才能、能否胜任应聘的职位以及其他工作，都应如实地表达出来，行就说行，过于谦虚、客气，面试官会认为你真的无能。求职者应聘时，一定要充满自信，充分地展示自己的才能，表现自己完全能胜任所应聘的职位，从而取得考官的信任，实现自己的求职就业愿望。

小贴士

自我介绍四禁忌

1. 尽量少用“我”这个字眼

在自我介绍的开端，如果连续三句都用“我”做开端，面试官一般认为你是一个极端自私自利，自以为是的自我中心者。

2. 把好事留后头

面试一开始，许多面试者就迫不及待地将自己的“光辉历史”一一历数，这不是明智的做法，容易给面试官一种自吹自擂，夸夸其谈的感觉。

3. 给自己留条后路

有些没办法确定的话题，先不要做出夸口。就是对自己能力有充分信心，也要有所保留，话不能说得太满。

4. 语言简洁，语气明快

透过啰嗦的语言，面试官会发现应试者缺乏概括能力，并且，连他提问的用意都理解不了。所以，语言尽量简洁明快，要有条理性。千万不要采用“浪漫主义”的描述手法。

2. 识破面试官的语言陷阱

（1）“激将法”遮蔽的语言陷阱

这是面试官用来淘汰大部分应聘者的惯用手法。采用这种手法的面试官，往往提问之前就会用怀疑、尖锐、咄咄逼人的眼神逼视对方，先令对方心理防线步步溃退，然后冷不防用一个明显不友好的提问激将对方。如：“你经历太单纯，而我们需要的是社会经验丰富的人”，“你性格过于内向，这恐怕与我们的职业不合适”，“我们需要名牌院校的毕业生，你并非毕业于名牌院校”，“你的专业不对口”等问题。

面对这种咄咄逼人的提问，作为应聘者，首先要做到的就是无论如何不要被“激怒”，面对这样的发问，如何“接招”呢？

如果对方说：“你经历太单纯，而我们需要的是社会经验丰富的人。”

你可以微笑着回答：“我确信如我有缘加盟贵单位，我将会很快成为社会经验丰富的人，我希望自己有这样一段经历。”

如果对方说：“你性格过于内向，这恐怕与我们的职业不合适。”

你可以微笑着回答：“据说内向的人往往具有专心致志、锲而不舍的品质，另外我善于倾听，因为我觉得应把发言机会多多地留给别人。”

如果对方说：“我们需要名牌院校的毕业生，你并非毕业于名牌院校。”

你可以幽默地说：“听说比尔·盖茨也未毕业于哈佛大学。”

如果对方说：“你的专业与所应聘的职位不对口？”

你可以巧妙地回答：“据说，21 世纪最抢手的就是复合型人才，而外行的灵感也许会超过内行，因为他们没有思维定势，没有条条框框。”

应聘者若结结巴巴，无言以对，抑或怒形于色，据理力争，脸红脖子粗，那就掉进了对方所设的圈套。应聘者碰到此种情况，要头脑冷静，明白对方在“做戏”，不必与他较劲。

（2）挑战式的语言陷阱

这类提问的特点是，从求职者最薄弱的地方入手。

对于应届毕业生，面试官会设问：“你的相关工作经验比较欠缺，你怎么看？”对于女大学生，面试官也许会设问：“女性常常会对自己的能力缺乏自信，你怎么看？”如果回答：“不见得吧”、“我看未必”或“完全不是这么回事”，那么也许你已经掉进陷阱了，因为对方希望听到的是你对这个问题的看法，而不是简单、生硬的反驳。

对于这样的问题，你可以用“这样的说法未必全对”、“这样的看法值得探讨”、“这样的说法有一定的道理，但我恐怕不能完全接受”为开场白，然后婉转地表达自己的不同意见。

又如：“你的学习成绩并不很优秀，这是怎么回事？”、“从简历看，大学期间你没有担任学生干部的经历，这会不会影响你的工作能力”，等等。

遇到这样的问题，有的求职者常会不由自主地摆出防御姿态，甚至反击对方。这样做，会误入过分自信的陷阱。而最好的回答方式应该是，用明谈缺点、实论优点的方式巧妙地应答。

比如说，当对方提出你的学习成绩不很优秀时，你可以坦然地承认这点，然后以分析原因的方式带出你另外的优点。如：“在校期间学习成绩之所以不很优秀，是因为我担任社团负责人，投入到社团活动上的精力太多。虽然我花在社团的心血也带给我不少的收获，但是学习成绩不是最优秀，这一点一直让我耿耿于怀。当意识到这一点后，我一直在设法纠正自己的偏差。”

又如“你的成绩好像不太出众哦，你怎么证明自己的学习能力呢？”可以说：“除了学习，我还有其他活动。不是只有成绩才能反映人的学习能力的。其实我的专业课都相当不错，如果你有疑问，可以当场测试我的专业知识。”将考官的注意力引导到你最拿手的专业知识上来。

（3）诱导式的语言陷阱

这类问题的特点是，面试官往往设定一个特定的背景条件，诱导对方做出错误的回答，因为也许任何一种回答都不能让对方满意。这时候，你的回答就需要用模糊语言来表示。

比如，对方问：“依你现在的水平，恐怕能找到比我们企业更好的单位吧？”如果你的答案是“Yes”，那么说明你这个人也许脚踏两只船。如果你回答“No”，那么说明你对自己缺少自信或者你的能力有问题。对这类问题可以先用“不可一概而论”作为开头，然后回答：“或许我能找到比贵公司更好的企业，但别的企业或许在人才培养方面不如贵公司重视，机会也不如贵公司多；或许我能找到更好的企业，我想，珍惜现有的最为重要。”这样的回答，其实你是把一个“模糊”的答案抛还给了面试官。

（4）误导式的语言陷阱

对方的提问似乎是一道单项选择题，如果你选了，就会掉进陷阱。

比如说，对方问：“你认为金钱、名誉和事业哪个重要?”对刚毕业的大学生来说，这三者当然都很重要。但是对方的提问却在误导你，让你认为“这三者是相互矛盾的，只能选其一”。这时候切不可中了对方的圈套，必须冷静分析，可以首先明确指出这个前提条件是不存在的，再解释三者对我们的重要性及其统一性。

你可以这样回答：“我认为这三者之间并不矛盾。作为一名受过高等教育的大学生，追求事业的成功当然是自己人生的主旋律。而社会对我们事业的肯定方式，有时表现为金钱，有时表现为名誉，有时二者均有。因此，我认为，我们应该在追求事业的过程中去获取金钱和名誉，三者对我们都很重要。”

（5）测试式的语言陷阱

这类问题的特点是虚构一种情况，然后让求职者做出回答。

比如“今天参加面试的有近10位候选人，如何证明你是最优秀的?”这类问题往往是考查求职者随机应变的能力。无论你给自己列举多少优点，别人总有你也许没有的优点，因此正面回答这样的问题毫无意义。

你可以从侧面回答这个问题。你可以回答：“对于这一点，可能要因具体情况而论，比如贵单位现在所需要的是行政管理方面的人才，虽然前来应聘的都是这方面的对口人才，但我深信我在大学期间担任学生干部和主持社团工作的经历已经为我打下了扎实的基础，这也是我自认为比较突出的一点。”这样的回答可以说比较圆滑。

有时，面试官还会提出这样的问题：“你对琐碎的工作是喜欢还是讨厌，为什么?”这是个两难问题，若回答喜欢，似乎有悖于现在青年人的实际心理；若说讨厌，似乎每份工作都有琐碎之处。因此，按普遍心理，人们是不愿做琐碎工作的，这是考官在明知故问，我们可以推测出其醉翁之意不在酒，而在“工作态度”。

我们可以这样表述自己的态度：“琐碎的事情在绝大多数工作岗位上都是不可避免的，如果我的工作中有琐碎事情需要做，我会认真、耐心、细致地把它做好。”这句话既委婉地表达了大多数人的普遍心理——不喜欢琐碎工作，又强调了自己对琐碎事情的敬业精神——认真、耐心、细致。既真实可信，又符合对方的用人心理。

（6）“引君入瓮”式的语言陷阱

在各种语言陷阱中，最难提防的，可能要算这种形式的语言陷阱。

比如，你前去应聘的职位是一家公司的财务经理，面试官也许会突然问你：“您作为财务经理，如果我（总经理）要求你1年之内逃税100万元，那你会怎么做?”如果你当场抓耳挠腮地思考逃税计谋，或文思泉涌立即列出一大堆逃税方案，那么你就中了圈套，掉进了陷阱。因为抛出这个问题的面试官，正是以此来测试你的商业判断能力和商业道德。要记住，遵纪守法是员工行为的最基本要求。

面试中，面试官也许会设计出各种各样不同的语言陷阱，但是只要看准了，兵来将挡、水来土掩就是了。

3. 求职面试经典问题回答思路汇总

面试为什么重要？经常我们会提到面试成本的问题，一位求职者在求职的最初，需要花费大量时间和精力，用在撰写简历、通过网络/报纸等途径挑选适合他的工作、投递简历并做记录这些准备工作上。面试过程中，面试官会向应聘者发问，而应聘者的回答将成为面试官考虑是否接受他的重要依据。对应聘者而言，了解这些问题背后的“猫腻”至关重要。本书对面试中经常出现的一些典型问题进行了整理，并给出相应的回答思路和参考答案。读者无需过分关注分析的细节，关键是要从这些分析中“悟”出面试的规律及回答问题的思维方式，达到“活学活用”。

（1）常规问题应答

通常企业会从专业能力和职业素质的角度来考查应聘者，虽然说专业能力会因为招聘岗位的不同而有所区别，但除去非常具体的专业题目，面试官在面试时提出的问题和询问的技巧在很大程度上是共通的。应聘者需要做的是针对这些常规问题进行准备，而且必须保证应答时不会像背书一样僵硬。

问题一：“你的缺点是什么？”

问题分析：你真正的缺点是什么并不重要，面试者希望了解的是求职者是否对自己有一个正确的评价，对自己是否有足够的了解，心理是否足够成熟，以及是否有继续学习改进的愿望。当然，通常面试官不会把问题问得那么直接，而是通过让面试者举出具体事例的方式来回答，求职者难以临场编造一个具体的例子，因而答案更具真实性。但如果你诚实地交代了“我因为过于内向而放弃了销售机会”的故事，那同样等于你放弃了这个新的工作机会。

回答思路：这个问题根据面试者的不同，面试官也会对答案有不同的心理预期。比如说一个应届毕业生，就可以直接回答：“我相信我有足够的理论知识和专业能力，但是我的工作和社会经验不足，人脉也有所欠缺……”这样答案符合面试官对毕业生身份的定位，也符合实际情况，面试官便会觉得你谦虚诚实；而如果一个女性应聘管理岗位，则可以回答：“我最大的缺点可能就是不像女人，不够温柔……”总之，一切回答取决于你的实际状况和你对自己的定位。

问题二：“你和上司因为工作有过分歧吗？最后的结果如何？”

问题分析：“企业潜规则”是一个流行词，其中重要的一部分就是“等级制度”。企业是一座等级森严的堡垒，如果你还没有意识到其中的残酷性，那么这个问题恐怕就会让你栽跟头；如果你的回答表现出对上司权力的挑衅，那么对不起，哪座庙都装不下你这尊大佛。其实这个问题并不难，你只要明白，上司是承担责任的那一个，所以他才是下决定的那一个。不要表现得好像青春期反抗父母权威的叛逆小孩，这并不能体现你的个性，只是让别人知道你还不成熟。

回答思路：必须遵从的原则：①表示一定会选择适当的时机与上司沟通，其中“适当的时机”非常重要；②表示通常情况下最终一定服从上司的决定，但不要使用“你是上司你说了算”这种表达方式；③不要打“越级报告”的主意，这在任何企业都是禁忌。

问题三："是否有过失败的经历？"

问题分析：既然提问的是"失败经历"，说明面试官在意的并不是这个结果，他想了解的是事情的过程、你处理工作的方法以及你的学习能力。通常"你工作中最难忘的一件事"，"你在工作中遇到的最大困难"都可以等同于这个问题。在回答上，答案的具体事例也可以体现应聘者的专业程度，比如提到的困难是不是应聘岗位所不可避免的，所涉及的方法和使用的公司资源又是否恰当，这是一个非常专业的问题。

回答思路：回答的重点应该在"经历"，而非"失败"上，面试官并不想了解你对失败的态度——任何人都知道此时应该保持积极。回答时应该具体说明的内容有：①当时的背景和能够使用的资源；②你处理事情的方法；③失败后的总结和反思。细节越详细越可以体现你的专业程度，总结和反思则体现了你的学习能力。如果有自信、有准备，可以就失败的经历"重来一次"，提出新的解决方案。

问题四："你的期望薪资是多少？"

问题分析：恭喜，如果被询问这个问题，说明你被录用的可能性很大。在回答之前应该明白的是，其实每一个公司都有自己的薪酬体系，如果不是空降老板或者特别顾问，你不可能就薪酬问题有太多讨价还价的余地。这个问题背后没有隐含的意义，只要你对自己和本岗位估价正确即可。

回答思路：不能狮子大开口，想要获得比较公平的薪酬，有两种方法：①在面试前进行市场调查，了解一下本行业本岗位的平均薪酬水平；②如果这个数字比较难获得，那么可以以之前的工作收入为基准，适当地进行提升。需要注意的是，不要在没有依据铺垫的前提下直接说"我想要月薪××"，也不要主动询问薪酬。

（2）经典问题应答

问题一："请你自我介绍一下。"

思路：①这是面试的必考题目。②介绍内容要与个人简历相一致。③表述方式上尽量口语化。④要切中要害，不谈无关、无用的内容。⑤条理要清晰，层次要分明。⑥事先最好以文字的形式写好背熟。

问题二："谈谈你的家庭情况。"

思路：①介绍家庭情况对于了解应聘者的性格、观念、心态等有一定的作用，这是招聘单位问该问题的主要原因。②简单地罗列家庭人口。③强调温馨和睦的家庭氛围。④强调父母对自己教育的重视。⑤强调各位家庭成员的良好状况。⑥强调家庭成员对自己工作的支持。⑦强调自己对家庭的责任感。

问题三："你有什么业余爱好？"

思路：①业余爱好能在一定程度上反映应聘者的性格、观念、心态，这是招聘单位问该问题的主要原因。②最好不要说自己没有业余爱好。③不要说自己有哪些庸俗的、令人感觉不好的爱好。④最好不要说自己仅限于读书、听音乐、上网，否则可能令面试官怀疑应聘者性格孤僻。⑤最好能有一些户外的业余爱好来"点缀"你的形象。

问题四："你最崇拜谁？"

思路：①最崇拜的人能在一定程度上反映应聘者的性格、观念、心态，这是面试官问该问题的主要原因。②不宜说自己谁都不崇拜。③不宜说崇拜自己。④不宜说崇拜一个虚幻的、或是不知名的人。⑤不宜说崇拜一个明显具有负面形象的人。⑥所崇拜的人最好与自己所应聘的工作能“搭”上关系。⑦最好说出自己所崇拜的人的哪些品质、哪些思想感染着自己、鼓舞着自己。

问题五：“你的座右铭是什么？”

思路：①座右铭能在一定程度上反映应聘者的性格、观念、心态，这是面试官问这个问题的主要原因。②不宜说那些易引起不好联想的座右铭。③不宜说那些太抽象的座右铭。④不宜说太长的座右铭。⑤座右铭最好能反映出自己某种优秀品质。⑥参考答案——“只为成功找方法，不为失败找借口”。

问题六：“谈谈你的缺点。”

思路：①不宜说自己没缺点。②不宜把那些明显的优点说成缺点。③不宜说出严重影响所应聘工作的缺点。④不宜说出令人不放心、不舒服的缺点。⑤可以说出一些对于所应聘工作“无关紧要”的缺点，甚至是一些表面上看是缺点，从工作的角度看却是优点的缺点。

问题七：“谈一谈你的一次失败经历。”

思路：①不宜说自己没有失败的经历。②不宜把那些明显的成功说成是失败。③不宜说出严重影响所应聘工作的失败经历。④所谈经历的结果应是失败的。⑤宜说明失败之前自己曾信心百倍、尽心尽力。⑥说明仅仅是由于外在客观原因导致失败。⑦失败后自己很快振作起来，以更加饱满的热情面对以后的工作。

问题八：“你为什么选择我们公司？”

思路：①面试官试图从中了解你求职的动机、愿望以及对这项工作的态度。②建议从行业、企业和岗位这三个角度来回答。③参考答案——“我十分看好贵公司所在的行业，我认为贵公司十分重视人才，而且这项工作很适合我，相信自己一定能做好。”

问题九：“对这项工作，你有哪些可预见的困难？”

思路：①不宜直接说出具体的困难，否则可能令对方怀疑应聘者不行。②可以尝试迂回战术，说出应聘者对困难所持有的态度——“工作中出现一些困难是正常的，也是难免的，但是只要有坚韧不拔的毅力、良好的合作精神以及事前周密而充分的准备，任何困难都是可以克服的。”

问题十：“如果我录用你，你将怎样开展工作？”

思路：①如果应聘者对于应聘的职位缺乏足够的了解，最好不要直接说出自己开展工作的具体办法。②可以尝试采用迂回战术来回答，如“首先听取领导的指示和要求，然后就有关情况进行了解和熟悉，接下来制定一份近期的工作计划并报领导批准，最后根据计划开展工作。”

问题十一：“与上级意见不一致，你将怎么办？”

思路：①一般可以这样回答：“我会给上级以必要的解释和提醒，在这种情况下，我会服从上级的意见。”②如果面试你的是总经理，而你所应聘的职位另有一位经理，且这位经理当时不在场，可以这样回答：“对于非原则性问题，我会服从上级的意见，对于涉及公司利益的重大问题，我希望能向更高层领导反映。”

问题十二：“我们为什么要录用你？”

思路：①应聘者最好站在招聘单位的角度来回答。②招聘单位一般会录用这样的应聘者：基本符合条件、对这份工作感兴趣、有足够的信心。③如“我符合贵公司的招聘条件，凭我目前掌握的技能、高度的责任感和良好的适应能力及学习能力，完全能胜任这份工作。我十分希望能为贵公司服务，如果贵公司给我这个机会，我一定能成为贵公司的栋梁！”

问题十三：“你能为我们做什么？”

思路：①基本原则上“投其所好”。②回答这个问题前应聘者最好能“先发制人”，了解招聘单位期待这个职位所能发挥的作用。③应聘者可以根据自己的了解，结合自己在专业领域的优势来回答这个问题。

问题十四：“你是应届毕业生，缺乏经验，如何能胜任这项工作？”

思路：①如果招聘单位对应届毕业生的应聘者提出这个问题，说明招聘单位并不真正在乎“经验”，关键看应聘者怎样回答。②对这个问题的回答最好要体现出应聘者的诚恳、机智、果敢及敬业。③如“作为应届毕业生，在工作经验方面的确会有所欠缺，因此在读书期间我一直利用各种机会在这个行业里做兼职。我也发现，实际工作远比书本知识丰富、复杂。但我有较强的责任心、适应能力和学习能力，而且比较勤奋，所以在兼职中均能圆满完成各项工作任务，从中获取的经验也令我受益匪浅。请贵公司放心，学校所学及兼职的工作经验使我一定能胜任这个职位。”

问题十五：“你希望与什么样的上级共事？”

思路：①通过应聘者对上级的“希望”可以判断出应聘者对自我要求的意识，这既是一个陷阱，又是一次机会。②最好回避对上级具体的希望，多谈对自己的要求。③如“作为刚步入社会的新人，我应该多要求自己尽快熟悉环境、适应环境，而不应该对环境提出什么要求，只要能发挥我的专长就可以了。”

问题十六：“您在前一家公司的离职原因是什么？”

思路：①最重要的是：应聘者要让招聘单位相信，应聘者在以往的单位的“离职原因”在此招聘单位里不存在。②避免把“离职原因”说得太详细、太具体。③不能掺杂主观的负面感受，如“太辛苦”、“人际关系复杂”、“管理太混乱”、“公司不重视人才”、“公司排斥我们”等。④但也不能躲闪、回避，如“想换换环境”、“个人原因”等。⑤不能涉及自己负面的人格特征，如不诚实、懒惰、缺乏责任感、不随和等。⑥尽量使解释的理由为应聘者个人形象添彩。⑦如“我离职是因为这家公司倒闭。我在公司工作了三年多，有较深的感情。从去年始，由于市场形势突变，公司的局面急转直下。到眼下这一步我觉得很遗憾，但还要面对现实，重新寻找能发挥我能力的舞台。”同一个面试问题并非只有一个答案，而同一个答案并不是在任何面试场合都有效，关键在于应聘者掌握了规律后，对面试的具体情况进行把握，有意识地揣摩面试官提出问题的心理背景，然后投其所好。

问题十七：“除了我们公司之外，你还应征了其他哪些公司呢？”

A.“除了向贵公司这样的计算机外设产品公司外，我还应征了××饮料公司、××软件设计公司及××化工公司。”

B.“因为是通过人才网站，所以有很多公司与我联络，不胜枚举。”

C.“由于我只对计算机公司较感兴趣，因此除贵公司外，我还应征了××及××公司。”

D.“我不是很积极地想换工作，这半年多来陆陆续续寄了一些履历，公司名字不太记得。”

思路：最理想的回答是 C。C 的回答可以显示出应征者的目标明确，对于自己的下一个工作应该在哪里，思考得很清楚。

问题十八：“你希望 5 年后达到什么成就？”

A. “做一天和尚敲一天钟，尽人事听天命、顺其自然。”

B. “依我的机灵及才干，晋升到部门经理是我的中期目标。”

C. “自己独当一面开公司。”

D. “‘全力以赴’是我的座右铭，希望能随着经验的增加，被赋予更多的职责及挑战。”

思路：最理想的回答是 D。

（3）女性求职敏感问题

女性在求职面试时，常会遇到一些敏感的问题，总觉得如何回答都不妥，很难让自己和别人都满意。那么，究竟该如何应对这些让人感到尴尬的问题呢？

问题一：“你认为家庭与事业之间存在着难以调和的矛盾吗？”

招聘单位自然非常希望你以事业为重，但也希望你拥有一个幸福美满的家庭。“后院不失火”，才会使人无后顾之忧，集中精力干工作，才能发挥出你的聪明才干。显然，直接回答事业与家庭之间存在难以调和的矛盾或根本不存在矛盾，都是不合适的。建议你这样回答：“我以为无论在工作上还是在家庭中，女性的最大目标都是要使自己活得有价值。虽然我很想通过工作来证实自己的能力、体现活着的意义，但谁能说那些相夫教子培养出大学生、博士生的农家妇女就活得没有价值呢？”这样回答，能恰到好处地体现出女性特有的刚柔相济的特征。

问题二：“你如何看待晚婚、晚育。”

别以为这个问题与工作没有多大关联。你对此的回答是否得体，可能会直接关系到你的应聘能否通过。招聘者之所以提出这个问题，是想知道你在工作与生育的关系问题上持一种什么态度。女性求职为什么普遍比较难？这就是症结之一。为了工作晚结婚、晚生育，当然是用人单位所希望的，但如果真的这样做了，恐怕也会令人产生疑惑：一个连孩子都可以不要的人，如果再有其他利益驱动，会不会抛弃一切，包括她曾经为之自豪的工作呢？

“谁都希望鱼和熊掌能够兼得，当二者不能同时得到的时候，在一段时间内我会选择工作，因为拥有一份好的工作，将来培养孩子就会有更为坚实的经济基础。我想总会有合适的时候让我二者兼得。”这样回答，或许真的能提醒上司在你生孩子休息时仍把原来的位置给你留着，而不让别人取而代之。

问题三：“面对上司的非分之想，你会怎么办？”

招聘女秘书，往往会问及这类话题。回答此类问题，最好委婉一些：“你们提出这个问题，我非常感激，这说明贵单位的高层领导都是光明磊落的人。不瞒诸位说，我曾在一家公司干过一段时间，就是因为老板起了非分之念，我才愤而辞职的，而在当初他们招聘时恰恰没问到这个问题。两相比较，假若我能应聘进贵单位，就没有理由不去为事业殚精竭虑。”这位女士的应答就堪称精妙，妙就妙在没有直接回答“该怎么办”，因为那是建立在上司“有”非分之想的基础之上的。而是通过一个事例来表明自己态度的坚决，又没让问话者难堪。即使新老板确有投石问路之意，日后也不会轻举妄动了。

问题四：“你喜欢出差吗？”

考官提出这个问题，并不是真的想知道你喜不喜欢出差，工作需要时，你不喜欢出差也得出，考官的目的是想了解你的家人或者你的恋人对你的工作持何种态度。不少刚工作的年轻女性面对这一问题可能会马上回答："我现在年轻，在家里坐不住，特喜欢出差，一方面为公司办事，另一方面又可以领略到美妙的自然风光。"而有一位女士是这样回答的："只要公司需要出差，我会义无反顾。这两年因忙于求学和谋职，几乎没出过远门，尽管家人不反对，男友也想陪我出去转转，但终未成行。出差很可能会成为我今后工作的一部分，这一点在我来应聘前，家人早就告诉我了。"两种回答都体现了不错的口才，但第一种回答在表达效果上要差一些，出差顺便逛逛风景名胜本在情理之中，可这样一表白，难免会让人对你产生将出差与游览主次颠倒的感觉；第二种回答妙在那位女士深知考官提问的目的，回答切中了要害。

第7章

职业形象

教学目标：通过本章的学习，让学生了解什么是职业形象、职业形象设计的意义，并且学习如何塑造职业形象。

日本的著名企业家松下幸之助从前不修边幅，企业也不注重形象，因此企业发展缓慢。一天，理发时，理发师不客气地批评他不注重仪表，说："你是公司的代表，却这样不注重衣冠，别人会怎么想，连人都这样邋遢，他的公司会好吗？"从此松下幸之助一改过去的习惯，开始注意自己在公众面前的仪表仪态，生意也随之兴旺起来，现在，松下电器的种类产品享誉天下，与松下幸之助长期率先垂范，要求员工懂礼貌、讲礼节是分不开的。

职业形象，并不是一个简单的穿衣、外表、长相、发型、化妆的组合概念，而是一个综合的全面素质，一个外表与内在结合的、在流动中留下的印象。职业形象的内容宽广而丰富，它们在清楚地为你下着定义——无声而准确地在讲述你的故事——你是谁、你的社会位置、你如何生活、你是否有发展前途，等等。

7.1 职业形象概述

良好的形象是否真的能够成为通往职场成功的铺路石？每个人的答案都不同。然而，不论你持有何种看法，在这个越来越眼球化的社会，在职场竞争激烈程度已经被渲染到无可复加地步的现在，职业形象已成为竞争中重要的附加因素是众所周知的事实。据著名形象设计公司英国CMB对300名金融公司决策人的调查显示，成功的形象塑造是获得高职位的关键。另一项调查显示，形象直接影响到收入水平，那些更有形象魅力的人收入通常比一般同事要高14%。由此可见，一个人，尤其是职场人士的形象将可能左右其职业生涯发展前景，甚至会直接影响到一个人的成败。

西方哲学史中著名学者亚里士多德就曾说过："美是比任何语言都有用的推荐信。"那么，我们就来好好"书写"这封"美丽"的推荐信吧！

7.1.1 什么是职业形象

在生活中，你留给他人什么印象？在公共场合中，你的衣着是否得体？在与人交往中，你的言谈举止是否恰当？等等，这些都属于形象问题。生活中我们都在有意无意地塑造和关注着形象，那么，职业形象到底是什么呢？

其实，职业形象就是指职业人在工作岗位上给他人留下的印象以及获得的评价。职业形象主要通过仪表、服饰、言谈、举止等直观感觉展现出来，是一个综合的全面素质，一个外表与内在结合的、在流动中留下的印象，是一种值得开发、利用的个人潜能。

作为在校的大学生，不可避免地要迈出求职这一步，告别校园，步入社会，展开人生的另一页。那么，在谈职业形象之前就让我们先来为自己的形象评评分吧。

小测试 7-1

1. 您家来了不认识的拜访者。您在同来访者的初次见面中感受如何？(　　)。

A. 我很高兴见到了一个不认识的人

B. 我猜测着可能是一个什么人

C. 我感到自己的平静受到了打扰

2. 早上起床以后，(　　)。

A. 我喜欢穿着浴衣、家居服或慢跑或到处走

B. 我先打扮一番

C. 我有时候穿着整洁，有时候穿着邋遢——依我的情绪而定

3. 有人问您："您怎么样?"您一般会回答（　　）。

A. "谢谢——和平时一样。"

B. "谢谢，不错——您怎么样?"

C. 您说出您当时的真实感受

4. 您认识一个人向他讲述您的熟人，一般您会先从您的哪位熟人开始讲起呢？(　　)。

A. 从富裕、有趣和重要的人开始讲起

B. 从单纯、坦诚和快乐的人开始讲起

C. 从生活中有问题的人开始讲起

5. 您在受到邀请时一般怎样穿着？(　　)。

A. 经常比别人穿得随便

B. 和大多数人穿得一样好

C. 比大多数人穿得好一些

6. 在与人进行重要的谈话时，你(　　)。

A. 始终看着对方的眼睛

B. 大多数时候越过对方看别处

C. 有时这样，有时那样

7. 如果一次谈话停顿了，(　　)。

A. 我经常是那个先开口说话的人
B. 我经常提出问题，或者给出一个话题
C. 我不觉得偶尔沉默是什么了不起的事情
8. 您现在穿着的鞋子（　　）。
A. 很时髦，很时兴
B. 很舒适
C. 很正式的，但不是最新的款式
9. 当您的朋友或者亲戚偶尔行为不当时，（　　）。
A. 我很宽容大量地忽略这件事
B. 我当时就指正他们的行为
C. 我事后向他们提出这件事
10. 一个使人厌倦的人在讲述一个很没意思的故事，您有何反应？（　　）。
A. 我假装很感兴趣
B. 我尽快地打断他
C. 我感到很无聊
11. 您是否准时？（　　）。
A. 我总是很准时——除非有什么重要的事情耽搁了我
B. 我总是很准时——除非我很不喜欢我将要见的人
C. 我总是很准时——除非发生了意外
12. 您对别人做出一副（　　）的表情。
A. 坦率而友好的
B. 感兴趣的
C. 容光焕发的
13. 当别人做出一副怎样的表情，（　　）。
A. 我总是认真地听
B. 我试图仔细倾听，可有时候我做不到
C. 我经常走神
14. 我对名字（　　）。
A. 能够很好地记住他们
B. 我只能记住我喜欢的人的名字
C. 不能记得很清楚；我总是需要把它们写下来，以免忘记

◎ **结果分析：**

选择A最多：你能给人留下很好的第一印象：有礼貌，很友好。你的举止对于第一次与你见面的人来说是模范的。你不喜欢出风头，而是给他人空间。但是你仍然总是“情况的主人”。因为你的礼貌，你当然也就能够使他人在你面前也具有良好的举止。

选择B最多：你给人留下很好的第一印象——但并不是因为你很重视礼貌和习俗，而是因为你没有其他人那么拘谨。你是一个内在很自由的人。其他人可以感受到这一点，他们感到很自然，会很快地把顾虑放到一旁，并且在你的面前不再用形式和客套的话来掩饰

自己。你给别人的第一个好印象首先来自于你能够唤起他人的好感。

选择 C 最多：有时你在给别人留下真正的好印象方面有一点困难。但是别害怕，你会给人很好的第二印象。开始的时候，你总是有一点拘谨和犹豫。那些字斟句酌的客套话总是很少从你的嘴里说出来。你总是更倾向于进行理性的、严肃的交谈，而不是闲聊。这时你能够很快地说服其他人，人们也会对你产生好印象。至于随便的聊天和无意义的争论，你也应该去尝试。闲谈也能够很快变成一次很好的交谈。

7.1.2 塑造职业形象的意义

职业形象设计的目的不是“为了漂亮而穿着”，也不同于舞台艺术，不同于时尚，更不同于别出心裁的奇异、古怪。职业形象是为了辅助事业的发展，展示给人们自己的力量和成功的潜力。在今天这个飞速发展的高科技时代，人们有机会通过电视等媒体接触世界，因此，“职业形象”也变得比任何时候都要重要。

案例 7-1

10 分钟的面试

张先生去一家知名的杂志社面试，进了这家单位，将意味着他达到同样的成绩要比在现公司将少奋斗 5 年，所以，他相当重视他的这次人生的又一抉择。临行前，他特意找到在这家单位工作的一名曾经的同窗好友，问她为这次面试他可以准备些什么。好友的回答让他不知所措：这家单位的面试总共就有 10 分钟，应该没什么准备的。张先生不解，10 分钟怎么够，还没介绍完自己、证明自己的能力就结束了。作为一家著名的杂志社，怎能这么不负责任呢？

好友笑道：其实 10 分钟就够了，从应聘者走进单位的大门，敲门进入主管的门，有礼貌地问声“你好”，开始做个简短的自我介绍，也就 5 分钟的时间，再回答几个主管的问题，总共也不超过 10 分钟。而这 10 分钟的时间就足以判断你是否符合单位的基本标准。

有 10% 的人去面试衣装不整，表明对他人缺乏应有的尊重；有 5% 的人进门不懂得敲门；8% 的人连句“你好”也没有，便单刀直入地推销自己……像这些人连 10 分钟也不用，也就一两分钟就被淘汰出局。因为他们缺乏最起码的修养。

张先生听了，倒吸了一口气，原来最容易被人忽视的一言一行成了他人衡量人的基本标准之一。

◎ **点评：**

正如故事告诉我们的一样，一滴水折射太阳的光辉，10 分钟衡量一个人的修养。亲爱的大学生们，我们的形象正是这样，在不经意间展现出我们的内在，左右着他人对我们的评价。请记住，从你踏入职场的第一步开始，你的形象就不再只是个人的事情，它已经成为你生活、工作中不可或缺的一部分，它不仅可使你在激烈的职场竞争中胜出，更可以潜移默化地在你的心中树立成功的信念，成为你成功的铺路石！

具体来说，塑造职业形象的意义包括以下四个方面：

1. 职业形象是增强自身竞争力的需要

有研究称，1/10 秒就可以决定个人在他人心目中的第一印象，当人们看到一位新人时，在 100 毫秒后，就会做出关于这个人的吸引力、亲和力、信任度、进取心和能力的看法，即使再给更多的时间，人们也不会改变自己最初的看法，反而对自己的判断更加自信。这种情况在心理学理论中常被称为“晕轮效应”。

而在求职过程中，这种“晕轮效应”就显得更加的尤为突出，因此有人也将这重要的时刻称为“生死时刻”。而良好的职业形象不仅对在充满激烈挑战的职业领域中工作的朋友们，具有极大的帮助，也是各位初入社会的大学生们度过这“生死时刻”的通行证，它往往比一个人的档案、介绍信、证明、文凭等的作用更直接，更能产生直观的效果，对增加自身竞争力有着不可忽视的作用。必须记住的是，决定我们“生死时刻”的第一印象只有一次，无法重来。

小贴士

形成第一印象的过程

①性别—②年龄—③外表—④脸部表情—⑤视线—⑥态度—⑦声音—⑧谈话内容—⑨行为举止。

2. 职业形象是自尊自爱的需要

一个成功的职业形象，展示给人们的是自信、尊严、力量、能力，它并不仅仅反映在对别人的视觉效果中，同时它也是一种外在辅助工具，职业形象让你对自己的言行有了更高的要求，能立刻唤起你内在沉积的优良素质，通过你的穿着、微笑、目光接触、握手，一举一动，让你浑身都散发出一个成功者的魅力。所以仪表端正大方、整齐美观，既体现了一个人的精神风貌，也是自尊自爱的表现。

3. 职业形象是尊重他人的需要

其实注重形象不仅是个人的问题，它也是讲究礼节礼貌的表现，也是对他人的一种尊重。整洁的服饰，生气勃勃的精神面貌，在很大程度上起到了调整人际关系、建立良好的第一印象的作用；同样，衣冠不整、不修边幅，会被人们认为是作风拖沓、生活懒散、社会责任感不强，难以得到人们的信任。

4. 职业形象是工作的需要

随着经济的飞速发展，企业面临的竞争强度空前增大，如何在纷繁复杂的环境中生存与发展是每个企业思考的问题。除了完善的管理制度，独到的营销手段等方式外，对企业进行“包装”，建立良好的企业形象也已经被列入增强竞争力的资本之一。而塑造良好的企业形象最基本也最有效的方法就是开展全员公关，要求每一个员工为塑造良好的企业形象而努力。所以，人们的个人形象在很大程度上代表了企业的形象，直接体现了企业的整体素质和管理规范，职业形象也成为人们工作的需要。

7.1.3 职业形象的构成要素

古人说：“诚于中而形与外。”优秀的职业形象设计，不仅仅是简单地搭配衣服，还应该唤醒一种职业意识，一种职业精神，建立寻求卓越的职业理念，领悟透彻的职业哲学，培养高尚的职业品位。同时，良好的职业形象还应是内在美与外在美的完美统一，是一个人的仪表姿态、学识修养、个性心理和语言风格、行为举止等诸多因素的总和。

闪光的东西不一定都是金子，美好的外在形象固然能给人留下一个好印象，但若没有人格、情操、修养、智慧、才能等内在形象作基础，那也只是肤浅的装饰，反而给人轻浮寡德的印象，只有两者兼具，才能做到真正的表里如一，卓尔不凡。

1. 外在形象

外在形象主要是指呈现在人体外部，可以通过视觉直接感知到的部分，包括发式、面容、服装、配饰等要素。

2. 内在形象

内在形象主要是指仪态举止和言语谈吐，是人的行为举止的统称，包括站姿、坐姿、走姿、气质、风度、声音、谈吐等。

小测试 7-2

每个人都需要了解自己的形象，对那些危害自己职业前程的形象问题有一个清醒的认识。如表 7-1 所示，让我们给自己打分，看看对自己职业形象的哪些方面感到满意，哪些方面需要改进。

表 7-1

形象要素	较差	一般	较好	一流
衣着及个性	□	□	□	□
音质	□	□	□	□
举止风度	□	□	□	□
社交礼仪	□	□	□	□
就餐礼仪	□	□	□	□
眼神交流	□	□	□	□
握手姿势	□	□	□	□

续表

形象要素	较差	一般	较好	一流
坐立姿势	□	□	□	□
交流技巧（包括写作和语言表达能力）	□	□	□	□
边幅处理（头发、皮肤、手等）	□	□	□	□
行为方式	□	□	□	□
健康状况	□	□	□	□

◎ **结果分析：**

得分标准依次为0、1、2、3分，所有单项分值相加便是你的总分。

如果总分低于8分，可以说，你的形象对你很不利。

如果总分在9~12分之间，那么你处于一般水平。你很少冒犯他人，但同时你的上司对你也不会重视。

如果总分在13~24分之间，那你是有希望的，但你的形象可能缺乏全面性——某些方面很好。

如果你的总分为25~36分，说明你已意识到形象的重要性，并且一直在努力改善。

无论你得了多少分，你现在都应该对自己存在的弱点有更清醒的认识。如果你能改善弱点、发扬长处，你就能拥有一流的形象。

3. 职业形象的基本原则

塑造良好的职业形象应考虑到符合自己的职业气质、个人年龄、办公环境、工作特点与行业要求等因素，做到既尊重他人又展现自我，具体可以分成以下几点：

（1）符合职业身份

在人们心目中，许多职位已经被贴上了行业标签，形成一种思维定式。比如：教师、警察、律师、医生等，一提及这些行业人们的脑海里就会自然地浮现出某些固定的形象。因此，你的形象一定要与你的身份相符，突出你的专业性，让人们通过你的形象就能对你所从事的行业有所了解，并对你的专业能力表示认同。

（2）符合企业形象

一般来说，企业或者公司为了反映良好的公司形象，通常都会要求员工注意自己的仪表，他们认为“没有一个良好的仪表，就没有一个良好的工作态度”。因此，在塑造职业形象上一定要考虑到与企业的整体相一致，包括你的观念、气质、行为和外表，所有的要素都必须与企业统一，形成一个整体，不能相互矛盾。

（3）符合个性特征

人们的职业形象除了符合职业与企业的要求外还应突出自己的个性，根据个人的性格特点选择适合自己的风格，展现出属于自己的独特的个人魅力。

小贴士

良好职业形象的总体要求

仪容端正，举止大方；	遇事稳重，不卑不亢；
态度和蔼，待人亲切；	服饰整洁，搭配合理；
淡妆素抹，打扮得体；	言行得当，彬彬有礼。

7.2 职业形象的外形塑造

"职业形象外形的塑造，其实就是目前许多人所理解的职业形象塑造。"虽然这个观点可能以偏概全，但足以见职业外形塑造的重要性。

其实人有高矮胖瘦和美丑之分，职场并非选美赛场，不以旖旎妩媚取胜，而是以专业成熟干练见长。对于初涉社会的大学毕业生来说，如何将"学生气"与"职业感"完美结合，表现出干练的职业感是一个重要的课题。其实，职业形象并不等于全部抹杀自己的"学生气"。事实上，要想在言谈举止上表现得像工作经验丰富的成熟职业人是不现实的。正确的做法是在保留自己清纯的"学生本色"的基础上，通过服装、发型、化妆和言谈举止的训练，尽可能地表现出自己稳重、干练的特点。

如何迅速褪去稚气并非易事，往往需要伴以心智的成长。但是相辅相成，职业外形的塑造也可以加速心智成长。因此，人们是需要根据一些职场惯例来打造个人外形的，起码不要成为职场异类。

案例 7-2

我把机会丢了

张××去应聘某酒店的客户经理，虽然只有 3 个岗位空缺，而应聘者却多达 100 余人，但他还是觉得自己稳操胜券。因为他有过类似的实践经验，在学校负责过校学生会的实践工作，是公关部部长，同时还拥有相关专业的本科文凭。

面试时，主考官与他谈了很多，从客户关系到增值服务区域，从饭店管理到旅游和饭店业的关系。"我们双方交流得很好，他们对我的知识和经历也很满意。我想，这是一次成功的求职。"面试后，他不无得意地说。

谁知，当他第二天兴冲冲赶到酒店后，竟发现自己"榜上无名"。他越想越不服气，忍不住找到面试他的考官。

"你的着装太让我失望了，我们不可能把一份关乎酒店形象的工作，交给一个看上去这么随随便便的年轻人。"那位考官毫不客气的说道："你看，你还穿着上次面试时的衣服——T恤、牛仔裤和脏球鞋！"

◎ **点评：**

在张××的经历中，我们不难看出，许多人力资源部门在招聘员工时，对应聘者职业形象的关注程度比重都很大。因为他们认定，那些职业形象不合格、职业气质差的员工不可能在同事和客户面前获得高度认可，极有可能令工作效果打折扣。

然而，许多大学生却对此存有误解，在面试中存在一些错误趋向，一些人过于注意着装、修饰细节，或是服装款式、色彩夸张，给考官留下油头粉面或浮华不实的印象。还有一部分人不注意细节，如发式、鞋与衣服不配套，或西服标签不去掉等，这些都会影响给考官的第一印象。

1. 职业着装的基本原则

服装是一种有生命力的东西。它在向社会中的其他成员传达出这样一种信息：我的个性是什么？我有什么样的魅力？我是什么职业？等等，服装可以把我们的风度、气质、个性在不同场合、不同气氛、不同职业的人群中毫无掩饰地展现出来。

人人都会穿衣，但这并不表示人人都会正确穿衣，尤其是职业着装。不少人盲目模仿别人，殊不知模仿会掩盖自己的个性风采；不少人盲目追求名牌，却不知名牌并不是良好形象的绝对保证。确切地说，服装只是修饰自身形象的方法，它也有其一定的规则。那么在职业形象的塑造上，人们的着装应遵循以下三个"A"原则：

（1）Aesthetics（美观）。能衬托你的身段和肤色，颜色、质地、纹理上下彼此和谐。

（2）Appropriateness（合适）。想一想要赴会的场合、时间、地点、天气、文化及要会面的人对你的期望。

（3）Attitude（状态）。你的穿着将尽显你自己、公司和所从事的工作的状态。

由此可见，塑造良好的职业形象，应考虑到符合自己的职业气质、个人年龄、办公环境、工作特点与行业要求，切不可肆意妄为。特别是要参加面试的大学生们，更应该在遵循行业标准的基础上，针对不同的场合采用不同的表现方式，做到既尊重他人又展现自我。

2. 各种职位与角色的着装类型分析

（1）从政阶层/公众人物/企业家/政府公务员/经理

类型特点：理性、成熟、平易近人、兼顾大局。

职业要求："百姓以衣食为天，官员以衣装为尊，得民心者得天下，得体着装者得信任。"这里讲的得体着装并不意味着你非穿顶级名牌不可，但要以适合自己的身份为主，成功的穿着不仅成为人们身份、地位的象征，同时还代表了一个群体或组织的形象。

着装要点：以穿保守的、上等的服装为主，表现权威感的外观。政府公务员的着装则要根据自身的经济水平及场合的需要来把握。

（2）行政人员/人力资源管理

类型特点：亲切、理性、成熟。

职业要求：假如你参与竞争的岗位是行政管理，这就与一般职员有所不同，你必须在整体形象装扮中充分展示出自己的专业素质和以沉稳个性、庄重成熟为主题的风格，还要考虑现代人的人事管理。现代人力资源公司已经不同于过去，现代人力资源拒绝严肃，转而以亲切的态度待人。但人力资源的工作毕竟重心在于管理，所以你的着装还需要有一定的威信度。

着装要点：不一定要很时髦，却一定要大方，甚至略微显得成熟一点也无妨。款式和色彩宜取中庸格调，面料做工一定要讲究上乘，切忌前卫样式、幼稚轻浮和粗糙做工。

（3）文员/秘书/公关/咨询

类型特点：甜美、活泼、优雅、精致。

职业要求：穿着时尚优雅，举止有分寸的秘书就像一缕清风，不仅是老板的好助手，也会得到同事们的一致欢迎。

着装要点：注意裁剪简洁、工艺精良、无须多余的装饰，但注重细节处的手工制作。突出你的个性风格，但要避免过于孩子气或过于成熟性感的服装。

（4）企宣外勤人员

类型特点：青春朝气、敏捷干练。

职业要求：与一般职员不同，企宣人员是最会“修辞粉饰”的一群人。他们的一大特点就是“自来熟”，从某些方面看，企宣人员与销售人员有些类似，不同的是他们经常接触媒体，说话必须很会掌握分寸，往往自然而然地带有一些“贵族气”。

着装要点：做企宣的人不仅说话要按照公司的方式说，甚至着装也要按照公司的风格打理，既要职业化又要时尚化。

（5）广告/创意/设计

类型特点：自由、创意、个性、艺术化。

职业要求：这是一种兼顾艺术才气与脑力创造的工作。无论在广告/服装公司、旅游/新闻出版公司还是网络公司，设计人员都是令人羡慕的“艺术家”。

着装要点：无论是服装设计师还是广告公司的平面设计师，工作都比较有随意性，老板可以容忍他们的个性，比较看重其才气和灵感，所以，他们的穿着原则是舒适自然或体现自身个性，让他人认同你具有的创作激情和浪漫艺术气息。

（6）销售/保险/广告/业务

类型特点：明媚、善解人意、令人信任。

职业要求：这些行业不仅要靠一张巧嘴，还要加上令人赏心悦目的装扮，做一个很好的倾听者比伶牙俐齿更重要。可以与各种各样的人成为谈得来的朋友，是便于你与人沟通的武器，同时还要注意处处彰显出你成熟和值得信赖的专业形象。

着装要点：亲切大方的第一印象对于沟通很重要，同时你在公司里是时间不是很多，经常在外面奔波，所以穿着要考虑便于外出和活动，另外，你代表着公司的形象，所以着装要注意与公司文化氛围相一致，在穿着上应简洁大方，避免新潮前卫的装束。

（7）金融/银行职员/财务人员

类型特点：简洁干练、专业细致。

职业要求：细致而安静是人们对这类人员一致的看法，他们必须有严谨的工作作风，一丝不苟的工作态度，个性并不张扬，却以认真、干练、含蓄的风格得到人们的尊重和信任。

着装要点：线条简单的服装会给人一种舒服及可信的感觉，选择古典式独特风格的装扮最为理想。在色彩搭配上采用中度中性色，给人亲切友好的印象。切忌装饰繁琐或色彩杂乱的服装，不仅不利于自身保持头脑冷静，也会引起他人心理浮躁。

（8）社会服务业/医疗/律师/教师

类型特点：开朗、善良、睿智、严谨、诚信。

职业要求：专业、干练、高效、卓越不凡是这一类专业人士的独特印象，他们是处事认真、有条理、讲究效率且毫不沉闷乏味的形象。

着装要点：需在整体装扮中充分展示自己的专业素质和沉稳个性，以庄重和成熟为主题，高品位与务实并重。衣着要整洁得体，举止要和蔼可亲，展现干净清爽、风华内敛、有条理、有教养、表里如一的品质。避免穿着色彩夸张、华丽张扬，给人浮华浅薄印象的服饰。

3. 女性、男性的着装方案

（1）女性着装方案

在一场没有性别区分的职场竞争中，干练精明，平时工作中有张有弛，敏锐、聪明是职场女性赢得男性同事青睐的重量级武器。优秀的职业女性认真投入工作，更不应忽略良好的职业形象，白领丽人，带给职场的不仅是美丽，更是魅力。她象征着温柔的东方性格，更代表自信、自尊、自强的气质，美好的形象永远会为你的工作能力加分。

1）女性职业着装的基本原则

①端庄稳重。随着社会经济、文化的发展，穿着如何得体适度已成为一门大有可为的学问。就寻职或在职的女性而言，服饰穿着首要的是讲求端庄稳重。打扮过于时髦的女性，并不能给人以好的印象。人们对服饰过于花哨怪异者的工作能力、工作作风、敬业精神、生活态度等，一般都持有怀疑的度。值得强调的是，目前女装款式中，裙式装已被公认为最恰当的职业女装。它既不失女性本色，又能切合庄重与大方的原则。除了特殊情况外，职业女性在公共场合或在上班时穿此类裙装都非常合适。

②根据职位选择服装。职业女性穿着的第二个原则是穿着的方式，是依照自己希望获得的职位为标准，而不是依照自己目前的状况而定位。这项原则经常被人忽略。

有些工作，由于其性质或公司的要求，穿一身职业套装显得没有必要或不太合适，例如幼儿园阿姨、摄影师、雕刻家或诗人，就不需要老穿着职业套装。但是，以便装为主的工作服，仍然需要穿着潇洒，并与所从事的工作相匹配，千万不要邋遢不整。一个由几件精心挑选的衣服组成的着装，比一大堆皱皱巴巴的西服或穿了又穿的上衣或穿着有失身份的过时衣服，要强得多。

2）常见女性职业着装误区

①过分时髦。现代女性热衷流行的时装是很正常的现象，即使你不去刻意追求，流行也会左右着你。流行的东西是因为它美才能被人们接受，但这种美并不等于所有场合下都能收到如意的效果。在公司里人们的美主要体现在工作能力上，而非赶时髦的能力上。一个成功的职业女性对于流行的选择必须有正确的判断力，不能盲目地追求时髦。

②过分暴露。夏天的时候，许多职业女性不够注重自己的身份，穿起颇为性感的服饰。这样你的智慧和才能便会被埋没，甚至还会被看成轻浮。因此，再热的天气也应注重自己仪表的整洁大方。

③过分潇洒。最典型的样子就是一件随随便便的T恤或罩衫，再配上一条脏脏的“破”牛仔裤，丝毫不顾及办公室的原则和体制。这样的穿着可以说是非常不合适的。

④过分可爱。在服装市场上有许多可爱的款式，也不适合工作中穿着。这样会给人不稳重的感觉。

⑤过分装饰。各种琳琅满目的装饰品常令女士爱不释手，因此在着装时尽可能进行装饰，认为装饰物越多、越豪华就越美观，如将衣服上缀满珠子、亮片、丝带、花饰等，同时戴上许多金银首饰，这样过多的装饰显得媚俗，所以衣服的装饰应建立在简洁明快的基础上，只有适当的点缀才能起到良好的衬托。

（2）男性职业着装方案

任何时代，成功永远是男人终其一生所追求的目标。虽然精致的衣着不代表成功，但成功的男人除具有良好的学识、开拓的理念外，一套精良得体的包装也是必备的。因为要成功地进行商务交往，整洁、高雅的着装不但会增添男士的翩翩风度，给人以信任感，更重要的是代表公司的集体外在形象和素质。然而由于职业的特性和男士较保守的观念，职业男士注重的目标比较一致，即西装、衬衫、领带和皮鞋等，同时也形成了各自的流行“习惯”，这些习惯往往又与各自行业的特点有关。

1）男性职业着装的基本原则

①整体性原则。整体性原则最重要的一点是整洁的着装，整洁的衣着可以表现出积极向上的精神状态。衣着整洁，除了体现对相互交往的重视程度，还显示出交往的文明与修养的水平。个性原则是指根据不同年龄、身份、地位、职业与社会生活环境，来确定服装款式、面料、色彩与装饰物，只有个性化的服装，才能与个性和谐一致，在交际活动中充分展示个人的礼仪风范。着装也是民族和文化的个性反映。

②和谐性原则。在正式交流中，着装的和谐性是最高原则。着装要与生活环境和谐。在特定的礼节性场合，如正规的会议、礼宾活动、谈判、典礼等，应穿礼服或深色西装。在正式场合穿西装时必须打领带，但外出旅游，则不打领带更自然。此外，着装还要与形体和谐，与装饰和谐。

2）男性面试职业着装技巧

①西服要得体。西装是一种国际性服装，也是面试时男生最保险的着装。一套合体的西装，可以使穿着者显得潇洒、精神、风度翩翩。但穿着西装时还应注意以下事项：

第一，面试时穿着的西装应保持同色配套，并且面料最好以深色或深蓝色为主。避免穿着过于老旧的西装。

第二，西装袖子的长度以到手腕为宜，西装衬衫的袖长应比西装袖子长出1~2厘米。

第三，穿着西装，在较隆重的场合必须系扣，如果穿双排扣西装，纽扣一定要全部扣上；单排扣的西装在正式场合须扣上一个；两粒扣的西装应扣上不扣下；三粒扣的西装应扣中间一粒。

第四，西装的衣袋和裤袋里，不宜放太多的东西，显得鼓鼓囊囊。也不宜把两手随意插入衣袋和裤袋里。

第五，西装的袖口和裤边不能卷起。

第六，衬衫领开口、皮带袢和裤子前开口外侧应该在一条线上。

②衬衫要理想：

第一，衬衫最好是长袖。

第二，在颜色上一般首选国际化的白色、淡蓝、中蓝等单色。

第三，衬衫最好不带图案，因为可能有些面试者会认为这代表有个性、成功以及自信，而有些人则认为这是炫耀，甚至有点粗俗。

第四，衬衫要熨好。

第五，衬衫袖口应该略长于外套 1/2 厘米，外套袖口到大拇指尖应该保持 1/4 厘米，衬衫袖口到大拇指尖保持 3/4 厘米。

第六，领圈要留一定的空隙，90%的男士领圈都绷得紧紧的，这样显得很臃肿。

第七，脖子短的人应该选择低领衬衫，长脖子应该选择相对高一点的领子。

③领带要选好。人们曾经有一句话：女人的时装永远少一件。女同志总觉得自己的衣服不够穿，时装总是少一件。同样的道理，男人的领带也永远少一条。其实在比较重要的场合，男人打领带是非常重要的一种礼貌。领带可以使一套昂贵的西服显得很廉价，也可以使普通的穿着提高一个档次。

第一，领带最好在材质和风格上与已有的西装、衬衫相匹配。

第二，领带的长度以至皮带扣处为宜。值得提醒的是，最好不要使用领带夹。因为使用领带夹只是亚洲少数国家的习惯，具有很强的地区色彩，不是国际通行惯例。

第三，领带的宽度应随衣服款式的不同而不同。穿西服时，正规的着装规则是领带宽度要接近西服翻领的宽度。

第四，领带图案的选择要慎重，如立体形、条纹领带、印花绸及不太显眼的蜗旋纹布等都是可以接受的。值得一提的是行政主管们一般喜欢立体宽条纹领带，因而这种布料被称为“权力条纹”。

④皮鞋要擦亮 。注意使你的鞋面保持锃亮，鞋跟要结实，破旧的鞋跟会使人显得疲软而萎靡，系带的皮鞋一定要检查鞋带是否干净且系紧了。松开或未系的鞋带会给你带来不安全感甚或可以将你绊倒。另外，切勿把黑鞋与棕色西装搭配，这样会十分不谐调。

⑤袜子要够长。如果你选择的是一双鞋面较低的无带鞋，袜子的颜色一般应与裤子同色系，和西服相配。通常应选蓝、黑、深灰或深棕色，不要穿颜色鲜亮的或花格袜子。袜子要够长，使你在叠起双腿时不致露出有毛的皮肤，这样十分不雅观。而且要有足够的弹性，使它们不会从腿上滑下或缩成一团。

总之，着装是为了表达一种气质，但我们应该知道职场并不是争奇斗艳的舞会，“人靠衣服马靠鞍”的前提是只有你穿得对，在符合公司和职业特点的基础上，才能穿出你独特的个人风采，而且得体的职业形象不只是外包装，它是每个人语言、表情、行为、环境、习惯等综合因素的体现，只有平时注重自身的知识储备和能力积蓄，才能随时随地做到气质独特、卓越不凡。

7.3 职业形象的行为提升

莎士比亚说过：“玫瑰是美的，更美的是它包含的香味。”我们的职业形象也是一样。良好的外在形象固然重要，可以直接影响到别人的好感与评价，但自身的内在美也不容忽视。只有外在与内在完美统一，才能做到真正的表里如一，秀外慧中。

案例 7-3

天使与恶人

有一位画家有一回为了画一幅天使图而到处寻找模特。在一个偶然的机会里，画家发现了一位少年，这位少年不论是容貌、举止都像天使一般，画家就以这位少年为模特画了一幅天使图。

过了20年之后，这位画家欲找寻一位相貌凶恶的人做模特。在四处找寻之后，画家找到了一位模特。当画家拿起笔要作画时，这位模特说："你不记得我了吗？画家先生！"

画家早已想不起来了。

这个人说："大约是20年前吧！你也找我做模特画了一幅画。"

原来天使和恶人是同一位模特。

◎ **点评：**

虽然我们的相貌是天生的，无法改变，但却可以通过其他外在的因素来改造自己的形象。正如故事中所说的少年，虽然他的相貌没有大的改变，但他的其他因素，比如面部表情、言谈举止等却发生了很大的变化，从而使他的整体形象也有所转变，以至于由天使变成恶人。

7.3.1 语言的魅力

语言作为一种表情达意进行社会交际的工具，不仅是人际交往中的一种沟通方式，更是一个人内在气质的言语表现，以及自身涵养的外化。俗话说："良言一句三冬暖，恶语伤人六月寒。"同样是言语，却给人截然不同的感受，语言将直接影响到他人对你的评价。由此可见，语言谈吐在塑造形象中所起的作用是何等重要。

(1) 声音的魅力

每个人的声音都是有感情的，也是有色彩的。而如何让自己的声音富有吸引力，展现出独特的个人魅力，也是一门艺术。

1) 注意音调的高低变化

无变化的声音是单调的，如同催眠曲，令人进入精神抑制状态，更达不到讲话的目的。因此，在与人交谈时，人们应根据谈话内容的变化，适当调整音调的高低，给人抑扬顿挫，高低变化的感受。

2) 控制好音量

谈话时，音量的控制也非常重要。太大的声音会让人反感，以为你在那里装腔作势；音量太小会使人听不清楚，以为你怯懦。一般来说，人们应根据听者距离的远近来调节自己的音量，达到最适合的状态。

3) 注意说话语速

说话时一直保持同一种语速会使人产生听觉上的疲劳，容易昏昏欲睡，打不起精神。

因此，在与人交谈时，人们应把握说话的语速，不要太快或太慢，应追求一种有快有慢的音乐感。在主要的语句上放慢速度以示强调，在一般的内容上稍微加快变化。

（2）语言谈吐的基本修养

1）准确

在人们与他人的交流过程中，语言的准确是一项基本要求。它包括两个方面的内容：发音的准确、措词的准确。

①发音的准确。普通话是我们的国语，也是全国通用的规范语言，但由于我国是一个多民族的国家，因为地域不同，地方方言也很多，难免会带一些地方口音。所以，在交谈中消除语言障碍，保持准确发音是人与人交流的第一步。

②措辞的准确。中国的语言博大精深，同样的意思可以通过多种措辞来表达，一个词也可能包含多种意思。因此，在交谈中人们应注意措辞的准确，避免歧义造成不必要的困扰。

2）清晰

人们交谈中，说明白、说清楚是有效交往的前提。口语的特点就是传播速度快，留给人们记忆中的时间比较短暂，容易模糊。所以，这就要求人们在交谈时力求表达简练、清晰。

3）礼貌

礼貌，是语言谈吐的更高要求。孔子曰：“文质彬彬，然后君子。”尊敬礼貌的用语，会进一步提升你的个人魅力，为你带来意想不到的好运气。

4）幽默

幽默是与人交流的润滑剂，也是一种豁达的人生态度，幽默建立在说话者思想健康、情趣高尚的基础之上。虽然人们不能苛刻地要求幽默的语言都要有深刻的思想意义，但一定要健康，切忌庸俗、轻浮，更不能混同无聊的调笑。

（3）说话的艺术

1）针对对方的特点

有人说“和聪明人说话，须凭见闻广博；与见闻广博的人说话，须凭辨析能力；与地位高的人说话，态度要轩昂；与有钱的人说话，言辞要豪爽；与地位低的人说话，要谦逊有礼”，这正说明与人交谈时，要看对方的性格特点，不同特点的人在与其交谈的说话方式上也应各不相同。

2）重视对方年龄的差异

每个人由于年龄的差异，在思维方式及言语表达上也会有所不同，因此，在与人交谈时，还需根据对方的年龄采取不同的态度及不同的语言表达方式。

3）考虑地域的差异

对于生活在不同地域的人，所采用的说话方式也应有所差别。

4）文化程度的差异

一个人的文化教养与理解说话的能力密切相关。这就要求说话时要善于根据对方知识水平选用合适的话语表达。

5）兴趣爱好的差异

凡是有兴趣爱好的人，当你谈起有关他爱好这方面的事情来，对方都会兴致盎然。因此，从对方的兴趣爱好入手，会为人们进一步的交谈带来意想不到的效果。

（4）提升语言魅力的六大要领

1）善于运用身体语言

人们在交谈时往往会伴随着做出一些有意无意的动作举止。必须意识到，这些举动都在说话，人们交谈时的动作举止是对谈话内容和谈话对象的真实态度的反应。所以，善于运用自己的身体语言是在与人交谈时能运用的制胜法宝。

2）做到表里如一

语言是人们内心世界的表现，一个人的教养和为人在交谈中会自然流露出来。所以我们要想在交谈中给人留下好印象，还应加强对自身内在修养的提升，做到表里如一。

3）善用眼神

交谈时目光应专注，或注视对方，或凝神思考，从而和谐地与交谈进程相配合。眼珠一动不动，眼神呆滞，甚至直愣愣地盯视对方，都是极不礼貌的。目光游离，漫无边际，则是对对方不屑一顾的失礼之举，也是不可取的。如果是多人交谈，就应该不时地用目光与众人交流，以表示交谈是关于大家的，彼此是平等的。

4）先听后说

倾听是与交谈过程相伴而行的一个重要环节，也是交谈顺利进行的必要条件。人们在与人交谈时务必要认真聆听对方的谈话内容，并用表情举止予以配合，从而表达自己的敬意，并为积极融入到交谈中去做最充分的准备。切不可追求“独角戏”，对他人发言不闻不问，甚至随意打断对方的发言。

5）集中精力

集中精力与人交往能够表明你的真诚，一个运用全部力量来与人交往的人宛如一个巨大的磁场，会把他人牢牢吸引住。别人可以不同意你的观点，却无法怀疑你的信念和真诚。

7.3.2　优雅的仪态举止

（1）正确美观的站姿

站姿，又称立姿，是指人在停止行动之后，直着自己的身体，双脚着地，或者踏在其他物体之上的姿势。站姿是人们平时所采用的一种静态的身体造型，同时又是其他动态的身体造型的基础和起点。

1）正确的站姿要领

平肩，直颈，下颌微向后收；两眼平视，精神饱满，面带微笑；直立，挺胸，收腹，略微收臀；两臂自然下垂，手指自然弯曲；两手亦可在体前交叉，一般是右手放在左手上，肘部应略向外张。男性在必要时可单手或双手背于身后；两腿要直，膝盖放松，大腿稍稍收紧上提，身体重心落于前脚掌；双腿分开，与肩同宽；站累时，脚可向后撤半步，但上体仍须保持正直；男子站立时，双脚可微微张开，但不能超过肩宽；女子站立时，双脚应呈“V”形，膝和脚后跟靠紧，身体重心尽量提高。

2）工作场合的五种站姿

①自然垂手站姿。

②前交手站姿。女性两脚尖略展开，一脚在前，且后跟靠近另一脚内侧前端，重心可于两脚上，也可于一只脚上，通过重心的转移减轻疲劳，双手仍在腹前交叉。

③后交手站姿。脚跟并拢，脚尖展开60°或70°，挺胸立腰，下颌微收，双目平视，两手在身后相搭，贴在臀部。

④单背手站姿。两脚尖开90°，左脚向前，将脚跟靠于右脚内侧中间，呈左丁字步，身体重心于两脚上。左手背后，右手下垂，呈左背手站姿，同样的，相反在脚位和手位可站成右背手站姿。

⑤单前手站姿。两脚尖开90°，左脚向前，将脚跟靠于右脚内侧中间，左手臂下垂，右臂肘关节屈，右前臂抬至横隔膜处，右手心向里，手指自然弯曲，成右前手站姿，同样的，相反在脚位和手位可站成左前手站姿。

总之，站的姿势应该是自然、轻松、优美的，不论站立时摆何种姿势，只有脚的姿势及角度和手的位置在变，而身体一定要保持绝对的挺直。

（2）端正得体的坐姿

坐姿是指人在就座以后身体所保持的一种姿势。

1）正确坐姿要领

入座时走到座位前，转身后把右脚向后撤半步，轻稳坐下，然后把右脚与左脚并齐，坐在椅上；上体自然挺直，头正，表情自然亲切，目光柔和平视，嘴微闭；两肩平正放松，两臂自然弯曲放在膝上，也可以放在椅子或沙发扶手上，掌心向下；两脚平落地面，起立时右脚先后收半步然后站起。

2）常见坐姿举止

①正襟危坐式。又称最基本的坐姿，适用于最正规的场合。要求：上身与大腿垂直，大腿与小腿垂直，小腿垂直于地面，都应当成直角。双膝、双脚完全并拢。

②垂腿开膝式。多为男性所使用，也较为正规。要求：上身与大腿，大腿与小腿，皆成直角，小腿垂直地面。双膝分开，但不得超过肩宽。

③双腿叠放式。这种坐姿适合穿短裙子的女士采用。（或处于身份地位高时的场合）造型极为优雅，有一种大方高贵之感。要求：将双腿完全一上一下地交叠在一起，交叠后的两腿之间没有任何缝隙，犹如一条直线。双腿斜放于左右一侧，斜放后的腿部与地面呈45°夹角，叠放在上的脚尖垂向地面。

④双腿斜放式。这种坐姿适用于穿裙子的女性在较低处就座使用。要求：双膝先并拢，然后双脚向左或向右斜放，力求使斜放后的腿部与地面呈45°角。

⑤双脚交叉式。这种坐姿适用于各种场合，男女皆可选用。要求：双膝先要并拢，然后双脚在踝部交叉。交叉后的双脚可以内收，也可以斜放，但不宜向前方远远直伸出去。

⑥双脚内收式。适合一般场合采用，男女皆宜。要求：两大腿首先并拢，双膝略打开，两条小腿分开后向内侧屈回。

⑦前伸后屈式。女性适用的一种优美的坐姿。要求：大腿并紧之后，向前伸出一条腿，并将另一条腿屈后，两脚脚掌着地，双脚前后要保持在同一条直线上。

⑧大腿叠放式。这种坐姿多适用男性在非正式场合采用。要求：两条腿在大腿部分叠放在一起。叠放之后位于下方的一条腿垂直于地面，脚掌着地。位于上方的另一条腿的小腿则向内收，同时脚尖向下。

注意，不论何种坐姿，上身都应保持端正。

（3）潇洒优美的行姿

1）正确的行姿要领

双目向前平视，面带微笑微收下颌；上身挺直，头正、挺胸收腹，重心稍前倾；手臂伸直放松，手指自然弯曲，摆时要以肩关节为轴，上臂带动前臂向前，手臂要摆直线，肘关节略屈，前臂不要向上甩动；向后摆动时，手臂外开不超过30°。前后摆的幅度为30~40厘米。

2）常见行姿错误

走路双脚呈内或外八字；臀部扭来扭去；跨大步或像小孩一样走小碎步；肩部摇晃；双手插入裤袋；双手反背于身后。

（4）优雅的体态动作

在人们生活中，除了站、坐、行之外，还有其他的一些动作体态，如何展现自己的优雅姿态也有规则。

1）上下楼梯

头要正，背要挺，胸要伸展，提臀收腹抬脚，膝部自然弯曲，目光前视。

2）上下车

开车门后侧着身体进入，而不是头先钻进去；下车时脚先着地，头部自然伸出，起身立稳后再离开车体。女士上车时应先一条腿伸进去，然后进另一条腿，同时收拾好自己的衣裙；下车时，将双腿同时踏到地上，然后伸出头，挺直全身并整理好服饰后在离开车体。

3）取低处物品

不要弯上身翘屁股，应是右脚前行半步，屈左膝随势蹲下，手拾物品，上身呈自然前倾状态。

4）公共场所举止

在工作场所、交际场所，一般选择右侧前行，不走中间；与别人相遇，擦身而过时应微笑致意或问候；遇急事要超过别人时，一般不在公共场所跑步，而是口头致意，加紧步伐超过，再回头致歉一下。

5）接物的要领

五指并拢、两手持物，注意两手臂要内合，自然伸手。

6）递物的风度

若自己手中有物品要递给对方，注意将方便的一面递给别人，把尖利的、难拿的一面留给自己，也不要随便用一只手将东西递给对方。

7）打招呼

无论你是用手还是用眼神与人打招呼，都应看着对方的脸，面带微笑，动作幅度不要太大。

"满园春色关不住"，职业形象也一样，它会通过你的一举一动展现得淋漓尽致，折射出你的内心世界。一个成功的职业形象，展示给人们的是自信、尊严、力量、能力，它并不仅仅反映在对别人的视觉效果中，同时也是一种外在辅助工具，让你对自己的言行有了更高的要求，能立刻唤起你内在沉积的优良素质，通过你的穿着、微笑、目光接触、握手，一举一动，让你浑身都散发出一个成功者的魅力。

小测试 7-3

如表 7-2 所示，请大家在面试及工作中经常对自己的形象做一个自我检查：

表 7-2

项　目	较差	一般	较好	一流
衣着符合职业身份	□	□	□	□
衣着符合企业形象	□	□	□	□
衣着符合个性特征	□	□	□	□
态度	□	□	□	□
音质	□	□	□	□
眼神交流	□	□	□	□
站立姿势	□	□	□	□
握手姿势	□	□	□	□
坐立姿势	□	□	□	□
交流技巧	□	□	□	□
边幅处理 （头发、皮肤、手等）	□	□	□	□

第三部分
发展篇

第8章 职场角色转换与适应

——从学校人向社会人的转变

教学目标：通过本章的学习引导学生重视职场和学校的差别，正确认知从大学生到社会职业人的社会角色转换，并帮助学生在校期间做好准备，尽可能缩短角色转换的时间，以适应新的职业环境。

8.1 角色认知

又到凤凰花开的季节，一批批朝气蓬勃的大学毕业生走出校门跨入职场，由学业人生转向事业人生。面对崭新的职业生活，没有了明确的课程安排，没有了老师的指导，取而代之的是全新的环境，陌生的面孔，生疏的工作，不仅要应对公司领导的任务要求，还要处理形形色色的职场人际关系，这些往往让不少90后毕业生感到困惑与彷徨。

正如有句歌词写的一样：“外面的世界很精彩，外面的世界很无奈。”大千世界五彩缤纷，使人兴奋，让人眩晕，却又总带着一些不尽如人意之处。从鸟语花香的校园步入眼花缭乱的社会，你会渐渐发现事情并不像你想象的那样，事物的发展也与你的设想有些不同，以感性知识为先导的社会生活与大学生的理性思维常常会有些差异，从而使部分毕业生感到迷茫，因此，尽快完成从学生角色到职业角色的转换，适应社会成为每位大学生必须要面对的“毕业考试”。

8.1.1 清晰就业后的社会角色转换

角色是指人的社会角色，是与人所处的特定社会地位和身份相联系的一系列行为规范和行为模式。在社会生活中，每个人都客观地承担着多种社会角色，每一种社会角色都有一套相应的社会规定。随着年龄的增长和社会环境的变化，每个人承担社会角色由少到多，内涵也由简单开始趋向复杂。就大学生而言，由学生角色到职业角色的转换是人生道路上的一次重大转折，在其一生经历中占有十分重要的位置。

尽可能缩短转变过程的时间，顺利完成转变，是适应职业环境的关键。大学生对学生角色的行为规范十分熟悉，但对社会职业人员的角色要求却比较陌生。两者相比较，显然有许多不同，总体而言后者的要求更高，而不同之处主要表现在社会活动方式、社会责任、独立性要求等方面。因此，每一个即将就业的大学生，无论你如何对待，必须对这种社会角色的转变有较清楚的了解和认识，以便在校期间有针对性地做好准备，也只有经过这一过程，你才是一个完整的社会人。

8.1.2 学生角色与社会角色的区别

社会是一个大舞台，每个人都有自己的角色位置，大学生走向社会，便是走向了社会的大舞台，并将出演一场经久不衰的人生之剧。回首我们走过的时光，最熟悉的莫过于学生角色了。你会发现这是一个接受教育、储备知识、培养能力的重要阶段，也是人生中增长知识、发展智力、求学成才的关键阶段。对于学生角色可以界定为：在社会教育环境的保证下和家庭经济的资助下，学习知识，培养能力，全面提高自身素质，努力使自己成长为社会的合格人才。而职业角色虽然表现得非常个性和具体，但千差万别的职业角色却有其共性之处。例如：职业角色扮演者具有自己的社会职位和一定职权；相应的职业规范；一定的基础知识和业务能力；履行一定的义务；经济独立。因此，可以这样定义职业角色：在某一职位上，以特定的身份，依靠自身知识和能力并按照一定的规范具体地开展工作，在行使职权、履行义务为社会做出贡献的同时取得相应的报酬。综上所述，我们可以发现学生角色与职业角色的不同主要体现在以下四个方面：

（1）社会责任不同。学生的主要责任是努力汲取知识，德、智、体、美全面发展，接受教育，储备知识，锻炼能力；而职业角色是努力履行自己的职责，依靠自己的本领和技能去为人民服务。

（2）完成某个事项的过程不同。两种责任的履行所产生的结果是有区别的。学生角色责任履行得如何，主要关系到本人知识掌握的多少和能力培养的程度；而职业责任履行得如何，则影响很大。

（3）社会规范不同。学生规范多是从培养教育的角度出发，促使其以后能顺利成为合格的人才。如遵守学校规章制度，怎样做人；而职业规范既具体又严格，违背了就要承担一定的责任，甚至法律责任。

（4）社会的权利不同。学生权利是依法接受教育，并取得经济生活的保证和资助；而职业角色是依法行使职权，开展工作，履行义务并取得报酬。

8.1.3 正确认识学校和社会的差异

案例 8-1

有一个医学院的校花，长期担任班长、团支部书记，学习成绩优秀。毕业后被分配到市重点医院做内科医生，受到领导的关注、同事的青睐，上门求医的患者更是对她毕恭毕敬。然而，这位美女医生却厌烦了在诊室的工作。看到医药代表工作时间自由，工作方法灵活，挣钱更多，就决定下海。当了一周医药代表后，一天回到医药公司办公室，伏桌哭泣。经理关切地问：“怎么了？”她非常委屈地说：“那些药剂科的人，他们，他们，他们竟然……”经理开始担心，着急地问：“他们怎么样了？是不是欺负你了？”美女泪流满面，非常痛心地说：“他们竟然不理我！”经理舒了一口气，想引导她战胜困难：“他们不理你，你打算怎么办？”美女坚定地说：“他们不理我，我就再也不理他们！”经理心里凉了：你再不理他们了，可这药谁卖呢？“要不你还是别难为自己了，回到医院当医生吧！”美女号啕大哭，经理吓了一跳，关切地问：“还有谁惹你生气了？”美女凤目圆睁：“你！”经理不解：“我劝你别干了，是为你好呀。”美女愤怒地说：“要是不干，也得我先说！凭什么你先说出来？”经理连忙说：“好、好，我收回刚才的话，请你先说。”美女大声说：“我不干了，我立刻辞职！”经理点头表示同意。

◎ **点评：**

美女医生没有意识到，自己集喜欢、怜爱、恭维于一身，是因为自己是父母疼爱的女儿、是社会重视的大学生、是常人喜欢的漂亮女人、是患者求助的医生，而从医生到药品推销员，是职业上的转变，从人求于我到我求于人，从坐在屋里等客户到登门拜访客户，工作性质完全不同，最需要提升的是情绪智力和商务谈判技能。这位学生参加工作以及职业改变之后，心灵并没有成长，还是一个小孩子的心态，抱怨别人、抱怨环境。如果不及时调整心态，将会在职业上受到更大挫折。反观我们即将毕业的大学生们，从学生转变为劳动者，是一个“质”的变化。工作既是人生奋斗的起点，又是大多数人生存的基点。工作带给人们的不仅是薪水，也是培养人们能力、特质的又一所“大学”，当然，要在这所“大学”成才其实并不容易。过惯了单纯、安静的学校生活，许多同学会感到不适应，这主要有以下几个方面的原因。

1. 主观愿望与客观实际的矛盾

刚步入社会的大学生，满怀理想，一腔热血，准备到岗位上大展宏图，但一接触实际，尤其是接触到社会的一些消极面，如复杂的人际关系，陈旧的设备，落后的管理方式等，往往就会从理想的峰巅一下子跌入谷底。

2. 学生习惯行为与社会角色要求的矛盾

学生当惯了，形成了自己的学习、生活和思维方式，一下子难以适应角色转变的要求，常常在扮演角色时自觉或不自觉地表现出学生角色的习惯行为，主要是缺乏社会角色应有的责任感。

3. 学校教育与社会现实的矛盾

在学校受到的是健康的、正面的教育，因此，同学们也都以理想的思维方式看待社会，看待人生，一旦置身于社会之中，对社会上的不良现象既看不惯，又无能为力，产生种种疑问，表现出对社会的不适应。

4. 社会需要与自我完善的矛盾

社会的发展需要知识面宽、动手能力强、有一定管理能力和组织能力、素质较高的人才。然而大学生往往发现自己远不能达到这方面的要求，自己的知识面窄，知识结构不完善，思维死板，理论与实际脱节，很难适应工作。

8.1.4 角色转变的意义

根据社会心理学的角色理论，大学毕业生从学生角色到职业角色的转变，必然伴随着角色冲突、角色学习和角色协调等一系列过程。因此，大学生在毕业前夕，应该对择业素质、自我评价、职业能力等进行深入细致的了解和调查分析，对自身合理定位，找出不足，提高心理承受能力，加强角色认知，做好上岗前的各项准备，顺利地实现角色转变。

1. 角色转变有利于大学生根据职业素质要求完善自身知识结构，确立择业目标

学生进入大学后，学习的主动性和目标性减弱，容易忽略职业生涯设计与规划。大部分学生在临近择业时，奔波于多个企业之间求职，寻求理想的就业单位，过多注重择业的结果，而忽视平时的就业准备。通过角色认知，有助于大学生强化“学业是择业的基础和前提”的意识，帮助学生提高竞争的“实力”。因此，可以指导大学生勤奋学习，全面提高自身综合素质，注重各种能力的培养和提高。如今，校园中出现的“考驾照热”、“计算机热”、“辅修课热”、“英语考级热”等，都是大学生为适应角色转变、实现人生理想所作出的积极努力。

2. 角色转变有利于帮助大学生尽快适应职业生活

完成大学学业，走上工作岗位，依靠自身的职业劳动维持生存，实现人生价值，这是大学毕业生人生征途上的一个重大转折。在这个人生转折过程中，谁能够尽快地、主动地从学生角色进入职业角色，实现角色转变，谁就能够在事业之初掌握优先发展权。目前，大学毕业生最后一个学期都要开展毕业实习。毕业生要合理规划，争取在这个阶段尽快进入职业适应期，提前完成角色转变。

3. 角色转变有利于大学生在激烈的人才竞争中脱颖而出

21世纪经济领域的竞争归根结底是科技的竞争、人才的竞争，谁拥有高新科技和高级人才谁就将在激烈的竞争中立于不败之地。大学毕业生作为高校培养的高级人才‘是用人单位争夺的焦点，但作为高等教育大众化阶段的毕业生同样面临着相互之间的竞争。竞争是无情的。适者生存、优胜劣汰是不以人的意志为转移的客观规律。初次进入就业大军必然面临着来自各方面的挑战和竞争，只有尽快进入职业角色，熟悉业务，才能在激烈的人才竞争中稳操胜券，脱颖而出。

4. 角色转变可以为大学生将来的成才和创业夯实基础

从学生角色到职业角色的转变，实质上是从继承知识和储备知识向创造性地运用知识和创造知识的转变过程。一个企业发展的关键在于技术创新，而人才的本质特征就是创造性或创新性。能否主动、快速、顺利地实现角色转变，通过创新性劳动创造最大的经济效益和社会效益，反映了毕业生素质和能力的高低。以积极的态度，主动适应岗位需要，投身于职业实践之中，不断积累知识和经验，调整和完善自身的知识和能力结构，为自己将来成才和创业打下扎实的基础。

总而言之，在踏上工作岗位后，每个人都是这个社会机器的一颗螺丝钉，应学会尽快适应这个新的身份，使自己成为一名真正的职业人。

8.2 职业角色的顺利转变

既然步入了职场，就已经从一个学生转换成了一个社会人，原来的许多生活习惯都得改变。也许在学校的时候，喜欢睡懒觉，经常上课迟到，也许不会带来什么严重的后果，但是在工作期间，每一次失误都可能给你带来非常严重的后果。许多应届毕业生反映，自己也做了入职前的准备，但是为什么进入企业后仍然感到力不从心，特别是觉得所学知识与所从事的岗位之间找不到契合点，由此而产生的困惑、不解让他们在初入职场时就走了弯路，往往会产生一种失落感，处处不如意、事事不顺心。那我们究竟应该做些什么来完成职业角色的顺利转变呢？

8.2.1 学生角色向职业角色转换的两个阶段

大学毕业生从学生角色转换到职业角色的过程中必然伴随着角色冲突。只有尽早做好准备，形成职业角色观念，提高职业角色技能，增强角色扮演能力，才能使自己的职业生涯有一个良好开端。因此，充分把握好毕业前后的两个阶段至关重要。

1. 毕业前夕的角色转换

目前，我国大学毕业生在每年 7 月初离校，奔赴工作岗位，但是就业工作一般从前一年的年底就开始了，前后共有半年多的时间。可以说，这一时期是毕业生转换角色的重要阶段。

毕业前夕是择业的黄金季节。毕业生通过与用人单位“双向选择”的过程，可以加强对用人单位的了解，合理地确定自己的职业定位，进而通过签订就业协议来确定自己的职业角色。

毕业生在与用人单位接触的过程中，能够比较全面地了解到用人单位的基本情况，切身体会到社会对自己的认可程度，并依据自身感受调整职业期望值，实事求是地定位自己的职业。这是从学生角色向职业角色转换的第一步，这为大学生的职业角色确定了一个基调，对角色的转换将产生深远的影响。

2. 见习期内的角色转换

大学生参加工作后的一年或半年为见习期，之后转为正式员工，与大学相比较，各方面都有很大区别。高校大多学习和生活条件比较优越，空闲时间和自由支配时间较多，节奏也比较缓和，压力较小；而众多的职业岗位由于工作繁忙，经常需要加班加点，属于个人的时间越来越少，甚至有一些岗位工作环境也比较艰苦。从大学学习环境到职业环境的变化，往往会加剧角色冲突，为此，大学毕业生应该加强见习期内的角色学习，使角色转换顺利实现。

8.2.2 角色转换的准备

1. 提前奠定良好的心理基础和知识技能基础

一般来说，在校学习期间的学习环境、学习条件、学习技能的训练都是最为理想的。因此，从就业协议书签订到毕业离校这段时间，是有针对性地学习知识、培养能力进而转换角色的最佳时期。在这段时间内，除了按照学校正常教学计划完成课程的学习、实习实践和毕业论文外，还应该进行以下学习和训练：

一是学习与未来工作岗位有密切联系的专业知识和专业技能。大学的课程设置总体上偏重于基础知识的学习和基本技能的培养，而不一定设计特定岗位上所需要的专业知识和技能。同时，通过学习和训练，还可以加深对未来职业岗位的认同，培养职业兴趣。

二是进行非智力因素技能的训练。大学毕业生智力上的差距并不太大，而非智力方面的技能却是影响毕业生择业、就业和创业的重要因素。毕业生要敢于表现自己，克服在公众面前“害羞”和“胆怯”等人格心理方面的不良现象，这是给人留下良好印象的前提和关键；还要善于表现自己，主要是书面表达能力和口头表达能力的提高。在与人交往的过程中要诚恳而不谦卑，自尊而不倨傲，不急不躁，以富含感染力的幽默语言来展示自己的意图和信誉。

三是进行必要的心理准备，特别是“受挫准备”。大学毕业生大多很有才华，但并非都能在自己的工作岗位上实现成功。过硬的职业技能对职业成功固然重要，充分的心理准备更是不可缺少的。一般来说，事业不会是一帆风顺的，如果心理准备不足，就产生过激情绪，导致能力低下，在愤世嫉俗的言行中使得自己的才华湮灭。因此，在校期间要调整心态，充分做好心理上的“受挫准备”。在事业顺利时不沾沾自喜，以平常心对待工作上的平淡、无为和不被重用；在屡试屡挫的境地中屡挫屡试，不懈追求；在似乎“一文不名”的职位上奋发向上，一鸣惊人。这是事业成功者的必备素质。

2. 尽快提高和锻炼自己以获得领导与同事的肯定

一是要善于展现自己的知识。大学毕业生因为具有新知识而受到同事的青睐和尊重，但为此也使一些人与同事之间容易产生一定的距离。因此，大学生在同事面前一定要表现得谦虚、随和。在尊重同事丰富经验的同时，适时适度地展现自己的知识。切忌居功自傲，那样只能使得你的同事对你产生反感，从而变得孤立无助。

二是要树立工作的责任意识。大学生对未来都有美好的期望，都想在事业上大干一场，建功立业。但是多数人在走上工作岗位之初，一般不会被委以重任，而是先从简单的辅助性工作做起，这也符合人才成长的基本规律。但是，有不少人凭着对工作的新鲜感和学识上的优越感，认为自己被大材小用了，对一些工作不愿意干，甚至开始闹情绪。其实，这是缺乏责任意识的表现，干任何一项工作，都要有足够的热情，更要有丰富的经验、随机应变的能力。这种经验和能力的获得并非一朝一夕之功，它需要在平时的工作中来积累和训练。因此，不管工作的大小，分工的高低，大学生都要以满腔的热情、高度的事业心和责任感认真对待，圆满完成。

三是要培养实事求是工作作风。大学毕业生具有较强的自尊心和自立意识，在工作上总想独当一面，取得成就。尽管许多人对待工作的态度是认真谨慎的，但在许多时候，工作中还是难免出现失误。工作失误并不可怕，可怕的是不能正确地认识失误，不能实事求是地承认失误。如果工作中一旦出现了失误，就要认真地分析原因，总结经验教训，找准失误点；同时要敢于向领导和同事承认，开展批评和自我批评，并勇于承担责任，以获得领导和同事的理解；另外要虚心学习、请教，总结经验教训，防止避免类似失误再次发生。

8.2.3 角色转换的内容

1. 从宏大的“人生理想”向现实的“职业理想”转换

第一份工作对大学生们的冲击是巨大的，从高高的象牙塔走下来的他们怀抱的是理想化的思维方式，是指点江山的做事方法。然而就业压力大，选择余地小，能够专业对口，就已经很不容易了，让他们感到理想与现实之间的落差太大，一时难以接受。先前宏大的理想，在现实面前已经失去目标，失去动力，只感到实现目标是遥遥无期的事情，因此情绪低落。

当务之急是把理想转化为职业目标，并制定出切实可行的方式方法，去实现职业目标。搭起一座桥梁让自己从理想走入现实。实现职业目标有许多途径，要结合自己的综合因素去选择一条最适合自己的途径，更快地实现职业目标，从而最终实现职业理想。从实现职业理想的角度看，我们所做的工作一定要与职业目标有密切的相关性，否则，所做的工作将不会对职业理想产生支持，那实现职业理想就会再次成为空想。

2. 从青苹果“学校人”到成熟“职业人”的转换

同样的实习经历，可以出现不同的出路和结局。关键是你自己的路怎么走，虽说自己做主，但也要首先认识到究竟要在实习过程中获得什么，怎么才能把握实习机会为自己求职增加砝码？实习生一定要摆平心态，在做事方面，首先要具有良好的心态。一颗浮躁的心会带着你的视线在各个职位、各个企业之间来回游移，你会觉得这项工作你能做，那项工作你也能做，最后导致你连最简单的都做不好。

从学生人转变成职场人的第一步，应从企业文化、业务流程、公司制度、仪态仪表、接人待物、为人处世等多个方面进行了解，企业需要的是什么人员，什么职位应该具备什么样的素质，如何能够更好地发挥自己的潜力。职业人最需要的就是敬业精神，职场新人要做的以日常性的事务工作居多，专业性的工作一般要经过企业的再培训之后才去做。要保持沉稳的心态，因为这是做好任何一份工作的关键。俗话说，“良好的开端是成功的一半”。你首先要学会适应。学会适应艰苦、紧张而又有节奏的基层生活。你缺少基层生活经历，可能不习惯一些制度、做法，这时，你千万不要用你的习惯去改变环境，而是要学会“入乡随俗”，适应新的环境。好高骛远、自命不凡，只能毁掉你的前程。

要学习企业中那些卓越人才必备的八大基本素质：创新能力、学习能力、自信自立、自律、积极乐观、执著追求、责任感、合作开放。

3. 从单纯的处理问题方式向复杂的人际关系转换

新到一个公司，崭新的生活方式、陌生的社会环境、复杂的人际关系，都让大学生感到不习惯，没有耐心去思考一些细节上的问题，因此，难以适应、四处碰壁。

在做人方面，首先要揭掉自我标签，低调做人。现代大学生的特点是张扬个性，彰显自我风格，追求与众不同。这种风气与氛围培养了不少“特别”的大学生。但工作岗位不是上演个人秀的舞台，因此，刚刚迈上工作岗位的大学生们一定要注意自我形象问题，做事一定要低调。少出头，少说多看，尽快熟悉人际关系，融入环境。锐气藏于胸，和气浮于脸，才气见于事，义气施于人。处事对上司先尊重后磨合、对同事多理解多支持、对朋友善交际勤联络。复杂的人际关系是社会构成的一部分，亲和力太小，摩擦力太大。一不小心，天时、地利、人和都离你而去。融入环境的手段之一是要学习基本的礼仪知识。职场有职场的规则，单纯的讲礼貌是不够的。身处其中，一言一行、一举一动都要符合职场规范。礼仪是构成形象的一个更广泛的概念，包括语言、表情、行为、环境、习惯等，相信没有人愿意因为自己在社交场合上，因为失礼而成为众人关注的焦点，并因此给人们留下不良的印象。对大学生来说，礼仪是一门必修课，免得在职场上碰了钉子才想去补课。

4. 从系统的理论学习向多方位的实际应用转换

学校里学习的都是系统的理论，一科连接一科，科科有现成的教科书，有教授讲解，有助教辅导。到了工作岗位，实际动手能力靠培养、练习，而且，实际应用是多角度、全方位的。没有人告诉你哪个该学，怎么学习，知识积累全靠自己探索。从而导致做了事却没有实现目标，甚至偏离了目标。或者不知从哪里入手，学些什么。

在应届毕业生进入公司时，企业都会对职场新人进行新员工入职培训，要多学多看，多虚心请教，才能积累工作经验。大学生缺乏实践经验就很难提到发展，公司的人都是富有经验的人，没有经验，则只能打下手，自己心理又不平衡。就会越搞越糟，使自己境地尴尬，甚至不懂装懂，让人笑话。以谦逊的态度去向别人请教，这并不是什么难事，放下架子，虚心请教，你会发现别人身上值得你学习的地方有很多，你自己身上也有别人值得学习的优点。虚心求教，进步很快，又能建立良好的人际关系，把自己很快融入到集体中去，既受益匪浅，又让人喜欢。

5. 从散漫的校园生活向紧张的工作模式转换

悠闲的校园生活方式被紧张的职场打拼所代替，使这些处于在家里备受呵护的“90后”独苗进入“断乳期”，像是在奶奶、姥姥娇惯下自由淘气的孩子，一下被送到幼儿园，受到纪律、时间的约束，感到浑身不自在。迟到、请假成家常便饭，总想找个借口，编个理由请上一次假去外面玩一玩。

每当新生力量进入单位，都会带来新的气息，同时也会带来一些新的问题。对于大多数刚刚走上工作岗位的大中专毕业生来说，除了工作能力之外，还要有实干精神、懂得人际沟通。不但要完成好属于自己的每一项工作，还要做自己不愿做的事情。能否做好那些自己不愿意做的事情是一个人是否成熟的标志，也是一个人能否取得人生成功的主要因素。做好自己不愿做的事，学会妥协，向职场妥协、向现实妥协。

6. 从浮躁的心态向逐步理性化转换

转型需要时间，与企业的磨合需要时间，积累经验也需要时间，具备竞争力同样需要时间。要给大学生融入职场的时间，他们需要过渡过程。哪怕时间很短，这个过渡过程必须经过。企业会给实习生时间和机会，但自己不能以此为借口，要积极努力，从浮躁的心态中走出来，尽快进入符合企业要求的状态，这是理性化的成熟表现。

企业看重应届大学生，主要是看到了隐藏在这些年轻人身上的“发展基因”。实习是一个大学生走向社会的阶梯，如果实习好了，机遇也就会随时光顾你，或者拿到实习单位的offer，或者把实习经验当成跳板。不管什么用人单位，他们都需要一个谦虚谨慎、好学上进的员工；勤奋刻苦，把远大志向落到实处，树立责任感，执著追求事业的态度。对待实习兢兢业业，最后就能留在实习单位。在现实生活中，有些学生自以为不会留在实习单位，或者这山望着那山高，敷衍了事地对待实习工作，领导安排的工作不能完成，还总想搞点猫腻，偷偷出去应聘，结果，新的公司应聘上，实习的公司又丢掉，最后走向工作岗位，同届同学都成了成熟的员工，自己仍然是个缺乏锻炼的新兵。

7. 从家长的呵护向自己保护自己转换

许多大学生在进入就业大军时，往往对就业的相关期限、实习权益一知半解。原来依赖家长，现在需要自立。需要自己判断、自己选择。如果选择去一个根本不了解的公司，这是一种冒险，不要轻易决定第一份工作，一般来说，新人的第一次对职场的体验是刻骨铭心的，它会使新人对职场产生一种固定印象，形成固定心理状态，从而影响到今后的职业心态和职业规划。因此，走好职场的第一步，能够使大学生更好地为企业及社会服务，更大地发挥自己的潜力，若是为了在毕业前找到一份工作，或者迫于其他同学签约带来的压力而草率接受一份自己并不满意的工作，都是不可行的。

对于一家自己向往的公司，作为实习生当然应该全力以赴地做好自己的工作，争取最终能被录用。但是大学生也要警惕，一些用人单位制度由于不完善有苦难诉，是不是侵犯了大学生的权益。在毕业以前，大学生作为在校生，无法享受《劳动法》的保护，但一旦大学生毕业了，就要懂得维护自己的权益，以防一些不法公司将自己作为廉价劳动力使用。学会在社会上独立地站立，学会保护自己。面对人生的种种挫折，学会应对，学会维权。

8.2.4 角色转换过程中容易出现的问题

大学生从学生角色向职业角色转换的过程中，往往会面临新旧角色的冲突。有些人由于受到社会因素、家庭因素尤其是自身认知能力、人格心理发展、意志品质以及情绪情感等因素的影响，不能正确认识角色转换的实质，或者在角色转换中不能持之以恒，于是在从学生角色到职业角色的转换过程中容易出现以下问题。

1. 对学生角色的依恋

一些毕业生在角色转换过程中容易依恋学生角色，出现怀旧心理。经过10余年的读书生涯，对学生角色的体验可以说是非常深刻了，学生生活使得每一位学生在学习、生活和思维方式上都养成了一种相对固定的习惯。因此，在事业生涯开始之初，许多人常常会自觉或者不自觉地把自己置身于学生角色之中，以学生角色的社会义务和社会规范来要求自己、对待工作，以学生角色的习惯方式来待人接物，来观察和分析事物。

2. 对职业角色的畏惧

面对新环境，一些大学生在刚走进新的工作环境时，不知道工作应该从何入手，如何应对工作，怕担责任，怕闹笑话，怕造成不良影响，于是工作上就放不开手脚，前怕狼后怕虎，缺乏年轻人的朝气和锐气。

3. 主观思想上自傲

有一些毕业生对人才的理解不够全面和准确，认为自己接受了比较系统正规的高等教育，拿到了学历，学到了知识，已经是比较高层次的人才了。因而，往往看不起基层工作和基层工作人员，甚至认为一个堂堂的大学毕业生干一些琐碎的不起眼的工作是大材小用，有失身份，于是就轻视实践，眼高手低。

4. 客观作风上的浮躁

一些人在角色转换的过程中受社会环境的影响，表现出不踏实的浮躁作风和不稳定的情绪情感。一阵子想干这项工作，一阵子又想干那项工作，不能深入工作内部了解工作性质、工作职责以及工作技巧。近年来，毕业生要求调整单位的人数增多，就是因为一些学生就职很长时间后还不能稳定情绪，进入职业角色，反而认为单位有问题，没有适合自己的职位。事实上，如果不能静下心来踏踏实实地学习，适应工作，不管什么样的单位都不会适合。

8.2.5 角色转换时要正确处理的几个关系

大学毕业生进入社会以后，原先在学校里单调枯燥的学习生活方式，被五光十色的社会生活所代替。生活的节奏感要比学生时代快很多，为尽快适应新环境、新生活，大学生应处理好以下几个关系：

1. 要处理好工作与休息的关系

对于大学毕业生来说，走上工作岗位以后遇到的第一个问题便是如何尽快适应新的环境问题。在大学，“宿舍—教室—食堂”三点一线的周而复始的生活方式已不再适应千变万化的社会生活。为了适应这个变化，就需要大学毕业生调整原来的一些生活习性，培养良好的生活习惯。如果“因循守旧”，就很难适应新的生活，甚至会寝食不安，萎靡不振，也就不能以充沛的精力投入工作。

2. 要学会分清轻重缓急

在繁杂的工作与生活中，大学生要学会分清轻重缓急，特别是在刚走上工作岗位的适应期阶段，不要急功近利。许多毕业生满怀热情，刚到工作岗位以后便想做出一番惊天动地的业绩来。无疑，这种愿望是非常好的，但是，由于许多因素的制约，特别是刚到一个新单位，对一些情况还不了解，结果常常是事与愿违，严重挫伤毕业生的自尊心与自信心，对以后的成长不利。

3. 要学会合理安排业余时间

走上工作岗位以后，随着对工作任务、范围的逐渐熟悉，工作量的相对稳定，业余时间也会显得较为充足。合理安排好业余时间，对于一个人的成长成熟是非常重要的，因为业余时间的合理利用对于毕业后的再学习、增长知识、增强修养、提高工作能力和应变能力具有重要意义。在业余时间里，除进行再学习的项目外，还要注意培养自己健康的兴趣爱好，积极参加一些体育锻炼和文娱活动，以养成消除疲劳和丰富生活的生活方式，以充沛的精力投入工作。

8.3 适应职业生活

大学毕业生走上社会，首先要面对如何适应职业生活，按照“人岗适配”的原则，在竞争中求生存、求发展，最大限度地实现个人价值，并为社会作出贡献，因此，认识职业适应的规律，掌握职业适应的基本要求，主动、尽快地适应职业生活，对毕业生的成才和发展具有十分重要的意义。

8.3.1 职业适应及其规律

职业适应是指个体在职业认知和职业实践的基础上，不断调整和改善自己的观念、态度、习惯、行为等，以适应职业实践的发展和变化。适应的实质就是个体由自然人向社会人的转化。大学毕业生告别学生时代，从走进职业生涯到适应职业生活，要经过对职业实践和职业环境等的观察、认知、内化等一系列的过程，才能达到对职业能力的适应。初入职场的毕业生，由于对职业角色的认知和理解不深，很容易发生角色偏差或错位。因此，掌握职业角色规范，遵守职业角色的行为模式，增强对职业角色的认同感和归属感是非常必要的。掌握适应期的一般规律，有助于顺利开展工作，有助于个人的成长和成才。

职业适应从内容上讲，主要包括以下方面的适应：

1. 角色适应

角色适应就是对工作岗位的主动适应，即对职业的地位、性质、职责的适应，最大限度地“人岗适配”。由于大学生毕业后随即走上工作岗位，学生角色向社会角色的改变也应顺应而变。大学生若不能及时转变思想观念和行为习惯，不能用职业的行为规范要求自己，不会运用所掌握的知识和才能，就不能很好地履行岗位职责，难以适应职业的规范要求。

2. 心理适应

心理适应是指毕业生对职业的各种信息引起的各种心理反应过程，如感知、情感、意志、性格等都有一个适应过程。其中，情感的适应更为重要。情感是人对外界事物的心理反应。生活环境和生存环境的变化，也促使毕业生必须调节自己的情感与之相适应，要对从事的岗位保持一种稳定的工作热情和适度的期望值。部分毕业生在就业初期，都不同程度地存在依赖、从众、畏惧、浮躁、迷惘等不良心理。此时，如果不及时调整和矫正这些不良心理，必然影响工作以及个人的成才和发展。

3. 生理适应

生理适应是指毕业生对工作时间和节奏、劳动强度和紧张程度的适应，其中包括身体各种感觉器官与运动器官的适应过程。环境的变化，主要表现为“时空”概念和生活、工作方式的变化。不同职业的工作节奏、劳动强度和工作压力是不一样的，比如说外科主治医师长时间在手术台边工作，对身体素质要求非常高；中小学教师工作节奏快，作息时间严格等。在从业初期，毕业生需打破原有的长期生活习惯，养成一种紧张、有序、守时的工作和生活习惯，难免出现身体疲倦的感觉，这种不适应是常有的。但是，随着时间的推移，注意劳逸结合，适当加强身体锻炼，讲究工作、生活规律，生理上的“不适应”便会很快消失。

4. 群体适应

群体适应是指毕业生在新的协作集体中的适应过程。社会群体是人们通过一定的社会关系结合起来进行共同活动的集体。大学生是以同学关系建立起来的社会群体，呈现出相对的单一性和不稳定性。毕业生到职业岗位后，加入新的“社会群体”，人员对象和人际关系发生了新的变化。交往对象扩展到有各种经历、各种年龄、各种层次的人，同领导和同事的交往与在大学阶段的老师、同学交往不同，这就需要毕业生注意协调好各种人际关系，以适应新群体的要求。

5. 知识适应

知识适应是大学生在工作中调整、完善自己的知识结构以适应职业岗位对其知识需要的过程。大学生在大学期间所构建的知识结构和能力结构，能否与职业岗位相适应，必须经过实践的检验。同时，大学生要把自己的知识和能力转化为生产力，还需要经过主观的努力。更重要的是，在知识经济时代，知识更新的速度越来越快，职业实践的发展和变化更加迫切地要求毕业生不断调整、完善自己的知识结构和能力结构，以适应科技进步和职业实践发展的需要。

职业适应从时间上讲，一般要经历摸索、调整、适应三个阶段。在摸索阶段，大学生对职业生活的方方面面都处在初步认知和摸索的阶段。在调整阶段，大学生经过职业生活的锻炼，已逐步能边工作思考，边调整自己的思想、心态和能力，以尽快适应职业生活。在适应阶段，大学生已经进入了职业角色，适应了职业生活。

当然，职业适应只能是相对的，而不是绝对的。因为，科学技术是不断进步与发展的，职业实践也是不断发展的，旧的问题解决了，新的问题又会涌现，因此，人们对职业生活就有一个不断适应的过程，即调整、适应、再调整、再适应，如此循环往复以至无穷，这就是职业适应的一般规律。

8.3.2 职业适应的基本要求

角色转换是一个艰苦而长期的过程，需要坚持不懈的努力。同时，在角色转换过程中需要注意以下几条原则。

1. 面对现实，正确认识自我，合理定位

大学毕业生走上社会，成为一个社会的真正从业者，开始职业生涯的探索，随之而来的是要面对全新的生活理念、陌生的工作环境、更高的规范要求，若不能在短时间内正视现实，将这些客观因素转化成自身文化素养，就很难被新环境、新群体所认同。当然，需要注意的是既不要陷入畏缩和自卑的误区，也不要陷入自负或自傲的误区。大学生要面对现实，重新定位，敢于实践，善于请教，才能把理论知识和实际工作有机地结合起来，最终赢得领导和同事的认可。

2. 热爱本职工作，培养职业兴趣

热爱本职工作，安心工作岗位是学生角色向职业角色转换的基础。刚刚走上工作岗位的大学生，应当尽快地从学生学习生活的模式中解脱出来，全身心地投入到工作岗位中去。如果“身在曹营心在汉”，经过几个月甚至一年试用期还静不下心来，那么不仅对角色转换不利，而且会影响职业兴趣的培养和工作成绩的取得。敢于吃苦是角色转换的重要条件，只有敢于吃苦，才能实事求是地分析和对待角色转换中遇到的种种困难，并自觉地加以克服。

3. 主动了解岗位环境，安心工作，敬业爱岗

对新单位的了解，包括对单位的历史、现状以及有关的规章制度等的了解。作为一个职场新人，要安心本职工作，如果不能静下心来工作，“这山望着那山高”是不利于个人的长远发展的。爱岗敬业是一种普遍的奉献精神，大学生要认真对待自己的岗位，牢记自己的岗位职责，勤奋工作。

4. 勤奋学习，虚心求教，提高工作能力

大学毕业生虽然具有比较扎实的基础知识和专业知识，但是自身的知识量不一定足够大，知识结构不一定合理。因此，大学生要根据职业的特点、性质、工作程序及其相互关系，不断学习新知识，增强自身素质和能力，提高工作技能和业务水平。同时，随着科学的发展和技术的进步，新的知识和技能不断出现，许多知识和能力需要在工作实践中去学习、锻炼和提高。大学生要虚心向有经验的领导和同事学习，学习他们观察问题、分析问题和解决问题的方法，提高自己的专业技能，才能逐步具备独立开展工作的能力，最终达到自我完善。

5. 勇挑工作重担，善于团结协作，乐于无私奉献

大学毕业生走上工作岗位后，应当树立高度的主人翁意识，努力承担岗位责任，主动适应工作环境。若是党员、团员，更要自觉严格要求自己，增强组织观念，在工作中勇挑重担，发挥模范带头作用。同时，我们应该看到，社会的发展与进步离不开人们的密切协作。实践证明，一项工作的开展、一个项目的完成、一个过程的组织单靠某个人的力量是不够的，必须十几个人、几十个人甚至成百上千人的共同劳动，互相配合，互相协作才能完成。这就要求每一个成员都要有互相协作的团队意识，从整体利益出发，个人服从集体，顾全大局。

6. 正视困难，不要轻言放弃

大学生初入职场，难免会遇到各种不顺心的事，要珍惜眼前的工作机会，努力克服各种困难，知难而进。要认真地、实事求是地分析自己遇到的困难。如果因为自己的眼光太高，那么就应当自觉地调整自己，热爱自己的职业，从点滴做起，踏踏实实地工作。如果因为自己能力不够，那么就虚心学习，不断提高自己的素质，单单抱怨是不能解决问题的。不要轻言放弃，即使重新选择职业后，也必定会遇到新的困难和挫折。

总之，初入职场的大学生们应积极调整心态、勇敢面对挫折，制订正确的职业生涯规划，尽快实现角色转变，融入到社会集体生活。人的一生，从求学到工作，从学艺到谋生，需经历无数次的角色转变，每一阶段的人生角色，赋予的内容和要求是不完全相同的，因此必须有效适应每一次人生转变，才能更好经营自己的人生，才能最大化发挥个人的人生价值和全景化地实现我们的社会价值。以不变应万变的理论或许在知识爆炸、竞争与机遇共存的21世纪，已经失去它固有的内涵。会不变中求变，适应每一次人生角色转变，将取得最终的成功。

第9章 时间管理

教学目标：通过本章的学习，了解时间管理的内涵及其重要性；激发大学生科学管理时间的自主意识，帮助学生自觉提高时间管理能力，掌握时间管理技巧，提高学习及工作效率。

9.1 时间的概念和特征

时间都去哪儿了，还没好好感受年轻就老了；时间都去哪儿了，还没好好看看你眼睛就花了；柴米油盐半辈子，转眼就只剩下满脸的皱纹了……一曲《时间都去哪了》的歌词讲述了天下儿女与父母亲之间的故事，同时也引发了人们对时间深深的思考。

时间——正如朱自清先生的散文《匆匆》中描写的一样，是匆匆的，如流水般，一去不复返。不信，你想想看，谁能把时间留住呢？过了今天，到明天，过了明天，到后天，而这些都不可能再出现。一天又一天，时间就像一个乔装打扮的朋友，每天如约而至地来拜访人们，在它看不见的手上，携带着无价的礼物，但是，如果人们不利用它，它就会悄无声息地溜走。而大多数人就如上述歌词中所唱的一般，在惊觉岁月无情地流逝后，才开始追问自己时间都去哪了？

9.1.1 时间的概念

时间是什么？这是一个较为抽象的概念。爱因斯坦的相对论提出：不能把时间、空间、物质三者分开解释，“时”是对物质运动过程的描述，“间”是指人为的划分。时间是思维对物质运动过程的分割、划分。

在哲学上，则认为时间表达事物的生灭排列。其内涵是无尽永前，其外延是一切事件过程长短和发生顺序的度量。“无尽”是指时间没有起始和终结，“永前”是指时间的增量总是正数。

而在物理学中时间则是7个基本物理量之一，符号为t。在国际单位制（SI）中，时间的基本单位是秒，符号为s，生活中常用的时间单位还有：毫秒（ms）、分（min）、小时（h）、日（天）（d）、周、月、年等。那么时间究竟是什么呢？

抛开这些抽象的概念和定义，时间，如天上的云彩，翩然而来，又飘然而去。这便有了昨天、今天和明天，也便有了人生的多姿多彩，生活的纷繁杂乱。昨天、今天、明天加在一起是 72 小时，所以时间对我们每个人而言就是每一天的 24 小时，是人们正在悄然流逝的每一分钟，更是人们当下正在度过的每一秒！

9.1.2 时间的特性

案例 9-1

如何花费这笔钱

假如你突然继承了一笔巨大的遗产，因为担心你不能很好地使用这笔财产，遗产的赠与人特意委托遗嘱执行人对财产进行严格的管理。每天早晨银行会向你的账号拨款 8.64 万元。你可以随心所欲地使用，用途也没有任何的规定。条件只有一个：用剩的钱不能存入银行，不能留到第二天再用，不能赠与他人，也不能结余归自己。前一天的钱你用光也好，分文不花也好，第二天你又有且只有 8.64 万元。请问：你会如何使用这笔钱呢？

◎ **点评：**

8.64 万元能用来做什么，买衣服？买手机？买电脑？买首饰？……在这个案例中我们发现一个有趣的现象，因为用不完的钱不能结余归自己，所以大部分人都会想着如何将这笔钱花光，却鲜有人想着花不完也无所谓。仔细想想，其实我们每个人都有这样一笔财富，那就是时间。86400 不正是每分钟 60 秒，每小时 60 分钟，每天 24 小时，最后得出的数字吗？

许多人做梦都想天上能够掉下钱来，殊不知时间银行每天都在给我们的账号拨款。日复一日，年复一年，你有没有透支呢？你是不是真正“什么都缺，就不缺钱呢”？如果人们能用对待金钱的态度来对待时间，那我们的人生一定会大不相同。当然，这个小案例，不仅告诉人们要珍惜时间，同时也向人们揭示了时间的四个特性：

1. 供给毫无弹性

时间的供给量是固定不变的，在任何情况下不会增加，也不会减少，每天都是 24 小时，所以人们无法开源。

2. 无法蓄积

时间不像人力、财力、物力和技术那样可以被积蓄储藏。不论愿不愿意，人们都必须消费时间，所以人们无法节流。

3. 无法取代

任何一项活动都有赖于时间的堆砌，亦即，时间是任何活动所不可缺少的基本资源。

因此，时间是无法取代的。

4. 无法失而复得

时间无法像失物一样失而复得。时间一旦丧失，则会永远丧失。花费了金钱，尚可赚回，但倘若挥霍了时间，任何人都无力挽回。

9.2 认知时间管理

在今天这样的网络经济时代，“时间就是效率”、“时间就是金钱”、“时间就是生命”、“一寸光阴一寸金，寸金难买寸光阴”，诸如此类的描述我们每个人都可以脱口而出，但真正能掌握时间的人却不多，甚至还有些人总认为时间属于自己的私人财富，似乎今天过了还有明天、今年过了还有明年；或者突然感觉自己时日不多了，自己的许多工作都堆在一起了，自己已无所适从了。这种潜意识的循环论左右了人们的思维，也让人们在时间面前不知所措。对此，有一句名言说道“时间待人是平等的，但时间在每个人手里的价值却不同”，说的就是“时间管理”。

9.2.1 时间管理的定义与必要性

1. 时间管理的定义

人们重视生命，乐于理财，却疏于时间管理。那什么是时间管理呢？通过事先规划和运用一定的技巧、方法与工具实现对时间的灵活以及有效运用，从而实现个人或组织的既定目标这就是时间管理。由此可以看出：

第一，时间管理真正的对象并不是“时间”，而是面对时间而进行的“自我管理”。

第二，时间管理不仅仅是工作的管理，也包含业余时间的管理；不仅仅是在企业里的管理，同时也包含家庭生活、业余时间、业余爱好的管理。亦即，时间管理应该是包含生活中所有时间的合理利用和支配。

第三，时间管理本身不应该成为一个目标，它只是为人们达到既定目标的一个工具。一旦人们形成对时间管理的良好习惯，它就会永远帮助你，使你一辈子受用。

2. 时间管理的必要性

每一个人都同样地享受每年的365天、每一天的24小时、一定期限的寿命和一样的体力和精力。每一个人每天都必须学习或工作8个小时左右、睡眠7个小时左右、个人家务及休闲或社会交往等再占去剩余的一部分时间。为什么有的人在有限的时间里既完成了学习、事业之大成又能充分享受到亲情和友情，还能使自己的业余生活多姿多彩，他们有三头六臂吗？他们会分身术吗？时间老人过多地偏爱他们吗？不，只是他们有效地进行了时间管理而已！

（1）时间管理是与时俱进的必然要求

随着社会和科技的进步与发展，人们无可选择的身处于一个信息爆炸、竞争压力倍增的环境中，新的时间支配方式将影响人们家庭日常生活的节奏，影响人们的艺术，影响人们的心态。因为一旦涉及时间问题，也就涉及整个人类的生活，对此“时间管理”的作用就显得越发重要。

（2）时间管理是提高效率的必要保障

这个世界上最公平的莫过于时间，无论一个人多么富裕或多么贫穷，上天给予的时间是绝对公平的，每人每天 24 小时，一分一秒都不差，时间不会对任何人厚此薄彼。但是上天又是不公平的，因为每个人的时间价值是不一样的，成功人士单位时间的价值非常高，而一般的普通人，时间的单位价值就比较低。所以唯有对时间的科学管理，才能合理地提高有限时间内产生的效率，以便更好地达到自己的目标。

（3）时间管理是提升生活品质的重要前提

如果问一个人有多少资本，他往往想到的是自己的车子、房子、股票、债券等有形资产，而容易忽略掉自己的时间财富。然而爱因斯坦说过：“一切与生俱来的赠品中，时间最宝贵！”不管现在的情况如何，只有利用好当前的时间，强调要在最短的时间内，更多的学习，更多的行动，获得更多的资讯，才能让“这一刻”不被浪费，才能为下一刻的精彩做好铺垫。

9.2.2 时间管理的三大观念

时间管理有三大观念，第一是时间观念，第二是效率观念，第三是效能观念。对这三大观念的理解和把握，是时间管理的关键。

1. 时间观念：1 小时与 3 年的关系

建立时间观念很重要，有了时间观念，才能利用琐碎的时间，才能把点点滴滴的时间珍惜起来。在人们的理解中，3 年是一个很大的时间单位，而 1 小时则是一个常被忽略的时间单位，实际上，如果每天能节约出 1 个小时，则在人生 70 年的岁月中，就可以节约出 3 年的时间，时间观念的重要性由此可见一斑。

2. 效率观念：速度能使石头漂起来

所谓效率观念，就是要有速度。石头之所以能漂浮在水面上，如《孙子兵法》所言“疾也”，也就是速度很快的原因。

3. 效能观念：始终不偏离终极目标和结果，与人生奋斗方向相吻合

效能的观念就是不仅要衡量速度的快慢，还要考虑其他的因素。中国人习惯以效率衡量事物，而不常论效能，人们常常夸奖一个人做事很有效率，却很少夸这个人非常有效能。

效能的概念，亦即，仅仅速度快不行，还要方向正确、结果良好、效果明显、成本又低，所以效能的概念始终不偏离终极目标和结果。在时间管理中，时间的效能与人生的奋斗方向和企业的终极目标要相吻合。

效率与效能的关系犹如价格和性价比，效率就好比价格，而效能好比是性价比。效率是指“快”，而效能是指“多、快、好、省”；效率高就是价格便宜，即买这个货物所花的货币数量比较少，效能高是指单位货币内所获得的回报和价值比较大，即当人们去买大宗的物件，例如买电脑、买汽车、买家具时，不仅要注重价格因素，更看重性价比因素，不

是越便宜越好，而是关注投入的钱和所获得的回报价值之间的比。同样的，在单位时间内，所获得的产值大小就是效率，而在单位时间内所获得的价值和回报的大小就是效能。

效能的重点不但是要完成任务，更是要求速度要快、正确率要高、成本要低，效能和效率相均衡。所以人们不但要意识到时间的重要，在抓紧点滴时间的同时，还要注意做事情的数量、速度和价值，要多、快、好、省。

9.2.3 时间管理的发展

明日复明日，明日何其多。我生待明日，万事成蹉跎。世人若被明日累，春去秋来老将至。朝看水东流，暮看日西坠。百年明日能几何，请君听我明日歌。

——文嘉《明日歌》

从古至今，人们早已发现时间的重要性，并开始了有关时间管理的探索，时至今日，时间管理可以划分为不同的发展阶段，且不同阶段有其不同的特点。

1. 传统的时间管理观念

传统的时间管理观念主要从节约和增加收入这两方面进行比较，其时间管理的观念中也渗透了这种生活哲学观的影子，概括起来可以总结为以下三个方面的内容：

（1）强调时间的重要性

古人曰“一寸光阴一寸金，寸金难买寸光阴”，这里强调了时间的价值和重要性。

（2）强调时间流逝的速度

孔子曰“逝者如斯夫！”看到滔滔不绝的江水，想到时间也如流水一样，不断地、快速地流淌，强调了时间的无法失而复得性。

（3）强调时间管理的计划性

中国古人关于时间管理的最基本方法是计划性，俗语常说“预则立，不预则废”，也就是说在做事之前要有充分的准备和充分的计划，强调了计划的重要性。

2. 现代时间管理的发展

（1）第一代：备忘录型的时间管理

第一代时间管理称为时间的单纯增加和备忘录。时间的增加是指当时间不够用，而工作任务比较多的时候，就单纯地加班加点，延长工作时间。备忘录就是把所有要做的项目列出来，制作成一个工作任务清单，做一件，勾掉一件，以此种方式进行时间的分配和使用管理。

这种时间管理方式便于追踪那些待办事项，但由于没有严格的组织架构，比较随意，往往会漏掉一些事情，缺乏系统性。

（2）第二代：记事簿型的时间管理

第二代时间管理的特点是通过制订工作计划和时间表，记录什么事情应该在什么时候做，即所有要做的工作任务开始之前，把清单列出来，在每一项任务之前定一个时间的期限，例如早晨8点至9点做什么，9点至10点做什么，下午1点至2点做什么，每一项任务都有开始和结束的时间，在这个时间段中完成规定的某项任务。这种方法有时也称为行事历时间管理法。

第二代时间管理更适合预定做的事情，相对来说，由于制订时间进程表使事情达成率比较高。但其缺点是容易产生凡事都要安排的习惯，找不到思考的空间。

（3）第三代：规划型的时间管理

第三代的时间管理称为排列优先顺序以追求效率的时间管理。其主旨是“规划、制订优先顺序”。当工作任务越来越多，多到在规定的时间里没有办法彻底做完时，就要求对时间管理的内容进行一定的更改，第一，对工作任务要做一些取舍。第二，对工作任务要排列优先顺序，比如，先做哪一件，后做哪一件；重点做哪一件，非重点做哪一件；主要做哪些，次要做哪些；做哪些，不做哪些，等等，描述这个取舍和优先顺序的办法可以通过象限法进行。

如果用按照重要程度的轴来标记横坐标，用按照紧急程度的轴来标记纵坐标，可以构成ABCD四个象限，如图9-1所示，A象限是非常重要且非常紧急的事情，B象限是重要但不紧急的事情，C象限是紧急但不重要的事情，D象限是不重要也不紧急的事情。

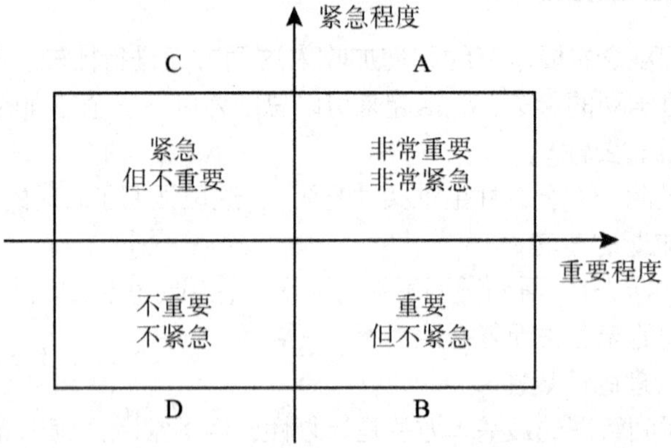

图9-1

这种时间管理的优点在于对每一天进行合理规划，并透过每天的规划来安排优先的顺序，完成最重要的目标和任务，做到井然有序，进而提高工作效率。虽然这种时间管理方法有了很大进步，但是人们发现这种对时间“高效率”的分配和使用通常达不到预期的目标，限制了人们的视野，让我们只注重每天的计划。

（4）第四代：目标型的时间管理

第四代时间管理以重要性为导向，包括价值导向，目标导向，结果导向。强调每一天的行动、每一个时段的行动都要与未来的目标很接近，所以它强调的是一种方向，也称为“正北理论”或“罗盘理论”。其关注的重点不是如何管理时间，而是如何有效地管理自己。

第四代时间管理方法超越了传统的要求更快、更好、更具有效率的观念，注重的不再是具体的事务和时间分配，而是提供一个罗盘，因为人走得多快是一回事，方向对才是最重要的。

对上述不同阶段的时间管理总结如表9-1所示。

表 9-1

发展历程	特　点	优　点	缺　点
第一阶段	备忘录型	避免忘记该做的事	忽略整体规划
第二阶段	记事簿型	事情达成率比较高	产生安排的习惯
第三阶段	规划型	提高工作效率	缺乏远见
第四阶段	目标型	有效率地向目标接近	

9.2.4　时间管理的六个概念

不管是中国传统的时间管理，还是第四代时间管理，在时间管理中，以下六个概念是贯穿于时间管理中最核心的重要问题。

1. 消费与投资

消费与投资包含多个概念，时间如果用于工作、学习，就是一种投资，因为投资是有回报的。如果用于陪家人聊天、外出旅游、无所事事、彻底放松，就属于消费，所以时间管理要合理安排投资与消费，达到投资和消费的平衡。

2. 机遇与选择

在时间管理中，要主动地选择，而不是被动地等待，主动可以导致机遇，等待则只能处于无奈状态，不能将人生时间使用的可能性发挥到极致。

3. 应变与制变

应变就是当问题发生时，去被动地做出反应；制变则是去控制住事情，能够主动地预先做出一些预防，让事情最大可能地朝着自己把握的方向发展。

4. 效率与成效

在时间管理中，要有很高的时间利用率，而且时间利用的结果是可见的、是优质的、是与奋斗目标相一致的，而不是南辕北辙的结局。

5. 紧要与重要

处理好紧要问题与重要问题的关系，具体做法如下：对于重要且紧要的问题立即处理；对于重要但不紧要的问题优先处理；对于紧要但不重要的问题最后处理；对于不重要也不紧要的问题则予以回避。

6. 反应与预应

当问题发生后，能及时做出反应，采取必要的措施。对于未发生的问题，则防患于未然，提前做出预防，使问题有良好的预警处理机制。

9.3 时间管理的误区

有人只知道玩乐，他们认为人生苦短，所以要抓紧时间及时行乐；有人是工作狂，他们总觉得时间不够用，却不知道疯狂工作让他们忽略了生命中许多的美景。当然，大部分人不会这么极端，但却都容易陷入时间的陷阱中。人们总是忙于自己认为重要的事情，回头才发现，时间如流星般短促，转瞬即逝在人们混乱的忙碌中，对此有人不禁想问：时间的杀手究竟在哪里呢？

案例 9-2

张秘书的一天

张小姐是一家公司的行政秘书，为人勤奋、关心下属、听从上司，但是每天工作之后她却感到自己这一天无所事事，自己的许多理想、宏图大志等都只有在梦中实现，心中常常产生懊恼之情，没有时间多读书、没有时间尝试新的事，一天到晚忙的不是地方。让我们来看看她一天的活动：

8：30 经理打电话让张小姐去商谈下周公司承办行业会议事宜，中间总经理接听电话、有客人来访等使他们的谈话一直延续到了 10：00。

10：00 准备布置保洁员工作，又有电话打来询问有关订购鲜花的问题、给予解释到 10：20。

10：20 准备起草会议通知，中间不断有其他同事进来聊天，张小姐的思路和时间被分割和耽误，会议通知一直写到 11：30。

11：30 阅读文件、各类报告、建议书等，到 12：00，还有一部分没有过目。

中午匆匆吃过饭，看了一会儿报纸、与同事聊了一会儿天，猛然想起总经理交代的会议安排还没有写好，明天就要上交的，于是赶紧冲进办公室！

14：00 与公司采购人员商谈购买会议纪念品的事宜，但终究不放心，张小姐还是和采购员一同到商场去选购。此项工作又占去时间 2 个半小时。

16：30 刚要写自己明天要提交给总经理的会议报告，但又有一名同事进来借一份文件，同时聊了一会儿个人的私事和公司最近的传闻。一直持续到将近 17：00。

同事走后，张小姐一看马上就要到下班时间了，已经没有时间来完成报告，只好挟着自己未写完的报告和要处理的文件回家，看样子晚上又得加班到午夜了。

◎ **思考**：仔细分析一下，张小姐的时间为什么不够用，她真的没有足够的时间吗？是她在不自觉地把时间浪费掉了呢，还是一些她不能够控制的因素挤占了她宝贵的时间呢？她把时间究竟浪费在哪里了呢？

9.3.1 耗时因素分析

对人们日常消耗时间因素的分析，大致可以将原因划归为以下几个方面：

1. 外因和内因的耗时

（1）外在因素的耗时：堵车、电话干扰、不速之客、沟通不良、资料不全、文件复杂、工作搁置等。

（2）内在因素的耗时：计划欠妥、事必躬亲、条理不清、欠缺自律、无力拒绝、做事拖延等。

2. 有形和无形的浪费

在时间浪费中，有些时间是被眼睁睁地看着消耗掉的，而有些时间则是在管理者毫无知觉的情况下被浪费掉的，因此，浪费时间的现象可以按照有形浪费和无形浪费来区分。

（1）有形浪费：开小差、资源不足、电话、程序繁琐、间断、等待。

（2）无形浪费：计划不周、不懂说“不”、拖延、不懂授权、不分轻重缓急。

9.3.2 错误的时间观念

生活中除去上述各种耗时因素在悄悄偷走我们的时间外，还有许多人是因为错误的时间观念而导致时间的浪费，可以对照下面的内容看看，自己是不是也正在陷入某些错误的时间观念中。

1. 视时间为主宰

对视时间为主宰的人来说，充分利用时间被当做一种信念，这种人将一切责任交托在时间手中，他们深信“这只是时间问题”、“时间是最好的试金石”之类的说法。在他们心目中，时间犹如驾驶员，而自己则好像乘客。

此类人的一个主要行为特征便是重形式而不重实质。他们总是恪守固定的时间办事而不愿接受改变。如下班时，虽然下一班 6：05 班车不愁没有座位，但却总是赶 5：45 那趟最拥挤不堪的班车，殊不知在路上的拥堵的时间也可以合理地利用起来。

2. 视时间为敌人

视时间为敌人的人经常将时间当做超越与打击的对象，他们常常更注重效率而忽略效果。“效率”基本上是一种“投入—产出”的概念，当人们能以较少的“投入”获得等同的“产出”，或是以同等的“投入”获得较多的“产出”，甚至以较少的“投入”获得较多的“产出”时，则被视为富有效率。

小贴士

效率（efficiency）：注重的是目标执行的过程，高效率是指正确地做事。

效果（effectiveness）：注重的是结果，好效果是指做正确的事。

效率是指输入与输出的关系。对于给定的输入，如果你能获得更多的输出，你就提高了效率。类似地，对于较少的输入，你能够获得同样的输出，你同样也提高了效率。效果是指活动实现了预定的目标。

3. 视时间为神秘物

视时间为神秘物的人通常都认为时间高深莫测，除非他们感觉到对时间的使用受到限制，否则他们不会意识到时间的存在或是时间的重要性。

视时间为神秘物的人因为忽视时间所带来的各种限制，所以能够专心致志地工作，这未尝不是一种长处。但是，时间对绝大多数人来说，常常是吝啬的。除非他们真正了解到这种吝啬，否则将无法适当地从事时间的调配。

4. 视时间为奴隶

视时间为奴隶的人最关心的是如何管理时间，这种观念转化成管理者的一种行为，便是长时间地沉迷于工作，成为所谓的“工作狂”。实际上，只要人们不对时间抱任何成见，或加以任何价值判断，而视之为中性资源，则可能对时间做出比较有效的运用。

视时间为中性资源，如人力资源、财力资源与技术资源那样，将有助于人们切实把握“现在”，而不致迷失于“过去”或“未来”。

5. 认为“时间还多”

认为“时间还多”就是“拖”的一种表现。拖时间的人不一定是没有时间，相反可能有充裕的时间。问题是，他们这一拖不知要拖去别人多少时间，更失去了多少宝贵的光阴和成功的机会。当你把心中那些“不急嘛!”的意念完全抛开，而告诉自己“立刻行动”时，你拖拉的毛病就自然被克服了。

9.3.3 时间管理的误区

大学是知识的海洋，也是学生从象牙塔走向社会的最后一站，更是社会与校园的结实纽带。如何合理利用大学中的时间，在日常生活中始终如一、有的放矢地使用行之有效的方法，组织管理好自己的方方面面，从而达到最有意义、最大限度地利用自己所拥有的时间，既是让自己的大学生活变得更加充实的保证，同时也是大学生未来成为一位高效职场人士的基本要求。所以，我们不妨用职场中的要求来规范自己，以防进入以下时间管理的误区：

1. 误区一：工作缺乏计划性

工作缺乏计划，就会给人们带来以下一系列恶果：

(1) 目标不明确；

(2) 没有将工作归类的习惯；

（3）缺乏做事轻重缓急的顺序；

（4）没有时间分配的原则。

尽管如此，不少人却从来不做计划或是不重视做计划，其原因不外乎：

（1）认为没有必要在行动之前多做思考；

（2）不做计划也能获得实效；

（3）不了解做计划的好处；

（4）计划与事实之间极难趋于一致，计划不如变化，也就没有做计划的必要；

（5）不知如何做计划。

理由也许有千万种，但我们不应该把这些原因当做不作为的借口，更不该让我们的行动处于无计划的引导之中，因为不做计划的人只是消极地应付工作，做计划的人则是有意识地支配工作，处于主动的地位，且同时提高了工作效率。虽然在时间目标过程中的客观环境会随时发生变动，从而导致了计划与现实难以趋于一致，但这不是不做计划的理由，反而告诉我们应定期审查我们的目标与计划，并作出及时的调整。

2. 误区二：时间控制不够

在对时间运用的过程中，许多人会表现出对时间控制不够，使得人们在日常的工作生活中容易陷入以下困境：

（1）习惯拖延时间；

（2）不善于处理不速之客的打扰；

（3）不善于处理无端电话的打扰；

（4）被泛滥的“会议病”困扰。

3. 误区三：对细节不注重

许多人都由于不注重细节导致对时间的大量浪费。例如，书桌的杂乱无章有时会让人手忙脚乱，从而浪费时间。反过来，人们从小养成的良好生活习惯，实际上也是对时间管理上所作出的细节努力。

4. 误区之四：学会适时说“不”

时间管理中最有用的词是“不”。自己不能胜任委托的工作，不仅浪费自己的时间，而且耽误了别人的时间。

量力而行说“不”，对己对人都是一种负责。接受别人的委托，不要给予答复，要实事求是地分析一下自己能不能按期保质地完成工作。如果不能，要敢于说“不”。但是不能作为推脱责任的借口。

5. 误区之五：进取意识不强

人们常说：“人类最大的敌人就是自己。”有些人之所以让时间白白流逝而毫无痛悔之意，一个重要的原因就是缺乏进取意识，缺乏对工作和生活的责任感和认真态度。许多大学生一直处于迟钝的时间感觉中，甚至有同学调侃一节课40分钟，5分钟缓过神来，5分钟神游，5分钟发微博，5分钟看微博，5分钟转发微博，10分钟睡觉，2分钟整理发型，2分钟修指甲，还剩1分钟看手表倒计时下课。真抱歉老师、一节课都排满啦，哪有时间听您老人家讲课啊。

殊不知当你觉得时间可有可无，沉溺于“天上随时掉馅饼”的美梦，那你就要好好地反省自己了，否则你随时可能被社会淘汰!

9.3.4 检讨自己的时间管理

案例9-3

三枚硬币——财富、健康、时间，哪一个更重要?为什么假设一个人的生命中有三枚硬币，一枚硬币代表财富，一枚硬币代表健康，还有一枚硬币代表时间，这三枚硬币哪一个最重要呢?

通常人们都趋向于追求财富，如果在这三枚硬币中，把代表财富的硬币拿掉，则表示这个人有足够多的健康，也有足够多的时间，他有可能重新去创业，赢得财富，把代表财富的硬币重新放进自己的生命中。

如果在这三枚硬币中，把代表健康的硬币拿掉，则表示这个人有足够多的财富，也有足够多的时间，则他可以花费无以计数的金钱来治疗自己的疾病，至少可以拖延一定的时间，或借助高新科技手段来延长生命，他可能把代表健康的硬币重新放进自己的生命中。

如果把代表时间的硬币拿走，让一个人没有自己的时间了，这时候，即使他有无数的财富，有很强壮的身体，可是生命留给他的只有一刹那，他无法用1亿美元去换10分钟，这就好比无数的0前面没有了1，是没有任何意义的，他不仅不能将代表时间的硬币重新放进自己的人生，而且财富和健康对他也变得毫无意义了。

◎ **点评：**

对于所有的人，丧失的财富可以通过厉兵秣马、东山再起而赚回；忘掉的知识可以通过卧薪尝胆、勤奋努力而复归；丢掉的健康可以通过饮食的调节和医疗保健类改善，唯有时间，流逝了就永不再回。

在了解那些耗时的因素及时间管理的误区后，我们不妨来审视一下自己当前的时间管理。首先让我们来分析一下自己的时间都用到哪里去了，这也是时间管理的第一步。我们可以细心地将自己的一天记录下来，形成一张时间记事表，如表9-2所示，一天积累下来，填写这张表大概只要3~4分钟，但它产生的效果却极为惊人，你会发现之前说不清楚的时间都到哪里去了。要知道人的记忆力在这方面是不可靠的，人们往往只记得一天中最重要的事情——也就是人们完成某些事情的时刻，而常常忽略人们浪费或未能有效利用的时间。那些琐碎的事项虽然都不太重要，但却正是人们需要辨明并加以修正之处。

表 9-2 **每日时间记事表**

时间	活动事项	活动目的	附注
6：00—6：15			
6：15—6：30			
6：30—6：45			
……			

通过记录时间，也许你会惊讶地发现，和那些东奔西走处理的次优先事务相比较，你用于计划、探寻和利用机会，以及努力达到目标等这些重要事务的时间真是太少了。试着找到那些无效的时间，并缩短或停止这项事务，同时把自己精力最充沛的时间有效利用起来，用于对你而言最重要的事情。今天就开始为自己制定一张时间记录表，它是一种自我诊断与自我指导的方法，也是帮助我们控制时间的有效工具之一。

9.4 时间管理的原则

时间管理的实质是对生活方式和方法的管理，时间管理的法则也就是寻求最有效的生活方式和方法。纵然时间的“量”是不会变的，但“质”却有可能不同，因为每个人运用时间的方式并不相同。唯有对时间的科学管理才能合理地运用时间，并发挥时间的最大效能。

9.4.1 设立明确的目标

时间管理的目的是让人们在最短时间内实现更多自己想要实现的目标，因此，有效的时间管理必须对生活的目标加以确立，先去“面对”并“发现”自己生活的目标在何处。被称为“百万富翁创造者”的现代成功学大师拿破仑·希尔在关于时间管理的 22 个问题中，第一个问题就是关于目标：你制订明确的目标了吗？制订了切实可行的执行计划了吗？每天花多少时间再落实执行计划上？主动执行或是想到才执行？

把今年度的 4~10 个目标写出来，找出一个核心目标，并依次排列重要性，然后依照你的目标设定详细的计划，并依照计划进行。

小贴士

拿破仑·希尔时间管理22问①

1. 你制订明确的目标了吗？制订了切实可行的执行计划了吗？每天花多少时间在落实执行计划上？主动执行或是想到了才执行？

① 新浪博客：http：//blog. sina. com. cn/s/blog-7e6fe8460101gh7s. html，2014 年 1 月 13 日访问.

2. 你的成功目标是一种强烈的愿望吗？多久才会检讨一次这个愿望？

3. 为了达到明确目标，你做了什么付出？正在付出吗？何时开始付出？

4. 你采取了什么步骤来组织智囊团？你多久和成员们接触一次？你每个月、每周和每天与多少成员谈话？

5. 你有接受一些小挫折作为促使自己作更大努力之挑战的习惯吗？你能从逆境中找出等值利益的关键所在吗？

6. 你是否把时间花在执行计划上或是老想着你所遇到的阻碍？

7. 你经常为将更多的时间用来执行计划而牺牲娱乐吗？或者经常为了娱乐而牺牲工作时间？

8. 你能把握每一分钟时间吗？

9. 你把你的生活看成是你过去运用时间方式的结果吗？你满意你目前的生活吗？你希望以其他的方式支配时间吗？你把逝去的每一秒钟都看成是生活更加进步的机会吗？

10. 你一直都保持积极心态吗？是大部分时候都保持积极心态还是仅在有的时候才积极？你现在的心态积极吗？你能使自己的心态立刻积极起来吗？积极之后呢？

11. 当你以行动具体表现自己的积极心态时，是否真的会经常展现你的个人进取心？

12. 你相信会因为幸运或意外收获而成功吗？什么时候会出现这种幸运或意外收获？你相信你的成功都是因为自己的努力付出所换得的结果吗？你何时付出了努力？

13. 你曾经受到他人进取心的激励吗？你经常受到他人的影响吗？你经常真正的以他人作为榜样吗？

14. 你在什么情况下会表现出多付出一点点的举动？是每天都会这样付出或只有在他人注意时才会多付出吗？你在表现多付出一点点的举动时的心态呢？

15. 你的个性吸引人吗？你会每天早晨照镜子并改善你的微笑和脸部表情吗？或者你只是单纯的洗脸刷牙而已？

16. 你如何保持自己的自信心？你何时奉行使得自己拥有无穷智慧的激励力量？你经常忽视这些力量吗？

17. 你培养自己的自律能力吗？你的失控情绪经常会使你做一些令你很快就感到遗憾的事情吗？

18. 你能控制恐惧感吗？你经常表现出恐惧吗？你何时以你的信心取代恐惧的？

19. 你经常以他人的意见作为事实吗？每当你听到他人的意见时，你会抱着怀疑的态度吗？你经常以正确的思考来解决你所面对的问题吗？

20. 你经常以表现合作的方式来争取他人的合作吗？

21. 你给自己发挥想象力的机会吗？你何时运用创造力来解决问题吗？你有什么需要靠创造力才能解决的问题吗？

22. 你会放松自己、运动并且注意你的健康吗？你计划明年才开始吗？你为什么不现在就开始呢？

9.4.2 优先原则

时间管理是什么？是利用技巧、技术和工具帮助人们完成工作，实现目标。面对工作生活中的各种琐事，每一项都似乎迫在眉睫，忙忙碌碌中却发现事情没有做完而时间却不够了，到底人们应该怎么办呢？

案例 9-4

装瓶实验

有一位教授做过一个装瓶实验，他拿出一个瓶子，拿来了好多石子，又拿来许多沙子和水，然后他把石头往瓶子里装，装到瓶口的时候，教授问学生“这个瓶子装满了没有”，学生们说“装满了”。于是教授又往这个瓶子里面倒沙子，沙子倒到瓶口时，教授问学生，“这次满了没有”，学生们说“满了”。教授又把水往瓶子里倒。到最后看似满了，其实还能倒进去不少水。

◎ **点评：**

这个装瓶实验就揭示了时间管理的启示，大石头之间会有空隙，沙子之间还有空隙，水里面可能还有空隙。同理，时间之间也存在空隙，珍惜时间的一种方法就是珍惜点点滴滴零碎的时间。

人的精力就像这个瓶子的容量一样是有限的。大石块就相当于那些非常重要的事情，那些小石块、沙子和水其实就相当于琐碎的小事。装瓶实验中如果先往瓶子里面装水，再往里面装沙子，然后再往里面放石头，就一定放不进去了。做事情也是一样，要按照事情的重要程度来确定优先顺序，不能捡了芝麻丢了西瓜，要抓最核心、最重要的、最有价值的事情，这样能够节省人的精力和时间，重点专注于人们要做的事情，也能彰显出生活的意义。

对此，我们在日常生活和学习中可以根据事情的重要和紧急程度的不同，将事情划分成为四种类型，如表 9-3 所示。

表 9-3

	紧　急	不紧急
重要	危机 急迫的问题 有限期的任务、会议、准备事项 考试	平时的学习 准备及预防工作 计划 关系的建立
不重要	干扰，一些电话 一些会议 一些紧急事件 凑热闹的活动	细琐的工作 浪费时间的闲聊 无关紧要的信件 看太多的电视

（1）重要且紧急事情，诸如完成马上要交付的工作、临考前的学习、住院开刀，等等。这是考验人们的经验和判断力的时刻，也是可以用心耕耘的田园。如果荒废了，人很可能变成行尸走肉。但人们也不能忘记，许多重要的事都是因为一拖再拖或事前准备不足，而变成迫在眉睫的。

（2）不重要而紧急事情，表面看似重要而紧急事情，因为迫切会让人们产生“这件事很重要”的错觉——实际上就算重要也是对别人而言。电话、会议、朋友邀玩都属于这一类。人们花许多时间在这个里面打转，自以为是重要而紧急事情，其实不过是在满足别人的期望与标准。

（3）重要而不紧急事情，主要是与生活品质有关，包括平时的学习、工作等。荒废这个领域将使重要而紧急事情日益增多，使人们陷入更大的压力，在危机中疲于应付。反之，多投入一些时间在这个领域有利于提高实践能力，减少重要而紧急事情。要做好事先的规划、准备与预防措施，防患于未然，许多急事将无从产生。

（4）不重要而不紧急事情，简而言之就是浪费生命，所以根本不值得花半点时间在这上面。诸如阅读令人上瘾的无聊小说、毫无内容的电视节目、办公室聊天、上网玩游戏等，这样的休息不但不是为了走更长的路，反而是对身心的毁损，刚开始时也许有滋有味，到后来你就会发现其实是很空虚的。

上述四种类型的事情有一个规律：如果不把时间投资在重要而不紧急的事情上，就一定会吃苦头，这类事情会使工作不能正常进行。现在你不妨回顾一下上周的生活与学习，你在哪类事务上花的时间最多？请记住，成功者往往花最多时间在做最重要但不是最紧急的事情上，而一般人往往将紧急但不重要的事放在第一位，我们必须学会如何把重要的事情变得紧急。

9.4.3　80/20 原则

花 80%的时间、精力和资金做 20%的最有价值的事情；

花 80%的时间、精力和资金学习 20%的最有用的知识和技能；

花 80%的时间、精力和资金建立和不断维护 20%的最优质的人际关系；

用 80%的时间和精力照顾好能给你带来 80%的销售额的 20%的优质客户；

用80%的时间和精力学习能给你产生80%的效果的20%的知识和技能。

这是由19世纪意大利经济学家巴莱多提出的“八二定律”，也称为巴莱多定律。其核心内容是总结果的80%是由总消耗时间中的20%所形成的，即80%最佳效果的工作来自20%的时间，20%较为次要的工作花去80%的时间，所以人们应该去寻找用20%的努力就可以得到80%的效果的领域。

仔细观察人们的日常工作和生活，也许你会发现浪费时间的往往并不是大块头的工作，而恰恰是一些突发困扰和迫不及待要解决的问题，如果人们做事情不分主次，不管轻重缓急，把所有事情都分配相同的时间和精力，就会在小事上过分劳心费神、斤斤计较、患得患失、烦恼不已，就会荒废了大事，从而荒废整个人生。从这个意义上说，要取得成功，不断实现人生的新跨越，不在于我们一辈子做了多少事，而在于我们是否用尽全力将最重要的一件事或者几件事做好。实际上，有些成功者，甚至倾其一生在做一件或几件对他们来说最重要的事情。对此，80/20原则告诉人们要善于集中时间，把时间用在刀刃上，千万不要把时间平均分配在每一件事情上，而应该把自己有限的时间集中用来处理最重要的事情。所以，对你而言一定要了解哪些事情是最重要的，是最有生产力的。每天都做重要的事，给你带来的将是人生的黄金。

小贴士

10个赢得时间的锦囊妙计

1. 为重要任务或同类任务设立工作时间；
2. 有针对性地回避，设立安静时间，随后进行回话；
3. 在会议和个人约会中设立时间限制；
4. 把优先权作为所有工作的基本原则；
5. 尽可能久地做那些确实关键重要的工作；
6. 充分利用委托授权完成服务性工作；
7. 将较大任务拆分成子部分进行；
8. 与自己商定完成A类任务的期限；
9. 尽量完成重点任务；
10. 按效率、有针对性地规划。

9.5 时间管理的方法

人的生命是有限的，人们不能绝对地延长寿命，但通过时间管理，却可以相对地将生命延长。工作的时候，人们全身心地工作，创造财富；生活的时候，人们尽情享受，营造欢乐；不虚度时光，让自己的生命更有价值，更有意义。提高工作的效率，提高生活的质量，让生命的价值在有限的时间里尽量发挥，这样就等于增加了生存的“密度”，扩充了有限生命的内涵。

珍惜时间，管理时间，把更多的时间用在更有效益的地方。时间多了，机会就多；机会的增加，必然促成目标的早日达成，生命就得以延长。善用时间，就是善用自己的生命。歌德说："浪费了的一生，等于夭折。"最忙碌徒劳的人，永远是没有时间管理的人。

9.5.1 时间管理三部曲

1. 改变时间观念

一是时间的生命性。时间不单只是点或线，时间是有厚度、宽度、甚至有密度的。而左右时间厚度、宽度和密度的，就是人生是否充实。钟表时间是没有生命的，但是充分利用的时间则是有生命的。如果你的人生是充实的，你的时间也就充满深度和密度。

二是时间的所有性。一个成功的人，善用他的时间，是最大成功因素之一。既然谁也无法获得比别人更多的时间，那么，唯一的办法是如何计划充分利用自己的时间。这就要求确保"自有时间"。但是，保有自有时间并不是简单的事，创造自有时间才是最关键之所在。

2. 掌握正确的方法

（1）制订计划。制订计划是时间管理过程的起始环节。

会不会利用时间，关键在于会不会制订完善的、合理的计划：某年某月某日要做什么事；哪些事先做，哪些事后做；哪个时间内以哪些事为重点；安排哪些时间内做什么事；目标何时达到，等等。

（2）积极行动。再好的计划如果不行动也是白纸一张。

行动是保证计划实施的必要手段，是时间管理过程中必不可少的重要环节，是执行计划、实现目标、完成任务、取得成绩的基本保证。所有的计划必须化为行动，因为只有行动才有力量，才能达到你的目标，正如列宁所说："一个行动胜过一千打纲领。"

（3）适时总结。通过总结，对上一阶段的工作进行总分析、总评价，做出具有指导性的结论，使自己加深对时间管理活动的认识，从中探索管理规律，更好地掌握时间管理，提高对时间管理工作的自觉性、预见性，防止克服盲目性、主观随意性。

3. 养成良好的时间管理习惯

习惯的养成，是一个长期艰苦的过程。时间观念的转变就如一粒种子，习惯就是对这一粒种子的精心培育，而养成良好习惯是植物的开花和结果。良好的习惯是打开成功的钥匙，坏习惯是走向失败的开始。美国哈佛大学前校长埃里奥特的名言："成功的习惯其本身就是成功的原动力。""习惯成自然"，这是中国的一句俗话，它道出了人们行为形成的一条重要渠道。

9.5.2 时间管理的方法

当你觉得无所事事，或者忙得晕头转向却不见成效时，不妨暂时停下来审视一下自己的时间利用效率，审视一下自己在时间中所处的角色，试着尝试一些新的时间管理方法，寻找一条更为合适的途径，从而实现自己的目标，追求自己的人生价值。

1. 艾维·利时间管理法

案例 9-5

每天都做最重要的事①

查尔斯·舒瓦普是美国伯利恒钢铁公司的总裁，他的钢铁公司曾经只是一家鲜为人知的小钢铁厂，却在短短5年的时间里，一跃成为世界上最大的独立钢铁公司。那么，是什么魔力使伯利恒钢铁公司得到了超常规的发展呢？

当初，伯利恒钢铁公司在经营上面临诸多困难，几近破产，总裁查尔斯·舒瓦普使用了许多办法也没能使企业有起色，万分苦恼。无奈之下，舒瓦普只好找他在搞管理研究的朋友、美国效益专家艾维·利帮忙。

舒瓦普承认自己懂得如何管理，但事实上结果却不尽如人意。舒瓦普对艾维·利说："应该做什么，我是清楚的。如果你能告诉我如何更好地执行计划，我听你的，在合理的范围内价钱由你定。"

效率专家艾维·利花了20分钟听完舒瓦普焦头烂额般的倾诉，艾维·利说可以在10分钟内给舒瓦普一样东西，这样东西能使伯利恒钢铁公司的业绩提高至少50%。然后，他递给舒瓦普一张空白纸，说道："在这张纸上写下你明天要做的6件最重要的事，然后用数字表明每件事情对于你和你公司的重要性次序。"

"现在把这张纸放入你的口袋。明天早上第一件事是把纸从口袋里拿出来，做第一项，不要看其他的，只看第一项。着手办第一项事情，直到把它完成为止。然后用同样的办法对待第二项、第三项……直到你下班为止。如果你只做完第一项，那也不要紧，因为你总是在做最重要的事情。"

"你每一天都要这样做。当你对这种方法的价值深信不疑之后，要求你公司里的人也这样做，这个试验你愿意做多久就做多久。然后给我寄张支票过来，你认为值多少就给我多少。"

听了这个建议，企业家哭笑不得，他私下里认为这个建议救不了他的企业。但苦于没有摆脱困境的更好办法，还是在企业上下认真贯彻了专家的建议。刚开始，大家都抱着病急乱投医的心理来做这件事。慢慢地，人们改变了对这个建议的抵触态度，大家明显感到它带来的巨大实惠，都觉得工作不再像过去那样忙乱不堪、效率不高了。企业内部的一些以前看来难以克服的困难，现在也慢慢被化解克服了，企业活力再现。

整个咨询过程不到半小时，然而几个星期之后，舒瓦普给艾维·利寄去一张2.5万美元的支票，还有一封信。信上说从花费金钱的角度来看，这是他一生中最有价值的一课。

几年后，名不见经传的小钢铁厂伯利恒一跃成为当时世界上最大的独立钢铁公司，

---

① 百度文库：http：//wenku. baidu. com/价值2.5万美元的时间管理方法，2015年5月访问.

其中艾维·利提出的方法功不可没。

“把你每天要干的6件重要的事列出来，并认真完成它们”，这个看似简单的建议救活了一个濒临绝境的企业。这一管理方法被管理学界喻为“价值2.5万美元的时间管理方法”。

◎ **点评：**

大家都知道钉子之所以可以钉入坚硬的墙壁和厚厚的木板，是因为它有个尖尖的头，可以将同样大的力量集中于一点，我们做事也是一样。其实，在人们的日常生活中，事情是永远也做不完的，要想在有限的时间内做完和做好更多的事情，就必须知道什么事最重要。明确重点，突出重心，才能在有限的时间和精力下完成最有价值的工作，达到事半功倍的效果。

就职场而言，一家公司的使命落实到战略上，战略落实到规划，规划分解到计划，计划分解到日程。作为基层员工就应该按每件事情具体的日程要求，来安排自己的工作。每天列出工作清单就显得至关重要。

工作清单其实很简单，就是把当天要做的事情一项一项地列出来，加上一个序号、标准、期限，一天结束后看看当天的事都完成了没有，做到位了没有，做好了没有，没有完成或没有做好的原因是什么，如何补救等。这样一来，时间长了，人们就会形成习惯，做事情有了针对性，想问题也会更加全面，而且有利于和上下游工序的配合。那么现在就让我们试试艾维·利时间管理法吧！

第一步：写下你明天要做的6件最重要的事。

(1)＿＿＿＿＿＿＿＿＿＿＿＿＿＿＿＿＿＿＿＿

(2)＿＿＿＿＿＿＿＿＿＿＿＿＿＿＿＿＿＿＿＿

(3)＿＿＿＿＿＿＿＿＿＿＿＿＿＿＿＿＿＿＿＿

(4)＿＿＿＿＿＿＿＿＿＿＿＿＿＿＿＿＿＿＿＿

(5)＿＿＿＿＿＿＿＿＿＿＿＿＿＿＿＿＿＿＿＿

(6)＿＿＿＿＿＿＿＿＿＿＿＿＿＿＿＿＿＿＿＿

第二步：用数字标明每件事的重要性次序；

第三步：明天早上第一件事是做第一项，直至完成或达到要求；

第四步：然后再开始完成第二项、第三项……；

第五步：每天都要这样做，养成习惯。

2. 一周时间运筹法

时间管理是从计划开始的，好的时间运筹方法，需要对过去的工作进行科学合理的记录，发现时间浪费的所在，然后找到改进的措施，修正原有的时间管理方案，并严格按照这种安排执行，一周时间运筹法即是这种时间管理方法的代表。

在使用一周时间运筹法时，以星期时间为横坐标，标记星期一、星期二、星期三直到星期天，以小时时间为纵坐标，标记早晨、中午、上午、下午、晚上以及备注和总结，然后在接下来的一周里，进行认真记录，并对每天的时间利用进行总结，当一周的记录结束后，再进行周总结。如表 9-4 所示。

表 9-4

时间	星期一	星期二	星期三	星期四	星期五	星期六	星期日
上午							
中午							
下午							
晚上							
备注							
总结							

目前，在全球所有的企业管理中，制订计划表已经是最常见的方法，然而麦肯锡通过对全球经理人计划实现的有效性调查发现，大部分企业都在做月计划，而月计划定下来后，在第一周、第二周、第三周和第四周实施有效性是不一样的，第一周的实施有效性为 70%～80%，第二周的实施有效性为 60%～70%，第三周的实施有效性为 50%～60%，第四周的实施有效性只有 40%～50%。个人月计划的实施也基本与此相似，在月末实施有效性会只剩下 50%左右，因为计划不如变化快，在一个月之前所料想的情形现在可能发生了许多的变化。如果对这些变化每天都进行追踪，会发现每天的计划实施有效性都在减弱，情况变动的频繁程度导致只见到眼前的具体工作，而往往忘记了整体的方向和目标，很难做到协调和平衡。所以，这也提醒人们周计划和周检讨非常重要，可以帮助人们修正和完善计划。

3. GTD 时间管理法

GTD 是 Getting Things Done 的缩写。来自于 David Allen 的一本畅销书《*Getting Things Done*》，中文翻译本《尽管去做：无压工作的艺术》。该理念认为人的记忆和注意力集中是很有限的，没法同时记着许多事情，做许多事情。如果没有工具和方法的帮助，可能你会重要的事情到后来才发现没有分配足够的时间做好，不重要的事情做了一堆（而且有时正是因为前一件事情没做好才会多出后来几件事情，进入恶性循环）。这样几次之后，你知道要记住重要的事情，但是平时注意力很容易转移，心里又惦记着还有什么事情，不要不小心忘了，另外，正是因为人们的资源往往不够，才需要 GTD，这种情况下就要有取舍，没有条理，就很容易把有限的资源做了不合理的分配。GTD 会给你催促自己赶快完成的印象，也许是那个两分钟以内的事情要立刻做完这一点，其实这样正是为了快点解决（或者前进一步，然后放到以后的计划里)，从而不用把本来可以立刻解决的事情也放到计划里扰人心意。重要的事情不会忘记的，等到后果出现的时候自然也回想起来，关键就是是否安排好了时间在太晚之前完成。

GTD的基本方法：GTD的具体做法可以分成收集、整理、组织、回顾与行动五个步骤。

（1）收集：就是将你能够想到的所有的未尽事宜（GTD中称为stuff）统统罗列出来，放入inbox中，这个inbox既可以是用来放置各种实物的实际的文件夹或者篮子，也需要有用来记录各种事项的纸张或PDA。收集的关键在于把一切赶出你的大脑，记录下所有的工作。

（2）整理：将stuff放入inbox之后，就需要定期或不定期地进行整理，清空inbox。将这些stuff按是否可以付诸行动进行区分整理，对于不能付诸行动的内容，可以进一步分为参考资料、日后可能需要处理以及垃圾几类，而对可行动的内容再考虑是否可以在两分钟内完成，如果可以则立即行动完成它，如果不行对下一步行动进行组织。

（3）组织：个人感觉组织是GTD中的最核心的步骤，组织主要分成对参考资料的组织与对下一步行动的组织。对参考资料的组织主要就是一个文档管理系统，而对下一步行动的组织则一般可以分为：下一步行动清单，等待清单和未来/某天清单。下一步清单是具体的下一步工作，而且如果一个项目涉及多步骤的工作，那么需要将其细化成具体的工作。GTD对下一步清单的处理与一般的to-do list最大的不同在于，它作了进一步的细化，比如按照地点（电脑旁、办公室、电话旁、家里、超市）分别记录只有在这些地方才可以执行的行动，而当你到这些地点后也就能够一目了然地知道应该做哪些工作。等待清单主要是记录那些委派他人去做的工作。未来/某天清单则是记录延迟处理且没有具体的完成日期的未来计划、电子邮件等。

（4）回顾：回顾也是GTD中的一个重要步骤，一般需要每周进行回顾与检查，通过回顾及检查你的所有清单并进行更新，可以确保GTD系统的运作，而且在回顾的同时可能还需要进行未来一周的计划工作。

（5）行动：根据时间的多少，精力情况以及重要性来选择清单上的事项付诸行动。

4. 连续分段时间管理法

连续分段时间管理法又称为莫法特休息法，简单地说就是先区别各种工作时间的性质，纳入“连续—分段—连续—分段”的组合公式进行处理。如此便能充分利用间隔或空档的时段，创造出更多可供利用的时间。这种时间法则和农业上的“间作套种”原理非常相似。“间作套种”是一种科学种田的方法。人们在实践中发现，连续几季都种相同的作物，土壤的肥力就会下降很多，因为同一种作物吸收的是同一类养分，长此以往，地力就会枯竭。人的脑力和体力也是这样，人们都有这样的生活经验：繁重的、紧张的工作未必能使人们的精神上或体力上感到疲劳，往往是单调乏味的工作使人们的心理产生厌烦情绪，进而感到浑身乏力，难以支持。如果这时人们着手从事另一种新的工作，精神和力气马上就提高了。为了防止人们在工作中出现疲劳感减慢工作进度，可以经常改变工作的方式，变换工作地点，或者几种工作互相交叉同时进行，使人们的大脑总是处在新鲜信息刺激下。这样，就可以持续高效地工作。

连续分段时间管理法根据人的大脑左右两半球具有不同的功能，把工作时间分为“连续”和“分段”两种。

大脑的左半球负责人的语言表达、逻辑性和序列性等思维活动。大脑的右半球负责人的非语言性、非逻辑性思维，知觉、直觉感情等形象思维方面的整体活动。人们连续性地工作，如长时间地思考问题、写文章、订计划，是用左脑。可以分段进行的工作，如复印材料、打电话、发传真、抄写、统计、记账等，是用右脑。人们如果把一天必须完成的工作，分成这样两类，交替进行，就可以使左右大脑轮流获得休息，减轻紧张的感觉，缓解疲劳，也能使工作更加专注，提高工作效率。

连续分段时间管理法主要有以下5种类型的工作模式：

（1）按抽象与形象来分配时间

人们可以按研究的不同材料去分配时间，缓和大脑的疲劳程度，调节自己的思维和注意力。人们研究理论问题时可以和学习形象的、具体的问题交替进行。比如，人们研究哲学、历史、文艺理论、美学等问题一旦感到疲劳，可以拿起有关的小说、诗歌集、图片来阅读或欣赏半个小时。这样，既使大脑左半球得到休息，又使大脑右半球得到充分利用，同时也为理论研究积累了资料，真是一举三得。

（2）按研究问题的不同角度分配时间

即使是不更换研究对象，只改变研究角度，从不同侧面分析问题，同样会引起大脑新的兴奋点，达到提高工作效率的目的。如人们读枯燥的长篇巨著，往往读不下去。可以先从中间最有趣的地方读起，甚至跳着读，倒着读，最后再读开头等。

新鲜的知识、信息能引起人们浓厚的兴趣。只要人们善于变化，同一种工作，每次着手做可以从不同侧面、不同部位入手，总会引起新鲜的感觉，提起人们的兴趣。

（3）按动静交替分配时间

人们用一个姿势坐着读书、写作或绘图，时间久了容易感到疲劳。这时可以改变读书的姿态，变换读书的地点。

比如，人们研读一部哲学理论书籍。在房间里坐着读书一小时之后，可以在房间里站着边走边读。读累了可以靠在沙发上读一会，或者走到庭院里在花坛前读，继而在藤萝架下靠着柱子边读边思考。这样，就不至于感到枯燥乏味了，读过的东西印象又很深刻。

有时也可以把查找图书资料和集中精力思考、写作交替进行。人们常有这种情况，正紧张地写着文章，忽然想引用某个材料，但又记不确切，于是停下手中的笔，翻箱倒柜去查阅图书资料。千万不要为此烦恼，这正是调节大脑皮层不同区域的劳逸不均，消除疲劳，提高工作效率的好办法。

（4）体力与脑力互相交替分配时间

人们平时可以把紧张的研究、学习与体育锻炼交互进行。当人们集中精力研究问题感到疲劳时，可以放下手头的工作，到户外散散步，打打太极拳，或到公园慢跑十来分钟。经常进行这些户外的有氧运动，不只可以增强人们的体质，而且对提高工作效率也大有好处。

（5）按工作和娱乐休闲交替分配时间

人们为赶任务，可以短时间废寝忘食地进行工作，但不可能终年日日夜夜这样拼命。俗话说，“骤雨不终日，飙风不终朝”，“一张一弛，文武之道”。人们的工作、学习，必须有张有弛，才能持之以恒，坚持下去。那种暴风雨式的工作方式，是不可能持久的。在紧张的工作间隙，人们可以看看电影、听听抒情的轻音乐、跳跳舞，甚至适当的远足旅游，对放松紧张的大脑皮层，松弛神经，消除疲劳，提高工作效率是大有好处的。有时在愉快的休闲中，不仅消除了疲惫，甚至还可以获得某些启示，唤醒某些灵感的爆发，说不定还能产生惊人的创造力。

总之，连续分段时间管理法的要义是：经常使工作充满新鲜感。每隔一段时间，人们应该改变一下工作环境和工作方式，让不同的新鲜信息刺激大脑，使大脑的兴奋中心不停地转移，从而避免某一区域长时间兴奋而过于疲劳，导致大脑认识问题、分析和处理问题迟钝，以达到提高工作效率的目的。

5. 生命倒计时法

人一般都是60岁退休，请计算出你剩下可以工作的时间：

我的生命已经用去：	天
我还剩下可工作的天数：	天
签名：	年　　月　　日

请写出你填写前面表格的直接感受：

6. “今年是你生命中的最后一年”法

如果今年是你生命中的最后一年，你将如何度过？

7. 时间价值分析法（如表 9-5 所示）

表 9-5

年收入/万元	年工作时间/天	日工作时间/小时	每天价值/元	每小时价值/元	每分钟价值/元
2	254	8	78.74	8.84	0.16
4	254	8	157.48	18.68	0.33
6	254	8	236.22	28.52	0.48
8	254	8	314.86	38.36	0.66
10	254	8	383.70	48.20	0.80

8. 生理节奏法

每个人的工作状态表都不完全一样，注意研究你精力最充沛、脑子最清楚的时段，在此时段做最有价值的事；注意研究你注意力集中的时间有多长，在此时间内解决问题；该休息的时候一定要休息，在你感到疲倦之前就休息，你每天清醒的时间，就多增加了 1 小时。

在下列时间段里，你的精力如何？请在表 9-6 的相应空格处打“√”。

表 9-6　　时间段精力图

时 间 段	精力充沛	精力一般	精力下降	很想睡觉
6：00—8：00				
8：00—10：00				
10：00—12：00				
12：00—13：00				
13：00-14：00				
14：00—16：00				
16：00—18：00				
18：00—20：00				
20：00—22：00				
22：00—24：00				

9. 日程表时间管理法（如表 9-7、表 9-8 所示）

表 9-7　　时间日程表

工作	起止时间	使用时间	优先顺序	备注

表 9-8　　时 间 清 单

紧急性及重要性	主要活动	使用的时间	占总时间的百分比
1			
2			
3			
4			

9.6　时间管理在职场中的具体应用

对于即将走向社会的大学生而言，刚刚步入职场的新鲜人拥有最宝贵的财富就是大量的时间和精力，应充分利用这笔财富，在短暂的生命历程中充分有效地把握有限的时间，在相同的时间里创造更高的效率和价值，让它们发挥出最大的功效。在繁杂的日常事务中摆脱烦恼和压力，需要一套科学的时间管理技巧，才会帮助职场新人以高效率、高产出来赢得职场中的各种竞争。

9.6.1　掌控每天——不被牵着鼻子走

1. 生活就像马戏团，有驯兽师也有动物

生活就像马戏团，除了驯兽师就是动物，如果人不做驯兽师，就可能会变成动物。同理，如果人不能控制好生活，生活就会控制人。

2. 积极努力行动，掌控每天每时

只有掌握主动权，让生活围着自己转，才能不使自己成为工作任务的奴隶，不成为时

间的奴隶，做工作的主人，做时间的主人。

3. 改变原有思维，找到正确的行动方法

一定要时时刻刻掌握主动权，改变原有的不重视时间、没有规划、脚踩西瓜皮，滑到哪里算哪里的思维。认真地把工作任务管理起来，把业余时间管理起来，把所有的时间管理起来，控制到每一天，甚至每一个小时。

4. 静下心来思考，有耐心地分析

有许多高级经理人感叹下属的执行力不够。在时间管理中，这种执行力的实质就是月月有计划，周周有检讨，天天有目标，而且这个目标和计划行动是永远不可分割的，执行开始的地方就是下一次结束的地方，所以每天都要有目标。针对这个目标，要有行动计划，然后不断进行检讨，不断积极努力地行动。掌握每一天，不断进行反省，静下心来做思考，能耐心地、更理性地分析，并且在今天下班时，把明天的规划重新思考一遍，让每个第二天都有提前做好的规划。

5. 每天做有效规划，要有次序和条理

每个月月末时，要对下下月的工作做一个规划，但是这个规划是粗线条的，不可能细到每一天和每一分，所以月计划要突出主要的工作、核心的工作、有价值的工作。规划周计划时，重点是突出每一天，每天上午重点干什么，下午重点干什么。规划日计划时，要在原来周计划的基础上，对明天的工作做一个微调，让它变得更加切实可行。月计划、周计划和日计划要不断调整，计划可以让工作变得有秩序和有条理。

6. 一次只认真做好一件事，不急于求成

一次只做一件事，不要太急于求成，否则会导致眉毛胡子一把抓。许多事情齐头并进时，要有轻重缓急，如同 10 个手指弹钢琴，先弹哪个音，再弹哪个音是有规则的。一次只能做一件事情，这就是聚焦的原则，过于着急可能会带来负面的效应。

9.6.2 确定目标——不穷于应付

有一位名人说过，人活着就是要有清晰的目标，将其写下来，并且每个时刻不断地激励自己去朝着这个目标做。规划做完了，就要开始设定目标，不为目标疲于奔命。要把设定的目标认真写下来，写下所有要做的事情就会发现，任务越多付出就会越多，成功的机会也就会越多，成功的可能性也就越大。有许多人都有自己模糊的目标、想法，但他们没有把它精确地写下来，于是这些目标计划就永远不能被实现。将目标写出来的时候，就容易发现这些目标的缺陷，就要重新做整理，设定更现实的目标。

请记住，设定目标不是坐在家里拍脑袋，不是按照自己的想法，不是做什么样的目标都可以。目标决定结果，明确自己与全局的关系，明确自己有什么样的需求，在这种情况下设定的目标才是切实可行的目标。

1. 明智的拒绝

对于我们每一个人来说，所面临的请托可能来自上司、同事、老师、同学、网友或是校外的朋友。在诸多请托中，有一类是责任所系而责无旁贷的；另一类虽然也是责任所系，但请托本身却是不合时宜或是不合情理的；还有一类请托则属无义务履行的请托。经常引起人们困扰的是后两类请托。

倘若为了想做广受爱戴的好人而有求必应，则各色各类的请托将四面八方地源源涌来。一旦办不妥委托的事项，则将丧失请托者的尊敬。

案例 9-6

学会拒绝

快下班的时候杰森接到了阿郎的电话，他心急火燎地请求杰森再帮他一下，写个新方案给客户，他说客户已经催了他好几次了，而他实在没时间。最近因为谈女朋友的关系，阿郎常常这样请杰森帮忙做方案。

沉浸于爱河中的阿郎是杰森在公司里关系比较好的同事之一，以前他们在业余的时间常常一起去打球、游玩，杰森挺喜欢阿郎的洒脱和率真。所以一个月前当阿郎一脸兴奋地谈到他交往了一个女孩子的时候，杰森毫不犹豫就答应了帮他干点活，给阿郎更多的时间去“谈朋友”。但是一个月下来，杰森发现自己越来越不快乐，他发现自己已经厌倦了总是替他做事。但是怎么拒绝阿郎呢，他觉得很难说出口，作为好朋友是该相互帮助的，拒绝会不会让他失去这个朋友呢？杰森想了很多。

◎ **点评：**

办公室里的同事，需要相互帮助的时候很多，在力所能及的情况下，我们帮助同事是非常必要的，但是在面对同事的不合理要求的时候，人们常常感到为难。实际上，当我们没有学会灵活地拒绝他人的时候，虽然表面上我们是答应了他们的要求，但是实际上，在我们的内心，会积累许多的怨气，而怨气的积累，会让我们自己痛苦，并且反过来有一天会影响我们与其他人的交往。所以，我们要学习积极的沟通技巧，学会合理表达自己的感觉和说出自己的需要。

小贴士

接受请托的“成本—效益分析”

不能胜任的请托只能造成“双输”。所以在人们接受请托之前不妨先先问问自己：这种请托是属于我的职责范围内吗？

对实现我的目标有帮助吗？

如果接受他，将付出什么代价？

如果不接受他，则需承担什么后果？

如果帮助他，对我们的关系是不是有一个很大的改善？

如果不帮他，是不是从此以后，我们就会形同陌路？

有人说，拒绝同事、同学、朋友还可以考虑考虑，但是上司要我做一些事情，我能拒绝吗？上司会不会暴怒？会因此被炒了鱿鱼吗？

对于许多员工来说，拒绝上司似乎是一件难上加难的事情，但是学会拒绝是为了更好的服从，拒绝是不让额外的要求扰乱自己的工作。只有我们自己最清楚自己的工作情况，我们必须对自己负责，管理自己的时间与工作，不应该让额外的工作使自己陷入忙乱的境地。

当然，这时候的回答不应该是简单的"Yes! sir"，也不应该是简单的"No! sir"的方式，你可以选择以下一些做法：

（1）给上司一些暗示

在适当的时候表明目前的事务已经排满，相信上司不会让自己的事弄得很糟糕，他会去考虑其他的途径。但是，如果不说出来，老板就会以为下属有时间做这么多的事情，而下属的拒绝只能让他认为是不服从。况且，他可能早就不记得以前交代下属的工作。

（2）帮助上司分清工作的轻重缓急

我们不是不做，但凡事有先有后。我们可以事先衡量哪些工作可以为公司带来最大的效益，必须优先处理，然后列出手中有哪些工作正在进行，需要哪些支持才能在期限以内完成。下属可以告诉上司我们在未来几天或几星期之内必须先行完成的事务，或是直接说明自己在未来几天里需要优先完成的工作。

课堂练习：

1. 请找出上周3~5件没必要的事情或约会。

____

____

____

2. 请分析自己当时为什么没说"不"？

____

____

____

3. 请找出更多的反驳和拒绝的理由。

____

____

____

4. 现在要开始对这些没必要的事情或约会坚决地说“不”，那么，您准备如何说“不”呢？请将自己的设计记录如下，并对照镜子进行练习。

2. 拒绝打扰

日本专业的统计数据指出“人们一般 8 分钟会受到一次打扰，每小时约 7 次，或者说每天 50~60 次”。如果每次打扰是 5 分钟，总共每天大约 4 小时；其中 80%的打扰是毫无意义或者没有多少价值的，同时人被打扰后重拾思路平均需要 3 分钟，可以计算出，每天因打扰而产生的时间损失约为 5.5 小时，约占 68.7%的工作时间（按每天 8 小时工作制计算）。随叫随到是永远对别人开放的时间管理，不利于减少自己的干扰，每个人都不应随时随地等着别人的干扰，要固定的留有一定的不被打扰的时间用来学习、思考、工作。

如果大家都有事先的约定，干扰就会降到最低程度。一般而言，每次干扰会耗费 6~7 分钟，而干扰结束后，需要 4~5 分钟才能恢复到先前的工作状态，所以任何人的任何事被干扰后，工作的注意力都会被分散。减少干扰的另一些办法是转换自己桌椅板凳的方位，把多余的椅子拿掉，关闭房门，在门外挂免进牌，躲进无人的小会议室或者办公室，分析干扰事件，把它们分为重要性、紧急性和无必要性的问题，对于近期干扰频率、程度以及减少的方法要做出分析，然后针对分析结果，设计自己的策略来减少干扰。综上所述，减少干扰，可以做到：

（1）每天上午至少三次询问团队成员是否有问题或需要我做什么，他们看到你的次数越多，进入你的办公室的次数就会越少。

（2）干扰会耗去 6~9 分钟，再需要 4~5 分钟的恢复，打搅三次后，专注力会分散。

（3）转换桌椅方位，把多余椅子拿走，关闭房门，挂免进牌，躲进无人办公室。

（4）分析干扰事件，分为紧急、重要、必要性等。

（5）近期干扰的频率、程度、减少方法等。

9.6.3 绝不拖拉——拒绝拖延

拖延，只能让他人领先。决不拖延，享受工作，享受人生！

案例 9-7

射　　门①

有研究人员把水平相似的足球队员分为三个小组，告诉第一个小组停止练习射门一个月，第二个小组在一个月之内做到每天下午在足球场上练习射门一个小时，第三个小组在一个月中每天在自己的想象中练习一个小时射门。结果，第一组射门的成功率由 38%降到了 37%；第二组射门的成功率由 38%上升到了 41%；第三组射门的成功率由 38%提高到了 42.5%。

---

① 刘寿红. 高素质员工必备的 35 个好习惯［M］. 北京：北京理工大学出版社，2010.

◎ **点评：**

这是一个让不少人意外的结论！在想象中练习射门技术，怎么能够比在足球场中练习射门技术要提高得快呢？很简单，因为在人们的想象中，踢出的球都进入了球门！成功者就是这样，他们不断地创造或者模拟着他们想要获得的经历，模拟着成功，仿佛他们就是一个成功者。结果，他们就成为了成功者。

克服拖延，当然也可以使用这种方法。不间断的想象练习，完全可以使人们拖延的习惯渐渐隐退、消失，使人们成为高效率的成功者。

如果不让拖延成为恶习，人们还应该记住：

（1）职场事务纷杂，往往容易使人瞻前顾后，求稳怕变，唯恐失去已经取得的成就，拖延逐渐成习，往昔的“挑战者”就会不思进取，事业无为。

（2）业绩平平，关键在于不爱动脑，不进行积极的思维活动。人的神经系统不能保持一定的紧张度，就会像久置不用的机器一样渐渐锈蚀，思维就会变得迟钝，应急能力就会变差。

9.6.4 提高时间利用率

提高时间的利用率可以用时间的加、减、乘、除四则运算。所谓加法就是找出在时间管理中隐藏的时间；减法就是减少无谓的时间浪费；乘法可以成倍提高工作效率，而不是延长工作的时间；除法是根除浪费时间的习惯。

1. 加法

时间上的加法就是找出隐藏的时间，可以通过下面几种方式：

（1）善于利用等候和空档时间

在工作和生活中，有哪些时间是等候和空档时间？你是如何利用的？

比较保守的估计，如果每天有10分钟的时间花在上下班的路上，一个月就是300多分钟，也就是5个小时的时间。你可以利用上下班在路上这10分钟的时间，构思一下一天工作的细节，规划每日计划表应该做哪些事情，这样，一上班就可以立刻投入工作。还可以利用上下班路上的时间，用录音机来学英语，背单词。一个月下来也会学到不少东西。

同时，你不必害怕同时做两三件事情。譬如：同时为几次会晤做准备工作；在理发的时候思考问题；坐车的时候认真看户外广告，以此来激发自己的策划灵感；在旅途中打电话或发送短消息；锻炼身体、做体操的时候看新闻以增长见闻。

（2）创造时间区

一家集团公司的老板，每天7点上班，比正常的员工还要早到一个小时，为什么呢？他是这样回答的：因为我已经50多岁了，早到一个小时，我很容易地找到一个离公司近一点的停车位；利用早到一个小时处理信件、邮件和文件，效率非常高。

你也可以比大家早到一个小时，或者晚走一个小时，在这一个小时里没有人打扰，可以静下心来仔细考虑一些事情，这就是创造时间区。

（3）逆势操作

逆势操作就是别人干这件事的时候你偏不去干，等没人干的时候你再去干，这种方法确实非常好。比如午餐时间，你若准点去，会发现餐厅里挤满了人，而晚去 20 分钟会发现人非常少，这样立即减少了排队等候的时间。同时晚去 20 分钟并不比大家晚回来。

（4）背包原则

有个笑话说，两个人去搬砖，其中一个人说对方："你多懒呀，你一次就搬一块砖。"对方说道："我觉得你才懒，你一次搬四块砖，比我少走三趟！"这就是背包原则，其实如果利用背包原则，可以节省不少时间。

（5）注意平时积累素材

不要每次都从头开始，等到用的时候将积累的素材拿出来就可以。

（6）地理上的批量处理

去办公室或收发室，取邮件和送邮件同时进行，这样就不用跑来跑去，节约了不少时间。

（7）时间上的批量处理

比如说邮件收发，既可以定时收发，也可以随时收发。但定时收发可以集中时间处理，比较从容，可以节约不少时间。

2. 减法

减法就是要减少时间的浪费。人的时间很可能都是在犹犹豫豫、反复思考的过程中白白浪费的。

有个心理学家提出"5 分钟思考法"的原则，就是遇到小事情，不要犹犹豫豫，不要反复去思考，只要花 5 分钟就可以解决问题。

这 5 分钟是这样分配的，第一分钟先来决定目标和课题，究竟要做什么，达到什么目的。第一个两分钟是思考的扩张及探求，要达到这个目标需要准备哪些条件，可不可行。第二个两分钟整理思路，做出结论。

3. 乘法

（1）物归其所，物归原处。比如：桌上堆放着杂物不堪入目，书籍、作业本到处都是。这样会妨碍你的注意力，导致你情绪紧张，压力增大，又增加了许多查找时间。因而要培养物归其所，物归原处的习惯，如图 9-2 所示。

（2）建立有效的工作环境。办公桌上物件的摆放次序应该遵循两个原则：一是方便，二是固定。比如：方便——如果你习惯用右手写字，你的电话可以放在左边，这样可以用左手拿起电话。固定——每件东西拿出后要放回原处，这样你就不必再花许多时间去考虑这件东西到底放在哪里，可以减少不必要的时间浪费。

（3）文件处理。要善用文件夹，建立文件处理原则。要建立一套文件处理系统，哪些是待送出的文件，哪些文件是处理完的。处理完了的文件要归档，电脑中的文件目录和邮

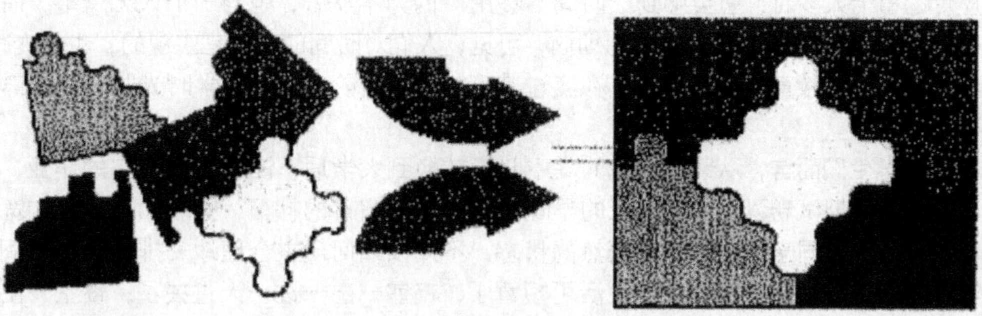

图 9-2 物归其所，物归原处

件要归类，这样查找起来一目了然，非常方便。

（4）善于利用零散时间。你不可能完全按自己的意愿来安排时间，不会总是有整段整段刚好满足你要求的时间等着你使用，工作、生活中往往会有许多零散的时间。

有些人觉得几十分钟甚至一两个小时只是很短的时间没什么关系，事实上，短有短的用法。把零散时间用来从事零碎的工作，就能最大限度地提高工作效率。

4. 除法

除法就是根除浪费时间的习惯。

（1）对付浪费时间的办法只有一个——当机立断。

（2）采取逐个击破的方式来进行，就是把大事情划分成小事情，从容易的事情做起。

（3）调整思维方式。往往觉得事情越难办就越往后拖，不妨反过来想一想，如果先把这个难办的事情做完，以后就不需要想这个事情了。

（4）避免过分追求尽善尽美。有的人往往把问题想得非常透彻后才去动手做，那么由于你考虑问题过细，也没有时间去做了；有时可能开始动手做时，灵感随之而来，进展很顺利。应该先想好大框架，然后动手去做，以避免追求尽善尽美。

小贴士

时间管理小技巧：

1. 做一个当天时间运用计划，分出事务的轻重缓急，记住现在必须做的事情。
2. 拒绝不速之客的方法是：道歉，声明日程已经排满，要事可以另约时间。
3. 电话涉及的事项很多，那就可以简单地记下来，然后斟酌一一完成。
4. 轻轻松松，注重适时适当的休息。
5. 学会放弃，不强求完美。

一般人们在不同的环境、年纪和心境下，对时间常常会有不同的看法，如当一个人需要应付的事情太多时，总会感到“时间不够用”的力不从心，但当一个人无所事事时，却又会产生“不知如何打发时间”的烦恼，可见，人们对时间的态度是主观的，也是变化的。大学生作为中国教育的精英群体，在度过其人生的重要阶段——大学时光时，也显露出这个群体的特点。

就大学生们而言，从紧张忙碌的高中时期转换到大学后，没有了做不完的作业，没有了考不完的模拟试卷，没有了每天的早晚自习和周末假日的补习，面对比高中更加宽松的课程安排，许多同学开始陷入了茫然的状态，不知该如何自主合理地安排自己的时间。就像有人对大学的调侃一样“大学生活可短暂了，寝室一出一进一天过去了；寝室一出不进四年就过去了!”许多大学生就是在这样浑浑噩噩的迷茫状态下度过了自己的大学时光，却往往在临近毕业时才惊觉时间的悄无声息，暗自后悔却又无可奈何。

案例 9-8

哈佛大学图书馆墙上的训言①

此刻打盹，你将做梦；而此刻学习，你将圆梦。

我荒废的今日，正是昨天殒身之人祈求的明日。

觉得为时已晚的时候，恰恰是最早的时候。

勿将今日之事拖到明日。

学习这件事，不是缺乏时间，而是缺乏努力。

现在流的口水，将成为明天的眼泪。

今天不走，明天要跑。

一天过完，不会再来。

狗一样地学，绅士一样地玩。

学习并不是人生的全部，但既然连人生的一部分——学习也无法征服，还能做些什么？

◎ **点评：**

虽然我们不是哈佛学子，但是我们一样是朝气蓬勃的大学生们，这些训言对于我们而言，将是受用终生的。珍惜时间吧，因为“一天过完，不会再来”。

昨天我们可能因为失意痛哭流涕；可能因为成功欢呼雀跃；也可能因为碌碌无为而无聊空虚，不管怎样，昨天已经离我们而去，它只能存在于我们的记忆中，还有就是通过今天提醒我们，因为今天的状况是昨天的结果。

今天总是短暂的，特别是在我们快乐的时候。如果你不知道今天要干些什么，那么就更不会知道明天要干什么，也就更不知道自己明天会成为什么样子。明天是个约会，它掌握在今天手里，更掌握在我们手里。

---

① 丹妮·冯．哈佛图书馆墙上的训言［M］．北京：北京理工大学出版社，2008.

第10章 情绪管理

教学目标：正确认知情绪的意义与内涵，以及情绪对人们生活、工作的影响。通过学习有效的情绪管理，指导学生掌握适合自己的调适情绪的方法，知道如何表达情绪最适当，并培养控制自己情绪的能力，维护在职场中身心的健康与发展。

10.1 认知情绪

情绪在人们生活中扮演着重要的角色，人们日常生活中的行为表现、心情起伏、身心健康、人际关系与工作表现等，都与情绪有莫大的关联。生活中常有一些不如意的事情发生，说大不大，说小不小，让你如鲠在喉，吐不出、咽不下、想不通、憋得慌，导致心理失去平衡，诱发出各种身心疾病。在当今人们见面打声“您吃了吗?”变成“今天你开心吗?”的招呼来看，人们只有适度发泄生活中的一些不如意，对症下药，释放心中怨气，调节好自己的情绪，才能缓解心理压力，使人变得轻松愉快。

10.1.1 什么是情绪

关于情绪的定义，历史上一直存在众多的争论。人们通常以愤怒、悲伤、恐惧、快乐、爱、惊讶、厌恶、羞耻等反应来说明情绪。情绪虽然难以定义，但是容易理解，我们中国人常说的“七情六欲”即“喜、怒、哀、惧、爱、恶、欲”其实就是情绪。那么到底什么是情绪呢?情绪是一种心理状态，人们生活中的一颦一笑，都是生活中情绪的真实呈现，情绪本身具有许多特点，而且产生的原因也很复杂。字典里的解释是：情绪是心灵感觉或感情的激动或骚动，泛指任何激动或兴奋的心理状态。心理学中的情绪通常是指：感觉及其特有的思想，生理与心理的状态及相关的行为倾向。一般说来，情绪是人们对客观事物的态度体验，也是心理学的核心部分。情绪总是同人的需要和动机有着密切的关系，如人的某种需要得到满足或目的没有达到时，他将会产生愉快或者难过等感受。因此，一般意义上讲，情绪，是指人们在内心活动过程中所产生的心理体验，或者说，是人们在心理活动中，对客观事物的态度体验，是人脑对客观事物与人的需要之间的关系的反映。

10.1.2 情绪的要素

1. 情绪的生理变化

在不同的情绪状态下，人生理上的心律、血压、呼吸乃至人的内分泌、消化系统等，都会发生相应的变化。例如，人在焦虑状态下，会感到呼吸急促、心跳加快；人在恐惧状态下，则会出现身体战栗、瞳孔放大；人在愤怒状态下，则会出现汗腺的分泌增加、面红耳赤等生理特征。这些变化都是受人的自主神经支配的，是不由人的意识所控制的。因此，情绪状态下的这些变化，具有极大的不随意性和不可控制性。例如，当人们遇到考试失利、情感挫折、学习上的压力时，不可避免地会出现一些情绪上的反应，即使你再不愿意，甚至去控制，情绪也会出现。

2. 情绪的内心体验

人的不同情绪生理状态必然会反映在人的知觉上，反映到人的意识中来，从而形成不同的内心感受和体验。心理学家伊扎德（Izard，1977）提出的情绪四维理论认为，人对情绪状态的自我感受，是在愉快度、紧张度、激动度和确信度四个维度上产生的心理感受。愉快度表示主观体验的享乐色调；紧张度表示情绪的心理激活水平，包括肌肉紧张和动作抑制等成分的激活水平；激动度表示个体对情绪、情境出现的突然性，即个体缺乏预料和缺乏准备的程度；确信度表示个体胜任、承受感情的程度。内心的情绪体验是人脑对客观环境和客观现实的重要反映形式之一，这种反映形式不同于认知活动，它不是对客观事物本身的反映，而是带有主观色彩的反映。如人在受到伤害时，会感到痛苦；在朋友聚会时，会感到由衷的快乐；当面临极度危险境地，会让人产生毛骨悚然的恐惧感；当自己的某些需要得到充分的满足时，会感到幸福愉快；在被欺辱时，会感到愤怒；在失去亲人时，会感到悲伤，等等。

3. 情绪的外在表现

情绪不仅体现为生理上的反应和内心的体验，而且还以面部表情、声音表情和动作表情等外在形式表现出来。面部表情最直接反映着人的情绪状态，人们可以通过一个人的面部表情变化，了解一个人的情绪状态。例如，当自己所希望的球队获胜时，人们会不由自主地喜笑颜开；当遇到困难和挫折时，会愁容满面。体态表情同样反映着一个人的情绪状态，例如，在期末考试过后，人们可以通过考生们的坐立不安、手舞足蹈和垂头丧气看得出他们此时此刻的情绪状态和面临的境地。声态表情则是指人们在与人交流时的声调、音色和声音节奏的快慢等方面的变化。如，一个人悲伤时，语调低沉、言语缓慢、语言断断续续；而当人兴奋时则会语调高昂、语速加快，声音抑扬顿挫，清晰有力。

10.1.3　情绪的类型

1. 七情之分

喜怒哀乐是大学生中最为普遍的情绪反应。在我国，自古以来人们通常将情绪按其表现分为“喜、怒、哀、惧、爱、恶、欲”，人们称之为七情。

（1）喜：即喜悦，是人在其需求达到充分满足时产生的一种满意、愉快和欢乐的情绪体验。喜悦会使人感到轻松、舒畅和满足。

（2）怒：是指愤怒，往往是因为当事者的愿望、需求不能得到满足或是为此而进行的活动受到阻碍时而产生的一种不满、恼怒的情绪体验。愤怒的情绪会使人产生紧张、压抑甚至狂躁的感觉。

（3）哀：即悲哀，常由于当事者的期望或愿望不能得到实现和满足，或是遭遇重大的丧失而引起的一种悲凉、哀叹的内心感受。悲哀的情绪会使人产生一种失落、无奈、痛苦的心理感受。

（4）惧：是指惧怕、恐惧，是当一个人面对危险境地或是巨大灾难时，而产生的一种极度的恐慌和畏惧感。恐惧的情绪会使人感到呼吸急促、紧张、心悸、全身战栗，甚至使人本能地产生想逃离的心理。

除此之外，情绪还有喜爱、憎恶、渴望、害羞等表现，而且一个人的情绪状态许多时候会表现为复合情绪反应，例如，一个人做了错事后，会有一种内疚感，它包含了对自己的自责、悔恨、自罪等方面的内心体验；当一个人经过多年的努力，终于取得了学位，会产生百感交集的情绪状态，它包含着“酸甜苦辣”各种心情。

2. 基本情绪和社会情绪

（1）基本情绪：主要是指与人的生理需要相联系的内心体验。例如，人的恐惧、焦虑、满足、悲哀等。人的基本情绪在幼年时期就已经形成了，更多带有先天遗传的因素。

（2）社会情绪：是指与人的社会性需要相联系的情绪反应，表现为一种较为复杂而又稳定的态度体验。例如，一个人的善恶感、责任感、羞耻感、内疚感、荣誉感、美感、幸福感等，是后天随着人的成长而逐步发展和形成的。社会情绪是在基础情绪上形成和发展起来的，同时又通过基础情绪表现出来。在大学阶段，更多的是建立和形成一个人的社会情绪。

3. 心境、激情与应激

（1）心境：是人的一种深入持久、亦比较微弱的情绪状态，也就是人们常说的“心情”。心境往往被蒙上情绪色彩，具有渲染性和弥散性的特点，如忧郁、沉闷、松弛等。心境往往不具有特定的环境对象，但可以造成人的情绪的一般背景，来影响人的情绪体验。比如，当一个人心情舒畅时，会觉得身边的一切都是那么美好。微风习习，阳光也格外灿烂，就连下雨也是细雨蒙蒙，充满诗意。当人们心情烦躁时又会觉得诸事不顺，连老天爷都和自己作对，连喝水都会噎着，心情自然是好不起来了。生活中，不同的人或是每个人在不同阶段，都会有不同的心境。心境具有愉快与不愉快之分。

（2）激情：是人的一种迅速而短暂、强烈的、疾风暴雨式的情绪状态，人们经常说的勃然大怒、大惊失色、欣喜若狂都是人的激情所致。激情的特点是强烈的冲动性和爆发性，情绪作用时间短，往往会随着时过境迁而弱化或消失。人在成长的阶段中青少年更易表现出他们的情绪和情感。而大多数情况下激情的表现方式是极端的，从一个极端走向另一个极端。

激情的发生常常具有明显和突出的原因和指向性。激情也可以表现为积极的或是消极的。积极的激情能增强人的敢为性和魄力，激励人们克服艰险，攻克难关；消极的激情则会导致人理智的暂时丧失，情绪和行为的失控。

案例 10-1

微软人的激情①

微软亚洲研究院有一个名叫张黔的，5 年前从武汉大学毕业。在研究院的 5 年时间里，张黔以她惊人的才华和激情发表了 70 多篇一流的学术论文，获得了 40 多项美国技术专利，被 MIT《科技评论》杂志评为 2004 年“世界百名青年创新学者”。毫不夸张地说，她一个人取得的成就足以抵得上好几个普通科研机构的总和。如果没有激情的驱动，她是不可能达到这样的高度的。

有一次，比尔·盖茨陪一位副部长吃饭。部长问比尔·盖茨：“我到微软参观时，看到每一个员工都非常努力、非常快乐。有两个项目组以竞争的方式研发同一个项目，他们都清楚，自己的工作有 50%的可能性无法成为最终的产品，但两个项目组都保持了很好的激情和很高的工作效率。你们是如何创建这样的企业文化的？”当时，比尔·盖茨的回答是：“我们雇用员工的前提是，这个员工对软件开发是有激情的。在微软，开发软件是我们的唯一目标，而且，我们已经开发出了无数成功的软件产品。一名员工在微软的影响力和成就完全可以超过在其他任何一家软件公司，因此，我们的员工具有足够的理由充满激情。”

◎ **点评：**

想要取得成功，想要发挥自己的创造力，你就一定要像微软员工一样对生活，对学习，对工作充满激情。

（3）应激：又称为应激状态，是由于出乎意料的紧急情况所引起的急速而高度的紧张情绪状态。即当人处于巨大压力和威胁的情景下，而又要迅速做出重大决定时，所产生的一种特殊的情绪状态。在应激状态下，会使人身体处于充分的动员状态，心律、血压、呼吸和肌肉紧张度等发生显著的变化，从而增加身体的应变能力。应激往往有两种极端的表现：一种是惊慌失措、目瞪口呆；另一种是急中生智、力量剧增。在应激状态下，人们往往能做出平时难以做到的事，使人尽快地转危为安。但是应激也有很大的消极作用，当人

① 李开复．做最好的自己［M］．北京：人民出版社，2005.

在紧急情境中的应激状态下，会导致知觉狭窄，行动刻板，注意力被局限；过于强烈的应激情绪，会导致人的临时性休克甚至死亡，还会导致心理创伤。一个人长期或频繁地处于应激状态中，会导致身心疾病和心理障碍。

4. 积极情绪与消极情绪

（1）积极情绪

积极情绪也称为正面情绪，愉快、欢乐、舒畅、欢喜等都是一种对生活的积极心态。当人们处在积极情绪状态下时，会激发热情、增进创造力，相信天生好运气会促使好事情发生。

（2）消极情绪

消极情绪也称为负面情绪，痛苦、烦恼、气愤、悲伤等都是一种对待挫折与生活的不如意时所做出的负面反应。

案例 10-2

踢猫效应

老王是一位经理，一天起床，发现上班时间快到了，便急急忙忙地开车往公司赶。一路上，为了赶时间，老王连闯了几个红灯，终于在一个路口被警察拦下来，给他开了罚单。这样一来上班更是肯定迟到。

到了办公室之后，老王有如吃了火药一般，看到桌上放着几封昨天下班前已交代秘书寄出的信件，老王更是生气，把秘书叫了进来，劈头就是一阵痛骂。秘书被骂得莫名其妙，她拿着未寄出的信件，走到总机小姐的面前，又是一阵狠批。秘书责怪总机小姐，昨天没有提醒她寄信。

总机小姐自然被骂得心情恶劣至极，便找来公司内职位最低的清洁工，借题发挥，对清洁工的工作，没头没脑地进行了一连串声色俱厉的指责。

清洁工底下没有人可以再骂下去，她只得憋着一肚子闷气。下班回家后，清洁工看到读小学的儿子趴在地上看电视，衣服、书包、零食丢得满地都是，当下逮住机会，便把儿子好好地修理了一顿。儿子电视看不成了，愤愤地回到自己的卧房，见到家里那只大懒猫正盘踞在房门口，儿子一时怒由心中起，立即狠狠一脚，把猫儿踢得远远的，骂到："给我滚出去！你这只该死的臭猫！"

◎ **点评：**

以上一连串连锁反应既破坏了人与人之间的和谐气氛，使人际关系紧张，还使所牵涉到的人的工作受挫。其实在生活中每个人都会有自己的苦恼，不可能时时刻刻保持一种情绪，难免遭遇逆境、挫折和失败，也会相应的产生各种情绪变化，这其中负面情绪也是必然存在的，如果这时不懂得调整与控制情绪，必然会给自己和他人带来负面的影响。

10.2 解读情绪管理

人是有思维、有情感、有复杂心理活动的高等动物，面对外界的刺激，其实情绪爆发和衣食住行一样是我们每个人都会遇到的常见情形。当面对怒不可遏、悲痛欲绝、情绪低落的朋友、家人、同事时，我们都希望能伸出援助之手，然而不适当的方式方法不仅不会起到帮助作用，反而可能推波助澜，因此，面对情绪，重要的是别让负面的情绪来左右你的生活。

案例 10-3

你只关注自己的情绪吗

三国时期，蜀相诸葛亮率领蜀国大军北伐曹魏，魏国大将司马懿采取了闭城休战、不予理睬的态度对付诸葛亮。他认为蜀军远道来袭，后援补给必定不足，只要拖延时日，消耗蜀军的实力，一定能抓住良机，战胜敌人。

诸葛亮深知司马懿容忍战术的厉害，几次派兵到城下骂阵，企图激怒魏兵，引诱司马懿出城决战，但司马懿一直按兵不动。诸葛亮于是用激将法，派人给司马懿送来一件女人衣裳，并修书一封说："仲达不敢出战，与妇女有什么两样。你若是知耻的男儿，就出来和蜀军交战，若不然，你就穿上这件女人的衣服。"

士可杀不可辱，这封充满侮辱轻视的信虽然激怒了司马懿，但并没有使老谋深算的司马懿改变主意，他强压怒火稳住军心，耐心等待。

相持数月后，诸葛亮不幸病逝，蜀军群龙无首，悄悄退兵，司马懿不战而胜。

◎ **点评：**

人人都会有情绪，但是，若想成为人生战场中的常胜军，你就得学会好好地控制自己的情绪。如果司马懿不能忍耐一时之气，出城应战，那么或许历史将会改写。古人云：喜怒哀乐，不形于色。说的就是人要善于控制自己的情绪。

对于自己千变万化的个性，我们不能听之任之，而是要学会控制情绪，只有积极主动地控制情绪，才能掌握自己的命运。

10.2.1 情绪管理

情绪是人们对环境变化的一种反应，任何环境都是会变化的，那些看得见的、看不见的、外在的以及内在的任何变化都会使人产生一种反应。所谓情绪管理是指通过研究个体和群体对自身情绪和他人情绪的认识、协调、引导、互动和控制，充分挖掘和培植个体和群体的情绪智商、培养驾驭情绪的能力，从而确保个体和群体保持良好的情绪状态，并由此产生良好的管理效果。就是用对的方法，用正确的方式，探索自己的情绪，然后调整自己的情绪，理解自己的情绪，放松自己的情绪。情绪管理这个词最先由因《情绪智商》一书而成名的丹尼尔·戈尔曼提出，认为情绪管理是一种善于掌握自我，善于调节情绪，对生活中矛盾和事件引起的反应能适可而止的排解，能以乐观的态度、幽默的情趣及时地缓解紧张的心理状态。

简单地说，情绪管理是对个体和群体的情绪感知、控制、调节的过程，其核心必须将人本原理作为最重要的管理原理，使人性、人的情绪得到充分发展，人的价值得到充分体现；是从尊重人、依靠人、发展人、完善人出发，提高对情绪的自觉意识，控制情绪低潮，保持乐观心态，不断进行自我激励、自我完善。

情绪的管理不是要消除或压制情绪，而是在觉察情绪后，调整情绪的表达方式。有心理学家认为情绪调节是个体管理和改变自己或他人情绪的过程。在这个过程中，通过一定的策略和机制，使情绪在生理活动、主观体验、表情行为等方面发生一定的变化。这样说，情绪固然有正面有负面，但真正的关键不在于情绪本身，而是情绪的表达方式。以适当的方式在适当的情境表达适当的情绪，就是健康的情绪管理之道。

10.2.2 情绪管理的重要性

在复杂的社会里，人们每天与人打交道，对各种人或事物做出反应，正如上一节所写到的，这种反应里会有正面的情绪也有负面的情绪。正面情绪可以催人上进，有益于身心健康；负面情绪往往给人带来消极的心理体验，并对人的认知操作、为人处世造成不利的影响。其实，每一种情绪都有其不同的用途，就好比“水能载舟，亦能覆舟”。怎样利用自己的情绪让它起到积极的作用呢？关键在于，一个人能否对自己的情绪进行有效的控制，为自己做主。

案例 10-4

情绪决定一切①

小王和孙军是同时被学校就业指导中心推荐出去工作的学生，两人去了同一家公司。但是两人在毕业两年后的发展却大相径庭。作为应届毕业生的他们在刚刚进入公司时都被安排从基层做起，刚开始两人在工作的新鲜感还没有退去时都在认真踏实地工作，对未来充满了希望与激情。但随着实习期即将结束，孙军对工作的不满情绪越来越明显，他总是陷入看不到未来有什么发展的坏情绪中，对公司的制度也产生了很抵触的情绪，总觉得没有遂他心愿的事情就是错误的，终于在一天他犯了工作上的错误被领导责骂的时候爆发了，无法抑制情绪的他冲到人事处递交了辞职信。而小王的处世态度全然不同，工作中难免犯错，难免受到领导批评和老同事排挤，但是小王都能把这些当成成长路上不可避免的事情，用理性的思想去思考周围发生的一切，坦然面对。于是在这两种完全不同的生活态度下，他们也拥有了他们不同的发展。两年后，小王在原来的公司已做到人力资源部工作人员，而且升职空间很大。早早离职的孙军却不一样了，他在两年内竟然跳槽 9 次，最后还是一事无成。

① 郭寒宇．大学生职业发展与就业指导［M］．武汉：武汉大学出版社，2012.

◎ **点评：**

情绪如四季般自然地发生，一旦情绪产生波动时，个人会表现愉快、气愤、悲伤、焦虑或失望等各种不同的内在感受，假如负面情绪常出现而且持续不断，就会对个人产生负面的影响，如影响身心健康、人际关系或日常生活等。以下仅就影响生理健康和人际关系来探讨情绪管理的重要性。

（1）影响生理健康：《礼记》中说“心宽体胖”，意思就是情绪畅快时，人会愈来愈胖，而且愈来愈健康。如果有人对我们说“您最近怎么面黄肌瘦?”，亦即意味着我们最近常常情绪低落，茶不思，饭不想，导致脸色愈来愈差，甚至身体健康上出现状况。这就是心理学上所说的心身症，也就是心理上生病。如过度焦虑、情绪不安、或不快乐，导致生理上的疾病，另外，相关研究指出，一个人常常有负面或消极的情绪产生，如愤怒、紧张时，人体内分泌亦受影响，并导致内分泌不正常，而形成生理上的疾病。由此可见，时常面带微笑，保持愉快心情，并以乐观态度面对人生，则有助于人们增进生理健康。

（2）影响人际关系：人际关系的良好很大程度上取决于一个人情绪表达是否恰当。倘若常在他人面前任由负面情绪决堤，丝毫不加控制，如乱发脾气，久而久之，别人会视此人为难以相处之人，甚至将此人列为拒绝往来户。反之，若常面带微笑、多赞美他人，以亲切态度与别人和谐相处，人际关系自然会逐渐改善，从此人生也变得不寂寞、不孤独，而且处处有人相伴共度人生岁月。

情绪管理是一门学问，也是一种艺术，要掌控得恰到好处，实在存乎一心。因此要成为情绪的主人，必须先觉察自我的情绪，并能觉察他人的情绪，进而能管理自我情绪，尤其要常保鲜活的心情面对人生。

10.2.3 情绪管理的原则

要想管理好自己的情绪，就要从以下几点入手：

1. 情绪管理只有一条规则

你一定有过这样的经历：头脑一热，一切条条框框都扔在了脑后，只剩下了冲动，冲动之余，做出了许多出格的事情。等冷静下来，才感到后悔莫及，但是事情都已经发生了，后悔也晚了。其实，如果当时再冷静一点，就可以很好地解决问题，为什么就不能控制自己呢？所以，与其到事后再后悔，还不如在冲动的情绪上来时就努力让自己平静下来。一旦感到自己的呼吸加快，心跳加速，大脑在迅速地失去清晰感时，就一定要提醒自己：“冷静，冷静，再冷静！”让自己把思绪沉下来，只有脑袋清醒，理智才会发挥作用，你就会发现事情远没有你想象的那么糟糕，只要从容应对，一切都可以解决。

2. 每个人都是独一无二的人

每个人都是独一无二的人，都有着自己的喜好与厌恶，有着不同于别人的经历和观念。人们的个性存在且依赖于全社会，不要依赖自己的经验来判断别人的对与错。只不过是人们面对同一件事情，其经验不一样，立场不一样，喜好不一样。个人想法不一样，是由个人长期累积的经验不同所造成的。人们的个别差异必须要加以尊重。彼此尊重，彼此包容，彼此谅解，这样才能求同存异，保证每个人表达自己真实的意愿。

3. 怨天尤人并无实际作用

在当今社会中，有些生活在窘迫环境中的人，他们在少年时代就有一种改变命运的冲动，特别是来自艰苦山区、贫穷农村的人，他们虽然不是名门、富人之后，但他们不怨天尤人。他们通过考学或打工，凭借着要在大城市出人头地的愿望，从基层开始艰难地一步一步走出来，渐渐有一席之地。这些人没有怨天尤人成就了一番事业。在社会上也能经常见到有些人怨天尤人，而不从自我出发改变现状，一味地抱怨使自己的状况越来越被动。倒不如常常去检讨自己，常常去调整自己，当然检讨、调整是有限度的，要有所变有所不变，可以变的是权宜措施，不能变的是基本原则。盲目学别人就会埋没自己。切忌怨天尤人只能苦自己，天底下最可靠的就是自己。

4. 改变别人不如改变自己

为什么当人们与他人的关系不能如自己所愿时，就会立刻想到别人有责任改过来，人们习惯情绪不好时，便把矛头朝向别人，把希望放在别人身上，要求别人改变。其实改变别人很困难，没有人愿意为别人而做出改变。除非有密切的利害关系，而且大多不能心甘情愿。为什么企图改变别人总会失败的原因有：认为他人应该遵守自己的行为准则；认为所有人都会乐于改变自己；认为比起别人对自己的行为，自己对他们的行为并不会令人生厌；人们想改变别人的结果常常是相反的，反而结果会更糟。为什么我们不从自己出发，从改变自己开始，其实改变别人的有效方法，便是改变自己，更神奇的是我们自己改变之后，别人也会跟着变。

人是感情动物，不然就是像植物人那样毫无情绪、毫无表情可言。但是对于情绪人们要懂得适时疏导，那些烦躁、压抑、埋怨、暴躁等的情绪，不但影响自己的学习生活，同时也会不同程度的影响着你周围人的生活。情绪是会彼此影响的，所以人们学会管理情绪不单单是为了自己，也是为了别人，为了我们的共同生活的群体，为了大家和谐相处。所以我们应学会控制情绪，管理好我们自己的情绪，而不被情绪所左右。

10.3 有效情绪管理

10.3.1 如何调整和优化自己的情绪

1. 了解自己的情绪类型

俗话说得好，知己知彼，百战不殆，同学们要想控制住自己的情绪，首先要先了解自己是属于哪种情绪类型的人。

小测试

（1）假如让你选择，你更喜欢（　　）。

A. 同许多人一起工作并亲密接触

B. 和一些人一起工作

C. 独自工作

(2) 当为解闷而读书，你喜欢（　　）。

A. 读史书、秘闻、传记类

B. 读历史小说、“社会问题”小说

C. 读幻想小说、荒诞小说

(3) 对恐怖电影的反应是（　　）。

A. 不能忍受　　B. 害怕　　C. 很喜欢

(4) 以下（　　）情况与你相符。

A. 很少关心他人的事

B. 关注熟人的生活

C. 爱听新闻，关心别人的生活细节

(5) 在外地时，你会（　　）。

A. 为亲戚们的平安感到高兴

B. 陶醉于自然风光

C. 希望去更多的地方

(6) 你看电视剧时（　　）会哭或觉得要哭。

A. 经常　　B. 有时　　C. 从不

(7) 路上遇见朋友时，通常是（　　）。

A. 点头问好　　B. 微笑、握手和问候　　C. 拥抱他们

(8) 假如在飞机上有个烦人的陌生人要你听他讲自己的人生经历，你会（　　）。

A. 显示你颇有同感　　B. 真的很感兴趣　　C. 打断他，做自己的事

(9) 你（　　）给报纸的问题专栏写稿。

A. 绝对没想过　　B. 有可能想过　　C. 想过

(10) 当别人问你的个人隐私时，你会（　　）。

A. 感到不快活和气愤，拒绝回答

B. 平静地说出你认为适当的话

C. 虽然不快，但还是回答了

(11) 在咖啡店里要了杯咖啡，这时发现邻座有一位姑娘在哭泣，你会（　　）。

A. 想说些安慰的话，但却羞于启齿

B. 问她是否需要帮助

C. 换个座位远离她

(12) 在朋友家聚餐之后，朋友和其爱人激烈地吵了起来，你会（　　）。

A. 觉得不快，但无能为力　　B. 马上离开　　C. 为他们排解

(13)（　　）送礼物给朋友。

A. 仅仅在新年和生日

B. 全凭兴趣

C. 在觉得有愧或忽视了他们时

(14) 一个刚认识的朋友对你说了些恭维奉承话，你会（　　）。

A. 感到窘迫

B. 谨慎地观察对方

C. 非常喜欢听，并开始喜欢对方

(15) 假如你因有事不快，上班时你（　　）。

A. 继续不快，并显露出来

B. 工作起来，把烦恼丢在一边

C. 尽量理智，但仍因压不住而发脾气

(16) 生活中的一个重要关系破裂了，你会（　　）。

A. 感到伤心，但尽可能正常生活

B. 至少在短暂时间内感到痛心

C. 无可奈何地摆脱忧伤之情

(17) 一只迷路的小狗闯进你家，你会（　　）。

A. 收养并照顾它

B. 扔出去

C. 想给它找个主人，找不到就让它安乐死

(18) 对于信件或纪念品，你会（　　）。

A. 刚收到便无情地扔掉

B. 保存多年

C. 两年清理一次

(19) 你会因内疚或痛苦而后悔吗？（　　）

A. 是的，一直很久　　B. 偶尔后悔　　C. 从不后悔

(20) 与一个很羞怯或紧张的人说话时，你会（　　）。

A. 因此感到不安　　B. 觉得逗他讲话很有趣　　C. 有点生气

(21) 你喜欢（　　）的孩子。

A. 很小的时候，而且有点可怜巴巴

B. 长大了的时候

C. 能同你谈话的时候，并且形成了自己的个性

(22) 爱人抱怨你花在工作上的时间太多，你会（　　）。

A. 解释说这是为了你们两人的共同利益，然后仍像以前那样去做

B. 试图把时间更多地花在家庭上

C. 试图使两方面都令人满意

(23) 在一场非常精彩的演出结束后，你会（　　）。

A. 用力鼓掌　　B. 勉强地鼓掌　　C. 加入鼓掌，但觉得不自在

(24) 当拿到母校出的一份刊物时，你会（　　）。

A. 通读一遍后扔掉

B. 仔细阅读，并保存起来

C. 不看就扔进垃圾桶

(25) 看到路对面有一个以前的朋友时，你会（　　）。

A. 走开

B. 走过去问好

C. 招手，若对方没反应便走开

(26) 知道一位朋友误解了你的行为，并且正在生你的气，你会（　　）。

A. 尽快联系，作出解释

B. 等朋友自己清醒过来

C. 等待一个好时机再联系，但对误解的事不作解释

(27) 你怎样对待自己不喜欢的礼物？（　　）

A. 立即扔掉

B. 热情地保存起来

C. 藏起来，仅在赠者来访时才摆出来

(28) 对示威游行，爱国主义行动，宗教仪式的态度（　　）。

A. 冷淡　　B. 感动得流泪　　C. 使你窘迫

(29) 你（　　）毫无理由地感到过害怕。

A. 经常　　B. 偶尔　　C. 从不

(30) 你属于下面哪种情形？（　　）

A. 过分留心自己的感情

B. 总是凭感情办事

C. 感情没什么要紧，结局才最重要

评分标准如表 10-1 所示。

表 10-1

答案 / 得分 / 题号	A	B	C
1	3	2	1
2	1	2	3
3	1	3	2
4	1	2	3
5	1	3	2
6	3	2	1
7	1	2	3
8	2	3	1
9	1	2	3
10	3	1	2
11	2	3	1

续表

题号＼得分＼答案	A	B	C
12	2	1	3
13	1	3	2
14	2	1	3
15	3	1	2
16	2	3	1
17	3	1	2
18	1	3	2
19	3	2	1
20	2	3	1
21	3	1	2
22	1	3	2
23	3	1	2
24	2	3	1
25	1	3	2
26	3	1	2
27	1	3	2
28	1	3	2
29	3	2	1
30	2	3	1

◎ **结果分析：**

70~90分：你的情绪类型是冲动型。你很重感情，会意气用事。建议你以后遇事镇定一些。

51~69分：你的情绪类型是情绪型。你有时感情用事，有时又十分理性。一般很少与人争吵，爱惜生活，也很愉快、舒心。

30~50分：你的情绪类型是理智型。你有较强的自制力。你的缺点是对别人的情绪缺少反应，建议你目前放松一下自己。

2. 分析情绪产生的原因

了解你自己的情绪变化情况，亦即什么是触动你各种情感的原因，尤其是强烈的感觉被触动时，是什么让你感觉受到了激发，只要你清楚地知道这些原因，就能对生活中发生的各种情况进行妥当的处理。

案例 10-5

被别人怂恿起来的坏情绪

有一个人犯了错而受到批评。本来接受批评的他也认识到自己确实错了。但这时候如果有个人站出来对他说："你根本就没有错，完全是委屈的。这个批评绝对不合情理，有失公正。不仅破坏了你的名誉而且有损你的威信，抹杀你的成绩。更是个人利益驱动下的公报私仇，打击报复……"于是乎，听到的人情绪马上又被激发起来了！怨气也越来越大，越想越气愤。于是我们就看到这个人的有失冷静和理智，这样不仅不能明辨是非，而且会造成更大的错误。

◎ **点评：**

人们有时候产生的忧愁、惊恐、愤怒、嫉妒等不良情绪是对事物的认识有失真实而非全面的分析。不良情绪产生的另外一个重要原因就是心思的太过狭隘。如果有人在大庭广众之下给你提了许多意见，揭了你的短，暴露了你的缺点或不足之处，有人对你有意见，你心里是很不舒服的，气愤当然也会有，这时你可以理智地静下心来分析一下，别人为什么会给自己提意见？是故意为难自己与我作对，让我在大家面前下不了台，还是他确实出于真诚地想给予自己帮助？而他所提的这些意见确实是有道理的吗？如果我们对发生的事情都能理智地加以分析，问题也会变得简单明了。如果我们都想透了，那一触即发的愤怒情绪会自然而然地平息下来了。

在明白了情绪一般都是由误知、误解和心思的狭隘这几个大的方面引起的以后，同学们就要加强自身的内涵建设。

3. 承认有不良情绪的存在

有时候人们要揭开自己的伤口，去发现自己为什么要沮丧。

案例 10-6

发现我们为什么要沮丧

一个女孩毫无道理地被老板炒了鱿鱼。中午，她坐在单位喷泉旁边的一条长椅上黯然神伤，她感到她的生活失去了颜色，变得暗淡无光。这时她发现不远处一个小男孩站在她的身后咯咯地笑，她就好奇地问小男孩，你笑什么呢？"这条长椅的椅背是早晨刚刚漆过的，我想看看你站起来时背是什么样子。"小男孩说话时一脸得意的神情。

女孩一怔，猛地想到：昔日那些刻薄的同事不正和这小家伙一样躲在我的身后想窥探我的失败和落魄吗？我决不能让他们的用心得逞，我决不能丢掉我的志气和尊严！

女孩想了想，指着前面对那个小男孩说，你看那里，那里有许多人在放风筝呢。等小男孩发觉到自己受骗而恼怒地转过脸时，女孩已经把外套脱了拿在手里，她身上穿的鹅黄的毛线衣让她看起来青春漂亮。小男孩甩甩手，嘟着嘴，失望地走了。

◎ **点评：**

生活中的失意随处可见，真的就如那些油漆未干的椅背在不经意间让你苦恼不已。但是如果已经坐上了，也别沮丧，以一种“猝然临之而不惊，无故加之而不怒”的心态面对，脱掉你脆弱的外套，你会发现，新的生活才刚刚开始！

4. 相信情绪的可改造性

案例 10-7

情绪的发泄

一天，陆军部长斯坦顿来到林肯办公室，气呼呼地对他说，一位少将用侮辱的话指责他偏袒一些人。林肯建议斯坦顿写一封内容尖刻的信回敬那个家伙。“可以狠狠地骂他一顿。”林肯说。斯坦顿立刻写了一封措辞强烈的信，然后拿给总统看。“对了、对了，要的就是这个！好好教训他一顿，真写绝了，斯坦顿。”林肯高声叫好。但是当斯坦顿把信叠好装进信封里时，林肯却叫住他，问道：“你要干什么？”“寄出去呀！”斯坦顿有些摸不着头脑了。“不要胡闹，”林肯大声说，“这封信不能发，快把它扔到炉子里去。凡是生气时写的信，我都是这么处理的。这封信写得好，写的时候你已经解了气，现在感觉好多了吧，那么就请你把它烧掉，再写第二封信吧。”

◎ **点评：**

如果不良情绪已经产生，我们要相信情绪是可以随着时间和一些发泄方式来改造的。人总有生气的时候，这种不满情绪堆积在心中是有害的，反击回去或者发泄给别人都不是上策，我们要采取的是正确而恰当的途径进行排遣，上述案例中林肯的主意就非常好。

5. 保持心理健康

心理是否健康事关人们的人生幸福与事业发展，那么怎样才能保持健康的心理呢？想避免心灵苦恼，保持心理健康，我们需要努力做到以下几点：

(1) 保持乐观情绪。经常开怀大笑，乐观的情绪不仅能使人显示青春活力，还将有助于增强机体免疫力，免受疾病的侵袭。

(2) 坦然面对现实。在快节奏的都市生活中，人们会面临种种压力，勇敢地面对现实，换一种眼光看压力，把压力当做是一种挑战将有利于人的身心健康。

(3) 能抛弃怨恨。怀有怨恨心理的人情绪波动较大，不是整天抱怨，就是后悔；不是对人怀有敌意，就是自暴自弃，这样很容易发生心理障碍。所以，平时应学会抛弃怨恨，要原谅别人，更要原谅自己。

(4) 要热爱生活。热爱生活的人一定充满活力和信心，没有什么能轻易击溃他。

(5) 富有幽默感。有人称幽默是“特效紧张消除法”。是健康人格的重要标志。人具有幽默感才能对许多不如意一笑而过。

(6) 善于宣泄感情。不善于用语言表达自己的忧伤或其他情绪的人容易患病，而压抑愤怒对机体也同样有害，更不能用酗酒、纵欲等不健康的生活方式来逃避现实。伤心的人痛哭一场，或与知心朋友谈心，或参加剧烈体育运动后，常会感到心情舒畅，这就是宣泄的意义。

(7) 拥有爱心。人拥有爱心不仅会使世界变得更美好，而且会更有助于自己的身心健康。乐于助人还可使你广交朋友，这不仅是人生的一大乐事，还会使人更长寿。保持积极健康的心理是一门生活的艺术，你是用积极、乐观的思维方式看世界，还是用消极、悲观的想法回避现实世界，同样的事物，以不同的态度、方法去对待，结果自然也就完全不同，这就看你自己的行动了。

10.3.2 情绪管理方法

1. 体察自己的情绪

体察自己的情绪，就是时时提醒自己注意：“我现在的情绪是什么?”例如：当你因为朋友约会迟到而对他冷言冷语，问问自己：“我为什么这么做？我现在有什么感觉?”如果你察觉你已对朋友三番两次的迟到感到生气，你就可以对自己的生气做更好的处理。有许多人认为“人不应该有情绪”，所以不愿承认自己有负面的情绪，要知道，人一定会有情绪的，压抑情绪反而带来更不好的结果，学着体察自己的情绪，是情绪管理的第一步。

2. 适当表达自己的情绪

再以朋友约会迟到的例子来看，你之所以生气可能是因为他让你担心，在这种情况下，你可以婉转地告诉他：“你过了约定的时间还没到，我好担心你在路上发生意外。”试着把“我好担心”的感觉传达给他，让他了解他的迟到会带给你什么感受。什么是不适当的表达呢？例如：你指责他：“每次约会都迟到，你为什么都不考虑我的感觉?”当你指责对方时，也会引起他负面的情绪，他会变成一只刺猬，忙着防御外来的攻击，没有办法站在你的立场为你着想，他的反应可能是：“路上塞车嘛！有什么办法，你以为我不想准时吗?”如此一来，两人开始吵架，别提什么愉快的约会了。如何“适当表达”情绪，是一门艺术，需要用心的体会、揣摩，更重要的是，要确实用在生活与工作中。

3. 以合宜的方式纾解情绪

纾解情绪的方法很多，有些人会痛哭一场、有些人找三五个好友诉苦一番、另有些人会逛街、听音乐、散步或逼自己做别的事情，以免老想起不愉快的事，比较糟糕的方式是喝酒、飙车，甚至自杀。要提醒各位的是，纾解情绪的目的在于给自己一个理清想法的机会，让自己的心情好过一点，也让自己更有能量去面对未来。如果纾解情绪的方式只是暂时逃避痛苦，而后需承受更多的痛苦，这便不是一种合宜的方式。有了不舒服的感觉，要勇敢地面对，仔细想想，为什么这么难过、生气？我可以怎么做，将来才不会重蹈覆辙？怎么做可以降低我的不愉快？这么做会不会带来更大的伤害？根据这几个角度去选择适合自己且能有效缓解情绪的方式，你就能够管理好情绪，而不是让情绪来控制你！

10.3.3 情绪管理小妙方

1. 改变事情定义

有一句话说得好“我们没有办法阻止事情发生，但我们可以决定这件事带给我们的意义。”你可以选择是“问题”，亦可选择是“机会”，结果总是如你所愿，想想看在这件事中带给你的是什么教训及警惕，下次避免重蹈覆辙，这就是将“问题”转化为“机会”，因此你的定义就是你的结果。

2. 改变人物画面

专家研究发现，人的头脑对数字、文字很难记忆，但对画面却是历久弥新，永难忘怀，人为什么过得不快乐，是因为脑海中有不愉快的画面？因此如何修改脑中的画面，创造活力，就是决定人们幸福人生的枢纽。迪士尼乐园有许多卡通人物，其中最受大家喜爱的是米老鼠，华德迪士尼把人们最讨厌的老鼠借着画面转换，成为人们欢乐的象征，你也可以。

3. 改变对自己问话

不知道你是否有经验：当他人说你好，但你认为不好时，结果一定是不好。当他人说你不好，但你认为好，结果永远是好。这印证你的问话决定你的人生品质，所以无论发生任何事，问自己两个问题：

第一是这件事带给我什么样的经验及教训？第二是我该如何做才能将这件事处理得更圆满、更好？因此积极的问话，会造就积极的人生。

4. 改变学习人物

“物以类聚”这是大家耳熟能详的一句话，其意义是你是什么样的人，你的生活如何？一般从你周边交往的朋友即可看出。悲观的人周边大部分都是悲观者，而乐观的人身边亦多为乐观者。因此要想改变命运，你必须要管理好情绪，设定人生学习榜样，让自己在生活、工作中快乐地学习与成长。

10.4 情绪和情商

10.4.1 什么是情商

1995年，美国哈佛大学心理学教授丹尼尔·戈尔曼提出了“情商”（EQ）的概念，从英文原文Emotional Intelligence来看，情商是一种“情绪智力”，或又译为“情绪商数”，是指管理情绪的能力，代表一个人能否适当地处理自己的情绪，其意义包含了“自制力、热忱、毅力、自我驱策力等”。当今社会，“情商”被认为是一个人重要的生存能力，是一种发掘情感潜能、运用情感能力影响生活各个层面和人生未来的关键品质因素。一个高“EQ”的人通常是情绪稳定的，不会因小事产生剧烈的波动，而且，在产生情绪反应时，能够恰当地处理自己的情绪，对事与对人能有合理的想法，同时表现出合宜的行为。

现代心理学研究表明，在许多情况下，非智力因素的作用比智力因素的作用更重要，而在非智力因素中占主导地位的情商的作用更是毋庸置疑的，甚至有人提出人的成功80%是情商的作用，智商只有20%的作用。

案例 10-8

情商的被关注①

20世纪中期，美国某保险公司曾雇佣了5000名推销员并对他们进行了培训，每名推销员的培训费高达3万美元。谁知雇佣后第一年就有一半人辞职，4年后这批人只剩下1/5。原因是，在推销人寿保险的过程中，推销员得一次又一次地面对被人拒之门外的窘境，许多人在遭受多次拒绝之后，便失去了继续从事这项工作的耐心和勇气。为了确定是不是那些比较善于对付挫折、将每一次拒绝都当作挑战而不是挫折的人更可能成为成功的推销员，该公司向宾夕法尼亚大学心理学家——以提出“在人的成功中乐观情绪的重要性”理论而闻名的马丁·塞里格曼讨教，希望他能为公司的招聘工作提供帮助。

塞里格曼认为，当乐观主义者失败时，他们会将失败归结于某些他们可以改变的事情，而不是某些固定的、他们无法克服的困难，因此他们会努力去改变现状，争取成功。在接受该公司的邀请之后，塞里格曼对1.5万名新员工进行了两次测试，一次是该公司常规的以智商测验为主的甄别测试，另一次是塞里格曼自己设计的用于测试被测者乐观程度的测试。而后，塞里格曼对这些新员工进行了跟踪研究。

在这些新员工中，有一组人没有通过甄别测试，但在乐观测试中，他们却取得“超级乐观主义者”的成绩。跟踪研究的结果表明，这一组人在所有人中工作任务完成得最好。第一年，他们的推销额比“一般悲观主义者”高出21%，第二年高出57%。从此，通过塞里格曼的“乐观测试”便成了该公司录用推销员的一个重要条件。

◎ **点评：**

塞里格曼的“乐观测试”实际上就是情商测验的一种雏形，在一定程度上直接证明了与情绪有关的个人素质在预测一个人能否成功中的重要作用。

10.4.2 情绪智商的五种能力

从EQ的研究发现，与生活各层面息息相关的“情绪智商”，是指人们个人在情绪方面的整体管理能力。具体说来，情商包含以下五种能力：

1. 认识自己的情绪

认识情绪的本质是情感智商的基石，当人们出现了某种情绪时，应该承认并认识这些

① 彭书淮．情商决定命运：影响个人成功和幸福的最关键因素［M］．北京：中国民航出版社，2005.

情绪而不是躲避或推脱。只有对自己的情绪有更大的把握性才能成为生活的主宰，良好地引导自己把握情绪，并能准确地决策某些重要的事情；反之，不了解自身真实情绪的人，必然沦为情绪的奴隶。

2. 妥善管理情绪

情绪管理是指能够自我安慰，能够调控与安抚自己的情绪，使之适时、适地、适度。这种能力具体表现在通过自我安慰和运动放松等途径，有效地摆脱焦虑、沮丧、激怒、烦恼等因失败而产生的消极情绪的侵袭，不使自己陷于情绪低潮中。这方面能力较匮乏的人，常需与低落的情绪交战；而这方面能力高的人能够控制刺激情绪的根源，可以从人生挫折和失败中迅速跳出，重整旗鼓，迎头赶上。

3. 自我激励

自我激励是指能够整顿情绪，让自己朝一定的目标努力，增强自己的注意力与创造力。任何方面的成功都必须有情绪的自我控制——延迟满足、控制冲动、统揽全局。拥有这种能力的人能够集中注意力、自我把握、发挥创造力、积极热情地投入工作，并能取得杰出的成就；缺乏这种能力的人，则易半途而废。

4. 认知他人的情绪

能够认知他人的情绪，即移情的能力，是在自我认知的基础上，发展起来的最基本的人际技巧。具有这种能力的人，既能够通过细微的社会信号，敏锐感受到他人的需要与欲望，能分享他人的情感，对他人的处境感同身受，又能客观理解、分析他人情感。此种能力强者，特别适合从事监督、教学、销售与管理的工作。了解别人真正的感受，察觉别人的真正需要，也就是具有同理心。

5. 人际关系的管理

能够理解并因应别人的情绪，维持良好的关系，这也是建立领导能力的基础。大体而言，人际关系的管理就是调控与他人的情绪反应的技巧。这种能力包括展示情感、富于表现力与情绪感染力，以及社交能力（组织能力、谈判能力、冲突能力等）。人际关系管理可以强化一个人的受欢迎程度、领导权威、人际互动的效能等。能充分掌握这项能力的人，常是社交上的佼佼者；反之则易于攻击别人、不易与人协调合作。因此，一个人的人缘、领导能力及人际和谐程度，都与这项能力有关。

丹尼尔·高曼（Daniel Goleman）所提及的这五种能力，虽然扩大了情感智力的内涵与外延，但却说明情感智力在人生成长道路上的重要性。上述五种能力是一种由内而外的自我要求和省察功夫，先洞悉自己的情绪，知其产生的原因，以掌控自我生活，然后摆脱焦虑、悲观、愤怒、嫉妒等负面心情，安抚自己，做情绪的主人而不受基因控制。进一步激励自己，发挥潜能，心存光明正面的思想，并了解他人的感受和需要，开发利他精神的同理心，由此，圆融的人际关系自然水到渠成。拥有以上的情绪特质，不但有助于解决人们生活中面临的各种顺逆的情况，对个人的心境、健康和感情生活更有莫大助益。

10.4.3 成功者必备之情商（EQ）

经过相关经验证明，多半事业有高成就的人，能力并不是占大部分的因素。良好的人际沟通，才是制胜的最大因素。高 EQ 的人具有较高的人生成就，善于与别人沟通合作，也会尊重别人，面对问题和危机时能从容解决，生活态度积极，了解自己，时常反省自己，拥有正面的人生观，能够做个快乐的成功者。

下面是成功者必备之 EQ，希望可以给你带来一些感悟！

1. 自觉与自我规范

自觉是人们察觉情绪记忆的能力，是自觉的一种能力，是与理智思考平行的情绪感觉。

（1）自觉情绪能力有 3 项：

①察觉自己的情绪对言行的影响。

②了解自己的资源、能力与局限，能正确自我评估。

③深信自己的价值和能力，肯定自己。

（2）规范能力有 5 项：

①自我控制干扰的情绪与冲动，在压力下仍能够思考清楚。

②以真实可靠建立信任，承认自己的错误，勇于面对他人的不道德行为。

③即使属于少数，也有良知，坚持原则，能信守承诺，对自己的目标负责。

④从多种来源寻找新构想，以原创的方式解决问题，愿冒风险。

⑤有适应力，对事情的看法要有弹性，随情况调整反应和策略。

2. 自我激励如何面对挫折

当人们投入自己热爱的工作，挑战自己的能力时，就会进入神驰状态。这种浑然忘我就是工作时的最大激励。激励情绪的能力包括：

（1）以成就作为驱动力，寻求资讯以降低不稳定性，不断改进。

（2）许下诺言，将自己和组织的远景结合，用团体的核心价值决策，牺牲自己以达成目标。

（3）主动抓住机会，订立超过别人要求的目标，并以不寻常的方式激励别人。

（4）保持乐观心态，因为希望成功，而不是害怕失败而行动，把失败视做可控制的情况，而不是个人失误。

3. 同理心

同理心（empathy）是 EQ 理论的专有名词，是指正确了解他人的感受和情绪，进而做到相互理解、关怀和情感上的融洽。同理心就是将心比心，同样时间、地点、事件，而当事人换成自己，也就是设身处地去感受、去体谅他人。

要了解自己的情绪，也要了解并且接纳别人的情绪。接纳对方的情绪，从他的立场去体会他的感受，如果迟到的对象换成是你，你会希望别人对你发脾气吗？假设各种立场去体会对方的感受，以同理心来察觉对方的真正需要。我们需要做到下面几点：

（1）站在对方的角度。

（2）能专心听对方说话，让对方觉得被尊重。

（3）能正确辨识对方情绪。

（4）能正确解读对方说话的含义。

同理心的好处：

（1）深度尊重别人，满足对方心理需求。

（2）化解人际矛盾，融洽人际关系。

（3）消除逆反情绪，解除沟通障碍。

（4）树立专业风范，展示人格魅力。

（5）使对方非常乐意接受自己，有利于快速达成共识、解决问题。

（6）无需用任何金钱投资，具千金难买之效。

4. 宠辱不惊

每个成功的人，在别人赞美你时，千万不要沾沾自喜，因为接下来的就是对你的辱骂。可以肯定地说，每个成功者后面都有一群“小人”，他们时刻想毁灭你，无论是比尔·盖茨，还是张瑞敏；无论是跨国公司，还是个体户。人们有时候需要做到“宠辱不惊，闲看庭前花开花落；去留无意，漫随天外云卷云舒。”

人们总是会羡慕成功者的成功，其实真正的赢家和失败者的区别是赢家总拿他们的成就和他们的目标来比，失败者总是拿他们的成就和其他人的成就比，那么现在请你对自己说：“我能，我来做！”我们来确定个目标吧，相信我们会很好地控制自己的情绪管理好自己的 EQ，迈向成功。

情绪是生命的指挥棒，所有的人都真实地表现着生活中每一个细节对自己的回应，再高明的人、再善于隐藏的人、城府再深的人，也不能摆脱情绪对他的影响。请记住，这个世界上只有一个人能使你感到沮丧、忧虑或愤怒，而那个人就是你自己！

第 11 章

压 力 管 理

教学目标： 客观、正确地认识压力，了解压力的产生及压力带来的利弊。在了解压力症状的基础上掌握一些简单的减压技巧，懂得如何有效地进行压力管理并学会如何应对和缓释压力。

11.1 认 知 压 力

林语堂先生说过："人生就像爬坡，刚开始时父母拉着你；当你长大了，便开始自己拉车，车上原来是空的，后来装上老婆、孩子、事业以及你想要的一切，这时，你会感觉车子越来越重。"毫无疑问，这就是压力，当你有了欲望或出现紧迫感时，压力就随之而来。压力可以是一种驱动力，通过了解压力，可以帮助你更好地运用压力。

11.1.1 压力及其特征

在日常生活中，你可能和舍友闹了一次不愉快，可能没能按时完成论文，可能没钱买自己喜欢的东西，可能喜欢了一个女孩不敢表白，等等，这些看似平常的事却常常引起人们的压力感。

"压力"一词的英文是"stress"，以前人们认为"压力"最早是物理学和工程中的一个关于受力和负荷的专用名词，随着社会的进步、人类语言的丰富，人们开始用"压力"来定义个体所承受的内在和外在的生理、心理上的负荷。由此可见，人们对工作压力的认识已经比较久远了。事实上，压力一直伴随着人们的生活，没有压力也就无所谓生活。

压力也称为"应激"、"紧张"，是指人的身心在感受到威胁时所产生的一种紧张状态。人类最初对压力的感觉来自身体内部，如压力会使身体不舒服。现在动物还保留着对压力的最初状态，如当小狗感觉有声音时，耳朵会立刻竖起来，眼睛会直盯目标。但随着人类的进化，身体对于压力的反应不如我们的祖先敏感，人们更多用大脑思考，靠大脑来觉察压力。因此，在众多关于压力的定义中，有一个是这样定义压力的：当紧张程度超过人认为自己所具备的应对能力时，压力就形成了。所以压力不仅仅是一种外部的压迫，压力还包括另一层含义，即当人们感觉某件事很重要，或者感受到某种威胁时，是否相信自己能够成功地应对这种情形。

压力是一个多维度的概念，有以下主要特征：首先，压力是由于累积而产生的。日常生活中家庭、学校、工作中的压力分开来看是相当温和的，但一旦累积起来，就会使人精神变得高度的紧张；其次，压力是人和环境相互作用的结果。许多压力都源于周围的环境，或者物理环境（噪音、热量、污染），或者人为环境（竞争），不管什么环境，人们对压力事件评估的态度是主观的，也就是说，不同的个体对同样的事件可能产生的感受不一样，是否会产生压力也不一样。只有人和环境相互作用，一定的压力事件（环境）使个体产生一种强烈的情绪和生理上的唤醒，才产生压力。

压力伴随成长而产生，恰如发豆芽，豆芽放在湿布上，上面还必须要压上石头。没有石头的压力，豆芽长得又长又细，味道很差；有了石头的压力，豆芽才会长得又白又胖，味道鲜美。因此，如何与压力共处已经成为人们生活中必须面对的问题。

案例 11-1

一杯水的重量

有一位培训讲师在课堂上拿起一杯水，然后问听众说："各位认为这杯水有多重？"听众有的说 20 克，有的说 500 克不等。

讲师则说："这杯水的重量并不重要，重要的是你能拿多久？拿一分钟，各位一定觉得没问题；拿一个小时，可能觉得手酸；拿一天，可能得叫救护车了。其实这杯水的重量是一样的，但是你拿得越久，就觉得越沉重。这就像我们承担着压力一样，如果我们一直把压力放在身上，不管时间长短，到最后我们就觉得压力越来越沉重而无法承担。我们必须做的是，放下这杯水休息一下后再拿起这杯水，如此我们才能够拿得更久。

◎ **点评：**

心理学家说压力是人对其自身的需求所做的单一的、非特定的反应；作家说，压力是你每天面对的压迫、强制、改变、需求和挑战的副产物；企业管理者说压力就是每天应对的面子、金钱、地位、信任、高期望、知识、经验、能力、人际关系，等等；职场新手说压力其实就是突发的事件超出了通常预期，如果处理不好，往往让人措手不及，顾此失彼，并且遭受更大的压力。

其实，无论压力是什么，人们都必须清楚地认识到，日常生活中会有许多压力，就像鞋里硌脚的沙子，久而久之，压力的累积效应就会像拿了一天的一杯水一样显现出来。所以，人们应该将承担的压力在一段时间后适时放下并好好地休息一下，然后再重新拿起来，如此才可承担久远。我们要做的是：将学习上的压力在玩的时候放下，别带到娱乐场中，将工作上的压力在下班时放下而别带回家。

11.1.2 压力的产生

压力和内心需求有关，没有需求就没有压力，同时，压力的产生一定会有压力源。压力源可以是生活事件，也可以是一些不构成事件的日常烦恼，还可以是个人的习惯或观念。但一切压力都源自目标，一个对自己很重要却不可控的目标，因为可预期可避免的就不会构成压力；可预期不可避免的，不全能构成压力；只有无法预期不知道如何避免的最容易构成压力，也正因如此，压力也与个人能力、经验有密不可分的关系，即压力事件的大小与个人有关。不同的压力源下个体反应不同，相同的压力源下不同个体反应也不同。

学习、工作、人际关系、生活中的重大事件以及每天的琐事都会带来问题。要有效地减轻压力，就必须清楚识别自己压力的基本来源，并采取一定的措施很好地控制它们来减轻压力。

大学生的压力来源与工作中的压力来源如表 11-1、表 11-2 所示。

表 11-1 **大学生的压力来源**

（1）学习本身	（2）未来发展
学习基础差、学习难度高 学习单调、缺乏动力 学习氛围不好 教师上课难以接受、听不懂 惧怕考试不及格、拿不到文凭 家庭的期望	就业的压力 职业生涯选择迷茫 能不能适应社会需要 担心自身学历太低 担心学校牌子不好 自身形象
（3）同学关系、师生关系	（4）社会家庭环境
同学间相互竞争 与某些同学难以相处 看到有些同学家庭富裕心里不平衡 成绩优异却不能得到褒奖 恋爱问题	物质诱惑太多 学校的规章制度限制过严 对城市文化、校园文化不适应 家庭矛盾 家庭经济压力

表 11-2 **工作中的压力来源**

（1）工作本身	（2）职业发展
工作环境条件差 不能或极少参与决策 投入/产出的压力 单调，缺乏变化 客户难以应付 不必要的形式或程序	得不到提拔/提拔过高 工作缺乏安定感 职位、薪酬等前景渺茫 缺乏业绩评估程序

续表

（3）工作中的关系	（4）组织结构的氛围
工作独立，缺乏同事/社会支持 工作职责难以划分 与下属有矛盾 圆满完成工作却不能得到褒奖	变化太快/太多 缺乏有效的咨询支持决策 行为有很多限制/条框 市场竞争激烈 频繁出差

现代生活中的压力有许多种，在短时间内经历多种困难的事，会增加压力的程度。经济问题让人烦恼，同时又身患疾病或受到人身伤害，加上与亲人、朋友或同学不和睦，这时，人的烦恼程度就会显著上升，压力也在蓄积，而当压力积聚到一个很高的程度时，变得难以应付并可能导致有害的压迫。此时，正确的做法是：静下心来，不要着急。当静下心来去做时，你每天都会进步。就像堆谷子，一天一粒，日积月累，最后就会堆一大堆谷子。做事也一样，试着一件一件地处理，小的压力要慢慢缓解掉，不要积压起来。

11.1.3　压力的类型

1. 预期的压力

预期的压力是由于对未来的忧虑所引起的。你有没有这样的感受：大学毕业后我能不能找到工作？下学期我班长的职务还能不能保住？万一失去工作，我房子的按揭贷款怎么还？等等。诸如这些应对未来不确定性的担忧而产生的压力，都称为预期压力。

2. 情境的压力

情境压力是现在的压力，是一种立即的威胁、挑战或骚动，需要马上留意。例如，有一个男生，他平常和班上的女生关系都很不错，可是当他心仪的女孩走到面前时，就会面红耳赤，不知所云。生活中人们有时候会再三对自已说千万别说错，但是结果往往会说错。再比如，许多人在台下能够侃侃而谈，可是一旦站到台上，在无数目光的注视下，无数荧光灯的照射下，他就会感觉到有一种莫名的压力。

以上就是一种对现实的反应，这是由于情景环境而导致的压力。这种压力要克服、改变是不大容易的，你所能做的就是调节这种反应的幅度。

3. 慢性的压力

有的人从工作开始一直忍耐，直到退休还在他心里有一种非常大的压力，怕犯错。这种压力在每个人的身上表现不一样，但是在职场里工作时间越长，这种慢性的压力，或者被称为慢性的心理疾病会越来越深。

4. 残留的压力

残留的压力是过去的压力，表现为不能或不愿将过去的伤痛或不好的记忆抹去。例如，有的人可能在发布会上将一句台词念错了，会后，他认为自己已经忘掉了这件事，但是在特定的场景下，潜意识又会马上爆发出来，他会莫名其妙地发怵，将会念的台词念错。

11.1.4 压力的影响

压力是一种主观的感受，伴随着对压力情景产生身心反应。有关应激的大量研究表明，适度的身心紧张状态对有机体适应环境、应对问题是有利的。但如果紧张反应过于强烈持久，超过了机体自身的调节和控制能力，就可能导致心理和生理功能的紊乱而致病。这里，我们重点分析心理压力问题对个体特别是大学生产生的影响。

压力对人的影响有积极和消极之分。人们知道，理想的生活不是没有压力的生活，没有压力的生活是索然无味的。首先，压力事件有助于满足人的成就感。适度的压力使人不断挑战成功，可以满足人们的成就需要。压力可以促进人进步。压力事件有时会迫使人们掌握新的技能，学习新的知识，使人获得新的提高。只是当压力过于强烈或持续时间较长时，才会产生问题。当人们面临压力时，会产生一系列心理和生理的变化，这些反应在一定程度上是肌体主动适应环境变化的需要，能唤起和发挥肌体的潜能，使人的注意力更集中，思维更敏捷，提高工作、学习的效率；但是，当压力过度时，会导致生理、心理功能的紊乱，使人烦躁、不安，降低工作、学习的效率，对人的身心健康产生不良影响。

1. 消极的反应

当你受压之后无法恢复正常状态，你被压力压变形了，这时压力就变成一种消极的因素，影响到你的生理和心理。你的身体会受到影响，并长期处于“亚健康”状态；你将变得易怒，性情急躁。

同时，为了暂时地解除压力，许多人都求助于“错误的朋友”——香烟，但是香烟根本无法使你情绪平静，因为香烟含有尼古丁，是一种兴奋剂，有长期的副作用，容易引起痤疮、心脏疾病和呼吸系统疾病。有些人就爱上咖啡，但咖啡含有咖啡因，咖啡因也是一种兴奋剂，它刺激肾上腺，有长期的副作用。还有些人因此借酒消愁，酒精可以在短时间内让人放松，但时间一长，它反而降低人体抗压能力。消极压力的典型症状如表 11-3 所示。

表 11-3　　**消极压力的典型症状**

生理变化	行为变化	思维变化	情绪变化
头痛	饮食失调	注意力难以集中	焦虑
胃部不适	烟酒过度	记忆力衰退	抑郁
皮肤问题	坐立不安	判断力减退	没精打采
肌肉紧张	讲话滔滔不绝	丧失自信	无助感
血压升高	故意旷课	夸大压力感	情绪波动
睡眠失调	通宵上网	害怕学习	莫名其妙地发火
疲劳感	长时间玩游戏	对工作有恐惧感	说话颠三倒四

2. 积极的反应

对压力有良好反应能力的人往往饮食良好，经常锻炼身体，有多种爱好和兴趣，能得到家人强有力的支持并拥有良好的人际关系。

一定的压力会使人感到精力充沛，并能保持较长一段时间。如果压力很好地保持在一定的可控制的水平，它将激励人在较长的时间里做出高质量的工作。时刻保持“求知”的心热爱工作，工作变成了生活的乐趣，把幸福与压力都与人分享，时常与老师、同学、同事、老板沟通，具有自嘲的阿Q精神。

小测试 11-1

测试你的压力，若有如下情况，请打“✓”。

（1）你觉得事情太多，压得你受不了。

（2）你觉得生活中充满着“挫折”或“冲突”。

（3）你觉得自己每天都在做同样的事情，而觉得生活无趣。

（4）你觉得整天忙，但是不知为何而忙。

（5）你觉得整天没事干而觉得生活茫茫然。

（6）你“经常”觉得心情不佳。

（7）你常常为了一些小事而发脾气，事后自己又后悔。

（8）你常常觉得自己为了一些小事就紧张。

（9）你因为过于烦恼而经常失眠。

（10）你的肠胃经常出问题（拉肚子、胃溃疡等）。

（11）你的呼吸系统出问题（长期咳嗽等）。

（12）你有其他身体或免疫系统功能下降的问题。

◎ **结果分析：**

如果打钩项目超过10条，说明你目前压力已趋于极限，应当马上减压；如果打钩项目在5~9条，说明你承受了一定的压力，这时候应该注意调节自身的学习工作节奏，适当放松；如果打钩项目在2~4条，这很正常，现代人总是在承受一定的压力，注意要把压力转化为动力；如果打钩项目少于2条，说明你还没有感受到学习和工作的紧迫感。

但是，无论我们面对压力的反应怎样，我们都应该学会当不可预期的压力来临时，如何运用智慧去解决。

11.2　大学生压力特点

11.2.1　大学生对压力的反应

从个体来讲，大学生正处于从青春期进入成人人生的第一个转折时期——成年早期。这一转折时期，是大学生心理上变动剧烈的时期，也是容易产生心理问题和障碍的时期；

从社会环境来讲，当代大学生正处于新旧两种经济体制的转型时期，面对日趋多样化的社会和越来越激烈的社会竞争，理想与现实的矛盾、新旧价值观念的冲突、学业上的竞争、就业与前途的忧虑、人际关系不良引起的苦恼，生活消费引起的心理失衡以及由性和恋爱产生的各种各样的困扰交织在一起，都对大学生的心理构成了极大压力。面对这些现状我们可以从三个水平层次上分析大学生对压力的反应。

1. 情绪反应

每个个体都有广泛的对情绪的体验和了解，当人们处于压力之下时，经常会有情绪上的反应。通常情况下，压力倾向于引发人们不愉快的情绪而不是愉快的情绪，而且随着压力感增强，情绪越来越消极。在压力面前当代大学生的情绪反应表现为不稳定和不成熟。具有两极性和矛盾性，主要体现在三个方面：一是他们对事物的认知还不稳定、不完整，情绪易失去控制，好走极端，因此在压力面前的情绪摇摆不定，激烈多变；二是他们的自我意识正在觉醒，但现实自我和理想自我的不一致，独立与依赖的要求不一致，常常会引发矛盾；三是大学生心理压力在情绪上的表现形式是多种多样的，常见的有烦恼、生气、孤独、冷漠、偏异、反感、忧虑、害怕、倦怠、沮丧、伤心和焦虑，等等。

2. 行为反应

个体对压力在行为上的反应可能是适当的也可能是不适当的。比如，你的钱不够交学费，可能会通过下列方式解决这一问题：（1）努力做兼职挣学费；（2）直接向父母要；（3）从朋友处寻求帮助，先借钱以后还；（4）通过不正当方式获取金钱（偷或者抢）。显然，其中既包括适当的处理方式也包括不适当的处理方式。而个体对每一件压力事件的处理，日益累加可能导致生活习惯和方式的改变。当代大学生大部分是在顺境中长大的，缺乏生活经验，适应能力相对较差。在过度的压力面前容易引发不适当的行为，产生种种困惑和错误的做法。许多大学生在面对学习和生活环境中的种种问题时，因处理不当而陷入焦虑、失望和困惑之中，严重者表现出过激或异常行为。

3. 生理反应

一般认为，由压力所引发疾病的患病过程分为三个阶段：第一阶段是“报警阶段”，此时以个人预防为主，压力和疾病没有什么必然的联系；第二阶段是“抵抗阶段”，此时个体最大限度地调节自身机能以适应压力，并希望能够恢复原有的平衡状态；第三阶段是“崩溃阶段”，此时个体的调节机能已完全不能发挥作用，个体无法承受压力而染上疾病。压力对个体健康的影响是一个逐步积累和不断恶化的过程。主要症状表现为新陈代谢紊乱，心率、呼吸加快，血压升高，头痛，使个人患上生理疾病和精神疾病，如易患心脏病等。我们常见的大学生面对压力时的身体和心理反应有：心跳加速、呼吸加快、出汗、头痛、食欲不振或暴饮暴食、精神难以集中、无精打采，容易疲倦、失眠等。

面对压力带来的这些反应，大学生应正确、客观地看待，及时消除影响自身身心健康的不利因素，避免背上沉重的心理包袱，负重而行，应当增强驾驭压力的能力，化解压力，变压力为动力。

11.2.2 大学生压力产生原因分析

大学生作为一个特定的群体，其压力问题往往与各类学习和生活以及个人发展问题纠缠在一起。多项调查结果表明，当代大学生的压力是一个多因素综合作用的结果。大学生压力源呈现出多元化、复杂化、社会化的特点。比如，有学者进行的特定范围的调查显示，大学生面临的压力来源依次为学业问题（80.0 %）、就业问题（79.3 %）、人际关系问题（60.1%）、经济问题（36.2 %）、恋爱问题（35.7 %）、家庭问题（29.8 %）、竞争问题（29.1 %）、独立生活问题（21.1 %）、校园环境（20.5%）、社会环境（20.0%）。下面我们主要分析六大压力：

1. 时代压力

大学生是处于成熟与不成熟、独立与不独立之间的特殊群体，特定的时代背景使他们面临着更加尖锐的挑战：他们一方面必须努力完成在校学业，同时还要关心所学知识能否适应未来需要；一方面必须掌握最基本的专业知识，同时还要具备信息时代获取新知识的基本素质；一方面必须拥有创新意识和创新能力，同时还必须塑造能够融入和谐社会的健全人格。诸如此类的高期望值，必然给大学生带来心理的紧张和压力。

处方：为了引导大学生树立远大的人生目标，明确自己的历史使命，有必要经常开设社会上典型人物与典型事迹系列讲座，以增强其社会责任感；有必要针对大学生普遍关注的热点、难点问题，进行理想和信念教育，奠定大学生健康成长的稳固基石。

2. 学业压力

学业问题是大学生的一个主要压力来源，学习是大学生的首要任务和主要活动方式，因而学业对大学生心理健康和心理发展有很大影响。激烈的竞争和社会不断提高对综合性人才的要求，大学生们也自觉地不断提高对自己学业的要求，以便在走出校门时有更强的适应能力和竞争能力，导致大学生心理上面临沉重的学业压力。从中学升入大学后，学习环境、学习内容、学习方法等发生了很大变化，大学课程多、难度大、要求高，学生易产生不适应和紧张感。而作为一个学生，学业成败将直接关系到他的切身利益，包括来自于同学和老师的称赞、奖学金、毕业证，这些东西甚至会决定个人前途和命运。大学里的各类考试也是大学生所面临的重要压力因素。另外，近年来在大学校园内出现“考证热”（如考研、计算机、外语、律师、会计、摄影等）给大学生又带来了额外的学业压力，据说有 80%的大学生深陷其中。

大学生面对高强的学业压力表现为不适应学习环境、学习成绩不够理想，长期的学习疲劳导致学习兴趣下降，学习效率降低，各种紧张症状随之产生，还可能产生严重的危机感和恐惧感，精神压力很大。

处方：大学生必须给自己确立学习奋斗的目标，有了明确的目标，就有了内在驱动力，使人变得积极向上。同时，可以开展爱心活动，同学之间团结协作，帮助学习和生活上有困难的学生，使他们在轻松愉快的氛围中学习与生活，更有利于缓解学习压力。

3. 就业压力

就业问题是每一位大学生从入校开始就必须考虑的问题。据相关调查显示，78.7%的大学生认为择业问题是使大学生产生心理压力的最大因素。“双向选择、自主择业”的就业机制的实施，一方面给大学生更多的参与社会竞争的机会，另一方面又给大学生极大的压力。再加上高校连续几年的扩招，增幅较大，势必造成高校毕业生高存量、高膨胀，给高校毕业生就业带来新的压力和难度。加之中国加入 WTO 对中国劳动力造成短期冲击，使就业的难度增大等。使得用人单位门槛增高，就业压力逐年上升。大学生的就业问题主要表现为：(1) 所学专业与职业岗位的冲突；(2) 就业选择与父母意见的冲突；(3) 择业流向的冲突；(4) 在就业过程中发生的冲突；(5) 与用人单位存在沟通障碍；(6) 就业和继续升学的冲突，等等。此外，沿海城市、经济发达地区，热门行业，政府机关、大型企业、知名公司都是大学生的首选。学生想到的都是同样的地方，想去的都是同样的单位，劳动力市场本身的容量有限，大学生就业市场竞争的残酷是可想而知的，不少大学生心理素质不太稳定，有的毕业生期望值过高，不能正确评价自己，我行我素，与社会需求产生明显的反差，难以找准自己的定位；有的毕业生心情烦躁、精神不振、自卑恐慌、无所适从，造成择业时负荷沉重的心理负担。

处方：要让同学们清楚地认识到当前的就业形势和企业的招聘需求，使同学们在清楚认识自我的同时结合自身的实际情况，全面把握未来的就业方向。学校就业指导中心也可以指导学生进行职业规划，让同学们在迅速提高自我素质的同时，拓宽未来的就业之路。

4. 人际关系压力

在当今开放的社会里，人际交往越来越广泛而频繁，越来越为人们所重视。大学人际关系的困惑、障碍是导致大学生产生压力的主要原因之一。进入大学后，远离原来熟悉的生活和学习环境，人际交往范围增大，不同的生活习惯、性格、个人爱好等使大学生的人际关系变得更为复杂，大学生在校期间要处理诸如舍友关系、同学关系、同乡关系、学生干部与普通同学之间的关系、男女生相处的关系、同学与授课老师、辅导员和班主任之间的师生关系等多类复杂的人际关系。但他们在交往知识和技能上又存在不足，造成了大学生既渴望交往又害怕交往的心理困惑，由此产生压力。虽然大学生活为同学们创造了一个可以让其充分展现自我个性和风采的小社会环境，大家也渴望通过社会交往增进与他人相互的理解，但是不少大学生缺乏交往的勇气，缺少交往的技巧，或者过低估计自己，或者不敢与他人接触，或者将自我心灵闭锁，渴望交往，但又担心失败，结果自己孤立自己。久而久之，开始回避参与，既封闭了自己的心扉，又常常被人误解，甚至导致心理障碍，直接影响了自身潜能的充分发挥。总之，大学生的人际关系问题主要表现为人际关系意识淡薄、人际交往技能不足以及个性中存在影响人际关系的消极因素，造成了不良的公共关系状态。不良的人际关系状态是大学生心理障碍和精神疾病的主要诱因。

5. 生活压力

所谓生活压力，主要来自两个方面：

其一，经济压力。随着高校招生、就业制度的改革，尤其是高校非义务教育观念的确立及交费上学的改革，再加上社会生活水平的变化，大学生上学花销在逐年加大，学费、生活费成了一部分学生尤其是一些贫困生和特困生的压力源，以及完成学业和在校生活的障碍，特别是在一些贫困地区甚至出现了“高中生拖累全家，大学生拖垮全家”的现象。

目前，我国高校困难大学生占学生总数的10%~20%，虽然学校采取了“奖、贷、勤、免、补”等各种措施以解决困难学生的就学问题，但贫困大学生们又为还贷能力和自卑心理所困扰，产生很重的心理负担。勤工俭学是大学生解决经济问题的主要途径，但杯水车薪不能解决实质问题，而且勤工俭学的精力又与完成学业相矛盾。在经济上的困难和心理负担中，交织着无奈、焦虑和自卑。

其二，自理自律压力。目前大学生多数是独生子女，不少人缺乏自理和自律能力，许多人不会或不善于独立生活和为人处世。面对挫折和新的环境，往往缺乏相应的自我调节能力，因而也就形成了这部分大学生的压力源。

处方：一是切实解决大学生尤其是贫困大学生的生活困难。从根本上说，贫困生源于我国社会主义初级阶段的国情。要根本解决这一问题，绝非权宜之计，必然是一项需要高度关注的长期工作。二是注重培养大学生的自立能力，家长不应该过分溺爱孩子。自己的环境自己管，自己的事情自己做。

6. 感情和恋爱压力

恋爱是大学生情感生活中不可或缺的重要内容，也是当代大学生群体中普遍存在的现象。大学生个体生理发育趋向成熟，但是特定的社会环境、独特的人生经历，又决定了他们在心理、社会方面并未成熟，许多学生在没有具备相应的心理素质和未来职业取向的情况下涉足了爱情这一复杂的感情领域，由于心理不成熟，不能很好地处理爱情、学业、友谊、人生的关系，一旦出现失恋等情况，没有能力很好解决，就造成很大的心理压力。另外，恋爱问题引发的各种衍生问题，如高消费问题、打斗现象、报复伤害和违法乱纪现象都给恋爱中或失恋后的大学生造成了巨大的压力。

大学生们以上六大压力较为突出，具有明显的时代特征，是当前社会状态的综合折射。但是许多压力事件是社会、家庭和学校所造成的，是外在环境因素。但外因必须通过内因起作用，内部因素是指个体的生理和心理因素。不同的个体面对同样的压力，所产生的反应是不一样的，同一事件，有的人泰然处之，有的人焦虑恐惧，这就与个性心理有关。大学生中具有以下明显的特点的个性心理最容易导致压力过度：

（1）自我封闭

由于心理与生理的日趋成熟，大学生自我意识迅猛发展，独立感、自尊心急剧增强，思维出现了更多的独立性和批判性。他们逐渐失去了少年时代的坦率、外露的心理品质，越来越显示出特有的心理活动的闭锁性。

（2）自我肯定不足

自我肯定不足也就是人们常说的缺乏信心。有的同学因为感到自己在身材、长相、经济条件、水平能力等方面比不上别人，从而缺乏自信。自信心缺乏的人往往自尊心非常强，对人和事非常敏感，一旦受到挫折或打击，则非常痛苦，压力很大。

(3) 自我评价过高

大学生较其他年龄群体，生理、心理特点具有其特殊性。大学生一般充满理想，勇于追求，但他们的自我设计往往不切实际，自我评价过高，自我期望过高。容易出现理想自我与现实自我的激烈的矛盾冲突，一旦遇到压力事件，压力感很大。

普遍来说，大学生的心理承受力较弱，面对的社会变化和外界刺激，大学生的情绪非常容易波动，他们的人际关系非常敏感，所以如果心理素质不能提高，则会产生严重后果。

11.2.3 压力的利弊

每个人的一生都会有压力，心理学的研究表明适当的压力不但对人无害而且有利。然而，并不是所有的压力都能变成动力，有时压力会变成摧毁一切的魔鬼，所以我们要正视压力，化压力为动和。

1. 压力的益处

案例 11-1

转　　变

程××因为爱人的关系，进了一家高校从事图书馆管理员工作，身边人都在羡慕她有一个好丈夫，有一份好工作。曾有人说，图书馆管理员是所有职业中压力最小的工作，但是年纪轻轻的程××总觉得生活中缺少了点什么。于是，几年来，她一直在充电，不断地提升自己，还考取了好几个资格证书。

在一次偶然的机会中，她有幸从图书馆来到教学部门成为了一名教师，面对教学的压力，又因为是一名教学新手，她一丝不敢懈怠，每堂课都认真备课，力求上得精彩。学期末，在学生的评议中，她竟然被评为最受欢迎的老师。并且，她明显感觉到自己比待在图书馆更加充实，更加快乐了。

◎ **点评：**

原来，太悠闲未必是好事，人还是需要一点压力的，压力可以不停地指引你前进的方向。适度的压力可以让你更加充实，更加快乐。

(1) 动力感

俗话说“有压力才有动力”，正确对待压力，常常会把压力转化成动力。现代企业对于员工的工作往往是严格要求的，如果能正确运用，这种严要求给员工带来压力的同时，也会将它变成激励员工工作的动力。

(2) 目标感

压力管理和目标管理结合起来，会使目标看上去并不那么遥远。要经常不停地给自己强调目标，以确立目标感。

(3) 挑战感

在日常学习和工作中，老师或者领导经常对团队成员说：“我们必胜，这个目标一定能实现。”而他们每一个目标都定得比过去更高，这就是一个预期的压力，利用这种压力让团队产生动力，满怀信心地迎接挑战，就会实现目标。所以适当地运用预期的压力会使人们产生挑战感。

（4）充沛感

压力就像兴奋剂一样，使人对发生在自己身边的事情变得更加敏感。在适当的压力下，人吃饭更香，更喜欢锻炼，更加欣赏生活中的真善美了。人会发现自己的睡眠质量更好，与同学、老师、亲人、朋友、上司、同事的关系也更加融洽。

（5）自信感

经历压力并很好地驾驭压力能促使人发现自己的能力，从而能提高自我肯定的程度。当人们经历了类似的挑战，就会对自己的能力更自信。经历了在压力下生活的一段时间以后，回想一下自己是如何对待压力的，给自己一些表扬。记住自己感受到的成就感，以后若有压力来临时，回忆一下自己的成就感，有助于保持高度的自信。

2. 压力的危害

（1）压力引起人的生理变化

压力易引起人的生理变化，43%的成人有由压力引起的健康问题，75%~90%的门诊病人自诉有压力问题。科学家发现人压力越大，腹部的赘肉越多。六大致死因素与压力密切相关：自杀、心脏疾病、癌症、肺炎及并发症、意外事故、肝硬化。压力已被列为工作中的危险因素之一。

（2）压力引起人的健康变化

压力易引起人的健康变化，如心悸和胸部疼痛，头痛，掌心冰冷或出汗，消化系统问题，如胃部不适、腹泻、恶心或呕吐等，使人免疫力下降。

（3）压力引起人的心理变化

压力易引起人的心理变化，如情绪不稳定、暴躁、紧张、焦虑、冷漠、崩溃等。

（4）压力导致人的行为变化

压力易导致人的行为变化，如饮食失调，烟酒过度，坐立不安，迟到缺勤，通宵上网、玩游戏等。

（5）压力导致人的精神变化

压力易导致人的精神变化，如注意力难集中，表达能力、记忆力、判断力下降，持续性地对自己及周围环境持消极态度，优柔寡断等。

压力犹如一把尖刀，它可以为人们所用，也可以把人们割伤。那要看你握住的是刀刃还是刀柄。无论使用什么方法和措施，只要能够缓解自身心理压力，保持乐观自信的态度，就有利于在学习过程中达到最佳状态。

11.3 面对压力

人身体的哪一部分最先感觉到压力？压力最先传递到大脑的神经系统，神经系统接收到信号，立即就会告诉人们发生了什么。所以，压力来了，身体最先知道。茹毛饮血的时代没有医生，人就靠身体来觉察压力；而现在主要靠大脑来觉察压力，当身体和意志不和谐相处或处于对抗状态时，大脑会提出不干了，这时身体会出现许多状况。但是人们很少会关注自己的身体，而压力的顶点往往就容易出现于此。因此，觉察身体很重要。

11.3.1 压力的症状

1. 症状一：胃肠疾病

人遇到情绪不好时不要总耍脾气、喝闷酒、不进食，在感到疲惫想放松时不要到霓虹灯下的 KTV、大饭店、舞厅等地方放纵自己的情感，要合理地去散心，例如郊游、健身，参加沙龙聚会，等等。要多吃蔬菜、少吃肥腻、油炸食品，不抽烟，少喝酒。

诊治处方：不消极、不放纵。

2. 症状二：失眠

合理安排休闲活动，并勇于尝试各种有效的放松方式，为自己的情绪宣泄找一个出口；要加强自身性格的修养，处事不惊，加强专业知识的学习，不断获取新知识、新技能，就能轻松地应对自如，保持平和心态。

诊治处方：劳逸结合。

3. 症状三：抑郁

不要把不开心的事情“闷在心里”，要“找朋友倾诉”和“尽情地玩”。当遇到挫折时可以回到家中向亲人倾诉，或是约上几个闺中密友找个地方，然后大吐苦水并寻求帮助，这样一来心情会轻松很多。

诊治处方：畅所欲言。

4. 症状四：易怒

人有压力时，往往表现为容易生气。有时压力会蓄积在自己身上，经常会有些小情绪不愿表达出来，让别人猜测。有时会把压力转移给别人，对别人发脾气。其实，真正的压力是转移不掉的，人必须敢于面对压力。

诊治处方：勇敢面对。

11.3.2 压力管理的方法

案例 11-2

处 事 不 惊

一位高科技公司的主管，他在一天当中就遭遇了这样的事情：早上爱人开着家中唯一的一部车上班时，与别人的车辆发生了碰撞。他立刻到场帮助他的爱人解决这个问题。当他赶到出事现场解决了事故责任把车开走之后，很不幸，车子又碰到了路边的铁栏杆，造成了轮胎破裂。这位主管又必须赶快换轮胎，而且必须赶在下午两点之前回到办公室，因为要出席由总经理主持的会议。

时间上的迫切，意外事故的遭遇，都给了这位经理人最大的压力。但是他处变不惊，用平常心和正向态度看待这件事情，他说：我帮助我的爱人解决了她面对的一个困难。在大家情绪都不好的时候，我能控制自己的态度化解了大家的压力，我让周围的人面对不幸的时候，还觉得比较缓和，这就是我的成功之处。

◎ 点评：

当这位经理人这样去思考他所面临的压力事件时，他将遭遇的状况并没有像一般人想象的那么严重。所以难怪有人说，问题的严重程度，都与人们对问题的反应程度成正比。

1. 期望法

建议求职者进入企业后，列个表单，对自己的期望、实现条件、实现时间等罗列出来，同时根据企业的要求（如工作分析、业绩指标等）也罗列一个表单。自己工作时经常地对照，假如发现其期望值的走势呈下坡趋势时应引起警惕，同时找出期望值没有实现的主观、客观原因，并诊断自己有无改进的可能。假如没有，应及早提出离职，因为不走，要么自己觉得不开心，要么单位会找你“麻烦”。

2. 职位完美法

作为职场人而言，建议画两个圈，第一个圈里填满自己的职业完美内容（如职业技能、薪资要求、成就感等），另一个圈里填单位认为的优秀员工标准（如胜任条件、对企业贡献等），如图 11-1 所示。然后根据自己实力来判断两者之间的可能性（如人际关系、工作技能、绩效成果等），假如觉得是相当稳定或者呈上升阶段，说明可以继续你在单位的“战斗史”，否则建议你应该提早离开。

3. 环境变化法

“穿舒适的旧衣服去见重要的人”，这是欧美商界里非常著名的一句话。舒适的旧衣服是什么？是环境，是一个比较轻松的环境，而重要的人是指你的工作。在轻松的环境下做重要的工作，反而能够把工作做好。相反，穿最刻板的衣服，无法去见重要的人，因为最刻板的衣服造成的压力使你不知道该说什么好。

及时了解你这岗位在本单位的作用、你是否适应企业文化、人际关系、职位的市场行情变化、你在主管眼里的地位等。也就是说要掌握你眼里的“你”、单位眼里的“你”、社会眼里的“你”在职位方面的各种变化。

4. 风险性

遇到问题时，往往用四个“？”来判断，即：其一，发生了什么问题？其二，产生问题的原因是什么？其三，解决方案有哪些？其四，最佳方案是什么？在意外的恐惧中尽可能找到理性，因为你的习惯思维、价值标准往往是过去式的，用过去式解决现在式的问题就

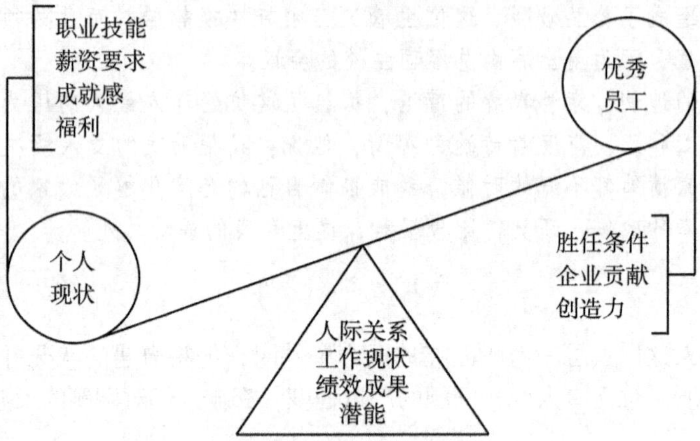

图 11-1　职位完美图

需要判断与反思，否则会后悔莫及的。如凭意气、个性、想当然等就是处理不当的行为。

5. 价值标准变迁

每个人的工作是从为了生存开始的，但不同的人在不同阶段的需求层次是潜移默化地递增的。同时其往往会受到“不明飞行物”的诱惑而使自己盲目。如人家的成就感、攀比心理、假定自己做其他的也行、对自己不切实际的要求等，而忽略自己真正需要的本质的追求，往往导致自己疲于奔命、压力重重而事倍功半。

6. 了解真实的“自己”

自以为了解自己、自己高估自己的能力、自我安慰、侥幸等往往贻误时机，现在可以用各种测试软件、主动与周围人沟通等途径了解自己的真实情况，再自我评估自己，往往事半功倍。要了解自己的不足部分，应通过怎样的资源来弥补！这样一来往往可以找到“出路”。

7. 学习法

学习充电是职业的投资行为，应根据自己的情况进行战略性思考。压力有时来自于人才的“供大于求”，如何使自己成为人才市场中的“稀有资源”，如何使自己的学习成果很快地转换为企业实际需要的技能，如何使自己没有或减少竞争对手等。

11.3.3　如何缓解压力

压力的减轻和排除，是可以疏导的，不要将压力硬挺，这样会造成一种疾病，许多时候人们说痛苦要埋在心里，眼泪要吞在肚子里，其实这是错误的，因为你有痛苦不愿意释放。我们认为一个男人将门关起来大哭一场，一个人在郊外大哭一次，在心理上非常重要，眼泪可以洗刷痛苦，而且可以缓解心理压力。一个人遇到压力，要想办法减轻。

——著名管理培训大师余世维

1. 自我激励

如果你发现自己过度担心，请用下面的话来帮助自己建立一个更加乐观的景象：

“我是一个乐观主义者。我会关注生活中积极的事情。”

“担心一件事情并不能改变这件事情。这只会浪费我宝贵的时间和精力。”

“担心自己无法控制的事件是毫无意义的。”

“我越担心，我感觉就越差，因此，我会马上停止担心。”

“无论发生什么，我知道我能处理好它。”

“我最好在吃饭之前完成这项工作，但没有完成也不会是世界末日。”

“我已经做得最好，对我来说已经足够好了。”

“金无足赤，人无完人。”

“即使我不时地失败，人们仍会喜欢我。”

“犯错误并不意味着做人的失败。”

2. 尽量避免

避免消极，如“我怎么做什么事情都不行，真是一无是处”。避免给自己下达“必须”的信息，如“我必须始终面面俱到”或“我必须在工作中永不犯错”。这些只会使你感到永不满足。避免将情绪化的反应作为对某种情形的解释，如“我感到害怕因此这儿一定很危险。”

3. 忘却烦恼

“烦恼常常会让一件很小的事情蒙上一个很大的阴影。”

请你不妨这样想吧：绝大多数忧虑是我们想象出来的！

——40%的事从未曾发生过；

——30%的事是忧虑曾经发生的事；

——12%的事是担心别人的想法；

——10%的事是无关紧要的事；

——8%的事是相当值得考虑的事，但其中的一半是你无法控制的。

因此，96%的事是不必忧虑的。因此，只有4%的烦恼是真正值得担心的烦恼。所以不要浪费时间去思考无关紧要的问题以及琐事。

4. 认识自己的极限

一个人有时会认为“自己已经足够好了”，这也是无可厚非的。认识到这一点很重要。你作为一个人的价值，在于你是谁而不是你得到了什么。把更多的价值寄予热情和创造力上，而不是追求成就上。你必须承认，你不可能期望自己在生活的各个方面都是完美的。

5. 处理冲突

每个人都遇到过与同学、朋友、家人或同事在某个问题上产生冲突的情况。争执会造成压力，但冷静、克制、自信以及据理力争会缓解这种压力。大多数人不得不在不同种程度上对付吹毛求疵的行为，因此，预先准备好策略将会减轻压力。学习如何对付各种吹毛求疵的行为，如处理好他人对你的消极态度，不受摆布。如果有人对你进行个人攻击，要谨慎地选择你的语言，要诚实、自信、得体。用幽默来回避它，而不是让它使你生气。

6. 接受帮助

在危机中，如果你认为自己有足够的能力，责任和智谋，而且你喜欢自己解决问题而不是寻求别人的帮助，那你将会在“坚强”中遭受痛苦。这会阻止你寻求别人的帮助，使你以一种坚强的姿态出现在别人面前。但你必须意识到独自处理困难只会增加你的压力，如果人们经常寻求你的帮助，你认为你的帮助是有用的吗？同样，有什么使你认为别人不能帮助你呢？

7. 寻找支持

当人们处于压力之下时，人们有时会感到孤独，而且他们会认为没有人理解他们正在经受的痛苦。和别人建立建设性的人际关系，让他们给你提供帮助，可以减轻这种感受。

拥有可以推心置腹地讨论事情的朋友或亲人有助于减轻压力。讨论问题可以使你保持一种前途感，因为当你的担心被过度夸大时，别人就能问你一些具体的问题来提出质疑。仔细地选择你的知己，记住，当你敞开心扉谈论情感时，有人可能会感到尴尬或压抑。

8. 保持井然有序

当身处压力之下时，保持井然有序使你感到条理清晰，处于有序的环境中，这样能使你感到更能控制局面。看一下你家里哪个地方最需要整理，清除所有混乱的地方，并鼓励别人也保持整洁。

采用“新旧交替”的原则，每次你买来一样新的东西，就把旧的东西扔掉。在清理你的橱柜之前，先作一个系统的安排，如安排不同的袋子装捐赠品、垃圾和要修理的东西。把要保留的东西放在一边。

9. 学会放松

在压力下取得进步包含了解如何以及何时放松自己。选择那些使你精神振作的活动，经常参加这些活动，充分利用呼吸和放松的技巧来抵抗压力，提高睡眠质量。除非你是夜猫子，午夜之前的一个小时休息抵得上午夜之后的两个小时。如果你睡不着，尽量不要担心，即使躺在床上对你也是有益的。

11.3.4 减压技巧

（1）将生活事件分为三类：必要的且非做不可、重要但不一定非做不可、不重要也不一定要做。然后，编排事情的先后顺序，减少不必要的生活事件。

（2）维持平衡的生活形态：不安排超过时间、精力所能够负荷的事情，保持生活的规律与稳定性，固定的时间做固定的事情。

（3）尽可能满足自我需求：包括人际亲和、自我实现、生活稳定等需求，检查自己所做的事情是否与自己的各种需求相吻合。

（4）调节人际冲突：学习自我肯定的沟通方式，创造双赢的局面。

（5）控制不利的环境刺激：改变可以改变的，接受无法改变的或者在认知上转换观点。

（6）充足的营养与适当的运动：维持基本的体力。

（7）理性与正面的认知思考：检验自己想法的合理性，用正面、合理的思考代替负面、不合理的思考。

（8）经常性的放松练习：觉察自己的紧张情绪后，立即处理，至少有两种以上的放松方式。

（9）建立适当的社会支持网络：力所能及地做事，适当地将机会、责任交付别人，借机休养生息，并且从中学习。

（10）室内的肌肉放松法。渐进式放松训练：下述每个部位紧张时间持续约 10 秒钟，再尽快放松至少 15 秒钟，请掌握住“放松与紧张”的差异。

①手掌：紧握手掌，然后放松。

②手臂及手肘：弯曲上臂及手肘，并紧压上臂，然后放松。

③肩膀：耸肩，让肩膀尽量靠近耳朵，然后放松。

④前颈部：颈部深深弯向后方，让颈部很紧；然后让颈部大约回复到原位，让自己感到很放松。

⑤后颈部：颈部深深弯向前方，下巴尽量贴近胸部，让后颈部很紧，然后让颈部大约回复到原位，让自己感到很放松。

⑥胸部及上背部：深深吸一口气，停住呼吸，再慢慢吐气，让胸部及上背部很紧，然后放松。

⑦下背部：坐在椅子上“弯腰”，肩膀尽可能贴近膝盖，让下背部很紧，然后放松。

⑧胃部及腹部：深吸一口气，让胃紧贴脊椎，然后放松。

⑨臀部：夹紧臀部，然后放松。

⑩大腿部位：双脚离地约 10 公分，让大腿很紧，然后放松。

⑪腿部位：后脚跟着地，尽可能让脚掌弯向小腿，然后放松。

⑫脚掌：将脚指头尽可能向下弯曲，然后放松。

⑬前额：皱起前额或眉毛向上弯曲，然后放松。

⑭眼睛及鼻子：紧闭眼睛并皱起鼻梁，然后放松。

⑮下颚：将嘴角尽量向两侧，让两颊及下颚都很紧，然后放松（将嘴巴张大让两颊很

紧，然后放松）。

⑯嘴巴及嘴唇：抿紧双唇，让嘴巴及嘴唇都很紧，然后放松。

11.3.5 压力管理的建议

（1）注重饮食。好的营养让身体保持最佳状态，当压力来临时，能使人们感觉良好，精力充沛。制订健康的饮食计划、有规律地进食，多喝水可维持健康的身体。但是，人们也要好好地享受食物，在准备和品尝食物的过程中找到快乐。

（2）慢吃。抽足够时间吃饭，狼吞虎咽只会更加紧张。

（3）通过想象，训练思维“游逛”。如“蓝天白云下，我坐在平坦的草地上”等，在短时间内——甚至每10分钟休息一次，从而使头脑清醒，呼吸通畅、放松，恢复精力。让自己得到精神小憩，你会觉得安详、宁静与平和。

（4）有许多事情人们必须做、应该做和想做，但你如果发现有许多必须做的事情却没做，应考虑时间上的统筹安排。

（5）闻闻香油。香油能通过嗅觉神经，刺激或安抚大脑边缘系统的神经细胞，对舒缓神经紧张和心理压力很有效果。

（6）想哭就哭。哭能缓解压力，让情感发泄出来要比深深埋在心里有益得多。

（7）不要害怕需要时求助于别人。人一生中总会需要别人的帮助。需要别人倾听、提建设性意见和帮助时尽管开口好了。

（8）把生活中的压力罗列出来。一旦将压力写出来就会发现，只要自己“个个击破”，这些所谓的压力，便可以逐渐化解。

（9）搞清什么原因使你紧张。对自己和别人的期望现实一些，制定理智可行的目标，人不能总那么完美。

（10）在书的世界遨游。读书可以使一个人在潜移默化中逐渐变得心胸开阔，气量豁达，不惧压力。

（11）确保每天都有放松时间，人们都需要充电。如许多人以听音乐、洗澡、看搞笑片来放松。此外，每天保证睡眠充足。

（12）同自己的家人和同事共同分享工作的快乐。

（13）利用空闲时间锻炼身体。每星期锻炼3次，每次20分钟以上可以明显提高自己的健康水平。只有身体好，才会“吃嘛嘛香”、“干嘛嘛有劲”。

（14）生活中的顾虑不要太多，提醒自己任何事不可能都是尽善尽美的。

（15）不要急切地、过多地表现自己。

11.3.6 十出压力法

（1）说出压力：就是通过找一位知心好友或心理咨询师来排解内心的烦恼，调整心态。

（2）写出压力：就是通过写作，如日记、散文、诗歌等来调整心态，积极生活。

（3）动出压力：就是通过某项体育运动、如跑步、打球、打太极等来调整心态。

（4）唱出压力：就是通过唱歌，如卡拉OK等，来排解内心的烦恼，以调整心态。

（5）笑出压力：就是通过讲笑话、调侃、聊天等来解内心的烦恼，以调整心态。

（6）泡出压力：就是通过泡澡，如在自家或洗浴中心等，来排解烦恼，调整心态。

（7）养出压力：就是通过养小宠物、花草来排解烦恼，调整心态。

（8）帮出压力：就是通过帮助他人，如从事某项公益活动，来排解内烦恼，调整心态。

（9）坐出压力：就是通过坐禅、内观、静思、冥想活动来排解烦恼，调整心态。

（10）游出压力：就是通过旅游来排解烦恼，调整心态，积极生活。

一位国外的心理咨询师这样说道："压力就像一根小提琴弦，没有压力，就不会产生音乐。但是如果弦绷得太紧，就会断掉。人需要将压力控制在适当的水平！使压力的程度能够与自己的生活相协调。"

今天，压力已成为人们生活的一部分，人类无法也没有必要去摆脱压力，正如人们生活离不开空气一样，没有人会与压力绝缘。压力伴随成长而产生，成长不是一瞬间的事情，成长是一生的任务，成长是一个过程，而压力是生命的甜点，是生命中的风景线。热爱压力，与压力同行，与压力共舞，这样的状态，会使自己的人生更加辉煌！

第12章

职业素养

教学目标： 通过本章的学习，了解职业意识的深刻内涵及其重要性；使大学生重视自身职业意识的培养，树立正确的职业意识，依靠明确的约束和激励养成良好的职业习惯，促使大学生在校期间培养承担责任、恪守规范、提升质量、通力合作等优秀品质。

12.1 职业意识

12.1.1 职业意识的概念

职业意识是人在职业问题上的心理活动，是自我意识在职业选择领域的表现，是在职业定向与选择过程中对自己现状的认识和对未来职业的期待和愿望，职业意识在很大程度上影响了大学生的择业态度和择业方式。

职业意识有其广义与狭义之分。广义的职业意识，是一个随着求职的到来而逐步形成的心理过程，并伴随着人的成长而逐渐发展；狭义的职业意识，是指在目前所学专业与对应的具体职业能够完全实现的情况下，对该职业内在要求在观念上的反映。

职业意识是一种自主意识，使我们每个人明确认识到自己的职业角色，认识到自己的职业价值，认识到自己与职业匹配，认识到自己的职业发展必须由自己负责。职业意识既影响个人的就业和择业方向，又影响整个社会的就业状况。职业意识的形成不是突然的而是经历了一个由幻想到现实、由模糊到清晰、由摇摆到稳定、由远至近的产生和发展过程。

12.1.2 职业意识的培养

1. 责任意识

(1) 什么是责任意识

责任是一种能力，又远胜于能力，责任是一种精神，更是一种品格；

责任就是对自己不喜欢的工作，毫无怨言地承担，并认认真真地做好。

人自从来到这个世界以后，有一件行李便与我们形影相随。长途跋涉中，栉风沐雨里，它犹如晨钟暮鼓，让人们闻鸡起舞，让人们挑灯夜战。这件行李被人们称为——责任。

责任是什么？责任是一种坚守，是一种承诺，是一种执著，是一种信念。社会学家戴维斯说："放弃了自己对社会的责任，就意味着放弃了在这个社会中更好生存的机会。"放弃承担责任，或者蔑视自身的责任，就等于在职业道路上自设路障，摔跤绊倒的也只能是自己。

小贴士

老板不喜欢什么人

下面这几种类型的人，虽表现形式不同，但都是由于缺乏责任心而不受欢迎：

1. 傲慢稚气型：明明是完全不懂，还装出一副万事通的模样。

2. 将错就错型：听不得别人的批评，一旦做错事被发现，就开始找借口和抱怨，最后不忘加上一句："这是没办法的事，怪不得我。"

3. 自吹自擂型：面试时自称自己在校成绩优异，但录用后却发现所言夸大其词。

4. 回避责任型：认为"我是新人，做错了可以原谅"，且该做的事常会忘记去做，缺乏责任感，拖拖拉拉。

5. 争宠敷衍型：一味讨好上司，对工作能赖就赖。

6. 骑驴找马型：手头工作不好好干，心里却想着要找另一份工作。

7. 肆无忌惮型：摆着一副"死猪不怕开水烫"的想法，我干不好怎么啦？

案例 12-1

一面墙改变一个人的命运

沃尔顿收到了著名的耶鲁大学的录取通知书。但是，因为家穷交不起学费，他面临失学的危机。他决定趁假期去打工，像父亲一样做一名油漆工。

沃尔顿接到了一笔为一大栋房子做油漆的业务，尽管房子的主人迈克尔很挑剔，但给的报酬很高，沃尔顿很高兴地接受了这桩生意。在工作中，沃尔顿自然是一丝不苟，他认真和负责的态度让几次来查验的迈克尔感到满意。这天，是即将完工的日子，沃尔顿为拆下来的一扇门刷完最后一遍漆，把它支起来晾晒。做完这一切，沃尔顿长出了一口气，想出去歇息一下，不想却被脚下的砖绊了个踉跄。这下坏了，沃尔顿碰到了支起来的门板，门板倒在刚粉刷好的雪白的墙壁上，墙上出现了一道清晰的痕迹，还带着红色的漆印。沃尔顿立即用切刀把漆印切掉，又调了些涂料补上。但是，做好这些后，他怎么看怎么觉得补上去的涂料色调和原来的不一样，那新补的一块和周围的也显得不协调。怎么办？沃尔顿决定把那面墙再重新刷一遍。

大约用了半天时间，沃尔顿把那面墙刷完了。但是，第二天沃尔顿又沮丧地发现新刷的那面墙和相邻的墙壁又显得色调不一致，而且越看越明显。沃尔顿叹了口气，决定再去买些材料，将所有的墙重刷，尽管他知道这样做，他要多花比原来近一倍的本钱，他就赚不了多少钱了，但是，沃尔顿还是决定要重新刷一遍。他心中想的是，要对自己的工作负责。

他刚把所需要的材料买回来，迈克尔就来验工了。沃尔顿向他说了抱歉，并如实地将事情和内心的想法说了出来。迈克尔听后，不仅没有生气，反而对沃尔顿竖起了大拇指。作为对沃尔顿工作的负责态度的奖励，迈克尔愿意赞助他读完大学。最终，沃尔顿接受了帮助。后来，他不仅顺利读完大学，毕业后还娶了迈克尔的女儿为妻，进入了迈克尔的公司，10年后他成了这家公司的董事长。现在提起世界上最大的沃尔玛零售公司无人不知，但是没有多少人知道，现在公司的董事长就是当年刷墙的穷小子。一面墙改变了沃尔顿的命运，更确切地说，是他对工作的负责态度改变了他的命运。

◎ **点评：**

行走在职场上，每一个人都有责任。责任是一种发展自我的机遇，是一种发展自我的手段，是一种发展自我分内和不得不做的事情。让我们听从责任的召唤，珍惜自己的每一份责任，勇于自己承担责任！

（2）责任意识缺失面面观

责任感是简单而无价的，责任意识的缺失会让人们离成功很远。

1）职业责任认识模糊

一项在广州进行的调查发现，应届大学生稳定率在用人单位中只有10%，大部分应届毕业生在工作一段时间后很快便流失了。目前应届高校毕业生频频毁约跳槽暴露了当代大学生责任意识淡薄甚至严重缺失的现状。

案例 12-2

一个实习生的违约

D公司某项目需要招募十几名实习生以协助工作。小J毕业于南方一所著名的大学，目前在上海某知名高等学府攻读财务方面的硕士学位。她以出色的成绩、实习履历以及英语技能在近千封简历中脱颖而出，在接下来的一系列面试中过关斩将成为该项目实习生之一，并与公司郑重签署了相关协议，接受了针对该项目的包括国际商务礼仪在内的多次培训。

为了确保项目的顺利执行，公司在招募实习生的广告、面试通知、面试、培训和协议中都反复强调了一条对实习生的基本条件和要求——为期一周的项目进行期间须确保时间，除疾病等不可抗因素外一律不接受请假。然而小J却在上班的前一天就向项目负责人提出请假两个上午，理由是要去参加两个公司的笔试。在这个时间以这个理由请假，暴露出了小J对企业、对自己的承诺都严重缺乏责任意识，尽管请假没有被批准，但小J还是选择去参加笔试，放弃了该项目的实习。当日，公司人力资源部和小J做了第一次面谈，对她作为一个面临就业压力的应届毕业生做出这样的选择表示了理解，但也同时希望她尊重自己的承诺和法律的严肃性，承担起相应的违约责任。

然而，小J在这之后没有如约主动联系公司，将近一个月后，人力资源部再次联系她时，小J竟然拒绝面谈，并以诸如"用圆珠笔签的协议没有法律效力"等荒唐的理由企图否认自己有违约的事实。经过公司锲而不舍地沟通和耐心说服教育。最终，她心悦诚服地交纳了象征性的违约金。

◎ **点评：**

小J终于认识到从一个学生向企业员工的角色转变过程中，自己在责任意识上的严重不足，违约金虽然数目不多，但也是她踏入社会这一堂课的第一笔学费。

2）集体责任观念淡化

集体责任观念淡化主要表现为一些员工以个人为主体，注重个人奋斗、个人发展，"各人自扫门前雪，哪管他人瓦上霜"。实用主义倾向增强，协作观念、服务意识和奉献精神不足，对人对事都比较冷淡，自私自利，集体活动漠不关心。对国家、公司抱有"等、靠、要"的思想，而缺乏自力更生，艰苦奋斗的精神以及对公司集体的关爱，没有与公司共存亡的理念。

3）工作责任意识淡漠

工作责任意识淡漠主要表现在部分员工只知道"做工"，却不知道"工作"。两者的区别在于：

①做工——把工作做完

仅仅将工作做完的员工，是不成熟的员工，不负责任的员工。负责任的人是成熟的人，他们对自己的言行负责，他们把握自己的行为，做自我的主宰。越是显得成熟的人，就是越能承担责任和义务的人，也就是企业越可以放心给予重用的人。

②工作——把事情做好

对于任何一名员工来说，工作就意味着责任，没有责任感的员工不可能成为一名优秀的员工。美国总统杜鲁门的桌子上摆着一个牌子，上面写着：Book of stop here（问题到此为止），这就是责任。总统有总统的责任，员工有员工的责任。

案例 12-3

一颗铁钉与国王的故事

国王查理三世准备拼死一战了。里奇蒙德伯爵亨利带领的军队正迎面扑来，这场战斗将决定谁统治英国。

战斗进行的当天早上，查理派了一个马夫去备好自己最喜欢的战马。“快点给它钉掌，”马夫对铁匠说，“国王希望骑着它打头阵。”“你得等等，”铁匠回答，“我前几天给国王全军的马都钉了掌，现在我得打点儿铁片来。”“我等不及了。”马夫不耐烦地叫道，“国王的敌人正在推进，我们必须在战场上迎击敌兵，有什么你就用什么吧。”

铁匠埋头干活，从一根铁条上弄下四个马掌，把它们砸平、整形，固定在马蹄上，然后开始钉钉子。钉了三个掌后，他发现没有钉子来钉第四个掌了。“我需要一两个钉子，”他说，“得需要点儿时间砸出两个。”“我告诉过你我等不及了，”马夫急切地说，“我听见军号，你能不能凑合？”“我能把马掌钉上，但是不能像其他几个那么结实。”“能不能挂住？”马夫问。“应该能，”铁匠回答，“但我没把握。”“好吧，就这样，”马夫叫道，“快点，要不然国王会怪罪到咱俩头上的。”

两军交上了锋，查理国王冲锋陷阵，鞭策士兵迎战敌人。“冲啊，冲啊！”他喊着，率领部队冲向敌阵。远远地，他看见战场另一头自己的几个士兵退却了。如果别人看见他们这样，也会后退的，所以查理策马扬鞭冲向那个缺口，召唤士兵调转头战斗。

结果他还没走到一半，一只马掌掉了，战马跌翻在地，查理也被掀翻在地上。国王还没有抓住缰绳，惊恐的马就跳起来逃走了。查理环顾四周，他的士兵们纷纷转身撤退，敌人的军队包围了上来。他在空中挥舞宝剑，“马！”他喊道，“一匹马，我的国家倾覆就因为这一匹马。”

◎ **点评：**

这就是英国著名的童谣：“失了一颗铁钉，丢了一只马蹄钉；丢了一只马蹄钉，折了一匹战马；折了一匹战马，损了一位国王；损了一位国王，输了一场战争；输了一场战争，亡了一个帝国。”中提到的故事。“蝴蝶效应”是人们都熟悉的理论，现实生活有时就如同多米诺骨牌一样，一点轻微的晃动就会导致整个系统的崩溃。责任面前，人人平等。

（3）培养责任意识

1）多加一盎司

有的人烧开水，烧到99℃，不烧了，结果烧出来的水只能叫温水或热水，而不能叫开水。著名投资专家约翰·坦普尔顿通过大量的观察研究，指出：取得中等成就的人与取得突出成就的人几乎做了同样多的工作，他们所做出的努力差别很小——只是“一盎司”。但其结果，所取得的成就及成就的实质内容方面，却经常有天壤之别。这就是著名的“多一盎司定律”。盎司是英美重量单位，一盎司相当于1/16磅，一盎司表示一点点微不足道的重量。但是，就是这微不足道的多一点，就会给人带来脱颖而出的机会。

2）勇于承担过失

“人非圣贤，孰能无过？”一个人再聪明、再能干，也总有失败犯错误的时候。

案例 12-4

勇于承担责任的结果

陈任和张明新到一家速递公司，被分为工作搭档，他们工作一直都很认真努力。老板对他们很满意，然而一件事却改变了两个人的命运。一次，陈任和张明负责把一件大宗邮件送到码头。这个邮件很贵重，是一个古董，老板反复叮嘱他们要小心。到了码头陈任把邮件递给张明的时候，张明却没接住，邮包掉在了地上，古董碎了。

老板对他俩进行了严厉的批评。“老板，这不是我的错，是陈任不小心弄坏的。”张明趁着陈任不注意，偷偷来到老板办公室对老板说。老板平静地说：“谢谢你张明，我知道了。”随后，老板把陈任叫到了办公室。“陈任，到底怎么回事?”陈任就把事情的原委告诉了老板，最后陈任说：“这件事情是我们的失职，我愿意承担责任。”

陈任和张明一直等待处理的结果。老板把陈任和张明叫到了办公室，对他俩说：“其实，古董的主人已经看见了你俩在递接古董时的动作，他向我说了他看见的事实。还有，我也看到了问题出现后你们两个人的反应。我决定，陈任，留下继续工作，用你赚的钱来偿还客户。张明，明天你不用来工作了。”

◎ **点评：**

人们往往对于承认错误和担负责任怀有恐惧感。因为承认错误、担负责任往往会与接受惩罚相联系。人们通常愿意对那些运行良好的事情负责任，却不情愿对那些出了偏差的事情负责任。有些不负责任的员工在事情出现问题时，首先考虑的不是自身的原因，而是把问题归罪于外界或者他人，总是寻找各式各样的理由和借口来为自己开脱。比如：工作业绩不理想，那么一定是老板领导无方、相关部门不配合；老板不喜欢你，一定是他不懂得欣赏你；销售任务没有完成，一定是客户太挑剔等等。在许多管理者看来，这些都是无理的一个借口。这些借口并不能掩盖已经出现的问题，这些理由不会减轻你所要承担的责任，更不会让你把责任推掉。

3）学会控制

对工作负责，首先要对自己负责；让上司放心，首先自己要放心，这就要求自己要学会控制自己。

第一，控制自己的时间。可以选择学习多长时间，游戏时间多少，休息多长时间等，常问自己：“我现在这样做，是不是充分利用时间。”

第二，控制思想。控制自己的思想与创造性的想象。

第三，控制接触的对象。人们无法选择共同工作或一起相处的人，但人们可以选择共度最多时间的同伴，可以以成功者作为楷模，向他们学习。

第四，控制沟通方式。人们可以控制说话的内容和方式。

第五，控制承诺。不乱下保证，但下了保证就要做到“君子一言，驷马难追”，是你的责任就要勇于承担。

第六，控制目标。确立一个长期目标，制订相应计划，并制订出优先次序和期限，以便实现目标。要时时激励自己：“生命是一个由自己动手去做的计划。”

第七，控制忧虑。如果未能实现自己的愿望，不要气馁，你要重新审度自己的思想：是否还在牵挂过去的事情而心神不安？是否有这些不良情绪。请记住：“过去的事情就让它过去，瞧着吧，一切又都是崭新的。”

要想有所作为，首要是做好本职工作。对于刚毕业的学生来说，则是要干好自己的第一份工作。处境的改变，理想的实现，事业的成功，许多时候不在于做的是什么工作，而是工作做得怎么样。努力吧，首先从培养自己的责任感开始！

4）从小事做起

曾经有一位诺贝尔奖获得者，在被问及是什么促使他成功时，他做了出人意料的回答：“我在幼儿园里学到了一生中最为重要的东西：要谦让，讲卫生，东西放整齐，做错事要致歉，要仔细观察事物。”

“如此细小的东西，也值得去注意？如此微妙的细节，也能成就大业？”这是大多数人的想法。但这也许就是大多数人为什么只是普通人的原因吧。“不积跬步，无以至千里；不积小流，无以成江海。”漠视细节的努力，纵是豪气冲天，壮志凌云，又何以奢望成就丰功伟绩。

大学生现在正处于成长的关键时期，想要形成良好的责任感，为一生的发展打下良好的基础，就必须认真对待学习、生活中点点滴滴的“小事”，不忽略每一个细节。

“勿以善小而不为”，捡一片废纸，帮助一位残疾人，奉献一次爱心……“小事”是涓涓细流中的沙金，只有积少成多才能焕发光芒。

“勿以恶小而为之”，忘了打扫卫生、忘了关闭实验仪器、忘了关灯关水……“小事”也可能是生活中的病毒。

从小事做起，重视量的积累，最终方得质的飞跃。从小事做起，路，就在脚下，小，终能成大！

2. 规范意识

（1）什么是规范意识

没有规矩，不成方圆。无论做什么事情，都要严格遵守“游戏规则”，形成规范。学生要遵守学校的一切规章制度，员工要遵守公司的一系列规定。大学生现在就养成规范意识，将直接催生职业生涯发展的种子。

规范化是社会化大生产的基本要求。组织制定的各种规章、制度就是管理规范的具体体现。对于职业人来说，规范化有助于简化程序、提高效率、节省时间和精力。规范意识是现代社会每个公民都必备的一种意识。它包括三个层次的含义，首先是指关于规范的知识，其次是要有遵守规范的愿望和习惯，最后使遵守规范成为人的内在需要。所以，规范意识重要的不是规范，而是愿意和习惯于遵守规范。

案例 12-5

弄虚作假反害己

华仔原是一所中专学校的计算机教师，尽管他只有中专学历，但因勤奋好学，通过自学，业务水平不断提高，深受学校的器重。后来在一位南下打工朋友的影响下，辞去教师工作南下了。到了广东他才知道，这里并不像他想象的“遍地是黄金”，由于只有中专学历，想到外资或合资企业工作不是很容易。于是求职心切的他买了一张某名牌大学计算机专业本科毕业的假文凭。

过了不久，一家港资企业招聘面试时，看到华仔计算机水平挺高，业务熟练，聘他搞软件开发工作。凭着他的勤奋努力，不久便被提拔。

正当他踌躇满志地向前进取时，他的假文凭被揭穿了。最忌弄虚作假的老板非常气愤，毫不客气地辞退了华仔。

他的顶头上司不无遗憾地对他说：“如果你不用假文凭，凭你的实力，尽管只有中专学历，也完全可以到我们企业来工作。只要干得好，工作又需要，企业也会送你去进修的。”

◎ **点评：**

没有规矩，不成方圆。我们无论做什么事情，都要严格遵守“游戏规则”。而自己的行为规范将直接催生职业生涯发展的种子。

小贴士

某公司工作规章

1. 上班佩戴工作卡，上下班打卡，工作时间为上午 8:30—12:00，下午 1:30—5:30，若有早会，须提前 5 分钟到达办公场所。

2. 注意办公礼仪，谦和、礼貌待人。

3. 工作时间不得擅离职守，禁止聊天、办私事、大声喧哗，不得妨碍他人工作。

4. 办公区内不得吸烟、吃东西、看报、会客。

5. 工作时间衣着得体大方，男士要求系领带，不得穿无袖上装和短裤，女士要求着套装，不得穿太透、太露的衣衫或超短裙、连衣裙；男士头发不盖耳，女士不浓妆艳抹。

6. 每周六可以着便装上班，但不得着背心、短裤、拖鞋。

7. 接电话时应先致以“您好，×××部”，通话要简明扼要，尽量放低声音，以免影响他人工作。

8. 试用期满的员工须亲自到人事部门办理转正手续。

9. 员工离职必须按规定提前提出申请，并到本部门及人事部门办理完解除劳动合同及移交等离职手续后方可离开公司。

（2）培养规范意识

1）遵守一切制度

案例 12-6

此一时　彼一时

小刚的第一份工作是在一家加拿大公司做销售，这家公司对员工的考核只看重结果，不看过程，只要能完成销售目标，就是好员工。公司对销售人员实行的是不定时工作制，上下班没有严格的要求。在这种工作环境下，小刚如鱼得水，每年都超额完成任务，成为最有价值员工。

5 年过去了，小刚转到一家日本公司做销售，依照过去的丰富经验，他仍然很好地完成了销售任务。然而，在日本公司，他的业绩是最好的，奖励却不是最高的。他的主管多次提醒他要遵守公司的作息时间和各项制度，但他依然以过去在加拿大公司的工作习惯来做事。直到有一天，他被公司辞退了。

◎ **点评：**

不同的文化背景，产生不同的规则、标准，不能一成不变地墨守成规。一定要首先了解公司的规范和要求，要先融入公司的企业文化，才能在公司里把事情做对、做好。

员工要懂得自己的个人前途与企业的前途息息相关，个人利益源于企业的发展。要自觉学习企业的职业规范，并严格遵守企业包括经济、管理、道德、法纪等所有行为规范。

例如某公司保密规定：

为了更有利地贯彻实施公司的保密制度，防止公司商业秘密的泄露和流失，特请大家注意以下规定：

①文件保密

公司不允许向外发布和扩散的文件。

公司的保密文件是指与公司一切经营活动有关的、包括各种文件、函件、文档、报告、报表、纪要、目录、清单、合同、协议、备忘录等。

计算机上的共享文件必须设置密码，并定期更改密码。

②工资保密

严禁向外发布和扩散公司的薪酬制度、薪酬数据。

严禁向他人泄露自己的薪酬。

严禁打听别人的薪酬。

③文档保密

先审批，再获取；先登记，再传递。

严禁个人收集与自己工作无关的文档。

严禁随意传播文档内容。

例如某公司电脑使用规定：

①计算机上不存放并使用与工作无关的内容：如音乐、图形、图像、游戏、程序、软件、文本文件等。

②计算机上不安装非公司配备的计算机硬件：如自购音箱、话筒、声卡、光驱等。

③计算机上不安装和使用与工作无关的软件：公司将在“控制面板——添加/删除程序”中或直接在注册表中检查。

④不打开来路不明的文件：请及时将来路不明的文件从计算机中删除。

⑤不运行来路不明的程序：请及时将来路不明的程序从计算机中删除。

2）从我做起

任何一个社会都有自己的规范，对于中国社会来讲，21世纪是一个从无序走向有序、从人治转向法治的时代。守规则，将成为社会的主流，所有的人都应该在社会这个大舞台上，遵守各项规范。

在学生时代，我们也许对规范意识认识不深，但是，参加工作后，规范将成为自己求职道路上的一项重大法宝。

规范，从现在做起，从我做起！

3）从“要我做”为“我要做”

当代社会机遇与挑战并存，“规范风暴”活动要以进学校、进教室、进寝室、进公司、进部门等为载体，在规范教育创新上下工夫，凸显规范教育的主动性、针对性、实效性和时代感，使规范在潜移默化中入耳、入脑、入心，把“‘要我做’变为‘我要做’，‘我要做’变为‘我要做好’”的人格化管理思想作为自己的学习、工作信条。

把外在的约束力化为个体自主自愿的需要，把“要我做”变为“我要做”，养成遵守规范的良好品质。

3. 质量意识

要叠一百万张骨牌，需费时一个月，但倒骨牌却只消十几秒钟。

要累积成功的实业，需耗时数十载，但要倒闭，却只需一个小小的差错。

一根火柴棒价值不到一毛钱，一栋房子价值数百万元，但是一根火柴棒却可以摧毁一栋房子。

可见微不足道的潜在破坏力，一旦发作起来，其攻坚灭顶的力量，无物能御。

(1) 什么是质量意识

所谓质量意识，是一种理性认知，是指人们对产品质量、工作质量、服务质量知识的认识、了解、掌握的程度，对质量的思想认识、信念以及质量素养，对质量的评价等。

质量是一项标准、一项目标和一组资格条件，质量不是抽象的美德，而是一项具体可测的目标，不是某种特定的优越程度，而是一个不断改善进步的过程。

企业以质量求生存，求发展，质量意识则是企业生存和发展的思想基础，并体现在每一位员工的岗位工作中，质量是每一个人的价值观、素质、气质的投入和产出过程。

案例 12-7

割草的男孩

一个替人割草打工的男孩打电话给陈太太说：“您需不需要割草工？”

陈太太回答：“不需要了，我已有了割草工。”

男孩又说：“我会帮您拔掉花丛中的杂草。”

陈太太回答：“我的割草工也做了。”

男孩又说：“我会帮您把草与走道的四周割齐。”

陈太太回答：“我请的那人也已做了，谢谢你，我不需要新的割草工了。”

男孩便挂了电话，此时男孩的室友问他说：“你不是就在陈太太那里割草打工吗？为什么还要打这电话？”

男孩说：“我只是想知道我做得有多好！”

◎ **点评：**

过硬的质量可以接受任何考验。千里之堤，毁于蚁穴，坚持优异的质量，你将多一份胜算。

小贴士

国际质量标准

质量管理体系标准（ISO 9001）

环境质量管理体系（ISO 14001）

汽车行业质量管理体系（QS 9000）

电信行业质量管理体系（TL 9000）

食品行业危害分析与控制管理体系（HACCP）

职业健康及安全管理体系标准（OHSAS）

（2）培养质量意识

1）第一次就做好——零缺陷的质量使命感

“零缺陷原则”就是第一次就把事情做好，避免返工及产生不合格品，同时保证质量和效率及降低成本。第一次就把事情做好，是一种追求精益求精的工作态度。

案例 12-8

质量“零缺陷”

古希腊有一位伟大的英雄阿吉里斯，他有着超乎普通人的神力和刀枪不入的身体，在激烈的特洛伊之战中无往不胜，取得了赫赫战功。但就在阿吉里斯攻占特洛伊城奋勇作战之际，站在对手一边的太阳神阿波罗却悄悄一箭射中了伟大的阿吉里斯，在一声悲凉的哀叹中，强大的阿吉里斯竟然倒下去了。

原来这支箭射中了阿吉里斯的脚后跟，这是他全身唯一的弱点，只有他的父母和天上的神才知道这个秘密。在他还是婴儿的时候，他的母亲、海洋女神特提斯，就曾捏着他的右脚后跟，把他浸在神奇的斯提克斯河中，被河水浸过的身体变得刀枪不入，近乎于神。可那个被母亲捏着的脚后跟由于浸不到水，成了阿吉里斯全身唯一的弱点。母亲造成的这唯一弱点要了儿子的命！

◎ **点评：**

市场如战场，任何一个局部的、细微的质量问题，都可能成为竞争对手攻击的突破口，都可能导致全局的崩溃。因此，在市场上进行质量竞争时，必须追求产品质量零缺陷，用全力做好产品的每一个局部的、细微的环节。

2）不心存侥幸

人都是有惰性的，看到质量管理里面烦琐的制度、明确的内容和职责，总想偷工减料，心想自己不会那么倒霉吧，一时的偷懒不会铸成大祸吧。殊不知，质量就是一点一点积累下来的，哪怕每个人犯0.1%的错误，从整个生产工艺来说，产品的次品率就会提高十倍甚至百倍。

案例 12-9

良品率必须100%

这是一个发生在第二次世界大战中期，美国空军和降落伞制造商之间的真实故事。在当时，降落伞的安全度不够完美，即使经过厂商努力的改善，使得降落伞制造商生产的降落伞的良品率已经达到了99.9%，应该说这个良品率即使现在许多企业也很难达到。

但是美国空军却对此公司说 No，他们要求所交降落伞的良品率必须达到100%。于是降落伞制造商的总经理便去飞行大队商讨此事，看是否能够降低这个水准？因为厂商认为，能够达到这个程度已接近完美了，没有什么必要再改。当然美国空军一口回绝，因为品质没有折扣。

后来，军方要求改变了检查品质的方法。那就是从厂商前一周交货的降落伞中，随机挑出一个，让厂商负责人装备上身后，亲自从飞行中的机身跳下。这个方法实施后，不良率立刻变成零。

小贴士

0.1%的错误意味着什么

如果所有人都以99.9%完善程度的原则工作，那么：

1. 1小时内在银行账户中会出现22000个错误；
2. 1分钟内有1314个错误电话；

3. 1天中有12个新生婴儿错给了其他母亲；

4. 1年中有250万本书籍印错了封面；

5. 1年中有20000份药方是不正确的；

6. 1小时内有18322封信件被错误地处理。

3）工作不能相互推托

所有依靠你和你的工作来完成他们自己工作的人，都是你的顾客。比如你的下一道工序，希望你提供高质量的产品或工作，以减少他们的麻烦，而你也希望上一道工序的产品或工作不给你找麻烦，这样就希望在每一道工序工作的人都要确保自己的产品或工作的质量，而不是相互推托。

例如我国著名的企业海尔集团，在服务质量的要求上非常严格。海尔制定了“一、二、三、四模式”，即：一个结果（服务圆满）；二个理念（带走用户的烦恼，留下海尔的真诚）；三个控制（把服务投诉率、服务遗漏率、服务不满意率控制在十万分之一以内）；四个不漏（一个不漏地记下用户反映的问题、一个不漏地处理用户反映的问题、一个不漏地复查处理结果、一个不漏地反映到相关部门）。

4. 效率意识

案例 12-10

低效就是损失

伊丽莎白是石油大王洛克菲勒的女儿，像父亲一样，她对商业也具有浓厚的兴趣，希望可以在商场上有所作为。在巴黎新产品博览会上，做了充分准备工作的伊丽莎白对某项产品专卖权志在必得，她几乎成功了，但却因她的决定晚了一小时而最终失去了这次机会。

洛克菲勒听说这件事后感到很遗憾，他尤其遗憾的是造成伊丽莎白失利的原因在于，她原本在跑道内侧最有利的线路上跑着，占有绝对优势，但由于伊丽莎白的重要决定晚了一步，使得在最后冲刺的关键时刻胜利落空了。

伊丽莎白在给父亲的长途电话中懊恼地说道：“爸爸，博览会的事您已经知道了吧？欧洲的这家公司竟然如此匆忙地指定美国代理店，我实在没有料到。我以为可以花点时间，充分考虑之后再做出必要的决定。”

洛克菲勒在电话那边安慰女儿：“孩子，不管怎样，你已经尽力了。不过我只是想对你说，从事商业的人常见的缺点之一就是缺乏迅速、果断的判断力。如果放任缓慢的意志作决定，其时间的浪费和低效率会给公司带来极大的损失。”

◎ **点评：**

经济学中有一个等车定律：在特定的时候，如果你晚上车一分钟，你就有可能比别人晚半个小时到达目的地。这一观点在今天这样的时代得到了充分的印证。市场经济奉行的是快吃慢、新吃旧的无情规律。公司要发展就必须要随时保持敏锐，致力于创新，抢占先机才能战胜对手。没有哪个时代能像网络经济时代这样把新旧淘汰体现得如此充分而残酷，不能快人一步就只能被别人排除局外。伊丽莎白从这次失败中得到了深刻的教训。机会来临时，不要左顾右盼，看准了就下手，要知道，等待机会的人要比能抓住机会的人多得多，你慢了马上就会有别人挤上来。

（1）什么是效率意识

什么是效率？宏观地讲，效率是指最有效地使用社会资源以满足人类的愿望和需要。中观地讲，对一家企业来说，效率是指在特定时间内，企业的各种投入与产出之间的比率关系。效率与投入成反比，与产出成正比。微观地讲，效率是指一个人单位时间里实际完成的工作量。所谓效率高，就是在单位时间里实际完成的工作量多，别人一个月完成500个工时，你一个月完成600个工时，你就是一个高效率的人，因为对个人而言，你节约了时间。

李嘉诚说："要成为成功的商业领袖，无论从事什么行业，都要比竞争对手做得更快点。"诺贝尔经济学奖获得者曼昆说："一个民族、一个国家、一个地区的富裕程度，取决于这个民族、这个国家、这个地区的效率。"所以，效率是一个国家、一个民族、一个企业、一个人有没有竞争力的主要标志。我们国家改革开放的试验区深圳，也正是从首先转变人们的效率观念开始的，他们率先提出了"时间就是金钱，效率就是生命"的口号。

（2）如何提高效率

1）善于总结，事半功倍

案例 12-11

"徐式扫地法"①

宁波市江北区环境卫生养护中心的保洁员徐辉，是出了名的扫地"状元"。他有句名言：扫地也要扫出样子来。自2003年以来，他始终在看起来不起眼的道路保洁岗位上默默工作着，任劳任怨、勇于创新、乐于助人，凭着干工作的耐劲和巧劲，摸索出了一套既讲究速度效率又注重策略的保洁方法，如"用脑子扫地"、"用笔和小本子扫地"、"借用巧劲扫地"等方法被他的同事们称为"徐式扫地法"。

徐辉扫地，讲究工作效率。扫马路要用两把扫帚一起扫，这样能将打扫的面积和效率扩大一倍。扫帚尖头一起朝右，两手自然下垂握住扫帚尾端，手肘一屈一伸，稍

① http：//blog. sina. com. cn/s/blog_ 64c121d0100euge. html，2015年5月访问.

加用力推动扫帚前进，扫帚面三分之一要压地，这样能够带得动路上的沙子之类的垃圾。雨天扫地要用旧扫帚扫，因为雨天常常会有积水，用新扫帚阻力大，用旧扫帚阻力小。遇有风的天气，将扫成一小堆的垃圾堆在止口边上，就不容易被风吹跑。夏天戴斗笠，避免头昏眼花。冬天扫雪，主攻人多的地方。春秋时节树叶多，从人行道上往下扫。

扫马路最难扫的就是止口，所谓止口是指马路与人行道的交界处。如果用一把扫帚去扫，泥沫之类脏物容易从扫帚丝中漏出来；如果加大力度去扫，一天扫下来，手臂都酸得抬不起来，也难免会有从扫帚丝里漏出来的泥沫之类脏物。徐辉的办法是用两把扫帚扫：一把新扫帚放在下面，另用一把扫旧了的扫帚叠在新扫帚的上面，身体微弓，两手向前平推，每推一次稍用力气即可。既利用了两把扫帚的压力，又利用了两把扫帚丝的密度。这样既可以将止口打扫干净，而且速度快且又省力。

徐辉扫地的诀窍还在于工作策略的运用上。徐辉认为，在每天4:00—7:00城市刚刚苏醒的时候，一定要清扫几遍马路（大街），把整条街扫干净。如果这段时间里没有清扫干净，那么一整天都要受到影响，就不容易扫干净。有了4:00—7:00的清扫，就可以保证在7:00—13:00进行巡回保洁。对自己负责的区域每20分钟巡回一次，重点捡显眼的“白色垃圾”，比如早餐塑料袋之类。13:00—17:00，徐辉施行边清扫边保洁的方法。每天下午，人流不多时，可以实行清扫。下班时间就实行保洁，清扫与保洁又同时存在。在这段时间，可以注意沿街店面的垃圾走向，劝阻一些不文明的乱倒垃圾现象，与店主沟通，可以主动上门去收垃圾，帮他们把店门前的那一块地也顺便打扫干净，以建立相互间的友好。清洁工与工作地段的市民沟通，可以明显减少路面上的垃圾，减少自己的工作量。

清洁工工作路段上垃圾的来源，主要是周边的住户。有一种可以双赢的办法，不但可以消除矛盾、不影响市容、减少自己的工作量，还能增进双方的友好和谐。这种办法就是与周边店家沟通联系，主动上门去收垃圾，甚至可以与店家约定时间，每天定时上门收集垃圾。他不必出门去倒垃圾，还要感谢你每天风雨无阻的热心上门帮忙；你也不必花大量时间在马路上清扫，累得腰酸背痛。有时候你上门去收垃圾，顺便把对方的大门前面扫一扫，就更会增加相互间的好感，一个和谐有效的工作环境便产生了。

徐辉扫了7年地总结出一套“徐氏扫地法”，其中还用到了物理学、统计学和心理学。宁波市城管局专门为他的扫地“秘籍”开了个研讨会，他的“徐氏扫地法”被评为宁波市最具影响力文明服务品牌，并在全市环卫系统推广。凭借自己勤勤恳恳的扫地，徐辉不但成了省人大代表，还是首批落户宁波的优秀外来务工人员。

◎ **点评：**

在人们的日常工作中，只要努力改进，工作效率总是有提升的空间的，就连像扫地这样的工作，既能又快又好地把它完成，也能够扫出精彩来。

2）有效的时间管理

有效的时间管理需要分清工作的轻重缓急，了解自己的生物钟，学会说“不”。规定每项任务完成的时间，改变拖延工作的不良习惯。每天留出一些固定的时间处理一些琐碎的小事，将小事都集中在一起办理。创造一个有效率的工作环境来有效地利用时间。

3）制定工作目标

工作上没有目标，就等于马拉松赛跑没有终点线。因为，工作目标是一切工作之基石，所有工作之根本。无论工作的条件或内容怎样，在制定目标时，都必须遵守一些原则。这些原则即具体性、计量性、期限性。在确立目标时，必须制订具体计划，也就是使用可以计量的数字予以表示，然后确定完成的具体期限。

在制定长期目标时，事先应该考虑最终目标、阶段性目标和措施目标三项要素。最终目标，即最终要达到的目的地；阶段性目标，即每一个阶段要实现的短期计划；措施目标则是为完成阶段性规划的具体措施方案。没有目标就不会有成功。我们应该养成制定切实可行的目标，并力求速度快、高效率的付诸行动的良好习惯。

5. 团队意识

（1）什么是团队意识

史密斯在《团队智慧》一书中指出：“团队是拥有不同技巧的人员的组合，他们致力于共同的目的、共同的工作目标和共同的相互负责的处事方法。”IBM 把工作团队视为“通过协作的决策，组成工作小组达到共同的商业目的”。

团队意识是一种主动性的意识，将自己融入整个团体对问题进行思考，想团队之所需，从而最大限度地发挥自己的作用。团队意识是指整体配合意识，包括团队的目标、团队的角色、团队的关系、团队的运作过程四个方面。

1）1+1>2

团队意识表现为企业这个整体的一种集体力，即 1+1>2 的结合力，或称为“系统效应”。

“一个和尚挑水喝，两个和尚抬水喝，三个和尚没水喝。”

——中国谚语

“一个人做生意，两个人开银行，三个人搞殖民地。”

——英国谚语

上述两个谚语的区别如表 12-1 所示。

表 12-1　　**两个谚语的区别**

前　者	后　者
“诸葛亮”式英雄主义，没人要做臭皮匠	责任共同承担
跑单帮的民族习性，个体作坊式思维	自我价值感增强
信任自己人，讲求缘同关系，自我意识排斥他人	能够相互影响
缺乏长期眼光，只求眼前利害，自然不易合作	回报与赏识共享
不懂双赢，只讲输赢，合作很难长久	均体验到成就感

案例 12-12

录用的秘密

一家咨询公司招聘高层管理人员，9名优秀应聘者入围。老总亲自把关决定录取3个人。他将9个人分为甲、乙、丙3组。指定甲组3人调查婴儿用品市场、乙组3人调查妇女用品市场，丙组3人调查老年人用品市场。并让他们到秘书处拿相关行业资料。两天后，9个人都把自己的市场分析报告送到了老总那里，老总走向丙组3人，对他们说，恭喜你们3人，被本公司录用了！

面对大家的疑惑，老总解开了谜。原来，同一组每个人得到的资料都是不一样的。比如甲组3人得到的分别是本市婴儿用品市场的过去、现在和将来的分析，其他两组也类似。但是甲、乙两组的6个人都是各做各的，互不联系，使得报告很不全面。只有丙组内部互相借用了对方的资料，补全了自己的分析报告。

◎ **点评：**

甲、乙两组的6个人明显缺乏合作意识，丙组3人最终取得成功的原因在于：他们心中装有队友，他们有共同被录取的目标，他们齐心协力，共渡难关。

2）团队与群体

团队与群体的区别如图12-1所示。

(a)以任务为核心
被赋予权责
互补与合作
遵守团队规范

(b)没有共同目标
没有利益关系
相互可替换
遵守群体规范

图12-1 团队与群体的区别

正因为团队精神如此重要，是否具有合作精神、是否能够融入一个团队，是公司在聘用人才时最重视的一点。韩国三星公司明确提出他们招收新人时，不仅看重个人能力，更看重其是否具备合作和谦让的美德，是否能和别人一起合作把工作做得更出色。

许多国际大公司在招聘员工时，并不仅仅依靠人事部门的选拔，通常还会让将来要与之合作的工作人员分别和应聘者面对面地交流，看这个人是否能和团队中其他人共同相处。曾经有个女孩虽然获得了公司总裁的认可，但还是经历了7次面试才得以进入了这家公司。而这7次面试中如果有一个人不能接受她，她也无法获得该职位。

3）优秀团队的特点

①明确的目标

人们总希望有这样一种感觉，那就是他们正在干的事情，会与团队的目标有所靠近。因此，不应该让团队的任何一个人，有这样的感觉：“我耗费了两个星期的时间，所做的对团队目标却毫无贡献。”

成功的团队会把他们的共同目的转变成具体的、可衡量的、现实可行的绩效目标。

②共同的承诺

每个人都清楚他/她的贡献怎样与目标相联系，团队成员愿意承诺为它作出贡献，这给团队带来极大的推动力。

③坦诚的沟通

团队的每个成员都需要充分了解与目标相关的信息、了解现存的问题、了解决策改变的原因。团队内部的沟通越通畅，团队合作的气氛就会越浓厚。

④相互信任、支持、协作

为了顺利完成各自的任务，融众人所长，团队成员之间的相互合作是必不可少的。

⑤适当的领导及负责任的自我领导管理

一个成功的团队与一个好的领导密不可分。团队需要一个掌握技术的领导核心为团队指明方向、制定决策。

⑥不断寻求发展

团队成员应不断地提高自身能力以实现既定目标。

小贴士

微软人的团队精神

微软人认为，他们不属于自己，而是从属于微软这个团体。董事长比尔·盖茨在谈到这种文化时，讲了一段话：“这种企业文化营造了一种氛围，在这种氛围中，开拓性思维不断涌现，员工的潜能得以充分发挥。我们微软公司所形成的氛围是，你不但拥有整家公司的全部资源，同时还拥有一个能使自己大显身手、发挥重要作用的小而精的班级或部门。每一个人都有自己的主见，而能使这些主见变成现实的，则是微软这个团体。我的策略一向是，聘用有活力、具创新精神的顶尖人才，然后把权力和责任连同资源（人、财、物），一并委托给他们，以便他们出色地完成任务。”

（2）培养团队意识

衡量一个企业是否有生命力、是否有发展前景，到底看什么？是看这个企业的理念有多么先进，还是看这个企业资金有多么雄厚？是看这个企业的科技含量有多高，还是看这个企业拥有多少知识分子、拥有多少高科技人员？这些都不是决定因素，关键还是要找出企业内部的决定因素。而这个决定因素，实际就是企业是否有团队精神，企业的员工是否具有团队意识。

那么如何培养团队意识呢？

1）团队建设的原则

①每个团队成员既承担一种功能，又担任一种团队角色。

②一支团队需要在功能及团队角色之间找到一种令人满意的平衡，这取决于团队的任务。

③团队的效能取决于团队成员认同团队内的各种相关力量，以及按照各种相关力量进行调整的程度。

④有一些团队成员比另一些更适合某些团队角色，这取决于他们的个性和智力。

⑤一个团队只有在具备了范围适当、平衡的团队角色时，才能充分发挥其技术资源的优势。

2）高效团队的必备条件

①共同的利益基础。

②激励成员向上的“游戏”规则（制度）。

③共同的价值观念。

④明确的个人目标与共同愿景。

⑤有效的组织沟通（良好的沟通氛围，双赢的沟通规则，全面的沟通平台，高效的沟通技巧）。

⑥快乐和谐的人际关系。

⑦独立完成本职工作的有效成员。

⑧出色的团队组织与管理技巧。

⑨被一致认同的领袖人物。

⑩持续、系统、有效的教育训练。

3）高效团队的决定因素

①Context（环境条件）。团队是否能够高效协作，最关键的环境条件在于是否具有挑战性的目标和鼓励以及尊重团队绩效的企业文化与机制。

②Compostition（人员组成）。实践证明，高效团队通常由4~11人组成。这样更容易形成交互活动式团队。

③Competencies（所需能力）。无论是什么类型的团队，尽管性质不同，关注的问题和所需的能力有所区别，但都需具备以下三方面能力：专业技术能力、解决问题的能力、人际关系能力。

④Change management（变革管理）。团队需要经常对其所处的环境条件、人员组成和所需能力进行反思，在整个团队中建立起危机意识和变革意识，从而使团队能够适时做出适应外在变化的调整和变革。只有这样，团队才能健康高效地成长。

4）建设卓越团队的步骤

①做好人员选拔

竞选学生会干部、评选优秀学生或是工作中的加薪、晋升等，应优先给予善于团队合作的成员。这并不意味着忽视个人贡献，而是使那些对团队作出贡献的成员得到应有的报酬。

选拔团队成员时，要以团队目标为导向，确定团队必备人才。不仅要考虑其是否具备该工作所需技能，还要考虑其是否具备扮演团队角色的其他素质和技能。

②既分工也合作

一个足球队由 11 人组成，分别担任守门员、后卫、前卫和前锋等职，目的是为了赢球，而不仅仅是为了进球或不失球。前锋的任务虽然是进球，但当本队防守时，前锋也要回撤参与防守，不断在对方门前制造险情，不让对方很轻松地进攻，是不是可以减少丢球的概率呢？后卫的任务虽然是防守，但当本队进攻时，也要不断压上，参与助攻，给对方球门制造压力，是不是可以制造许多破门的妙传呢？团队也如一支足球队，虽然内部有所分工，但不要死抱分工不放，各人既要自扫门前雪，也要管他人瓦上霜。

③创造团队氛围

在团队中要防止个人英雄主义的产生，要创造每个人都是团队不可缺少的一分子的文化氛围。成员只有共同支持、协作、努力，才能更好地实现团队目标。

④培训

高绩效的团队成员不仅具备一定的技能，更需要具有很强的分析问题、解决问题、人际交往、信息沟通、解决冲突的能力等，因此相应的培训必不可少。

同时，一个团队发展到成熟期后，可能会陷入停滞和骄傲自满状态，对新观点和革新思想持保守和封闭的态度。因此培训也就成为使团队继续发展的有效途径。

⑤关爱尊重

毋庸置疑，关爱是一种催化剂，它能激励斗志，促进合作，巩固团结，加深理解，在团队中起到不可或缺的润滑剂作用。

要想获得尊重就必须首先学会尊重他人、尊重差异，以宽容的胸怀去与周围的人合作和交往。

⑥信任沟通

在团队中建立相互信任关系。信任是团队发挥协同作用的基础，最终达到 1+1>2 的效果，建立信任管理应从两方面进行：第一是在团队中授权，即要勇于给团队成员赋予新的工作，给予团队成员行动的自由，鼓励成员创新性地解决问题，而不是什么事情都认为自己很能而亲历亲为，一步一汇报。第二是在团队中建立充分的沟通渠道，即鼓励成员就问题、现状等进行充分沟通，激发思维的碰撞；塑造一种公平、平等的沟通环境；公开、以问题为导向的沟通方式，积极正面、共鸣的沟通氛围。

案例 12-13

改 裤 子

阿东明天就要参加毕业典礼了，怎么也得精神点把这一美好时光留在记忆之中，于是他高高兴兴上街买了条裤子，可惜裤子长了两寸。吃晚饭时，趁奶奶、妈妈和嫂子都在场，阿东把裤子长两寸的问题说了一下，饭桌上大家都没有反应。饭后大家都去忙自己的事情，这件事情就没有再被提起。

妈妈睡得比较晚，临睡前想起儿子明天要穿的裤子还长两寸，于是就悄悄地一个人把裤子剪好叠好放回原处。

半夜里，狂风大作，窗户“哐”的一声关上把嫂子惊醒，猛然醒悟到小叔子裤子长两寸，自己辈分最小，怎么得也是自己去做了，于是披衣起床将裤子处理好才又安然入睡。

老奶奶觉轻，每天一大早醒来给小孙子做早饭上学，趁水未开时也想起孙子的裤子长两寸，马上给裤子剪了两寸。

最后阿东只好穿着短四寸的裤子去参加毕业典礼了。

◎ **点评：**

一个团队仅有良好的愿望和热情是不够的，团队协作需要默契，彼此之间要加强沟通和了解，以增强协作的默契度。

⑦核心人物

高效团队的优秀领导者能够率领团队在逆境中取得成功。团队的整体表现有赖于领导者成功的带领。一个优秀的团队领导者，所要做的工作包括：认清团队目标、建立团队共识与自信、提升团队工作技巧、消除外界障碍等。他必须以团队为第一优先，不强求自身的表现。一位领导者曾这样说过：“能做一名水兵，亲眼见到我们的事业之舟在大家的努力下，乘风破浪，一路远航，将是我人生最大的骄傲。”

成功不能只靠自己的强大，成功需依靠别人，只有能帮助更多的人成功，你自己才能成功。如果你尚未壮大，不妨伸出你学习的根，和成功者紧密连接，加入成功、积极的团体，吸收他们的经验，了解成功者的态度，让自己更快速地成长。只要你熟谙这项借力与合力的诀窍，很快地，你将成为成功之林中的雄伟巨木。

12.2 职业道德

12.2.1 职业道德的概念

职业道德的概念有广义和狭义之分。广义的职业道德是指从业人员在职业活动中应该遵循的行为准则，涵盖了从业人员与服务对象、职业与职工、职业与职业之间的关系。狭义的职业道德是指在一定职业活动中应遵循的、体现的一定职业特征的、调整一定职业关系的职业行为准则和规范。职业道德既是从业人员在进行职业活动时应遵循的行为规范。同时又是从业人员对社会所应承担的道德责任和义务。

案例 12-14

同仁堂历经300多年不倒的秘密

以“济世养生”为宗旨的北京同仁堂创建于清康熙八年（1669年），由于“配方独特、选料上乘、工艺精湛、疗效显著”，自雍正元年（1721年）起，同仁堂正式供奉清皇宫御药房用药，历经八代皇帝，长达近200年。

老一辈创业者伴君如伴虎，不敢有丝毫懈怠，终于造就了同仁堂人在制药过程中小心谨慎、精益求精的企业精神。

在300多年的历史长河中，历代同仁堂人树立“修合无人见，存心有天知”的自律意识，确保了“同仁堂”这一金字招牌的长盛不衰。有一次当经销商在广告中擅自增加并夸大某种产品的药效时，同仁堂郑重登报予以纠正并向消费者道歉。

同仁堂品牌作为中国第一个驰名商标，享誉海外。目前，同仁堂商标已经受到国际组织的保护，在世界50多个国家和地区办理了注册登记手续。成为拥有境内、境外两家上市公司的国际知名企业，企业实现了良性循环。

◎ **点评：**

这就是同仁堂的职业操守：诚实守信，承担责任，追求卓越，精益求精。正是这种操守成就了迄今不倒的同仁堂。

12.2.2 职业道德缺失的表现

1. 权力异化腐败滋生

权利异化主要是指在权利监督乏力的情况下，一些个人或团体将原本由人民赋予并为公众服务的权力私有化、关系化、特权化、商品化，把公共权力变为谋取私利的工具，这种权力使用的变异，即为权力异化。

在社会转型期，面对中西方价值观的冲击与碰撞，部分公务人员的“公仆意识”减弱，为人民服务意识淡薄，不顾执政为民而推卸政治责任，片面追求部门和个人的利益，而忽略了广大人民群众的利益，突出表现在，权力膨胀、以权谋私、任人唯亲、权力商品化、贪污腐败滋生等，不仅影响到了干部队伍的勤政廉政，也影响到整个社会的道德状况，关系到党的执政能力。

2. “医德”、“师德”面临挑战

西方医学之父，古希腊著名医生希波克拉底在《誓词》中阐述，医生“无论至于何处，遇男或女，贵人及奴婢”，其“之唯一目的，为病家谋幸福”；著名教育家叶圣陶提出“教育工作者的全部工作就是为人师表”，并且教书育人、诲人不倦。提高医务人员、教师遵守医德、师德的自觉性是社会转型期医疗队伍和教师队伍职业道德建设的重点，也是社会转型期对于社会特殊行业提出的新的挑战。

医生被称赞为救死扶伤的“白衣天使”，教师被称赞为培养国家栋梁之材的“园丁”，然而随着经济体制、政治体制的重组，部分医生和教师的职业道德现状不容乐观。部分医务人员一切向钱看，经常接受病人财物，甚至伸手向病人索要礼品，导致一些病人到医院看病将“送红包”看成是正常现象，若不送红包看病就不踏实；一些教师利用工作之便，讲实惠，因收入少而降低备课、讲课的要求，因待遇低而消极怠工、不安心培养教育人才。

3. 商业欺诈频繁

市场经济的求利性和盲目性诱发着人们的利益欲望。近年来商业欺诈现象频频出现，商业欺诈的危害性极大，通常在骗局暴露或达到预定欺诈目标的临界点时，欺诈行为才终止，因此受骗的损失很难得到补偿，严重侵害了社会公众的利益，扰乱了市场经济秩序；市场对资源的运用率下降、宏观调控难度加大、社会交易成本增加，产生了极其恶劣的社会影响。商业欺诈的形式多样化，使得消费者无法辨别，表现在商家违背价值规律、漫天要价；不讲信誉；售出去了商品，便万事大吉，不顾售后服务；甚至商品出现问题时也不予理会，推卸责任；更有甚者，打虚假广告、无中生有、损人利已，致使广大消费者呼吁商家要诚信经营、文明经商。诚信是企业的无形资本，当信任转化为广泛的社会资本，商家便减少了经营成本，提高了效益。

4. 制假售假猖獗

生产厂家为了谋取暴力，利欲熏心、违背道德良心用有害物质，乱用食品添加剂，以使得待销售食品在这些化学添加剂的作用下更加色、香、味；同时由于消费者对购买食品的性质功效没有清楚认识，销售者对这些食品宣传不实、欺瞒顾客，甚至宣传没有证据证明的所谓“转基因产品”，以到达高额的销售利润。

5. 食品安全问题层出不穷

食品是人类赖以生存和发展的物质基础，食品安全问题关系到千家万户。近年来，三聚氰胺、毒馒头、毒粉条等问题的出现，无不为人民的日常生活增加食品安全的隐患；生产者一味追求经济利益，不惜损害消费者的生命安全。

6. 工程质量问题频现

工程质量问题也是人民群众最为关心的，关系到人民安居乐业和安全出行。近来随着道路坍塌、房屋受损的报道与日俱增，人民群众对于自身的住房与出行安全十分担忧。

7. 虚假新闻、过度娱乐屡现

新闻舆论行业是党、政府和人民表达意愿的喉舌，新闻机构讲求“客观”、“公正”、“真实”、“向读者负责”等职业道德规范，有“保持公正和独立”的道义要求。近年来，新闻行业受利益影响，出现职业道德缺失的不良势头，新闻界低俗化媒体过度娱乐化与假新闻的出现，使广大读者不能分辨新闻的真实性，破坏了社会诚信。

12.2.3　职业道德规范主要内容

我国《公民道德建设实施纲要》中提出了职业道德的主要内容是：爱岗敬业、诚实守信、办事公道、服务群众、奉献社会。

1. 爱岗敬业

“爱岗敬业”是职业道德的核心。历来职业道德建设的首要环节，是从职业认同入手培养敬业意识。例如，西方有些资本家很重视以“感恩意识”教育自己的雇员，强调职业是个人生活的来源，顾客是职工的“衣食父母”，决定着个人的福利和命运。因此要敬业畏业，敬业即是爱己。当然，这种认同显然着眼于个人利益，把职业当做谋生的手段来看待，这是不够全面的。

职业不仅是个人谋生的手段，也是从业者不断完成自身社会化的重要条件，是个人实现自我、完善自我不可或缺的舞台。个人的发展和完善不能仅停留在愿望和决心上，而应付诸现实的行动，没有行动，一切都会流于空谈。因此要“干一行爱一行，爱一行钻一行，精益求精，尽职尽责”。这是社会对每个从业者的要求，更应当是每个从业者对自己的自觉约束。

案例 12-15

从细微做起

小徐辞职了，在他走之前，他做了以下几件事：

第一，把他的业务分给其他同事，并且告诉他的工作方式以及客户的要求、秉性等，以方便继续与客户沟通。

第二，把他办公的地方擦得干干净净，一尘不染。

第三，下午与老板讨论公司外贸业务开展的情况，并提出了一些建议。

第四，最让人佩服的是在快要下班时他还在寻找买家信息并发出电子邮件。

第五，坚持到最后一分钟，直到下班了才开始收拾个人物品。

◎ **点评：**

说到敬业，可能许多人都会说：“我很敬业的啊！”小徐用实际行动告诉了人们什么是敬业精神。真正取得成就的不仅仅是知识和机遇，更重要的还是整体素质，我们能不能以一种真正的敬业精神去对待我们的工作。

（1）热爱本职工作，即乐业。

“我工作，我快乐。”乐业就是无论从事什么工作，都热爱自己的工作，安心愉快地做好正在做的每一件事情。一个人的一生，大部分时间在工作，这是物质生活的需要，也是精神生活的需要，但工作并不仅仅是为了简单的物质需要，更重要的是在工作中实现自我、超越自我。一个人正是因为物质与精神两方面的需要，才使自己更加珍爱自己选择的职业。

（2）忠于职守，即勤业。

“我成功的诀窍，不是因为那‘1 分天才’而是得益于‘99 分汗水’。凭着农家子弟的执著与坚韧；凭着一个科技工作者的爱国心和责任心；凭着自己那份扬长避短、不自卑不自负，老是干得“清醒”，我才有了今天。”

——全国十大杰出青年 李玉虎

勤业就是忠于职守，视事业为生命。当一个人把某种事业作为自己的理想去努力追求并渴望成功时，这种事业便包含了这个人的生命价值。

（3）勤学多问，掌握过硬本领，即精业。

俗话说：不想当将军的士兵不是好士兵。当学生的要想办法拿奖学金；当老师的要想办法评教学质量奖；当司机的要想办法安全行车一辈子不出事故；当出纳的要想办法不出一分钱差错，等等。

这就是精业。能熟练地掌握本岗位技能，精通本职工作业务，不断提高业务水平和工作技能，精益求精。

湖南卫视的“谁是英雄”栏目中，也曾播出过不少这方面的事例，比如，面点师傅能将拉面拉成绳子来跳；无论多大一块猪肉都能一眼看出重量，他们都有令人赞叹的绝活，都是精业的楷模和典范。

2. 诚实守信

诚实守信是人类千百年传承下来的优良道德传统，在社会主义社会应该继承并使之发扬光大。诚实守信不仅是从业者步入职业殿堂的“通行证”，体现着从业者的道德操守和人格力量，也是具体行业立足的基础。在职业活动中，缺失了诚信就会失去人们的信任，失去社会的支持，失去成长和发展的机遇。

3. 办事公道

办事公道是指处理各种职业事务时要公道正派、客观公正、不偏不倚、公开公平；对不同的对象一视同仁，秉公办事；不因职位高低、贫富、亲疏的差别而区别对待。

古人云：“治世之道为在平、畅、正、节。天下为公，众生平等，机会均等，一视同仁；物尽其力，货畅其流，人畅其思，不滞不塞；上有正型，下有正风，是非分明，世有正则；张弛疾徐，轻重宽平，皆有节度”。不平行便不平衡，不平衡则人心不平。人心不平便失去社会安定；不通畅便存在蒙蔽、隔膜、压抑；不公正便失去原则，失去是非、失去信任；没有节度，便失去控制，泛滥成灾，从这里可以看到平等原则的重要性。

4. 服务群众

服务群众是为人民服务的道德要求在职业道德中的具体体现，是国家机关工作人员和各个服务行业工作人员必须遵守的道德规范。其主要内容有：第一，树立全心全意为人民服务的思想，热爱本职工作，甘当人民的勤务员；第二，文明待客，对群众热情和蔼，服务周到，说话和气，急群众之所急，想群众之所想，帮群众之所需；第三，廉洁奉公，不利用职务之便谋取私利，坚决抵制拉关系、走后门等不正之风；第四，对群众一视同仁，不以貌取人，不分年龄大小，不论职位高低，都以同志态度热情服务；第五，自觉接受群众监督，欢迎群众批评，有错即改，不护短，不包庇，不断提高服务水平。

5. 奉献社会

奉献社会是社会主义职业道德的最高要求，是为人民服务和集体主义精神的最好体现。每个公民无论在什么行业，什么岗位，从事什么工作，只要他爱岗敬业，努力工作，就是在为社会作出贡献。如果在工作过程中不求名、不求利，只奉献、不索取，则体现出宝贵的无私奉献精神，这是社会主义职业道德的最高境界。

奉献社会职业道德的突出特征是：第一，自觉自愿地为他人、为社会贡献力量，完全为了增进公共福利而积极劳动；第二，有热心为社会服务的责任感，充分发挥主动性、创造性，竭尽全力为社会作贡献；第三，不计报酬，完全出于自觉精神和奉献意识。在社会主义精神文明建设中，我们要大力提倡和发扬奉献社会的职业道德。

参考文献

[1] 钟谷兰，杨开．大学生职业生涯发展与规划［M］．上海：华东师范大学出版社，2008.

[2] 金树人．生涯咨商与辅导［M］．台北：东华书局，2006.

[3] 肖继军．大学生就业力训练教程［M］．长春：吉林大学出版社，2011.

[4] 方伟，王少浪．大学生职业生涯与发展规划［M］．北京：世界图书出版公司，2011.

[5] 胡志方．大学生就业创业指导［M］．北京：现代教育出版社，2009.

[6] 严肃，陈先红．大学生心理素养［M］．合肥：中国科学技术大学出版社，2008.

[7] 张斯忠．现代青年公共关系技巧［M］．合肥：中国科学技术大学出版社，2009.

[8] 沈建华．大学新生必读［M］．北京：中国水利水电出版社，2005.

[9] 雷恩·吉尔森．选对池塘钓大鱼［M］．彭书淮，译．北京：机械工业出版社，2004.

[10] 曾美英．大学生职业生涯规划与辅导［M］．北京：北京航空航天大学出版社，2008.

[11] 沈之菲．生涯心理辅导［M］．上海：世纪出版集团，2004.

[12] 吕建国．职业心理学［M］．长春：东北财经大学出版社，2000.

[13] 江东，李根珍，惠钢行．大学生职业素养提升［M］．北京：新华出版社，2009.

[14] 艾丁兰，赵海霞．职业素养开发与就业指导［M］．北京：机械工业出版社，2010.

[15] 管爱华．职业院校学生职业素养研究［M］．郑州：河南人民出版社，2009.

[16] 程宏伟，周斌．大学生职业素养开发与职业生涯规划［M］．成都：西南财经大学出版社，2008.
[17] 吕建国，孟慧．职业心理学［M］．长春：东北财经大学出版社，2000.
[18] 拿破仑·希尔．观念决定成败［M］．原源，译．北京：中国华侨出版社，2005.
[19] 李士奇．应用职业道德［M］．北京：人民教育出版社，2005.
[20] 夏雨．创业教育的实践与思考［J］．江苏高教，2004（3）.
[21] 杨毅宏．世界五百强面试实录［M］．北京：机械工业出版社，2005.
[22] 金正坤．社交礼仪概论［M］．北京：北京大学出版社，2005.
[23] 全金著．责任决定执行［M］．北京：北京出版社，2006.
[24] 于英子．中西方礼仪经典［M］．西安：陕西出版社，2004.
[25] 杨英，龙立荣．SWOT 分析法在职业生涯决策中的运用［J］．华东经济管理，2005（2）.